從人口、債務、物價指數剖析未來十年全球經濟的贏家與輸家

下一波經濟狂潮

THE RISE AND FALL OF NATIONS

FORCES OF CHANGE IN THE
POST-CRISIS WORLD

盧奇・夏瑪 *Ruchir Sharma*——著　陳昌儀、劉道捷——譯

目錄

序言——深入荒野／5
導讀——好景不常／11
第一章——人很重要／33
國家的人才庫是否成長？
第二章——生命週期／67
國家是否做好支持改革者的準備？
第三章——好億萬富翁、壞億萬富翁／105
貧富不均是否會威脅到經濟成長？
第四章——政府可能造成的危險／143
政府干預程度是在上升或下降？
第五章——地理甜蜜點／177
一個國家是否善加利用其地理位置優勢？

第六章——工廠最重要／211
投資占經濟的比重是升是降？
第七章——洋蔥的價格／241
通貨膨脹到底是高是低？
第八章——便宜就是好事／267
你覺得這個國家便宜還是昂貴？
第九章——債務之吻／299
債務成長率是否高於經濟成長率？
第十章——吹捧炒作觀察／327
全球輿論界如何看待各國
第十一章——優異、普通、差勁／355
謝啟／397

序言　深入荒野

過去二十五年，我每年都會參加一次狩獵旅行隊，有時去印度，有時去非洲。有一年去參加非洲狩獵旅行隊途中，我聽到一個國王派他兒子去學習叢林韻律的故事。年輕的王子第一次外出時，只能在喧囂的蟲鳴鳥叫聲中，分辨出獅子的吼聲和大象喇叭般的叫聲。後來，隨著這個男孩一次又一次出巡，他漸漸能分辨出比較不那麼明顯的聲音，到最後，連蛇在地上爬行的沙沙聲響和蝴蝶的振翅聲，他都分辨得出來。這個國王告訴他要繼續到野外學習，直到他能夠感受到靜寂中的危險和日出時的希望為止。換言之，為了培養治國能力，這個王子必須能夠聽見不會發出聲響的東西。

叢林的韻律距離我們所居住的紐約實在太過遙遠，不過，這個古老的非洲傳說對於被二〇〇八年全球危機徹底改造的世界卻攸關重大。這一場危機翻轉了整個世界，打斷了貿易與資金流動，引爆各地的政治起義活動、導致全球經濟成長放緩，而且讓人更難以分辨哪些國家將在這個徹底遭到翻轉的世界裡繁榮興盛，哪些又將繼續沈淪。本書就是要討論如何過濾掉天花亂墜的宣傳和雜音，找出最能預示各國未來興衰命運的清晰訊號。我希望所有對全球經濟有興趣的人，都能透過本書獲得和那個王子一樣的養成訓練。

全球金融圈人士常自認是隨時對經濟叢林的沙沙聲響保持警戒的掠食性大型貓科動物。不過，目前非洲貓科動物和其他動物之間的差異正快速瓦解。每年肯亞（**Kenya**）和坦尚尼亞（**Tanzania**）的馬拉——

賽倫蓋提（Mara-Serengeti）平原上，都會有超過一百萬隻牛羚行走過近兩千英里的迴圈，牠們世世代代都不斷在這條相同的路徑上往返遷移。牛羚總是跟隨在雨水之後，和斑馬與瞪羚一起順著這條路徑遷移，而掠食性動物獅子、美洲豹和印度豹，就尾隨在笨拙的牛羚之後。

這場獵物爭奪賽看似很容易得手，但獅子的速度相對緩慢，通常要出手五次以上才好不容易能得手一次，而且每每弄得氣喘吁吁。印度豹的速度則快一些，但因為它們的體型較小，且通常是獨自行動，因此常被迫將得手的獵物拱手讓給成群結隊的食腐動物。十隻印度豹中，只有不到一隻能活超過一年。獅子稍微好一點，只不過，很多公獅因彼此間的激烈爭鬥而英年早逝。無論是對掠食性動物或獵物來說，生與死的週期運轉都是殘忍的，而這個殘酷事實或許能讓全球經濟體系中想要成為獅子的國家稍微停下腳步，好好思考接下來的路。

打從我進入金融市場叢林，就一直活在生死存亡的恐懼當中。回顧一九九〇年代中期，當年才二十幾歲的我就展開了投資生涯。那時美國景氣正持續擴張，而新興國家看起來則還非常狂野且奇特。金融危機從墨西哥一路狂掃到泰國和俄羅斯，導致這些新興經濟體甚至世界主要國家的經濟陷入痛苦的衰退，各國的勢力也因而重新洗牌。當時全球市場因新興市場金融危機而遭受到的連帶損害，徹底毀滅了很多大型投資者，包括我的很多良師、同事和朋友。

回顧當年，領導型國家（和全球投資人）的殞落都是循著一個既定的模式發生。最初，它們順遂地走在一條邁向亮麗經濟或財務成就的路途上，但接下來，這條途徑總是驟然改變，讓人不知不覺走進流沙。這種急轉直下的情況在一九九〇年代新興市場爆發危機時發生過，在二〇〇〇年至二〇〇一間的網路泡沫破滅時發生過，又在二〇〇八年重新上演一次。每當世人在市況良好之際開始對現況產生過度偏安的感受，就會在突然天崩地裂時，被吞噬到難以翻身的地底。

很多人常用「羊群行為」（herd behavior）之類的陳腔濫調來解釋市場上那種過度興奮與絕望的週期，不過，即使是叢林的生活都比那個刻板模式複雜。牛羚是被某種不惜犧牲幾條年輕性命以確保群體生存的「蟲群智慧」（swarm intelligence）引導著。有人喜歡用古諺「另一端的草永遠比較綠」來嘲弄牛羚的環狀遷移模式，但不管怎麼說，牛羚群確實都能正確掌握到哪裡的草將會比較綠，因為它們跟著雨水走，春天時遷移到北方的肯亞，秋天再南下回到坦尚尼亞。

每年在「橫跨」馬拉河時（這條河流是牛羚群南北奔波路線中的必經位置），牛羚都會遭遇兩個重大的危險。平日為迴避掠食性動物的威脅，牛羚群會留意一個古老的警告系統——狒狒的尖叫聲和叢林鶇鶥刺耳的呼喚。不過，在馬拉河岸，這個系統會失去作用，因為河岸聚集的牛羚動輒幾十萬隻，且危險放眼可及：河裡的鱷魚、暴漲的河水，以及在遠處埋伏的獅子。

抵達河畔的牛羚低著頭，看起來好像在交談，它們獨特的吼叫聽起來就像一群在電話會議中密謀著下一步該怎麼行動的華爾街分析師。牛羚群會先等待某一隻成員率先發難。如果這隻牛羚邁開一步後旋即後退，牛羚群就會被恐懼癱瘓，不過，它們的記憶非常短暫。短短幾分鐘後，又會有另一隻成員再次嘗試，如果它急速跳進水裡，大批的牛羚就會跟進——其中很多牛羚會被鱷魚和致命的川流吞噬。估計每年大約有一〇%的牛羚會死去，其中有很多是在渡河時失去性命。

從紐約到香港，所有在全球市場工作的人，都有可能被某種和牛羚類似的程式化文化吞沒，永遠保持不變的運轉模式。大量的研究報告日復一日不斷地轟炸著這些金融首都，慫恿群眾趕緊追逐下一個大題材，或趕快避開下一個大修正。這種「非採取行動」不可的衝動，會讓市場每一季產生一個新的共識。而自從全球金融危機爆發後，那一股衝動更是有增無減。舉二〇一五年為例：

二〇一五年第一季，所有人都在談著為何要投入或退出飆漲的中國股市，在當時，中國股市看起來就像個單向賭注（one-way bet）。到了第二季，全世界的焦點又轉向希臘，所有人都在談論希臘將如何拖垮全球經濟。到了第三季，中國的金融恐慌又成了眾人之間最主要的對話內容。那些研究報告的分析有時正確，有時則錯誤，但無論對或錯，報告提供者的日子還是照過不誤，他們完全不會記得自己在一天之前說了什麼，為什麼說對或說錯。總之，市場上的對話主題不斷改變，但這些變化看起來沒有任何韻律或理由可言。

華爾街很喜歡一句古諺：只有偏執狂和最適者才能生存。我要用稍微不同的文字來闡述這個議題。真正的挑戰在於如何善用明智的偏執來追求生存。每一場危機都被視為一個新的行動號角，危機愈大，市場上的行動就愈狂亂。二〇〇八年以後那幾年，由於華爾街上最大型的參與者依舊非常擔心會再次慘虧，所以他們總是密切緊盯著投資報酬率數字的變化，原本或許每年才檢視一次報酬率，此時變成每個月檢視一次，而這樣的改變讓他們的資金管理者承受了莫大的壓力。為了避免讓客戶出現任何單月虧損記錄，這些基金經理人只好透過不斷的交易，期許能達到那個目標；儘管以目前的情勢來說，交易次數較少的投資人較可能獲利（誠如一句玩笑話：「懶惰是一種美德」），但交易頻繁的人還是遠多於交易次數少的人。

二〇一四年夏天，參加過多次狩獵旅行隊的我，有史以來第一次親眼見到大型貓科動物捕捉到獵物的畫面，那是在坦尚尼亞。有一天傍晚，我和友人偶遇一隻印度豹，我們的導遊說，它那天稍早已經追捕獵物失敗兩次，所以，那時的它看起來已氣喘吁吁。接下來兩個小時，這隻印度豹在一個小岩洞中等待，一邊調整它的呼吸；野外的光線隨著薄暮的到來而漸趨黯淡，風向也漸漸轉變，直到附近一隻落單的公瞪羚無法再聞到那隻印度豹身上的氣味。就這樣，它等到所有條件都成熟後，才採取行動。一開始，它非常緩慢地匍匐前進，身體趴得非常低，因此儘管大平原上的草很短，五十碼外的目標也見不到它的身影。接著，它迅雷不及掩耳地加速到每小時六十英里，瞬間猛衝上去，撲倒那一隻瞪羚。

瞬間加速之前的靜止期其實比加速時更生動。大型貓科動物天生的求生秘訣在於保存能量，換言之，它們不能持續不斷地運動，因為那會無端消耗太多能量。在人類眼中，獅子最常見的活動就是睡午覺；大家都知道，這類動物一天要睡十八到二十個小時。而當貓科動物成功追捕到獵物，也會嘗試不要花過多力氣在食物的搶奪上。另外，它們也不會因天氣的週期性變化而產生恐慌。舉例來說，肯亞的馬薩伊馬拉平原上，每每一到午後時分就會落下傾盆大雨。我曾在那裡親眼見到大雨來臨時，野生動物一動也不動地停留在原位等待傾盆大雨停止的景象——而這時掠食性動物就站在獵物不遠處的顯眼位置。它們似乎本能上就懂得豪雨是日常生活節奏中的一環，為此感到恐慌只會引發更大的混亂。

很多精於求生的動物棲息在叢林裡，但這些動物並非全是大型貓科動物。最厲害的防禦者是大型素食動物——大象和犀牛。即使是一群獅子同心協力，都很少能成功打敗一頭有著六尺長牙且體重達七噸的大象。最厲害的偵察者或許非牛羚莫屬，因為它們能和狒狒和鳥類搭上線。最佳捕獵者應該是鬣狗，儘管一般人將它們描繪為偷雞摸狗的清道夫，但它們其實是最成功的大型掠食性動物之一。鬣狗和貓科動物不同，它們有辦法撞倒幾乎所有動物，而且不只會鎖定老弱獵物。鬣狗通常成群結隊，有時為數高達六十隻，所以它們一點也不怕獵物。我曾在塞倫蓋提草原上，見到一群獅子將好不容易得手的獵物拱手讓給一群（二十隻）死纏爛打的鬣狗。

投入職場早期，痛苦的經驗讓我學會一件事：所有想要活得比蹂躪全球經濟體系的五年政治及經濟週期更久的人，都必須學會幾個叢林法則：不要每天或每一季耗費無謂的能量在不斷起伏的數字上。設法適應不斷變化的環境，不要放任自尊阻礙你進行策略性的撤退。專注在大趨勢上，而且要留意渡河口。建構一套能掌握重要變化訊號的系統，即使周遭所有人都安逸地隨波逐流，你也應該審慎留意是否有任何代表變化的訊號出現。總之，過去二十五年，我花了非常多時間試圖建構一個有助於掌握經濟情勢變化警訊的規則系統。

在荒野及華爾街求生的道理，一樣適用於想在世界經濟體系求生的國家。世界上沒有任何模範，每個國家都一樣容易受景氣榮枯週期的影響，再強勢的經濟成長，都會在它的摧殘之下，終而滅絕。在這種週期的折磨下，原本快意奔馳的印度豹，最後都會變成筋疲力盡的病貓。二〇〇八年那一場突發的全球災難後所引爆的一波波危機，導致很多國家形同跛腳，無論是強國或弱國，已開發或開發中國家都難以倖免。根據歷史悠久的經濟發展型態，新世代的明星很可能會從先前被鄙視為清道夫或笨重的素食動物的國家中崛起，而且這些國家開始崛起之際，並不會受到過份誇張的宣傳和吹捧。任何試圖了解各國未來興衰起落的人，都必須內化一個事實：全球經濟體系是一個嘈雜的叢林，繁榮、衰退和抗議活動，都只是它的正常節奏之一。每當各國（包括沒有製造出任何聲響的國家）情勢將大幅惡化或好轉時，總是會先出現一些訊號，而我將透過本書的內容，引導讀者辨識我心目中十大預示變化的訊號。

導讀　好景不常

二〇〇八年危機爆發前幾年，整個世界享受了前所未見的經濟榮景，從芝加哥到重慶，無處不欣欣向榮。雖然這一段榮景僅僅維持四年，且其基礎並不穩固，但在危機爆發前，很多觀察家卻將之視為全球化（globalization）黃金時代的開始。很多人認為資金、商品及人的流動將繼續以創紀錄的速度擴張，從而使財富持續增加並繼續向外擴散。這些人也認為，未來將有愈來愈多貧窮國家會躋身富國之列，而這些國家也有愈來愈多國民將逃脫貧窮的宿命，國民所得漸漸達到能過舒適生活的水準，進而縮小世界排名前一％的富豪和其他人之間的貧富差距。他們還認為，漸漸崛起的全球中產階級將發揮剛爭取到的影響力，對獨裁政權施壓，要求政府放寬審查制度、舉辦真正的選舉，同時開放更多新機會給人民。換言之，愈來愈多的財富將帶來更大的政治自由與民主，而政治自由與民主則將進一步讓經濟更加繁榮興盛。

但好景不常，二〇〇八年的風暴來襲，「危機前時期」被「後危機時期」取代。危機爆發後，世人對所謂黃金年代的種種期望，被一個全新的現實取代。原本吹捧全球化魔力的宣傳聲浪，被「去全球化」（deglobalization）的怨聲取代。整個大局變得複雜且矛盾，原因是，並非所有因全球化而起的流動都趨緩或反轉。舉個例子，以網際網路流量衡量的資訊流通量仍繼續大幅上升，以遊客數量和航空業乘客衡量的人流，也還是大幅增加。不過整體而言，從窮國遷移到富國的經濟移民卻在減少，就算二〇一五年敘利亞和伊拉克有大量穆斯林難民移出（這引發極大爭議），也未能扭轉這個趨勢。另外，影響經濟成長最為直接的貨幣流動——各國之間的資本流動與商品及服務貿易——也大幅趨緩。

在後危機時期，各個國家紛紛將胳膊往內伸，重新打造貿易藩籬，阻絕本國人和鄰國之間的交流。二〇一〇年代，全球貿易成長率開始低於全球經濟成長率，這是一九八〇年代以來首見；大型國際性銀行也紛紛撤退回本國，害怕對海外放款；另外，資本流動歷經超過三十年的大幅成長，在二〇〇七年達到歷史新高的九兆美元——約當全球經濟規模的一六％，接著，便急速萎縮到一點二兆美元，僅約當全球經濟規模的二％，那等於是回到一九八〇年的水準。

既然資金枯竭、貿易成長率縮減，經濟成長自然萎縮。國家型經濟體經常會因經濟衰退而受苦，但因世界上多多少少總有一些快速成長的國家，故整體計算下來，全球的經濟成長率鮮少萎縮。也因如此，國際貨幣基金（International Monetary Fund，以下簡稱ＩＭＦ）並不是以負ＧＤＰ成長來定義全球經濟衰退，而是以所得成長的下降、工作機會折損和其他促使世人感覺經濟已陷入衰退的因素來定義。根據ＩＭＦ的說法，過去曾出現四次這種情況：一九七〇年代中期、一九八〇年代初期、一九九〇年代初期，以及二〇〇八年至二〇〇九年。以這四個案例來說，全球ＧＤＰ成長都降到二％以下，低於全球經濟的長期成長率三．五％。[1]二〇〇一年美國科技泡沫幻滅時，全球經濟成長也降到二％以下。所以，基於詳實表述的目的，我們可以說，一九七〇年以後共發生五次世界性的經濟衰退，而這幾次衰退都有一個共通點——全都源自於美國。

不過，下一場全球衰退很可能會是「中國製」，近幾年來，中國已躍升為世界第二大經濟體，也是全球ＧＤＰ年度增長金額的單一最大貢獻者。以二〇一五年來說，由於中國經濟趨緩，全球經濟成長率僅剩二．五％，而且到那一年年底，經濟已瀕臨另一次衰退的邊緣，搖搖欲墜。中國經濟的趨緩對其他新興國家的打擊尤其嚴重。剔除中國，其他新興國家的平均成長率僅略高於二％，比美國更疲軟（美國比那些新興國家富裕很多，故這種情況相當罕見）。這些貧窮與中產階級國家的平均所得不再追趕著世界領導型經濟體的平均所得。從巴西到南非，新興經濟體在發展階梯上的位階不升反降。原本這些國家的人民因全球經濟繁榮度上升而感覺前途似錦，但如今，他們卻只能奮力掙扎，努力設法找出一個能讓他們活下去的利基。

這是一個分崩離析的世界，原本世人指望經濟繁榮能帶來自由和民主，但隨著經濟成長趨緩，這個希望也開始幻滅。根據自由之家（Freedom House）的統計，從二〇〇六年起，申報政治權利下滑的國家數已超過申報上升的數量。整體而言，過去十年間，有一百一十個國家（超過全球國家總數的一半）因其自由度降低而受苦。民主國家的數量沒有劇烈變化，但實施鎮壓行動的國家卻在增加，甚至連舉辦表面選舉的俄羅斯也一樣。另外，到現在還主張中國的繁榮將促使它變得更民主的觀察家已寥寥可數，他們改口說，一種愈來愈獨斷的全新威權主義正在興起，而俄羅斯和中國是這一批國家的領導者，它們共同的特色是拒絕承認「民主」乃普世價值，而且還將他們實施的溫和政治壓迫，美化成一種獨特國家文化的表達。

大約在二〇一〇年前後，隨著美國和歐洲的經濟趨緩的病徵擴散到新興國家，全球繁榮和政治平靜也嚴重遭到破壞。在那之前十年，每年全世界大約平均爆發十四個社會動亂情節，不過，二〇一〇年以後，這個數字暴增到二十二個，其中很多案例是導因於中產階級對貧富不均程度惡化的憤怒，以及對老舊政權的不滿——因為安逸的危機前時期讓執政者變得貪腐且自滿，最終引來人民的反撲。

第一大波起義潮是阿拉伯之春，當時外界殷切期許因食物價格飆漲而起的人民暴動，能讓全新的民主

1 以上所述的全球GDP成長都是以市場匯率衡量。

國家在中東紮根。但隨著埃及恢復獨裁政治，利比亞和敘利亞等國爆發內戰，那些殷切的盼望也化為烏有。二〇一一年時，那一股起義風潮擴散到較大型的新興國家。全球經濟衰退、印度的通貨膨脹、俄羅斯的政治親信風氣，以及南非薪資與工作條件惡劣等，導致各國人民的經濟不滿升高，抗議活動因而四起。這股動盪在二〇一三年夏天達到最高潮，巴西與土耳其等鋒芒不再的明星經濟體的大城市，處處可見動輒百萬人以上的示威活動。

美國劇作家亞瑟·米勒（Arthur Miller）曾觀察到，當一個世代的「基本幻想消耗殆盡」，代表它的死期已到。如今，危機爆發前那種期待繁榮可以不斷擴大的幻想，終於也一個個破滅。最後一個破滅的幻想是「中國的榮景將永續不斷，並進而帶動俄羅斯到巴西、委內瑞拉到奈及利亞等國（這些國家的繁榮主要來自對中國外銷原物料）」的信念。原本的看好者認為，中國持續不斷成長的需求將驅動原物料價格持續上漲，形成一個「超級循環」，讓莫斯科到拉哥斯（Lagos）等地的財富持續成長。不過，從二〇一一年起開始，銅價和鋼鐵價格開始下跌，世人對這個題材的信念也隨之動搖。到了二〇一四年年底，由於油價在短短幾個月內重挫一半，這個幻想也徹底崩潰。

若要闡述全球趨勢的好景不常，最適當的例子莫過於二〇〇〇年代被吹捧得最天花亂墜的新興國家——巴西、俄羅斯、印度和中國——的命運。市場人士將這些國家統稱為金磚四國（英文縮寫字為BRICs），用以強調這四個巨人即將取得全球經濟支配力量的概念。如今，這個縮寫字經常被用來當成諸如「broken」（破產）或「crumbling」（崩潰）等形容詞的同義詞，甚至被重組為「該死的荒謬投資概念」（bloody ridiculous investment concept），也有人直接重新組合一個新的縮寫字——如 CRaBs ——來強調如今的中國、俄羅斯和巴西看起來有多麼難堪。在後危機時代，中國的GDP年成長率從一四％降到民間估計的不到五％，俄羅斯從七％降到負成長二％，而巴西則從四％變成負成長三％。進入二〇一〇年代後，原來的金磚四國中，只剩印度還勉強可能實現接近二〇〇〇年度的高成長率。

而由於前一個榮景的樂觀情緒過於膨脹，加上鮮少人預見到這場危機，故後危機時代的動盪也明顯加劇。原本這個世界期待好光景永遠也不會結束，但孰料情勢竟直轉直下，最後的結果變成整個世界一同陷入苦難。原本世人預期新興市場中產階級的需求將持續上升，但結果也是相反，很多國家的中產階級需求降低，而且憤恨不平。在這個緊張的全球情勢下，大家一向戒慎恐懼的通貨膨脹被害怕通貨緊縮（即物價下跌）的心理取代，某些國家的通貨緊縮甚至已經到達危及經濟成長的地步。

危機前時期的搶手明星如今已然過氣。隨著資金流入枯竭，進而轉為流出，新興國家的貨幣也大幅貶值。一九七八年以後，新興市場每年都享受正向的資金流入，資金連續流入的時間創下歷史記錄；但到二〇一四年，新興市場的資金首度流出，到二〇一五年甚至出現水壩潰堤的般的大量資金湧出。光是那一年，從新興市場流出的資金就超過七千億美元。由於這些國家突然失去融資奧援，當然也漸漸失去償還外債的能力。於是，很多原本力圖擺脫債務泥淖的新興國家故態復萌，再度成為問題叢生的借款人。在二〇〇五年危機前時期的高峰，IMF沒有施行任何拯救作業，而且看起來似乎已做好裁撤紓困業務的打算，但二〇〇九年，它再度大手筆紓困，而且從那時開始，每年都啟動十至十五宗新的支助計畫，接受支助的國家包括希臘與牙買加等。

到了後危機時代，終於有較多人體認到成長可能隱含的危險。二〇〇九年起的全球景氣擴張，堪稱第二次世界大戰以來最弱的一次成長軌跡。在危機來襲前的二〇〇七年，全球每二十個新興經濟體中，只有一個經濟體的成長率降低。但到了二〇一三年，這個比例大增到五分之四，而且各國景氣「同步趨緩」的情況延續了三年，是近年來最長的一次經濟減速。這次經濟減速期比一九九四年墨西哥披索危機、一九九八年亞洲金融危機，或二〇〇一年網路股泡沫後重創新興市場的「同步趨緩期」更久。隨著景氣低迷的狀況持續擴散，原本世人積極尋找下一個新興市場明星的心態，被一個新體悟取代：經濟成長不是上天賜予的權利，世界上的主要地區——包括拜占庭王國和工業革命前的歐洲，都曾歷經長達數百年幾乎零成長的漫長時期。

高盛公司（Goldman Sachs）的研究人員回顧一百五十年的狀況後發現，長時間極低度成長的國家的平均所得，相對其他國家是下滑的。他們找出九十個經濟停滯至少六年的案例，其中有二十六個國家停滯超過十年。一八六〇與一八七〇年代的德國、一九九〇年代的日本和二〇〇〇年代的法國，都曾因這類經濟衰蔽而受到重創。最漫長的停滯期延續達二十三年，那是發生在一九三〇年起的印度。第二長的停滯期延續二十二年——一九八二年起，南非因那一次漫長的經濟停滯而受到重創。這些經濟停滯案例並不像二戰後亞洲幾個長達幾十年的成長「奇蹟」（那段成長期促使一九九〇年以前的日本和鄰近某些國家躋身富國地位）那麼有名氣，也比較少人深入加以研究。不過，事實顯示，經濟停滯至少和經濟奇蹟一樣常發生，而且，它在後危機時代特別攸關重大。

我們必須了解，即使是商業週期都無法以可預測且線性的方式促使國家恢復生機，這個理解極其重要。當一個經濟體衰退到某個程度，最後有可能會失去自我調整的力量。舉個例子，正常的經濟衰退會導致失業率上升、薪資降低，最終促成全新的雇用循環，經濟也將因此而復甦。但如果經濟衰退太久、幅度太深，就可能摧毀勞動力的技術能力，引發廣泛的破產風潮，並損毀工業產能，最後演變成更加漫長的衰退。這類威脅被稱為「磁滯現象」（hysteresis），那是指經濟成長趨緩或負成長會招致發更疲弱的成長，而非復甦。在經濟成長遲滯的後危機世代，一個新的恐懼產生：很多人擔心某些國家將陷入磁滯狀態。

目前來看，「強勢成長」在本質上是短暫且困難達成的，而這讓人產生一個簡單的疑問：在一個好景不常的世界，要如何才能預測出哪些國家最可能崛起，哪些又最可能沒落？要觀察哪些訊號才會知道一個國家的命運是否即將改變？最重要訊號是什麼？要如何解讀那些訊號？為協助讀者順利度過世界的正常狀態——所謂正常狀態是指一個傾向於步入榮景、衰退和爆發抗議活動或停滯不前的環境——本書條列了十個分辨一個國家是正在崛起、沒落或只是停滯不前的規則。這些規則結合在一起後，就成為一個足以掌握變局的系統。這些規則最適用於新興國家，部分原因是，那些國家的經濟與政治制度較不成熟，導致它們容易受政治及金融動盪傷害。然而，誠如我將陸續說明的，其中很多規則也很適合用來分析成熟國家的狀況。

型態辨識：這些規則背後的原則

這些規則是以幾個基本原則為基礎。第一個原則是好景不常。在二〇〇〇年代的榮景高峰階段，幾個不同的全球動力促使新興經濟體加倍成長，包括西方銀行大量挹注的寬鬆貨幣、原物料商品價格的飆漲，以及全球貿易的暴增等。當時經濟榮景之興盛，可謂前所未見——到二〇〇七年，經濟擴張速度超過五%的國家達到一百個以上，大約是戰後常態值的五倍之多——這明顯是個反常事件，但當時眾多預測人員卻假設這種反常態是一個轉捩點，他們從當時的趨勢推論，如果所有火熱的經濟體維持火熱狀態，很多新興國家的平均所得很快就會趕上或趨近富裕國家。

這類直線式推論的預測並不是第一次出現。一九六〇年代，亞洲開發銀行（Asian Development Bank, ADB）總部決定設在馬尼拉，部分原因是，有些人主張菲律賓的快速成長將讓它成為亞洲的未來。不過，接下來十年間，在斐迪南・馬可仕（Ferdinand Marcos）的獨裁統治下，菲律賓的經濟成長停滯，但已經來不及了，因為ADB總部已經永久設在馬尼拉了。到了一九七〇年代，相似的直線式推論法又促使某些美國學者和情報分析師預測，蘇維埃經濟體系注定會成為世界最大經濟體。但取而代之的，這個經濟體系很快在一九八〇年代末期崩潰。到了這時，眾多預測人員又認定下一個世紀是日本人的世紀，但很快的，它成為下一個殞落的經濟明星。

儘管有那麼多失敗的前例可循，卻澆不熄世人在二〇〇〇年初期重新燃起的興奮感，當時所有人都聚焦在金磚四國（BRICs或BRICS，有些人將南非納入這個族群）的崛起和原物料商品的超級循環。隨著這股興奮感在二〇一〇年左右達到高峰後消退，原物料商品價格的歷史型態——傾向於維持十年的榮景，接著下跌二十年——也將重現。到今天，當初主張這些國家將成為地區經濟強權的種種說法，看起來已像個模糊的記憶。

當你認清這個世界總是好景不常後，我們就可以進入第二個原則——永遠不要預測太過遙遠的未來經濟趨勢。從十二世紀成吉思汗確保了絲路沿途商業的平穩進行以來，全球化的趨勢就不斷起起伏伏，形塑經濟成長軌跡的商業、技術及政治週期也都很短暫，通常一個週期大約為期五年。選舉週期平均也大約是五年——政治週期能引進有潛力促使停滯經濟體轉趨活絡的改革派領導人。因此，如果有人試圖推斷未來一個甚至兩個週期（最多五至十年）以後的情況，他的預測很可能只會產生誤導效果。舉個例子，近幾年有人不斷談論未來一個世紀是亞洲或甚至非洲的世紀，但這種過於長期預測實在沒有意義可言。

本書的目標之一是要以更務實的態度，只預測未來五至十年期間的世界經濟情況，不再那麼執著於探究極端長遠的未來，換言之，我們的目標是希望能掌握接下來的榮景、衰退和抗議活動。沒有人有能力完整預測未來二十年到一百年的情況，因為新的經濟競爭者有可能在短短五年內浮上檯面並構成顯著威脅，一如一九八〇年代初期的中國、一九九〇年代的東歐國家，以及二〇〇〇年代的非洲多數地區。另外，在任何一段五年期間，都可能突然憑空冒出一項新技術，就像一九九〇年代的網際網路，以及目前的3D

列印等全新數位製造技術。在戰後期間，即使是二十八個最長的「超級快速」成長期（指人均GDP〔per capita GDP〕一年成長超過六%），平均延續期間都不超過十年。所以，一段軌跡延續愈久，它繼續延伸的可能性就會降低。換言之，當諸如日本、中國或印度等國家創造了十年的長期成長，分析師應該探究的就不是這個成長軌跡將延續下去的理由，而是該探究這個循環何時將反轉，為何將反轉。

所謂「錨定偏誤」（anchoring bias）的現象會導致一般人相信好日子永遠不會結束的傾向更加強化。人與人之間的對話傾向於以開啟對話的那個點（也就是定錨的點）為基礎。二〇〇〇年代時，每個參與全球經濟競爭障礙賽的人都相信，每年創造二位數GDP成長率是中國的常態，而新興經濟體的標準GDP成長率也有七%以上，問題是，那種高成長率分明是前所未見，絕對稱不上常態，但相關的對話卻就此定錨。到二〇一〇年，開始有一些人認為新興市場的平均成長率將降到四%，不過，因為這個數字低於前述的「錨」太多，所以很多人不相信這種預測，認為那太「悲觀」，即便二次世界大戰後所有新興經濟體的平均成長率也只有四%。一般來說，不管是做什麼預測，採用愈實際的數據做後盾，愈有助於辨識最穩固且確立的歷史型態。本書描述的榮枯週期型態是以我自己的研究為基礎，這些研究的資料庫之一涵蓋了戰後五十六個至少連續十年維持六%經濟成長率的新興經濟體。

世人固守一個選擇失當又不合適的定錨點的習慣，更因所謂「確認偏誤」（confirmation bias）而變本加厲，所謂確認偏誤是指一個人傾向於只收集能確認他個人的既定信念的資料。二〇〇〇年代時，市場上的樂觀心態如脫韁野馬般亂竄，當時吹捧金磚四國的論點中就存在很多確認偏誤，不過，在多數期間，主流的理智風氣傾向於是悲觀的。對如今的事態來說，那種悲觀風氣當然是較大的風險，因為在眼前這麼艱困的全球情勢中，用盡所有理由都很難說服一般人相信哪個國家有機會崛起。但不管是在任何一個期間，我們應該釐清的問題並非典型常見的「如果眼前的趨勢延續下去，這個世界將會變成什麼樣子？」，而應該是「如果正常型態（即週期仍舊維持每五年左右反轉一次）延續下去，未來會發生什麼事？」就某種意義來說，這些規則的目標是希望能以「世界好景不常且呈現週期型態」的認知為基礎，進而根據正確的機率擬定各種應戰計畫。

某些評論家認為只有眼光狹隘的華爾街人士才會抱持這種五至十年期間的短暫世界觀，但我不認同這樣的想法。本書的各個章節將說明，一個國家之所以能維持長期的強勁成長，都是因為領導者設法讓國家避免發生會衍生信用與投資泡沫、貨幣與金融危機，以及超級通貨膨脹等種種不節制的行為，因為那類不節制就是破壞經濟奇蹟的元兇。如此說來，這套規則也可兼作實現長期經濟成就的粗略指南。

在巴西和印度等國家，很多人常爭辯，如果政府過度狹隘地聚焦在經濟成長，那麼，醫療、教育和其他人類發展方案就會被忽略。但這是一個錯誤的說法。人均國民所得最低的國家，人類發展記錄通常也最糟糕。聯合國每一年都會發表一個人類發展指數（Human Development Index，以下簡稱ＨＤＩ），它根據各國的學校教育年數等教育對策、平均壽命等醫療對策，以及接通自來水與電力的基本基礎建設等來為各個國家排名。一個國家在ＨＤＩ上的整體排名，經常都很接近它的人均所得排名，而人均所得是長期經濟成長的累積結果。舉個例子，在最新的名單上，印度排名一百八十七個國家中的第一百三十五名。以較低人均所得國家來說，所得排名高於人類發展排名的國家只有十個。另外，在較高人均所得國家的國家中，人均所得排名低於其人類發展排名的國家也只有五個。

印度的排名已見上升，但唯有在經濟擴張階段，它的排名才見上升。回顧一九八〇年，ＨＤＩ名單上只有一百二十四個國家，印度排第一百名。在後續幾十年間，印度經濟擴張了六五〇％，同一段期間，全球經濟只成長不到二〇〇％，結果，印度的ＨＤＩ排名也隨之上升。目前它在原來那一百二十四個國家中排名第八十九，上升十一名。然而。經濟紀錄更強勁的國家進步更多。這段期間，中國的經濟擴張了二三〇〇％，所以，它的HDI排名上升三十名，從第九十二名變成第六十二名。不過，並非最貧窮的國家才有進步。南韓經濟擴張七〇〇％，它的HDI排名上升三十名，從第四十五名成長為第十五名。當然也有例外，儘管南非的平均所得達六千五百美元，人民的壽命卻通常很短，這局部是由於高謀殺率以及AIDS傳染病所致。所以說，在某些特定發展指標排名上遠遠落後同儕的國家，聚焦這些議題或許還有點道理，然而，一般來說，如果一個國家聚焦在經濟成長，發展度一定也會上升。

不實用的科學

一般大眾對經濟學專業愈來愈不抱有幻想，因為這個專業不僅未能預見二〇〇八年的諸多事件，也未能事先掌握到在那之前曾動搖整個世界的許許多多危機。連經濟學家都攻擊自己人太過學術化，過於專注在超大型的數學模型和假設人類行為永遠理性的理論，而且過於執著在變化過慢的歷史數據（這類歷史數據難以讓人掌握到接下來將發生什麼事）。實務界人士在擬訂計畫時，必然會先根據知識或經驗來猜測接下來會發什麼事，接著才擬訂具體的計畫，不管是政治圈、外交界、商業界或是忙碌的一般市民都一樣，而本書就是專為這些務實的人而寫；一般人對學術界人士虛無飄渺的預測抱持懷疑態度是正確的，問題是，身為人，我們經常不得不向前看，而且必須有能力辨識外界的未來經濟預測是否會令人誤入歧途，而本書能提供一點協助。

愈來愈多人將經濟學視為某種沒有實用價值的科學。在某些學術界人士眼中，預測是一種智力活動，而且只要發表重大的概念，他們就能獲得優渥的報酬。於是，這造成某種缺乏深度的一維（one-dimensional）世界觀，或是意識型態強烈的世界觀。某些美國和歐洲知識份子暗示，伊斯蘭文化過於倒退，無法促進快速的成長。某些極右派人士則認定政府的所有行動一律是有害的。自由派人士則經常認為，唯有民主制度才能創造強勁的經濟成長，但諸如此類的說法和現實世界發生的很多狀況並不相符，包括一九八〇至二〇一〇年代發生在亞洲的長期榮景——當時這個地區多數政體都是不自由的政體。

經濟學家和作家在說明各國崛起與沒落的因素時，經常過度推銷某個單一成長要素的重要性，例如某個偏遠地理位置所造成的挑戰、自由制度的優點，或是年輕人口持續成長的有利人口結構等。確實，這些要素（這些都是新近著名暢銷書的主題）對長期成長軌跡的影響多半非常顯著，但我個人的經驗是，沒有任何單一要素能預告一個經濟體未來五年可能會出現什麼變化。舉個例子，「石油詛咒」確實存在：如果一個尚未作好中石油樂透的貧窮國家發現大型石油礦藏，就傾向於養成貪腐風氣，最後反而阻礙發展。不過，預測人員對貪腐油國的極度厭惡，有可能導致他們陷入盲點，忽略掉一旦全球油價進入榮景十年，很多石油經濟體都將隨之而上的高度可能性。

了解經濟理論固然重要，但學習如何應用這些理論、要以怎樣的組合來應用這些理論，用在哪些情況等也一樣重要。一個經濟體的成長率來自多重要素，而且，長期下來，這些要素的均衡也會隨著一個國家變得更富裕與全球情勢的變化而轉移。多數主流預測人員深知這些要點，但最終卻落得以令人麻木的複雜系統來呈現他們的預測。例如，世界銀行（World Bank）與IMF等機構認定，會對經濟成長造成統計重大影響的要素有幾十個甚至上百個，包括大學裡研習法律的學生佔比、「民族語言分裂」，以及被研究的國家是否曾是西班牙殖民地等。

務實的預測人員必須剔除沒有前瞻性、不可靠且不夠新的數據。很多已開發國家人民應該都會擔心資訊超載的問題，他們或許很難相信新興國家人民要取得和某些基本議題——像是經濟規模——有關的可靠當期資訊有多麼困難，更難以想像這些數字被以多麼光怪陸離的手法修正過。二〇一四年年初，奈及利亞公布官方GDP數值為五千億美元，換言之，經濟規模幾乎是在一夜之間擴大了一倍。這個大轉變並沒有引來太多關注，因為新興市場觀察家對那類戲劇化的統計數據或多或少已經麻木。因為就在此前一年，迦納（Ghana）也發表了一樣大的修正，那一次修正將它從一個窮國轉化為一個中產階級國家。另外，印度前中央銀行總裁雷迪（Y. V. Reddy）也曾針對印度統計局動不動修正官方經濟數據的現象對我大發牢騷，他說，雖然未來總是不確定，但在印度，連過去都是不確定的。

新興市場編製的數字多變到光怪陸離，而且這些數字的多變，都是為了滿足主要參與者的私利。在中國，懷疑官方GDP成長數字的分析師已開始利用其他經濟指標如貨物流通量與電力消費量等，來檢核官方GDP成長數字的正確性。用那些方式檢核出來的結果可能相當可靠，只不過，二〇一五年也有一些報告指出，中國政府主管機關開始指示房地產開發商不能熄燈，連空置的公寓大樓也不例外。這麼做的目的是為了拉高電力消費數據，以驗證官方經濟成長數字並未造假。這就是「古德哈特定率」（Goodhart's Law）的經典案例，這個定律是說，一旦一個衡量指標成為一個目標，它就不再有用，原因之一是，很多人有誘因為了達到那個目標竄改很多數字。

全球金融市場上的價格倒是非常有用又即時的數據來源之一，在正常時期，全球金融市場價格能精確傳達這個世界對某經濟體的可能前景的最有效集體推測。作家詹姆斯・索諾維耶基（James Surowiecki）所說的「群體的智慧」是有意義的，而市場分分秒秒都在體現群體的智慧，它雖容易受情緒感染作用影響，但市場價格並不會因為荒唐的人為修正而受到影響。銅價的大跌幾乎每次都代表著全球經濟未來堪憂的不祥訊號，而這項基本金屬的上述特質也為它在金融圈贏得一個「銅博士」的稱號。世界上只有少數國家的多數放款活動是透過債券及其他信用市場產品進行，而非透過銀行，美國就是其中之一，而美國經濟過去三次陷入衰退——一九九〇年、二〇〇一年和二〇〇七年——以前，信用市場都提前傳達了令人憂心的訊號。不過，信用市場偶爾也會發出錯誤的訊息，但無論如何，它們一向是相當可靠的領頭羊。

儘管股票市場每隔一段時間就會爆發一次過度興奮與恐慌潮，但股市預言經濟趨勢的成績一向相當可靠。回顧一九六六年，諾貝爾經濟學獎得主保羅・薩謬森（Paul Samuelson）曾譏諷，股票市場「預測到過去五次經濟衰退中的九次」，很多刻意貶低市場的預測能力的作家經常引用他的說法。不過，就預測未來的成績來說，專業經濟學家的表現更不高明，相信他們並未能讓薩謬森留下更深刻的印象，事實上，經濟學家的紀錄比市場更糟。二〇一四年時，納德戴維斯研究協會（Ned Davis Research）在一份附註中說明，就預測未來的成績來說，儘管市場曾有過幾次重大失誤（在那幾次，市場因預期經濟將衰退而大跌，但最後經濟並未衰退），卻還是預測經濟榮景與衰退的良好指標。一九四八年迄今，標準普爾五百指數（S&P 500）平均會在景氣觸及擴張峰頂前七個月反轉向下，而且會在景氣抵達衰退谷底前四個月開始反轉向上。另一方面，納德戴維斯也檢視了定期接受聯邦準備銀行費城分行訪查的專業預測人員的紀錄，結果發現，整體而言，這些主流經濟學家「完全沒有預測到」一九七〇年以來的七次景氣衰退。另外，國家經濟研究局（National Bureau of Economic Research）是美國官方的經濟衰退認證機構，但它平均要等到經濟真正開始衰退後八個月，才姍姍來遲地宣布景氣陷入衰退。

撇開市場指標不談，光是看數字絕對無法了解一個國家的真正前景將是如何。多數經濟學家傾向於漠視太難以量化或難以納入預測模型的要素，包括政治等非常基本的要素。取而代之的，經濟學家透過政府支出及利率等生硬的數字來研究「政策」。不過，數字無法記錄一個新領導人不容忍壟斷者、受賄者或礙手礙腳的官僚等立場，能促使經濟體系釋出多大的能量。沒有一個國家天生應該得到偉大的經濟成就，所以，領導人必須努力促進經濟發展，而且不能中斷。因此，我的規則融合了各種能夠解讀信用、價格和貨幣流量等生硬數據，以及政治與政策變化等軟性訊號的方法。

以下是幾個基本原則：避免直線式推斷的預測，也不要漫無邊際地討論下一個世紀會如何；對於只著重單一要素的籠統理論，更要抱持懷疑態度。擺脫各式各樣的偏差，包括政治、文化偏差或「錨定」傾向；避免執著地假設不久前的情況將在遙遠的未來重現，而且要切記，動盪和危機都是常態。我們必須體認到，不管一個經濟體有多麼成功或衰蔽，它回歸長期平均成長率的機率都高於永久停留在異常熱絡（或寒冬）狀態的機率。留意成長是否平衡，同時聚焦在一組容易管理且有助於你預見週期是否將反轉的動態指標。

實用的藝術

這些規則來自我過去二十五年的實際經驗累積，在這段期間，我努力設法了解理論與現實世界中各種驅動改變的力量。我發展這些規則的原因是，我希望自己和團隊能聚焦在真正重要的事情上。每到訪一個國家，我們都會收集當地的印象、題材、事實和數據。雖然所有觀察資料都潛藏著獨到見解，我們還是必須釐清哪些觀察資料過去的預測成果較可靠，較能幫助我們揣摩一個國家的未來可能發展。這些規則讓我們的思考變得更有條理，而且，我們事後還使用回測法來研判哪些規則有用，哪些又沒有幫助。剔除不必要的雜訊後，就能聚焦在真正和評估一個國家是正在崛起還是逐漸沒落的攸關資訊上。

和經濟成長有關的要素非常多，不過，我做了一番篩選，只選擇適量的要素來追蹤，我選擇的要素數量多到足以讓我們隨時留意多數重要的變化驅動力量的動態，但又不至於多到無法管理。理論上來說，我們可以用很多種方式來分解一個經濟體的成長內涵，不過某些方法的效用比較高，有些則不然。成長可以定義為政府支出、消費者支出，興建廠房或住宅的投資活動、購買電腦和其他設備等支出的總和，一個國家經濟成長就是靠這些因素一點一滴累積而來的。典型來說，投資活動佔經濟體系的比重遠低於消費，通常大約是二〇%，不過，它卻是最重要的變化指標，因為投資活動的榮枯通常是驅動經濟衰退和復甦的主要力量。舉個例子，美國投資活動的波動性大約是消費的六倍，而在典型的經濟衰退期，投資活動動輒萎縮超過一〇%以上，而消費通常不會真的萎縮，最多就是成長率降到大約一%左右。

成長也可以分解為不同產業的產出總和，例如農業、服務業和製造業。在這當中，世界各地的製造業都在沒落，目前這個產業約當全球GDP的比重低於一八%，一九八〇年時，這個比重還高達二四%，不過，它到現在還是最重要的變化驅動力量，因為傳統上來說，製造業是工作機會、創新和生產力提升的主要來源。所以，我們的規則和投資及廠房的關係比較密切，和消費者與農夫的關係較淺薄。有人說製造業正重蹈農業的覆轍，因為機器正大幅度取代工作機會，當然，我也考慮到這個演變，並根據它來調整我的規則。不過，以目前來說，製造業依舊是了解經濟變化的核心要素。

我並不是要你們揚棄教科書，而是希望能幫助大家聚焦在預測品質最好的變化驅動力量。舉個最貼切的例子，每一本教科書都會討論到儲蓄驅動投資與成長的重要性，因為銀行會把家庭與企業的儲蓄，引導到道路、工廠及新技術等投資活動的用途。不過，儲蓄是個「雞生蛋、蛋生雞」問題，到目前為止，很難說是先有強勁的成長，還是先有高儲蓄。相似的，本書將詳盡說明很多耳熟能詳的主題，像是過度投資與債務狂歡（debt binges）的衝擊、通貨膨脹與貧富不均的禍害，以及政治週期的變幻莫測等。不過，世界上有幾百種方法可追蹤與衡量這些要素，而我試圖處理的議題是類似如何解析一個國家的債務負擔，以及如何了解一國的債務代表它的經濟即將好轉還是惡化？

我避開攸關長期成長但不太能夠作為代表變化訊號的要素。舉個例子，在追求勞動人口才能與生產力的提升上，每個人最喜歡用的方法就是「教育」，不過，我的規則並不是很關注這項要素。教育投資的回收非常緩慢且多變，所以，就預測未來五至十年期間的經濟變化來說，教育幾乎派不上用場。很多研究認定，美國及英國第二次世界大戰後的榮景和大規模公共教育的普及有關，不過，那個變化是在第一次世界大戰前就發生。城市中心（**Centre for Cities**）智庫最近的一份研究發現，二〇〇〇年代成長最快速的英國城市，正好是一九〇〇年代初期投資教育最不遺餘力的那些城市。經濟學家艾瑞克．漢紐謝克（**Eric Hanushek**）在二〇一〇年的一份報告中發現，一套為期二十年的教育改革計畫，有可能促使一個經濟體的規模成長三分之一，但那樣的增長是在這個改革計畫展開後七十五年間陸續實現。

以戰後的案例來說，當年在教育上較落後的很多國家如台灣和南韓，經濟一樣大幅起飛。身為亞洲專家的喬．史都德維爾（**Joe Studwell**）指出，一九四五年時，台灣有高達五五％的人口是文盲，到一九六〇年，文盲的百分比還是高達四五％。一九五〇年時，南韓的識字率和衣索比亞差不了多少。而在一九八〇年代中國經濟起飛之際，地方官員花大量的資金在道路、工廠和其他能快速對經濟成長產生影響的投資活動上，因為他們的職涯發展取決於能否快速製造高成長數字。在他們眼中，學校的順位排在那些投資活動之後。

教育投資通常被視為一種神聖的責任，就像是保護慾強烈的母性，而且鮮少人會質疑這項投資是否達到預定的成效。事實上，在某些國家，大學體系的鉅額支出幾乎未對經濟造成任何影響，甚至連長期影響都付之闕如。平均學校教育年數最長（十一年半）且大學畢業生人口佔比（六．四％）最高的新興國家是俄羅斯，但在當地，蘇維埃時代擅長科學與科技教育的傳統，到現在都還未對經濟產生影響，因為目前的俄羅斯還是高度仰賴原物料，雖然當地有不少活力十足的網路公司，卻缺乏能夠拿出來炫耀的科技部門，而且，到了二〇一〇年代，它還淪為世界各地成長最慢的經濟體之一。

很多調查報告試圖將生產力的某些驅動要素的衡量當成一門科學，但我個人認為那些報告的效用有限。世界經濟論壇（World Economic Forum）的「全球競爭力報告」聚焦在十二個基本類別的要素，但其中有很多項是速度緩慢的動力，像是制度與教育。舉個例子，長期以來，芬蘭都接近該報告排名系統的第一名，二〇一五年時，它名列世界第四，而且在很多次要類別的要素如初等學校到反壟斷政策等項目排名第一。根據這項調查，芬蘭也名列歐洲聯盟國家之首。不過，二〇〇八年危機過後，它卻是經濟復甦最慢的國家之一，遠遠落後美國、德國和瑞典，而且大約只和受創最重的南歐國家差不多。先前芬蘭放任債務和薪資快速上升，而且過於仰賴木材與其他原物料出口，而由於這些原物料商品的全球價格快速崩跌，故此刻的它正為這一切而付出代價。擁有良好的初等學校無法為芬蘭帶來防禦效果，因為目前有其他更重要的變化驅動力在影響著這個國家。

世界銀行也會針對很多項目（從道路品質到創立企業的前置天數等）為國家進行排名，近幾年，這些排名變得非常有名氣。那造成一個問題，很多國家為了提高國家排名而開始聘用各種顧問來提供針對性的協助（另一個貼切的古德哈特定律實例）。二〇一二年時，夫列迪米爾．普丁（Vladimir Putin）總統設下在六年內，將俄羅斯的「經商容易度」排名從一百二十名拉高到前二十名的目標，他確實很快就見到成果：二〇一五年時，俄羅斯的排名已上升到第五十一名，大約比中國領先三十名，而且比巴西和印度領先六十名。但那令人產生一個疑問：如果俄羅斯的經商容易度那麼高，為何沒有人到那裡經商？二〇一五年，莫斯科對跨國企業的惡意愈來愈明顯，而且愈來愈拒人於千里之外，情況遠比中國或巴西或印度嚴重。所以，只要可能，我都會避免過度依賴容易受政治操作與行銷活動影響的數字。

最顯著的變化驅動力量因年度而異，也因國家而異。在後危機時代，最首要的經濟題材都和債務有關：哪些國家最努力償還二〇〇八年以前累積的債務？有多少國家為了對抗後續的景氣衰退而陷入更深的債務泥淖？整體而言，目前整個世界的債務負擔比二〇〇八年更沈重，這是非常值得重視的議題。不過，本書的第一章並不是討論債務的規則，而是和人民與人口有關，這兩項要素對未來發展的影響有可能更大。

另一個可用來定義經濟成長的方法是：人民工作總時數，以及勞工的每小時產出，也就是生產力。不過，生產力很難衡量，不僅衡量出來的結果總是經常有修正的必要，而且爭議不斷。另一方面，人民工作時數反映的是勞動力的成長，這是受人口成長驅動，人口成長就比較容易計算。和經濟預測不同的是，人口預測取決於幾項簡單的要素──主要是生育和壽命──而且過去的經驗證明，這些要素預測出來的結果一向很精確。聯合國自一九五〇年代以來，共對西元二〇〇〇年的全球人口數做了十二次的預測，只有一次預測結果和實際數字的差異超過四％。我們的第一條規則就是在解說人口成長對經濟的影響，其他多數規則則是解釋生產力的影響。不過，我不會直接使用生產力成長數據，因為那些數據不可靠。

某種程度來說，人口成長趨勢只代表一半的狀況。從一九六〇年起，全球經濟（含已開發和開發中國家）的年度平均成長率大約是三．五％[2]。其中一半成長可歸功於人口成長，更具體來說，是勞動力成長，也就是更多人工作了更多時數。另一半成長則要歸功於生產力的提升。到目前為止，這種五五波貢獻模式還是沒有改變，不過，有一個令人憂心的變化──那就是，這個等式的兩端都在降低。

人口的影響非常顯而易見，勞動力成長每降低一個百分點，經濟成長率就會減少一個百分點。過去十年間，這樣的狀況大致沒有改變過。全球GDP成長率正逐步趨降，目前已經比危機爆發前的長期平均成長率整整降低一個百分點以上。不意外的，從二〇〇五年以來，全球十五歲至六十四歲勞動力的成長率

2 這個數字是指潛在成長，我們的計算是採用經濟諮商局（Conference Board）整體經濟資料庫（Total Economy Database）的生產力成長和就業成長總和。

從過去五十年的一．八%降到如今的一．一%。這個全新的人口威脅，對世界經濟隱含著沈重的寓意，但並非所有國家都一致面臨相同的窘境。中國和德國的勞動年齡人口已開始萎縮，但美國的還維持成長，只是成長得非常緩慢；另外，奈及利亞、菲律賓和其他少數幾個國家的勞動年齡人口還在大幅成長。世界人口成長趨緩或許會減緩各個國家興起和沒落的速度，但無法阻止。

剩下的規則或多或少和另一半的經濟成長貢獻要素（譯注：即生產力）有關，這些要素鬆散地記錄了生產力成長數字。不過，關於這部分，全球各地的狀況看起來也很分歧。在一九六〇年至二〇〇五年間，平均年度生產力成長率大約是二%，但過去十年，生產力成長率下降了幾乎一整個百分點。一如人口成長率，各國官方記錄的生產力成長率降低幅度也不一，美國降低不到一個百分點，南韓降低超過兩個百分點，而希臘降低近四個百分點。不過，雖然人口統計的降低幅度無可爭辯，但各方對生產力是否降低，卻辯論不休。

生產力成長是衡量一些難以量化的改善總和，包括勞工技術的改善，他們使用的工具數量、那些工具所使用的動力，和一個試圖記錄工人使用這些工具的技巧有多好的模糊要素——X[3]。那個X要素有可能受到很多事物影響，包括使用電腦的經驗、更優質的管理，或讓勞工更快抵達工作場所的更優質道路等等，所以，它是這個高難度計算式中最模稜兩可的一環。科技懷疑論者表示，過去十年生產力成長的降低，反映出近幾年的創新如推特（Twitter）、Snapchat等，只對通訊和娛樂等方面的進展產生相對微薄的貢獻。即使勞工經過訓練並擁有經驗後，這些進展對提升生產力的幫助，還是比先前的創新如電力、蒸氣引擎、汽車、電腦或空調（空調讓窒悶辦公場所的每小時人力產出獲得極大的提升）等少很多。

樂觀者則回應，衡量生產力成長的現有指標並未記錄因新技術（從人工智慧到愈來愈強大的寬頻連結和處於發展初期的「物聯網」等）而節省下來的成本及時間。舉個例子，在美國，寬頻網路網路存取的成本已持平許多年，但寬頻的連結速度變快很多，而且變成行動連線——這節省非常多時間，問題是，生產力成長數據並未記錄這個變化。如果樂觀論者的觀點正確，實際的生產力成長一定遠比現有指標所顯示的快速，經濟成長亦然。不管哪一方的觀點正確，雙方應該都認同，人口的成長比較容易衡量，所以它對經濟的影響也是一翻兩瞪眼，沒有什麼好爭辯。較少的勞動人口必然代表較低的經濟成長，而過去五年來，這個影響在世界各地都愈來愈顯而易見。

我們的每一項規則都試圖掌握債務、投資與其他關鍵的經濟成長驅動要素之間的微妙平衡。循序漸進地讀過這本書後，我期許讀者能漸漸搞懂這十個規則如何結合成為一個共同運作的系統。在此先簡短預告大略的概念：最可能開始穩步崛起的國家是——剛從危機中逐漸復原，不再是全球市場與媒體關注焦點，同時剛選出一個以改革為職志的民主領袖的國家。那個領導人將創造足以吸引高生產力投資（尤其是能強化供應網路並進而有助於壓抑通貨膨脹的工廠、道路和技術投資）的商業條件。當一個國家開始流於安逸，民間企業和個人開始增加債務去購買無謂的奢侈品，尤其是進口奢侈品時，代表它的經濟榮景即將結束。因為這段期間的鋪張浪費將導致國家無力償還外債，國內億萬富翁和其他人之間的差距擴大，鄉村及國家首都之間的差距也會擴大，最後激起撤換舊有老政權的強烈政治後座力，在那之後，整個週期又會重頭開始。

本書最後一章概述了特定時間點在這十個規則上排名最好的新興國家和已開發國家。這些排名會不斷變動，所以，最後一章的內容只是讓讀者快速了解這些規則如何結合成一個平順運作的預測系統。這是一個好景不常的世界，所以，這個方法並不保證絕對有效，而且，頂多也只能期待它能在各國不斷興起與沒

3 嚴格來說，生產力成長是勞工品質、資本深化（capital deepening）與工廠總生產力等的增加的總和。

落的大環境下，改善你瞄準下一階段變化的機率。這是一個能幫你在全球經濟障礙賽中取勝的系統，它是實用的藝術，不是漫無邊際的科學。我們不會提出二〇五〇年之類的籠統預測，而是務實且客觀辨識未來五至十年間看似最可能發生的展望。我們的目標是將本書打造為一本可引導務實者及時掌握各國興衰趨勢的指南。

第一章　人很重要
——國家的人才庫是否成長？

最初我並不認為全球復甦力道溫吞有什麼神秘的。二〇〇八年危機過後，美國陷入嚴重的經濟衰退，整個世界也很快步上美國的後塵，經濟學家主張，就算經濟開始復甦，也會緩慢到令人感到痛苦，因為那是一場「系統性危機」，不是一般的經濟衰退，當時我被他們說服了。他們的研究顯示，危機過後，由於金融體系遭到嚴重蹂躪，所以即使經濟停止衰退，接下來通常會經歷四至五年的緩慢成長。不過，隨著時間流轉，年復一年——五年、六年、七年——全球經濟表現還是比預期弱勢。到二〇一五年，世界上還是沒有任何一個主要區域的經濟成長率，回歸到危機前的平均值。於是，我開始相信，這麼呆滯的復甦並非常態，而是一個謎：究竟失蹤的成長跑哪兒去了？

經濟學家提出很多理由來解釋為何這個世界會落入戰後最弱的復甦。多數人的解釋聚焦在信用危機對經濟體系需求端的壓抑效果——因為消費者和企業努力降低債務，而且花錢的信心也遲遲難以恢復。也有些人將疲弱的需求歸咎給所得分配不均程度惡化、銀行放款的監理不周，或者後危機時期壓力失控的其他種種症狀。雖然這些論述或多或少都有點道理，卻沒有明確的證據證明這些要素究竟對經濟成長產生了多大的影響。在美國，有明確的證據顯示，到二〇一五年，消費者需求已全面復原：汽車銷售創下新高，就業成長速度也相當興旺，只不過，報紙頭條最常報導的GDP數字，卻依舊遠低於危機前的成長速度。一如很多大謎團的情況，或許這些經濟偵探都查錯方向了。

於是，我的團隊和我不再那麼留意主要聚焦在需求面（對重要供給項目——即經濟體系中供給勞工、資本和土地的那一端，這些都是促進經濟成長的基本投入〔input〕——的需求）有關的論述，最後，我們發現一個意料外的嫌犯。導致經濟成長疲弱的關鍵導因之一，是積極勞動力人口的供給持續萎縮。這個調查結果和一般常聽到的憂慮落差極大——很多人擔憂人類的工作機會正因機器人和人工智慧的興起而被取代，所以，乍看之下，我們的調查結果令人難以接受。如果科技已足以取代勞工，那為何太少勞工會有問題？不過至少以這個例子而言，數字不會說謊。

早在二〇〇八年危機爆發前，人口成長速率就已大幅降低，事實上，這足以解釋為何從那時迄今的經濟復甦狀況一直令人失望。誠如先前已討論過的，衡量經濟成長潛力的簡單方法之一，就是將生產力成長和勞動力成長加總在一起，但放眼世界各地，這兩項要素的成長都大幅降低，只不過，生產力是否降低，目前仍眾說紛紜，因為很多專家認為，官方統計數字未能充分計入數位新科技的影響。以美國來說，根據官方數字，近十年的平均生產力成長從一九六〇年至二〇〇五年間的二・二%減緩至一・三%。人口成長減緩程度甚至更劇烈，而且人口成長的減緩無可爭議。在二〇〇五年前的五十年間，美國勞動力的平均年度成長率為一・七%，但過去十年減緩到只剩〇・五%。總之，美國經濟成長力道減緩的明確理由是，勞動力成長減少一%，而勞動力成長多半是十五至六十四歲勞動年齡人口成長的函數之一。

目前整個世界依舊擔心未來會走向所謂「人口爆炸」情境，換言之，世人擔心全球人口數持續增加，將導致食物及其他資源的供給吃緊，進而造成爆炸性的後果。那些情境推測取決於聯合國經常提到的二〇五〇年預測，那一項預測顯示，人口將從目前的七十三億人增加二十四億人，達九十七億人。「百億」這樣的數字聽起來可能高得嚇人，但聯合國的預測其實已把人口成長率大幅降低的趨勢列入考慮了。未來出生的嬰兒數將會比以前少，進入勞動年齡的年輕人數也會比較少，說穿了，整體人口之所以成長，主要是因為人類的壽命變長了。但這樣的人口統計組合對經濟成長極其有害。

在第二次世界大戰後的多半時間，全球人口平均每年成長近二％，那代表世界經濟預期至少也能成長接近二％的基線，而當每名員工的產出成長，經濟成長率還會再增加個幾個百分點。到了一九九〇年前後，全球人口成長率急速降低。從那之後，人口成長率就一直停滯在一％，只有先前的一半。一％和二％聽起來可能差不多，但如果一九九〇年以來，人口成長率繼續維持在二％，目前的全球人口將是八十七億人，不是七十三億人，世界各地的人口也不會老化那麼快，我們也不會在此討論人口對經濟成長的衝擊了。

人口成長率下滑的經濟衝擊要很長的時間才會顯現出來，畢竟一個小嬰兒要很多年才會達到十五歲的勞動年齡。當然，在很多地方，一般人通常要二十到二十五歲才會開始工作，一切取決於求學的時間有多長。所以，一場嬰兒荒過後，要花十五年以上的時間，才能觀察到人口趨勢對經濟成長的明確衝擊。過去五年，這個觀察現象已變得愈來愈明顯。

目前全球人口成長率的降低，是一九七〇年代各新興國家積極實施的生育控制措施的延遲效應，尤其是中國在一九七八年實施的一胎化。另外，新興與已開發國家女性成就與教育程度提高，也是造成人口成長減緩的重要導因，很多女性決定追求職場上的成就而生比較少小孩，或完全不生。

這個人口結構演變導因於過去半個世紀以來人類死亡率及生育率的根本變化。從一九六〇年以來，科學和醫療的進步讓人類得以存活更久。世界各地的人類平均壽命從一九六〇年的五十歲延長到六十九歲，而且到今天還在延長。目前全球人口成長最多的年齡層是五十歲以上的族群，其中成長最快速的年齡層是八十歲以上的人口。整體人口還是會持續成長，不過成長速率將明顯降低，而且驅動經濟成長的部門——勞動年齡人口——將持續萎縮。

從一九六〇年起，整個世界也面臨了嬰兒荒，在世界各地，平均每名女性的兒女生育數從四點九個降為二點五個。在新興國家，由於積極的生育控制政策影響，人口成長率劇烈降低的情況更為顯著。印度和墨西哥（世人一度非常擔心這兩個國家的人口過度成長）的兒女生育數從一九六〇年代的六個以上降到二點五個以下。如今這兩個國家的替代生育率（replacement fertility rate）已非常接近二・一%，一旦低於這個比率，人口數最終將會開始萎縮。隨著整個世界的生育率逐漸降到逼近二・一%的關鍵水準，愈來愈多國家的生育率也陸續降到這個替代水準以下。世界上有八十三個國家的婦女平均兒女生育數不到兩人，而這些國家的居民接近全球人口的一半，包括中國、俄羅斯、伊朗和巴西、德國、日本和美國。

某些先進國家的勞動年齡人口已經連續萎縮一段時日，包括日本、義大利及德國。多年來，這些國家人口萎縮的跡象明顯，而且很多大型新興國家正即將或已步上這三個國家的後塵，不僅如此，新興國家人口成長減緩速度恐怕更快，包括中國和印度。此外。估計未來十年甚至更長遠以後，全球人口成長率將持續降低，這個趨勢已從根本改變了全球經濟的展望。

人口成長的趨緩已透過社會傳送了各種經濟衝擊波，不僅影響到各個世代、性別、民族之間的關係，甚至引爆人類和機器之間的競爭。聯合國在最近發表的人口預測中宣稱，到二〇五〇年，全球人口將接近一百億人，危言聳聽者自然會引用聯合國的統計，警告地球人口將過多，其中某些人是新馬爾薩斯主義者（neo-Malthusians），他們擔心人口成長將超過食物供給的成長，最後導致地球陷入飢餓。也有些人是新盧德主義者（neo-Luddites），他們擔心「機器人的崛起」將導致人類勞工遭到淘汰，而如果人口持續大幅增加，這個威脅將更令人憂心。另外，也有些人是歐洲及美國的反移民勢力，他們偏好採用邊界管制，將英國某內閣大臣所謂「鋌而走險的移民襲擊潮」阻絕在國境之外。

以上種種疑慮的問題在於，儘管一百億人口聽起來很多，人口成長率降低對經濟的影響才是真正重要的，包括食物供給。人口成長率趨緩意味未來整體生產鏈的壓力將減輕，因為生產者不再需要供應那麼多衣服、住宅或食物。農田的產量不用像過去成長那麼快，就足以養活所有人，而且主要將以滿足老年人需求的方向擴產，問題是，老年人的卡路里消費量大約只有年輕人的三分之一。我並不想刻意淡化很多國家迄今仍有很多人民處於挨餓狀態的現實問題，不過，這些問題的經濟驅動因子並非總人口。對多數國家來說，主要的經濟威脅並非人太多，而是年輕人太少，而且，機器人的誕生是幫助我們抒解眼前勞動力短缺的問題，而非威脅。農田自動機械或許能解決和退休農夫有關的很多問題。

世界上愈來愈多國家將面臨勞工短缺的窘境，所以儘管目前的「襲擊移民」衍生非常大爭議，未來各國卻將積極展開吸引或竊取其他國家的勞工和人才的活動，所以，移民趨勢可能會更加盛行。對於面臨人口快速老化與勞動力急速降低等問題的眾多國家來說，無論移民是來尋找機會的「經濟移民」，或是逃避戰爭或迫害的「政治難民」，都沒有太大關係，因為這兩種族群都能促使總勞動人口數增加。新興市場國家吸引或留住員工的壓力特別顯著，因為這些國家的生育率降得更快，而且平均壽命比以前更快上升，一如英國與美國等富裕國家早期經濟發展階段的情況。

要釐清一個國家的經濟展望，關鍵的人口結構問題是：它的人才庫是否持續成長？我們有一項規則能協助找出這個問題的答案，規則的第一部份是觀察未來五年勞動年齡人口的預估成長率，因為相較於退休人士或學校裡的學生，勞工對經濟的驅動力量更大。這項規則的第二部份就是觀察哪些國家正在推行反制人口成長趨緩的對策。反制這個趨勢的方法之一就是試著鼓勵女性生育更多小孩，不過，根據過去的紀錄，這個方法頂多只能產生點狀的影響。另一個方法則是吸引成年人——包括退休人士、婦女和經濟移民

——重新進入職場，成為積極的勞動力。總之，未來最大的贏家將是勞動年齡人口強勁成長的國家，或是有能力引進新人才到勞動力的國家。

二%人口成長率測試

為了更了解未來幾年的人口結構對各個國家經濟體的限制，我研究了我的戰後經濟奇蹟國清單（當中共有五十六個案例，它們的經濟都曾至少連續十年維持平均六%以上的年成長率）中，各個國家的人口趨勢。我發現，那些國家在榮景時期的勞動年齡人口平均成長率是二．七%，換言之，這些奇蹟經濟體的成長，有很大一部份可能導因於愈來愈多年輕人達到勞動年齡。其中有幾十個國家的經濟奇蹟明顯和人口爆炸有關，包括一九六〇年代至一九七〇年代的巴西以及一九六〇年代至一九七〇年代的馬來西亞。

至於勞動年齡人口必須成長多快，才能讓經濟維持榮景的可能性上升？我們發現，二%是一個良好的標竿值。在我們研究的經濟奇蹟案例中，有四分之三的經濟體的勞動年齡人口，在長達十年的經濟榮景期中平均每年成長二%。所以，如果一個國家的勞動年齡人口成長率不到二%，它就不可能經歷長達十年的成長榮景。目前鮮少國家的人口成長率能達到那樣的水準，而這堪稱戰後的驚人變化之一。以不久前的一九八〇年代來說，二十大新興經濟體當中，有十七個經濟體的勞動年齡人口成長率超過二%，但到二〇一〇年，那十七個經濟體中還能維持這種人口成長率的只剩二個——奈及利亞及沙烏地阿拉柏，而且，這樣的國家還持續減少，到下個十年，也就是二〇二〇年至二〇三〇年，將只剩奈及利亞能維持二%的勞動年齡人口成長。當世界上能維持大幅且快速人口成長的國家愈來愈少，經濟奇蹟故事也將愈來愈罕見。

當然，不一定絕對要有高度成長的人口才足以創造經濟榮景。在上述經濟奇蹟案例中，有四分之一的國家的人口成長率雖不到二%，卻還是創造了長達十年的快速經濟成長。不過，其中多數國家是在不尋常的情境下實現這樣的成就，有些是原本就相對富裕的國家，例如一九九〇年的智利和愛爾蘭，在這些國家，改革和新投資活動共同促使生產力提升，補償了人口成長疲弱的不足。另外有些國家則是因為歷經重建的經濟冷靜期後再度奮起，像是一九六〇年代的日本、葡萄牙、西班牙，還有蘇聯垮台後十年的俄羅斯，當然高油價也是幫助它實現奇蹟成長的要素之一。如今放眼望去，沒有任何國家預期能實現類似的快速成長，尤其值此原物料商品價格下跌且政治動盪加劇的時期。

這對新興世界來說並非好預兆，目前已有愈來愈多新興國家面臨人口成長轉弱或負成長的窘境。從二〇一〇年迄今，估計所有大型新興經濟體的勞動年齡人口成長率都將降到二%以下，包括印度、巴西、墨西哥、印尼和泰國。另外，有三個大型新興國家的勞動年齡人口已明顯萎縮，包括波蘭、俄羅斯和中國。中國的情況最攸關重大，二〇〇三年起，中國的勞動年齡人口成長率就已降到二%以下遊走，接著還穩定下降，到了二〇一五年，終於首度變為負數。

目前人口減少已成為中國能否維持快速的GDP成長的主要疑慮之一，其他的重要疑慮還包括沈重的債務與過度投資等問題。從二〇一〇年起，信用狂歡已促使中國的債務暴增到大約GDP的三〇〇%，而且這個問題早已成為眾人議論的焦點。過去驅動中國經濟快速成長的投資熱潮已開始動搖，而且中國各地處處充斥代表開發過度的鬼城。不過，「人口減少炸彈」對經濟的危害至少和人口成長過速一樣大，甚至更大。

要在一個人口持續萎縮的國家創造強勁的經濟成長，幾乎是不可能的任務，誠如歐盟委員會（European Commission）在二〇〇五年警告的：「在歷史上，人口沒有成長的國家不會有經濟成長。」根據近兩百個國家回溯到一九六〇年的資料，共有六百九十八個案例可以取得完整十年（decade）的人口成長和GDP成長數據。在這些案例中，有三十八個國家的勞動年齡人口在某一個十年期間穩定萎縮，而在這段期間，那些國家的平均GDP成長率僅一．五%。另外，在那六百九十八個案例，只有三個人口萎縮的國家得以維持六%以上的GDP成長率。這三個國家全是小國，且都剛從政治動亂、戰後混沌或蘇維埃崩潰後漸漸復原，它們是一九六〇年代的葡萄牙，以及二〇〇〇至二〇一〇年間的喬治亞與白俄羅斯。由這個記錄便可推斷，中國極端不可能實現平均六%以上的經濟成長率，儘管官方的經濟成長目標依舊高於那個門檻。

目前只有少數幾個人口眾多的國家還能維持接近二%或甚至超過二%的勞動年齡人口成長率，包括菲律賓和某些經濟規模過小（擠不上前二十大國）的新興國家，例如肯亞、奈及利亞、巴基斯坦和孟加拉。預期未來十年間，這些國家的人口將持續快速成長，所以，它們擁有人口結構的競爭優勢。對這些國家來說，訣竅是避免落入「人口紅利」的謬見，這個謬見是指誤以為人口成長將自動促成快速的經濟成長。唯有政治領導人努力營造足以吸引投資並進而創造就業機會的必要條件，國家才能獲得所謂的人口紅利。看看一九六〇年代和一九七〇年代期間的非洲、中國和印度就好，當時這些國家快速成長的人口反而造成飢荒、高失業率和內鬥。所以，快速的人口成長通常是快速經濟成長的先決條件，但絕不保證能帶來快速的成長。

二〇〇〇年代以前，強勁的人口成長堪稱多數國家的常態，但那多半並未帶來經濟奇蹟。根據我的研究，在這六百九十八個案例中，有超過六〇%的案例的勞動年齡人口成長率超過二%，但只有四分之一案例的人口榮景確實促成了經濟奇蹟——也就是連續十年內平均經濟成長率達六%以上。人口榮景未能促成經濟奇蹟的國家包括一九六〇年至二〇〇〇年（每十年皆然）的土耳其，以及一九六〇年至二〇一〇年（每十年皆然）的菲律賓。如今，連肯亞都無法擔保它領先世界的人口成長率（二〇一五年至二〇二〇年間估計成長三%）會自動讓它成為經濟成長超越全世界的經濟體。

就這個層面來說，阿拉伯世界堪稱一個警世寓言。一九八五年至二〇〇五年間，當地勞動年齡人口平均每年成長三%以上，大約是世界平均成長率的兩倍，不過，高勞動年齡人口成長並未造就任何經濟紅利。在二〇一〇年代初期，很多阿拉伯國家還因年輕人失業率居高不下而蒙受許多苦難，其中，伊拉克青年失業率高達四〇%，沙烏地阿拉伯、埃及和突尼西亞（開啟了阿拉伯之春的暴力與混亂的國家）超過三〇%。在印度，眾人高度期待人口結構紅利的發生，未來十年，每年共有一千萬名年輕人將加入勞動力，但近幾年當地經濟體系每年創造的工作機會還不到五百萬個。

雖然和人口快速成長有關的討論傾向於聚焦在大型新興國家，但在已開發國家，勞工人數是否持續增加，也一樣攸關重大。近幾十年來，美國已成為世界上最有活力且最有彈性的已開發經濟體，遠比歐洲更創新，而且不像日本那麼偏狹迂腐。不過，美國近年來的優勢多半來自它有較多年輕人加入勞動力。過去三十年間，美國的勞動年齡人口成長率遠比其他主要工業對手國高：其成長率大約是法國和英國的兩倍、德國的五倍，以及日本的十倍。遠比其他成熟國家更快速擴張的人口結構，是美國經濟在同一時期經濟成長較快速的主要原因。舉個例子，在德國和英國，排除人口成長較慢的因素後，這兩國的人均所得成長率並不亞於美國。過去三十年間，美國經濟平均比德國多成長〇．九%，而它的勞動人口成長率也正好比德國高〇．九%，若不考量這項因素，兩國的經濟成長速率其實是平手的。

已開發國家二〇一五年至二〇二〇年的人口預測相當令人沮喪。預期世界前十大已開發經濟體中，法國的勞動年齡人口將停滯，西班牙將略微減少，而義大利、德國和日本的減少速度更快，每年約減少〇．四%以上。美國的預測數字比較不那麼了無希望，估計它可望維持〇．二%的正勞動人口成長率，大約和英國與加拿大相當。只有小型的已開發國家還傳來一點好消息，其中展望最好的是新加坡與澳洲。這些國家的人口依舊以相當理想的速率持續成長，只不過，對全球經濟體系來說，這些國家太小，不夠彌補較大型國家人口成長趨弱所造成的缺口。

嬰兒紅利

對抗人口成長趨緩的戰爭早已開打。過去十年，很多國家陸續察覺到這個經濟威脅，也採取了反制措施。二〇一四年，丹麥修正高中性教育課程，新的課程針對過晚生育的危害，對青少年提出警告。根據聯合國的數據，如今有七〇％的已開發國家正實施提高生育率的政策，比一九九六年的三〇％明顯增加。在此同時，採取積極政策來控制人口成長的新興國家也從一九九〇年代的大約六〇％逐年降低。

由於很多國家的出生率已降到二．一％的人口替代水準，故施行生育補貼的國家主要聚焦在鼓勵女性生育兩個小孩以上，某些國家對第三、第四及第五個小孩的補貼甚至一個比一個更慷慨。很多國家試圖發給婦女所謂「嬰兒紅利」的現金補助，還提出其他鼓勵生育的誘因，但這種國家干預生育流程的作法通常很沒有效率，而且頗具爭議性。一九八七年時，新加坡最先推動這些政策，他們發起一場呼籲「至少兩個孩子，最好三個，養得起的話，四個更好」的運動。政府提出補貼住院費用等誘因，但這場運動並未對生育率造成顯著影響。當時我正在研究新加坡，所以，我記得非常清楚，當地人開玩笑說，拜這些補貼之賜，排隊準備在吉利的八八年八月八日進行剖腹生產手術的華人準媽媽們多了不少。加拿大也在同一年（一九八八年）推出嬰兒紅利政策，不過，一年後便廢除，部分原因是，回應這項現金獎勵的婦女多半相當貧窮，將來他們的孩子出生後，會導致福利支出大幅增加（其他國家也有相同的的情況）。

澳洲財政部長彼得．寇斯戴洛（Peter Costello）在二〇〇五年宣布實施該國第一項嬰兒紅利政策時，大力呼籲婦女「靜下心來思考人口老化的問題」，這番說法引來不少同胞的熱烈支持。不過，六年後，澳洲黯然縮減這項紅利，部分原因是，這些獎勵措施看起來似乎並未對生育率造成太大的影響，尤其若和社會上其他較大的變化比較起來。在多數富裕國家，職業婦女為了在職場上追求好表現，常等到三十幾歲才生小孩，而且生育的兒女數也減少。

法國總理里昂內爾・喬斯班（**Lionel Jospin**）領導的社會主義政府，也試圖透過連職業婦女都不免心動的大方嬰兒紅利來解決這個問題。但這個計畫在二〇〇五年宣布後，隨即引來右派人士的攻擊，因為這會導致原已相當吃緊的預算更加惡化，不僅如此，連左派人士都抨擊這個政策是圖利有錢人。然而，這項配套計畫還是獲得通過，包括只給付給生第三個「黃金寶貝」的父母的慷慨獎勵，像是額外的住宅支助補貼、減稅、退休金增加一〇％，以及七五％的火車票折扣等。生第三個小孩的父母親每個月還能獲得四百美元的補助，最重要的一點應該是，如果父母當中有一人辭職照顧第三個小孩，每個月還能領取一千二百美元的津貼。那項津貼美其名是要增加未來的勞動力，但似乎很可能先導致今日的勞動力減少。法國這項計畫的主要策劃者之一彼得・布林（**Peter Brinn**）在回應外界的批評時，辯稱補貼生育是一種「為了未來而花的錢」。然而到了二〇一五年，法國也開始大幅縮減它的嬰兒紅利。

隨著新興市場開始直接感受到人口減少的衝擊強度，智利近來成為第一個提供嬰兒紅利的新興國家之一。儘管智利向來以保守的天主教大家庭文化而著稱，但該國目前的生育率已遠低於人口替代水準。二〇一三年，智利政府為因應人口減少炸彈的衝擊，宣布多項嬰兒紅利計畫。塞巴斯帝恩・皮涅拉（**Sebastian Pinera**）總統宣稱，他對出生率降低的憂慮多過對諸如二〇一〇年二月襲擊智利的大地震等天然災難的憂慮，同時，他也宣佈將針對生育第三、第四和第五個小孩的媽媽，支付一次性的獎勵，金額分別為二百美元、三百美元和四百美元。皮涅拉總統警告：「出生率如此突然且急促降低，是非常嚴重的危機，一個嚴重的威脅，那個威脅甚至會影響我們國家的存亡。」

大約在同一時間，人稱人口計畫之母的中國，也開始重新思考長期以來透過一胎化政策控制出生率的運動，這場運動正是造成中國人口老化問題的重要關鍵。一胎化政策導致很多父母親為了生兒子而將女胎墮掉，最後導致社會上的性別分佈嚴重遭到扭曲，目前中國年輕男性的人數遠遠高於年輕女性，未來將有很多人娶不到老婆。殘酷的人口控制也對勞動力造成巨大的衝擊，估計未來幾十年內，中國一年將折損一百萬名工人。二〇一五年年底，中國終於宣布將取消一胎化政策。

任何人都難以預測這種積極鼓勵婦女生兩個、三個或更多孩子的政策，最後會產生怎樣的扭曲結果——因為人口生育問題非常複雜，不可能循著一個可預測的模式演變。最近人口統計學家漢斯—彼得．科勒（Hans-Peter Kohler）和湯瑪斯．安德森（Thomas Anderson）發表的一篇研究報告，解釋了為何歐洲不同國家的嬰兒荒程度會有那麼大的差異。在工業革命時期，女性大量加入勞動力，但社會規範的改變比工業經濟變化慢。當時男人依舊被視為主要的收入來源，社會上也還是期望婦女能擔負起養兒育女和持家的責任。不過，到了一九六〇年代，最根本的性別角色開始發生變化，因為當時的文化變遷開始跟上經濟發展腳步，不過，每個國家的文化變遷速度不一，有些快，有些慢。在法國、英國和北歐國家，女性生產後比較容易重回職場，那局部是由於當地的兒童照顧服務比較完善。但在德國和義大利等較傳統的文化背景，性別角色的舊觀念較根深蒂固，所以較多女性只好選擇不生小孩（這樣就不需要煩惱養兒育女的責任），如今，這兩國的出生率已經低到足以引發嚴重後果。

因此，政府干預人口繁殖流程的影響有可能非常緩慢且難以預測，那局部是因為每個國家文化變遷速度落後的程度不一，性別偏差的觀念也不同。中國的本意並不是要實施偏好男性的一胎化政策——事實上，中國一直試圖防止醫師公布胎兒性別，不過，由於中國社會還保有強烈的長子觀念，以致於扭曲了這個政策的影響。到二〇一四年，中國的性別失衡程度創下歷史新高，每一百二十一個男娃兒出生，只有一百個女娃兒出生。二〇一〇年代初期拜訪北京和上海時，我聽說中國又回復到十九世紀的情況，當時廣泛的女嬰謀殺案件也製造了類似的性別失衡，就某種程度來說，男女人口失衡誘發了「罣固酮激起」的太平天國起義（Taiping Rebellion，一八五〇年至一八六四年）大屠殺。這個故事有點半開玩笑，不過，在中國，性別失衡卻是實實在在、難以迴避的問題。然而，在其他國家，鼓勵生育的補貼也可能引來專屬它們的始料未及後果。因此，我們很難將這類活動視為對經濟體系有利的訊號。

聚焦在引導更多人口進入有效勞動力的對策，效果可能比較好一點，那意味要對生理及心理能力正常但尚未正式受雇的人開啟勞動力的大門。雖然人口的變動相當緩慢，重塑勞動力結構的對策卻可能產生快速的影響，因為不用花十五至二十年等待一個嬰兒長大，只要鼓勵女性、退休老人或經濟移民加入勞動力就好。提供孩童照顧服務能讓有子女的婦女回到職場。對經濟移民開啟國家的大門，能幾乎在一夜之間擴展勞動年齡人口。另外，扭轉二十世紀許多工業國家將退休年齡降到五十幾歲的政策，也能快速將一個被遺忘的世代導引回到職場。要了解整體勞動人口的規模與人才的可能變化，主要應觀察年老國民、婦女、移民和甚至機器人加入勞動力的數量變化。

釋出被迫退休的人

近幾十年，人口成長率降低所造成的衝擊日益惡化，而世界各地勞動力參與率（也就是已就業及正在求職的勞動年齡成人佔總人口比率）的降低導致情況變得雪上加霜。因參與率降低而導致勞工減少的現象有幾個重要的例外，包括德國、法國、日本和英國，然而，美國的降低幅度非常劇烈。在過去十五年間，美國的勞動力參與率從六七%降至六二%，而且主要是在全球金融危機之後降低。如果參與率沒有降低，二〇一五年的美國勞動力將多出一千二百萬名勞工。雖然這個變遷可能局部屬於暫時現象——反映出數百萬甚至上千萬失業勞工因大衰退那令人沮喪的低迷景氣而放棄找工作——但勞動力參與率本來就會因人口老化而降低。在美國，四十五歲人口的勞動力參與率還稍高於八〇%，但六十五歲人口的參與率還不到三〇%，而且，隨著世界人口老化，預期多數國家的勞動力參與率還會繼續降低。

較明智的國家目前正在重新思考「退休年齡」的概念，在一八七〇年代以前，這個概念可謂聞所未聞。古時候，一般人會工作到身體或心靈消耗殆盡為止，而且會為了防老而養育很多小孩，期望未來至少有一個孩子能照顧他們的老年生活。後來，加拿大西部一家鐵道企業提出一個看似狹隘但事後看來極具遠見的問題：要老到什麼程度才無法安全地駕駛火車？當時的答案是六十五歲，而這個年齡就此成為很多國家的法定退休年齡。即使很多老年人到七十幾歲或八十幾歲都還相當活躍，但年齡限制卻導致他們什麼工作也不能做。

世界上第一個以緩解老年人財務不確定性疑慮為目的的政府退休福利是在十九世紀末於俾斯麥（**Bismarck**）掌權時期的德國推出。當時，歐洲的出生率還遠高於人口替代水準，平均壽命也遠比現在短，所以，勞動年齡人口的絕對數字快速增加，勞動年齡人口相對年老人口的比率也持續上升。由於有愈來愈多工人供給源來為人數有限的退休老人提供充足的財源，也因如此，俾斯麥的退休計畫（這等於是向年輕人課稅來給付老年人退休金）得以相當平順地運作下去。

不過，當前的環境已經反轉。勞動年齡人口正趨於停滯，但俾斯麥那種「費用發生撥款制」（**pay as you go**）退休計畫，卻還是各地的標準作法。問題是，如今各國經濟體系都已不可能錄用足夠的提撥人來支持退休老人的退休金給付，何況這些計畫也有點太過優待退休老人了。二〇一三年十月，我到維也納參訪，一個活力十足的奧地利旅館經理在閒聊之餘告訴我，五十八歲的她還能勝任這份工作，但她還是計畫在兩年內退休，因為她說自己有權領取和目前薪資幾乎相等的公共退休金。她計畫退休後去學跳探戈，進行全國自行車之旅，同時到偏遠鄉村滑雪冒險。

即使是最富裕的國家都知道未來再也無力繼續負擔那麼年輕就退休的人口。為釐清哪些國家最容易因人口老化及相關的成本受害，只要比較十五至六十四歲勞動年齡人口數，相對六十四歲以上或十五歲以下的受撫養者人數，也就是所謂的撫養比率（dependency ratio）。從撫養比率的變化可看出一個經濟體的成長潛力，因為從中可看出有多少百分比的人口正要進入有生產力的時期，這些人將會存錢，同時對可供投資的資本總額做出貢獻，而不是領走退休基金。南韓在戰後經濟榮景期的GDP成長率，總是年復一年地緊密跟隨撫養比率的變化而上升或降低；中國的GDP成長率在二〇一〇年達到高峰，那一年的撫養比率正好達到谷底，當時每一個受撫養人有三名勞工支持，但接下來這個比率便開始上升。

如今這個數字可說是極度戲劇化，尤其是在人口老化的地區，如歐洲，從一九五〇年代起至今，當地勞動年齡人口相對年老人口的比率降低了一半，而且預期未來三十年將再減少一半。人口老化的過程已對多數先進國家造成打擊，但預期新興國家將面臨更快速的老化過程，當然，那都是因為新興國家的生育率降得更快，以及平均壽命延長更多。如今世界各地人民的壽命比一九六〇年的人多十九歲，但在中國，人民的平均壽命比那時多了三十歲，變成七十五歲。這個進展非常了不起，但那必須付出代價。估計從二〇〇〇年至二〇二七年，中國六十五歲以上的人口佔比即將從七%上升到一四%。相反的，在法國，老年人口比率的加倍流程要花一百一十五年才能完成，美國則需要六十九年。

人口趨勢主要是經由可用勞工的增加或減少來對經濟產生影響，不過，人口趨勢也會對生產力產生次級影響。近幾年來，人口快速成長的國家也傾向於展現出較快速的生產力成長。隨著撫養率降低，愈來愈多人加入勞動力，並得以獨立謀生，一個國家的所得就會增加，而所得增加會讓整個國家的資本總量擴大，這些資本還可用來投資到進一步提升生產力的管道。根據人口統計專家安德魯．梅森（Andrew Mason）的說法，這種次級人口統計紅利，是促使東亞及東南亞經濟成長率提高的重要因素，這些地區的儲蓄率相對較高，勞動力也相對龐大。

此外，較有經驗的勞動力通常也較有生產力。採取必要措施讓較年老的人繼續留在勞動人口（而不要成為被撫養人口）的國家，將佔據最有利的地位。二〇〇七年，德國將分階段把男性及女性退休年齡從六十五歲提高到六十七歲。多數其他歐洲國家也紛紛跟進，包括波蘭。未來五年，波蘭的勞動年齡人口預期將萎縮超過三％，只剩六六％，在眾多大國中，波蘭的降幅是最大的，在此同時，它的年老人口繼續激增。提高退休年齡的戰鬥與其他專屬老年化社會的獨特問題，已成為該國政治辯論的主要議題，而波蘭企業家也試圖透過人口老化來找尋獲利機會——目前全國各地的老人院（波蘭人稱之為老人安養院）正呈倍數增加。包括義大利與葡萄牙等歐洲國家已決定將依照平均壽命來調整退休年齡，其他國家也開始辯論是否將退休年齡提高到七〇歲以上。不過，也有一些國家還在苦撐，主要是法國，無論如何，對逐漸老化的經濟體來說，延後退休年齡等於是將經濟向前推進了一大步，退休年齡每延後一歲，就能省下數十億美元的退休金成本，而且能延後人口減少炸彈的衝擊。

然而，假設政府能就這樣大筆一揮，強迫所有老化的勞工繼續留在工作崗位上，也是一個錯誤。墨西哥的退休年齡是六十五歲，不過墨西哥人通常都是到七十二歲才退休。在法國，官訂退休年齡是六十五歲，但法國人典型的實際退休年齡還不到六十歲。改變官訂退休年齡和退休金福利水準，或許能夠鼓勵人民繼續留在工作崗位上，不過卻無法在一夕之間改變勞動文化。在多數國家，退休後的「黃金歲月」都持續延長，這對經濟構成很大的壓力。隸屬經濟合作暨開發組織（Organization for Economic Cooperation and

Development, OECD）的三十四個工業國——從中國、南韓到美國與英國等——人民平均退休年齡和退休老人過世年齡相差十五歲，比一九七〇年時增加兩歲。

如今退休金給付成本已大幅上升到將產生嚴重後果的水準，在ＯＥＣＤ國家當中，或許沒有任何國家的平均退休年齡比巴西還年輕，當地男性的平均退休年齡為五十四歲，女性是五十二歲。在此同時，巴西平均退休金大約是退休老人最終薪資的九〇％，而ＯＥＣＤ的這個平均值只有六〇％。在很多國家，勞工和退休老人之間的失衡持續惡化，並強烈危及原本已搖搖欲墜的俾斯麥退休制度，巴西就是最嚴重的國家之一。各國政府目前也努力試圖解決人口減少炸彈對這方面的影響。

提高女性勞動力參與率

在戰後，全球經濟體系因世界各地婦女紛紛加入勞動力而變得更有活力，但過去二十年間，這個趨勢已停滯，目前女性勞動力參與率停留在五〇％左右。一般來說，在貧窮的農業國家，女性的平均參與率非常高，因為想要養活一家人，所有人手都得到田裡工作。不過，隨著國家工業化，中產階級增漸漸加，女性的勞動參與率遂漸降低，因為某些女性回歸家庭，離開正式的勞動力。不過如果最後這個國家變得更加富裕，就會有更多家庭有資源可送婦女去上大學——因此，又將會有更多婦女加入勞動力。

要了解哪些經濟體最有機會（或最沒有機會）藉由累積女性勞動力來促成經濟成長，可以針對所得水準相當的國家進行比較。根據花旗研究公司（Citi Research）二〇一五年的一份研究，富裕國家的女性勞動力參與率分別介於瑞士的八〇％、德國的七〇％，到美國和日本的低於六〇％等。為了本國利益考量，日本已開始正視這個事實。安倍晉三首相自二〇一二年掌權以來，已明確體察到婦女對修正日本人口嚴重老化問題的影響力，所以，他將「婦女經濟學」列為復興經濟計畫的核心要素。婦女經濟學包括改善兒童照顧服務與育嬰假，縮減「婚姻懲罰稅」（對一個家庭的第二個所得者課徵較高稅率），並鼓勵日本大企業將更多婦女晉升為高階主管。在安倍任期的頭三年，大約有八十萬名女性加入勞動力，而且，他宣稱他的計畫讓更多女性獲得高階工作機會。

在加拿大，對女性開啟大門的努力很快就收到成效。一九九〇年時，只有六八%的加拿大婦女參與勞動力，二十年後，那個數字已上升到七四%，那多半是拜諸如對第二個所得者減稅及新的兒童照護服務等改革所賜。荷蘭的勞動婦女人數增加更多，當地的女性勞動參與率從一九八〇年起迄今，共成長一倍，到如今的七四%，而這是育嬰假延長，及彈性、兼職工作協議普及化的結果。以女性人才的使用率來說，荷蘭在相對短暫的時間內就趕上甚至超越美國。

但不管上述種種促進女性勞動參與的活動有多麼積極，所有國家的男性勞動參與率依舊高於女性，只不過，不同國家的這個性別缺口差異甚大。性別缺口最小的國家包括挪威、瑞典、加拿大和越南，分別都低於一〇%。其中，越南的進榜，看起來好像有點不可思議，不過，其實各國男女勞動參與率的性別缺口和政治文化有關，很多社會主義或共產主義國家早就採取一致的措施，引導女性加入勞動力，包括中國。俄羅斯當然更是如此，該國的女性勞動力參與率非常高，儘管蘇維埃時代的法律規定，超過四百五十種職業「對婦女而言太過繁重」。夫拉迪米爾．普丁在二〇〇〇年接掌政權後，簽署取消這些限制，只不過，俄羅斯法院卻堅持這些限制，直到二〇〇九年才改變。世界銀行在二〇一四年針對一百四十三個新興國家進行調查，結果發現有九〇%的國家至少有一項限制女性經濟機會的法律。這些法律包括禁止或限制婦女擁有財產、開設銀行帳戶、簽訂合約、進入法庭、獨自旅行、開車，或掌控家庭財務。

這類限制在中東及南亞尤其普遍，這些區域的女性勞動力參與率也是世界最低，分別為二六%及三五%。巴基斯坦、伊朗、沙烏地阿拉伯和埃及的性別勞動參與率缺口達到五十個百分點，而職業婦女不僅面臨成文法律的障礙，還得應付社會規範的限制。彼得．海斯勒（Peter Hessler）在《紐約客》（*New Yorker*）雜誌的一篇文章中，概述一個中國企業家在埃及設立一個手機工廠，但不到一年，這個工廠就草草歇業，部分原因是女性員工受制於埃及的社會規範，拒絕輪夜班，而且每每一結婚就離職，所以，就算她們懷抱強烈的工作倫理觀也無濟於事。在諸如印度等較大型國家，婦女的勞動力參與率也不到三〇%，更糟的是，整體數字掩蓋了一些驚人的落後程度。印度的比哈爾邦（Bihar）共有一億人口，其中僅僅二%擁有正式職業的婦女被計入勞動力。

文化方面的障礙確實存在，不過並非無法克服。拉丁美洲的大男人文化向來舉世聞名，不過，當地引導婦女加入勞動力的成績還算是相當不錯。在一九九〇年至二〇一三年間，有五個國家的女性勞動力參與率增加十個百分點以上，而且全是拉丁語系國家。排在第一名的是哥倫比亞，積極投入勞動力的成年婦女增加二十六個百分點，其次是秘魯、智利、巴西和墨西哥。

造就這種榮景的原因非常複雜，其中之一是，拉丁語系國家的教育體系對婦女開放。在哥倫比亞，一個有錢的女性在一九七〇年代創立的「持家」集團（Profamilia）發揮了重大的影響力。這個民間集團正面迎戰勢力龐大的天主教會，遊說擴大避孕管道，讓女性能為了職涯發展而選擇延後生育，雖然生育率大幅降低，但女性勞動力參與率卻急速飆升。在很多國家，若想透過職業婦女來促進經濟成長，所有領導人都必須解除目前的限制，這麼做的成效遠比提供昂貴的新型兒童照護服務或慷慨的育嬰假好得多。

文化不可能在一夜之間改變，不過法律可以。國際貨幣基金（IMF）表示，當國家賦予女性開立銀行帳戶的權利，接下來七年間，女性勞動力參與率就會大幅上升。然而，尚未獲得充分利用的婦女人才還是非常多。現在已經有很多國家體認到對婦女開啟工作大門後，國家將獲得非常大的利益，其中，人口老化最嚴重的國家和女性參與率最低的國家將獲益最多，包括日本和南韓。在美國的戰後世代，女性加入勞動力的人數頻創新高，但那個趨勢在二〇〇三年底達峰頂後，便開始走下坡。可能的原因是美國的婚姻懲罰稅特別高，而且，兒童照護服務支出也異常低。另外，美國是所有工業國家當中唯一沒有針對保障新手父母有薪假訂定國家級政策的國家。

OECD近來估計，消除勞動力的性別缺口——也就是讓女性勞動力參與率追上男性——將促使成員國二〇一五至二〇三〇年間的整體GDP增加一二%。日本和南韓的GDP最多將增加二〇%，義大利更將增加超過二〇%，因為義大利只有四〇%的婦女是正式勞動力。二〇一〇年，布茲公司（Booz and Company）一份相似的分析也顯示，若能縮小新興國家的性別缺口，到二〇二〇年，這些國家的GDP增加幅度會更大，介於埃及的增加三四%、印度的二七%，以及巴西的九%。

吸引移民的戰爭

近幾十年來，驅動人口成長的基本要素之一都維持穩定——自一九六〇年起，全球生育率大幅降低，平均壽命則從五十歲增加到六十九歲，而且還在增加，但這段期間，移民率卻大致維持相同。半個世紀以前，移民佔大約全球人口的三%，到二〇一二年時，移民率還是大約佔總人口的三%。二〇一五年，超過一百萬個難民從被戰火蹂躪的敘利亞、伊拉克和阿富汗急速湧入歐洲，這引發極大的憂慮，問題是，只要當地的暴力不停止，未來還是會有大量難民湧入。不過，目前更強大的根本移民趨勢是，新興世界的勞動年齡人口成長急速崩落，導致新興國家遷移到已開發國家的經濟移民潮衰減。在二〇〇五年至二〇一〇年間，從開發中國家遷移到已開發國家的淨移民數量共一千六百四十萬人，但二〇一〇年至二〇一五年間，那個數字減少了接近五百萬人。

事實上，至少在二〇一五年歐洲及美國反移民運動如火如荼展開以前，各國在吸引外國勞工方面的競爭就已經非常火熱。根據聯合國的統計，公開宣布計畫「經由移民」來增加人口數的國家，從三年前的十個國家增加超過一倍，達到二〇一三年的二十二個。若想了解哪些國家在吸引移民方面的成效比較好，只要觀察哪些國家因淨移民而增加或折損最多人口就好。二〇一一年至二〇一五年，已開發國家當中，移民增加最多的國家是澳洲、加拿大、美國和德國。

或許較令人感到意外的是德國，畢竟德國在二〇一五年因大量戰爭難民流入而產生的強大的政治強烈反應——包括有人對地方難民中心縱火攻擊，以及新納粹口號「希特勒萬歲」復活等——而引來全球的關注，而總理安琪拉．梅克爾（Angela Merkel）也因廣開移民大門的政策，而蒙受支持率下降的壓力（當然還有其他因素導致她的支持率下降）。然而，如果不是淨移民的正面促進效果，德國的人口早在二〇一一年後就開始縮減了。在二〇一一年至二〇一五年間，淨移民使德國人口增加一．六％，正好和被向來有移民樂園之稱的美國的人口增加幅度相等。

雖然移民流入對德國經濟產生加分作用，但相較於當地人口成長率降低的速率，移民的加分效果還是相對微小。在二〇一四年至二〇一五年間，新移民激增超過八倍，達到一百萬人左右，不過，在二〇一五年至二〇三〇年間，德國每年必須接納更多人（大約一百五十萬人），才有辦法繼續維持目前勞動年齡人口／退休老人之間的平衡。那並不是說德國每年可以（或應該）接受一百萬個以上的難民，因為要在短時間內將那麼多人整合並融入經濟體系，的確是個大挑戰，但若不接受移民湧入，德國的人口老化程度只會變得更加惡化，目前德國老年人和年輕人之間的失衡已經變得比二〇一五年難民湧入後更嚴重。這是很多工業國家的典型現象——即使接受非常大量的移民，也只能局部抵銷人口減少炸彈的衝擊。

在不受難民危機影響的澳洲和加拿大，移民增加對人口的正面影響比德國還明顯，二〇一一年後，這兩國的移民分別增加三．三％和四．三％。近幾年來，澳洲的人口成長速度比所有大型已開發國家都快，主要原因是澳洲也開放較年老的移民遷入。該國的三分之二人口成長來自移民的貢獻，而這些移民多數來自印度和中國。澳洲的人口也在老化，經濟成長一樣趨緩，但是，如果它持續開啟國家的大門（不過，二〇一五年，當地反移民運動的動能提高，所以後續發展還很難論定），經濟降溫的速度將比多數其他富裕國家慢。

日本的情況正好和澳洲相反，以一個現代國家來說，它對移民的態度可說是封閉到極點。在當地，外國出生的人口只佔總人口數的二％，和澳洲的三〇％差異懸殊。直到近幾年，這種與世隔絕的風氣竟還被視為一種競爭優勢。一九八〇年代時，日本國內、外的分析師認為，這種因單一文化而衍生的「和諧」氣氛以及零種族衝突，是日本經濟興起的原因之一。首相中曾根康弘（Yasuhiro Nakasone）和其他政治領袖也都曾公開表示，這樣的「同質」社會是日本國家認同與實力的必要關鍵。甚至到二〇〇五年，內閣總理大臣麻生晉太郎（Taro Aso，後來成為副首相）還讚揚日本「一個種族、一個文明、一種語言以及一種文化」的概念。

某些日本政府高官確實迄今仍抱持那樣的觀點，但這些人的看法卻和安倍政府內部一個逐漸擴散的認知互相抵觸——這個認知是：如果日本不歡迎經濟移民，它將成為一個孤獨又日益萎縮的文明。安倍首相已開放更多的新移民簽證數量，而且開放的簽證數還在增加。目前日本一年大約流入五萬個移民，問題是，新移民數量必須增加到這個數字的十倍左右，才足以填補當地至二〇三〇年為止的預估人口減少數。換言之，日本必須多多向澳洲看齊才行。

南韓是另一個曾將其人口同質性視為政治凝聚力以及勞動力紀律來源的統一種族文化國家。不過，面臨與日本類似的勞動年齡人口急遽減少現象，南韓的回應速度比日本明快很多。一九九七年至一九九八年亞洲金融危機的衝擊，迫使南韓重新思考過去那種與世隔絕的作法。危機爆發前，南韓有大約二十五萬個移民，但到二〇〇〇年，移民人口已增加四〇〇%，達一百三十萬人，相較之下，日本只增加五〇%。目前南韓政府已將推廣多元文化主義列為官方政策。移民服務官員不斷吹噓政府廣泛吸引人才的作為，而聯合國也大力讚揚南韓針對勞工短缺產業提供工作許可證給外國人的制度。雖然當地勞動年齡人口已萎縮一段時日，但若沒有引進移民，萎縮速度會是目前的四倍。此外，朴槿惠總統在二〇一三年就任後，也承諾將採取更多吸引年輕外國人前來南韓的新行動，以解決人口老化問題。

南韓擴大雇用經濟移民的活動和鄰近的泰國呈現強烈的對比，因為泰國的移民政策毫無章法可言。目前的泰國已被稱為「東南亞老翁」，因為未來五年，它的勞動年齡人口將會減少，是整個地區唯一將陷入這個窘境的國家。一九七〇年代的泰國在所謂「保險套先生」（Mr. Condom）這個變節文官領導下，推動一項生育控制計畫，但如今已經有些人主張那個計畫可能「太過成功」了。當時，警察當街發放保險套，僧侶也在廟宇中祈神賜福保險套，保險套先生（他的本名是梅柴．維拉瓦伊迪亞〔Mechai Viravaidya〕）甚至在他的連鎖餐廳——捲心菜與保險套餐廳（Cabbages and Condoms）——提供免費的輸精管切除術服務，他還因為在世界銀行演講會中發放大量保險套而在國際上聲名大噪。泰國的生育率因這些活動而大幅降低，從一九七〇年平均每個婦女生六名子女，降到一九九〇年代初期的低於人口替代水準。

那麼，要從婦女勞動參與率著手嗎？可惜婦女並非解決泰國人口萎縮問題的答案，因為當地的女性勞動力參與率早已超過七〇%——到目前為止，是類似所得水準國家中最高的，那是因為泰國文化比較開明所致。另外，相較於其他東南亞國家，這個懶散的佛教社會也異常能接受外國人，故當地有接近四百萬個移民，佔總人口數的五%以上，相較之下，菲律賓與印尼的移民佔總人口比率還不到一%。在泰國，由外國籍高階主管經營大型企業的情況很常見，這在民族主義觀較強烈的鄰國如印尼和馬來西亞相當罕見。移民勞工——主要是來自緬甸、寮國和高棉等地的佛教徒也能輕鬆進出泰國，問題是，他們高興來就來，不是長期雇用型的員工，只不過泰國當局未加以阻擋罷了。二〇一三年十月，我到曼谷參訪時，當地一名經濟學家告訴我「這是典型只有泰國才會發生的傳說。沒有任何政策是清醒的政策」。「嚴格來說，此地很多移民是非法移民，但有誰真的在乎法律呢？」若想反制人口老化問題，泰國必須對移民提出更周到的歡迎手段才行。

在大型新興國家中，近年來湧入較多移民的國家是土耳其、馬來西亞和南非，這幾個國家是吸引區域內難民與求職者的超強力「磁鐵」。在二〇一一年至二〇一五年間，南非的歸化移民讓人口增加了一・一%，讓馬來西亞人口增加一・五%，而土耳其人口更因移民而增加驚人的二・五%。二〇一四年，即使西歐各地的右派政黨都為了移民與難民的暴增而發出不平之鳴，土耳其卻默默地反其道而行，擴大接受難民，讓一百萬個難民獲得合法身份，其中很多人來自敘利亞。至少某些土耳其領導人體察到這是個進口勞力與人才的大好機會，因為那些難民當中有很多醫師和受過其他高等教育的專業人士。根據世界銀行總裁金墉（Jim Yong Kim）的說法，二〇一四年，土耳其有四分之一的新企業是敘利亞人創辦的，而土耳其成長最快速的地區正是難民落腳之地。

人才流入，人才流失

隨著各國在吸引勞工的競爭上變得愈來愈白熱化，技術性勞工的搶奪戰也將變得特別激烈。二〇一四年時，OECD有三分之二的會員國剛實施或即將實施專為增加高技術移民而設計的政策。這些計畫已促使ＯＥＣＤ國家二〇〇〇年代期間的大學學歷移民人數增加七〇%，達到三千五百萬人。儘管二〇一五年的反移民氣氛高漲，吸引外國人才的競爭還是沒有停歇。

幾十年來，美國一向受惠於人才流入，因為人才的流入讓美國社會的創業能量得以增強。如今，移民佔美國總人口的一三%，但新企業老闆中，有高達二五%是移民，而且在矽谷工作的人當中，更有三〇%是移民。二〇一三年時，美國前二十五大科技企業的創辦人，有六〇%是第一代或第二代移民。蘋果公司的史帝夫．賈伯斯（Steve Jobs）是敘利亞移民的第二代；谷歌（Google）的謝爾蓋．布林（Sergey Brin）是俄羅斯移民第一代；甲骨文（Oracle）的賴瑞．艾利森（Larry Ellison）是俄羅斯移民第二代；亞馬遜（Amazon）的傑夫．貝佐斯（Jeff Bezos）是古巴移民第二代。雖然很多從其他國家遷移到美國的創辦人來自被戰火蹂躪或經濟功能不全的國家，也有不少人的家庭是來自受高度管制的歐洲經濟體，包括舊東德（賽門鐵克〔Symantec〕的康斯坦汀．古厄瑞基〔Konstantin Guericke〕），法國（電子海灣〔eBay〕的皮耶．歐米迪亞〔Pierre Omidyar〕）和義大利（ＥＭＣ的羅傑．馬利諾〔Roger Marino〕）等。

近幾年，矽谷的企業大亨愈來愈擔心美國抵制高技術性外國人的作為，會讓這個國家在人才搶奪戰中落入下風。從二〇〇〇年開始，美國放行愈來愈多外國人來求學，但不是來工作。在那段期間，學生簽證增加到接近五十萬份，不過，雇用（即Ｈ１Ｂ）簽證數卻持穩在十五萬份。換言之，美國每年把三十五萬個畢業生送回他們的國家，這些畢業生多半是印度和中國人，另外，其他競爭者也持續對加州虎視眈眈，把剛畢業的人才搶回他們國家。

二〇一三年時，科技分析師瑪麗．米克爾（Mary Meeker）散佈了幾張加拿大政府在一〇一高速公路（行經矽谷的主要幹道）展示的廣告牌照片，那些照片等於是對歐巴馬總統的某個外交政策承諾——「以亞洲為中心」——的迎面痛擊。照片上的廣告牌上寫著「Ｈ１Ｂ問題？改以加拿大為中心吧。」加拿大的公民權、移民與多元文化主義部長傑森．肯尼（Jason Kenney）在二〇一三年夏天拜訪灣區（Bay Area）前說，他將大力宣傳加拿大願意「對新來的人開放」，而且「不會」為了侵門踏戶到美國的地盤搶人才而「道歉」。他說，「如果你們沒辦法先搞定你們的移民制度，我們將邀請最優秀且最聰明的人北上到我們國家。」

很難說哪個國家將在這場全球人才搶奪戰中勝出。辨識贏家的方法之一，是找出大學畢業生中移民人數佔比較高，且這個比率仍持續成長的國家，因為這個百分比愈高，意味那個國家爭取到愈多受過高等教育的人才。英國、加拿大和澳洲在這方面的收穫最多，尤其是澳洲，當地移民佔總人口數的三〇%，而且大學畢業生中，移民佔了四〇%。那一〇%的落差代表著非常顯著的人才流入。在美國和日本，移民佔大學畢業生人數和佔總人口數的比重大約相當，所以，大學畢業生移民對這兩個國家的影響較小。而在德國、荷蘭和其他某些歐洲國家，大學學歷的移民人口佔比相對比本地大學學歷人口少。

這些差異絕對不算小。搬到澳洲和加拿大的中國和印度家庭，傾向於帶著他們的高等教育標準到這些國家，而他們的孩子在標準化的高中學校測驗上，表現得一點也不輸本地人。事實上，在澳洲，移民學生的表現比本地人更好，澳洲是唯一出現這種情況的大型工業國。在美國和英國，移民學生的表現稍微差一點。不過，在很多歐陸國家，尤其是北歐國家，移民學生的表現就嚴重落後。舉個例子，在瑞典，本地學生中，有二〇%被評為「低於全面參與現代社會所需之能力」，但有六〇%的第一代移民低於那個標竿。德國、法國、瑞士和其他北歐國家也都出現類似令人驚訝的落差，也因如此，這些國家才會擔心移民導致低社會階層人士增加，會進一步導致已過度沉重的福利與退休制度更有壓力。

無疑的，文化障礙讓先進經濟體的移民整合問題變得複雜，不過，將婦女和老人整合到勞動力的問題也不單純。此外，有些人擔心移民的技術水準不夠，但那是多慮。有愈來愈多研究顯示，移民（無論是否為技術性勞工）傾向於刺激生產力與經濟成長。針對「移民搶走本地人工作機會」這個耳熟能詳的指控，世界銀行的經濟學家卡格拉．歐茲丹（Caglar Ozden）最近深入做了一番研究，結果發現這樣的說法與事實不符。

歐茲丹發現，大致上來說，移民通常是從事本地人不想做或無法填補的工作職缺。二〇一五年六月，我到希臘參訪，當時債務危機正在熱頭上，很多人對高達二位數的青年失業率感到擔憂，不過，有個現象讓我很驚訝：當地很多企業老闆不斷抱怨年輕希臘人的工作倫理太差，他們表示，因為希臘媽媽們的退休金豐厚，所以本地年輕人寧可待在家裡「啃老」，也不願從事單調乏味的苦差事。這些企業老闆幾乎異口同聲地表示自己喜歡聘請移民，因為移民有一顆迫切想要工作的心。從這個說法便可印證一個統計數據：在希臘，移民的勞動參與率比本地人高一〇%。希臘的這個落差是歐洲最高，所以，希臘或許是個極端的案例，不過，移民確實經常填補很多不受青睞的職缺。

歐茲丹也發現，缺乏技術的移民通常不會對本地的工資與就業狀況造成影響，甚至會提高薪資與就業。他拿馬來西亞來做對照：近幾年來，非常大量的外國人流入馬來西亞，這讓很多只有高中學歷的本地人得以成為移民勞動者的低階經理人，而不再只能當個低階的勞動者。這對經濟成長形成非常大的刺激效果，當然，技術性移民的影響會更顯著。

在美國，驅動生產力成長的主要人類要素是科學家、科技專業人士、工程師和數學家，而移民在這些領域的佔比向來高於這些人在總人口的佔比。因此，移民傾向於填補本地人不想做的高階與低階工作，包括女僕與數學專家。高技術移民也促進了技術進展，因為那類資訊難以透過文字（這些資訊是透過實作經驗學習與傳播，像是半導體的生產等）帶進美國。根據哈佛大學的《經濟複雜度圖解集》（*Atlas of Economic Complexity*），驅動經濟成長的關鍵並不那麼取決於個別的專家，因為要製造複雜的產品，需要結合很多不同的專業知識，如電池、液晶、半導體、軟體、冶金術和製造智慧型手機的精實方法等。而取得這一系列人才的最快管道就是進口。相同的概念也適用於其他愈來愈多領域，畢竟到了這個年代，連煮菜都已成為烹飪科學。二〇一四年一月，我到秘魯去旅行時發現，根據某些餐廳評鑑，世界前二十家頂尖餐廳中，就有三家位於利馬（Lima），這實在令人很訝異，而那是拉丁與亞洲風格融合的結果——十九世紀時，有很多中國和日本勞工移民到此地。

而對很多新興國家來說，這場人才爭奪戰爭不僅在於如何吸引人才，也在於如何留住人才。根據一份估計，二〇〇〇年代時大約有九萬個發明家搬出中國和印度，其中很多人去了美國。那代表美國有可能收益良多，但這些新興大國本身則損失慘重，不過，目前並沒有任何有條理的方法可追蹤這些趨勢。我只能不斷留意所有和人才流入與人才流失有關的最新證據。

有時候，報紙上常會出現的新聞頭條式數字可能會產生誤導效果。在二〇一一年和二〇一五年間，由於來自前蘇維埃衛星國（主要是烏克蘭）的數十萬個求職者，故俄羅斯呈現強勁的正淨移民數字。不過，也有愈來愈多才華洋溢的俄羅斯人離開自己的國家，離開的人數更甚於流入人數。二〇一三年有超過十八萬人離開，是二〇〇九年的五倍以上，而且接近一九九八年銀行危機爆發後的高峰。離開的人包括企業家、作家、科學家和有能力送下一代到海外求學的家庭裡的子女，而這些家庭送小孩到海外求學，當然是希望他們未來能永久定居在俄羅斯以外。俄羅斯精英的晚餐對話經常都是在談論如何取得某個理想外國的簽證，以及如何趁機將家裡的錢轉移到國外。

中國經濟不像俄羅斯那麼危機重重，不過，根據我同事的回報，當地也常聽到這樣的對話。在二〇〇〇年至二〇一四年間，共有超過九萬個百萬富翁離開中國，到目前為止，這個原始數字是所有國家中最高的。二〇一四年，巴克萊銀行（Barclays Bank）針對兩千個亞洲有錢人所做的一份調查顯示，中國有錢人是目前為止最有可能考慮移民者，其中，四七%的中國有錢人表示打算在五年內離開祖國。在打算移民的中國有錢人當中，有大約四分之三提到海外的經濟保障、氣候、工作與子女求學機會等優於中國。中國人的晚餐對話全都是討論哪個地方最適合去：美國、澳洲或加拿大。最近的新聞報導提到，有數萬個中國人尋求投資澳洲和加拿大，以便取得那些國家專為大型投資人合法遷入而設置的特殊簽證。當一個國家的聰明人個個絞盡腦汁想要搬出自己的國家，那絕對是一個不好的訊號，而如果他們還打算帶著錢離開，那就更糟了。

即使各國政府不斷努力設法吸引移民人才，社會在融入這些移民的過程中，還是經常衍生各種強烈的政治反應，甚至是自我傷害的反應。除了孤芳自賞的日本，多數工業化民主國家都堅持一個概要的首要原則：將移民約當總人口數的比例控制在一〇%至一五%。但根據英國市場調查集團艾普索斯莫瑞集團（Ipsos MORI）最近的一份民調，德國和英國的百姓相信當地移民社區的規模是這個數字的兩倍。法國和美國人的知覺落差更大，當地民調顯示，人民認為移民人口是實際上的三倍多。美國受調查者估計，移民約佔總人口的三二%，但實際上的數字僅一三%。

這種錯誤知覺反映了局外人對此的憂慮，也促使政治辯論不斷朝限制移民的方向偏斜，而非努力促進本國人與移民的健康融合。二〇一五年時，聲勢領先的美國總統參選人唐納．川普就承諾，將強迫墨西哥為兩國邊境的一道銅牆鐵壁買單。不過，墨西哥本身的勞動年齡人口也即將減少，故未來墨西哥人將比較沒有理由到美國找工作。川普和他的支持者對這些事毫無所悉，何況在二〇一五年的四年前，來自墨西哥的淨移民就已降到零，那局部是因為美國的建築工職缺愈來愈少。未來幾年，這個動力（新興國家人口成長率降低，導致他們對已開發國家的移民減少）有可能變得更加強勁。

歡迎機器人

如今世人對「未來是機器人的世界」的恐懼已經不亞於對移民和難民的擔憂，而且，那一切恐懼都是導因於缺乏想像力。十九世紀初時，有十分之九的美國人從事農業，在當時，幾乎沒有人想像得到這個數字會降到百分之一，更難想像後來的非農業的新工作機會將從哪裡冒出來。當時沒有人完整預見到如今的製造與服務產業就業榮景。矛盾的是，今日的悲觀論者也主張，機器人將搶走製造業的所有工作機會，讓人類不再有工作可做，因為我們也和先人一樣，無法想像接下來會發生什麼事。

悲觀論者表示，最近這場科技革命和製造業與服務業革命完全不同，因為先前幾個世代的機器的生產活動是為了替人類創造好用的有工具，但如今最新的技術卻製造了能像人類一樣思考的機器。他們說，這次轉型的最大威脅並不是為生產線提供勞力的機器手臂，而是能夠以「機器學習」（machine learning）的人工智慧來自動化生產，有朝一日，人工智慧甚至能夠設計生產線，而這一切都要歸功於雲端與大數據（big data）的驚人運算能力。二〇一三年年底，牛津大學（Oxford University）的研究人員卡爾．班納迪克．弗雷（Carl Benedikt Frey）和麥可．奧斯本（Michael Osborne）在一份經常被引用的預測中提到，未來十年至二十年間，美國大約有四七%的工作機會有被自動化取代的風險。美國男性最常見的工作是駕駛，有一份預測提到，無人駕駛的智慧車和貨車將在二〇二〇年取代所有司機的工作。

這個邏輯和我們以前曾聽說過的幾個主張不謀而合。柏克萊大學的機器智慧研究所（Berkeley's Machine Intelligence Research Institute）清點了所有和「人工智慧何時將來臨」有關的預測，整體來說，一般人預測那一天將在二十年內到來。問題是，回顧一九五五年，當時一般人也是這麼預測的。人工智慧領域流傳著一個笑話，它說，如果你預測人工智慧將在二十年內發生，就能找到投資人贊助你的研究；如果你說五年，他們就會記住你的預測，並睜大眼睛看著你實現，而如果你說一百年，他們就會拍拍屁股走人，不會有任何興趣。

雖然機器人革命的進展有可能比先前多數科技革命來得更快，但這場革命還是可能緩慢到讓機器人勞動力和人類勞動力兼容並蓄，而不是全面摧毀人類勞動力。如今世界工業機器人數量和全球總工業勞動力規模的落差依舊非常巨大，前者僅約一百六十萬個，後者共三點二億人。目前的多數工業機器人也還不是智慧機器，它們只負責單一工作，像是鎖螺栓或為車門上漆等，而且，事實上，其中有接近一半機器人是在汽車產業服役，而在今天的美國，汽車產業仍是美國人類的單一最大雇主。

工作場所的配置一向為了容納機器而演變，不過，人類還是找出了融入的方法。雖然美國銀行業者以自動櫃員機取代了大量的人類，省下來的錢卻讓銀行得以開立更多分行，所以，其實從一九八〇年至二〇一〇年，美國的人類櫃員數還從五十萬人增加到五十五萬人。哈佛經濟學家勞倫斯·凱茲（**Lawrence Katz**）在針對未來失業狀況進行預測時評論：「美國從來都沒有『用完』工作的一天。沒有任何趨勢能消除人類的工作。」

如果自動化取代人類的速度像近來一些書籍——如馬汀·福特（**Martin Ford**）的《被科技威脅的未來》（*The Rise of the Robots*）——所暗示的那麼快，那麼，這個項威脅對工作機會的負面衝擊應該早就歷歷在目了，但擺在眼前的事實卻正好相反。關於後危機時代，另一個謎團是，雖然經濟異常疲弱，主要工業國（到目前為止使用最多機器人的國家）的就業成長卻相對強勁。在以美國為首的七大工業國（G7），儘管經濟成長疲弱，失業率降低速度卻比預期更快，而且比至少一九七〇年代以來類似的經濟疲弱時期更快。不僅如此，除了美國，德國、日本、英國和七大工業國中的每個國家，參與勞動力的勞動年齡人口持續增加，但在此同時，失業率卻是降低的。德國、日本和南韓的就業展望尤其強勁，問題是，它們也是使用最多機器人的工業國家。

不可諱言的，自動化的侵略還處於非常初期的階段，未來它的氣勢將有增無減，不過，歷史和目前的證據顯示，人類將和他們一手創造出來的這些「入侵者」達成某種愉快的協議。最新的趨勢之一是協作機器人（cobot），也就是擁有擺動手臂的工業機器人，這種機器人能在相當安全的情況下設置在人類身邊，與人類合作，不是擺在一個與人類隔離的內部牢籠裡。對科技發展抱持樂觀看法的人相信，機器人將成為人類的僕人，不會取代我們，而且會讓我們的生活變得更自由，更能在退休後悠閒享受。如果真是如此，我們要提出一個強而有力的務實論點：要解決較少年輕人的問題，就是多用機器人。最近一個非常擔憂的訪談者向諾貝爾獎經濟學得主暨作家丹尼爾．康納曼（Daniel Kahneman）詢問「機器人興起」將會對諸如中國等高度工業化國家帶來什麼威脅，康納曼回答他：「你沒搞懂我的意思，」「以中國的情況來說，機器人來得正是時候」，正好幫中國解決了人口減少的問題。

未來經濟學家在衡量經濟成長時，可能會將工作型機器人數量的成長，視為對經濟成長有利的訊號，一如他們現在分析勞動年齡人數的方式。不管是刻意設計或無心插柳的圓滿結果，很多人口快速老化的國家也擁有最多的機器人數。根據國際機器人聯合會（International Federation of Robots）的統計，世界上機器人密度最高的國家是南韓，二〇一三年時，每一萬個員工有四百三十七個工業機器人，其次是日本的三百二十三個，與德國的二百八十二個。中國的數量遠低於此，僅十四個，不過，從光明面看，它的機器人數成長率堪稱世界第一，二〇一三年一年就增加三萬六千個。

我對工作場所的自動化抱持樂觀看法，因為我相信，主宰著整個經濟圈的原理和主宰物理圈的原理是一樣的——沒有任何東西會消失，沒有獲得任何東西，且所有事物都被轉化。麥肯錫（McKinsey）顧問公司指出，美國過去二十五年大約有三分之一的新工作機會是早前二十五年從未存在，或幾乎不存在的工作機會。在下一個工作場所轉型過程中，人類舊有的工作確實可能被機器人與人工智慧取代，但我們勢必也將投入很多目前還想像不出來的工作。

群策群力

隨著人口減少的經濟衝擊來襲，某些分析師會主張，聰明回應人口成長趨緩的方式，就是以不變應萬變，什麼事也別做。很多日本人就是這麼想的，當地人口快速老化的現象早在一九六〇年代就顯而易見，因為當時的出生率就已低於人口替代率。主張以不變應萬變的人宣稱，只要人均所得沒有減少，人口減少的經濟衝擊就無關緊要。不過，任何國家都難以維持那個最重要的假設。全球競爭的現實無時無刻會對一國的經濟造成干擾。二〇一〇年時，中國超越日本，成為世界上第二大經濟體，從那時開始，日本也不得不更積極動員，試圖重新啟動經濟成長，並回應中國對日本政治與軍事地位的挑戰。因為持續增加的人口除了能讓國家更有活力、擁有更高的生產力（生產力提升來自進入勞動力的新人口），對一個國家的全球地位和因經濟實力而來的權勢也非常重要。

要評估哪些國家最有可能成長或最不可能成長，首先應觀察勞動年齡人口的預估值是成長或萎縮，這是為了衡量未來潛在經濟成長的基線。另外也一樣重要的是，要觀察哪些國家最能善加利用他們將獲得的新增人口（不管增加多少），哪些又最不能善加利用新增的人口。它們的勞動力是否開放較年老的人口、女性或外國人參與？它們是否採取改善勞動力才能的措施？尤其是透過吸引高技術性移民的方式？在這個勞工將愈來愈短缺的世界，所有人——包括人類或自動機器人——都必須群策群力才行！

第二章 生命週期

——國家是否做好支持改革者的準備？

有一次，我受邀針對俄羅斯的未來發表意見，事後回想，當時我表達的意見或許有點太過直白。二〇一〇年十月，一家大型俄羅斯銀行來電表示，他們的總理辦公室想邀請我在即將於莫斯科世界貿易中心舉辦的研討會中發表演說。我到場時發現，整個大廳擠滿了聽眾，夫拉迪米爾・普丁和其他顯要人士（包括時任法國財政部長的克莉絲汀・拉加德〔Christine Lagarde〕）就坐在講台上。輪到我演講時，我試著坦白敘述普丁在二〇〇〇年就任總統時，他的國家還未走出一九九〇年代末期多重危機的創傷；而普丁的積極改革——包括一三％的均一所得稅（flat income tax）啟動了一個平靜美好的世代，促使俄羅斯平均所得從二千美元增加接近五倍，達一萬二千美元。

接著，我話鋒一轉，談到目前與未來，拉加德對我使了個眼色，暗示情況並不像以往那麼樂觀。目前的俄羅斯已是一個中產階級國家，所以，在創造經濟成長方面，它面臨的挑戰已和過去不同。俄羅斯經濟體系正逐漸失去動能，主要原因是它未能從石油及天然氣產業出發，更多元發展，畢竟它不可能永遠仰賴高油價所帶來的意外之財——過去十年，高油價為這個經濟體挹注了一點五兆美元。我當時提到，有一句諺語說「富裕的國家製造非常多東西」，而儘管俄羅斯迫切需要具有發展前途的產業，但它的中小型企業比其他多數開發中國家少很多。

隨著我繼續發表演說，我注意到普丁的表情看起來愈來愈嚴峻，而且一邊寫著筆記，當場我還自鳴得意地以為他可能察覺到我的評論對他有一點幫助。但我有所不知的是，俄羅斯國家電視台正在直播這場研討會；當然我也沒有預期到我公司的紐約辦公室會在隔天一大早傳來狂怒的訊息，大罵「看看你幹了什麼好事？」由克里姆林宮一手掌控的研討會媒體報導，還將我形容為令人厭惡的賓客，說我從頭到尾只對與會人士提出一些酸溜溜的評論；那篇報導也把我的評論貶為華爾街式的閒扯，還強調橫豎俄羅斯不需要華爾街的資金。我當時真的很慶幸自己那天稍晚就會離開莫斯科。

幾個月後，在美國國內一場公開論壇中，我恰好有機會訪問前總統喬治．布希（George W. Bush）。當時他說他看透了普丁的靈魂，發現他是個不錯的生意往來對象，於是，我問他，普丁在他們兩人於二〇〇一年會面後有何改變。小布希回答，普丁因成功而變得腐化，換言之，隨著俄羅斯經濟起飛，他也變得愈來愈自傲。他們兩人第一次會面時，俄羅斯正努力設法走出一九九八年嚴重金融危機的打擊，當時普丁堅忍不懈地推動改革，尤其積極縮減俄羅斯的債務。但到了二〇〇八年，他對導致全世界陷入金融危機的美國次級房貸危機，卻表現出幸災樂禍的態度。換言之，原本的實用主義者普丁已變成民粹主義者普丁，他將俄羅斯的儲蓄揮霍在諸如提高退休金等收買人心的移轉性支出上，另外，他也變成一個民族主義者，他積極宣示俄羅斯勢力，令人不得不擔憂新冷戰將爆發。

布希的評論頓時讓我的思路豁然開朗，我從普丁身上看見一個不斷重演的模式——即使是最大有可為的改革者，都會隨著時間的流轉而變得腐敗甚至污穢，而且變得傲慢，而這樣的轉變將對他們領導的經濟體系造成決定性的後果。某些亞洲奇蹟經濟體在位最久的創國元老，最終也逃不過這個變調的老化流程。一九七〇與一九八〇年代，印尼的蘇哈托（Suharto）曾積極促進經濟快速成長，但後來他愈來愈照顧他的「親友團」，最終引爆了重創雅加達並終結他的統治之路的暴動。在馬來西亞，馬哈迪．穆罕默德（Mahathir Mohamad）掌權二十年間，也創造了類似的經濟奇蹟，但二〇〇三年，他因所屬政黨的內訌而被推翻。就在布希和我對話之際，這個衰敗流程也在土耳其展開，該國的總理雷傑普．塔伊普．厄多岡（Recep Tayyip Erdogan）正逐漸從實用改革的道路，走上民粹式民族主義的道路，並因此被國人批判為「普丁第二」。

雖然普丁是個極端的案例，但我必須說，他從改革者變成蠱惑民心的政客的歷程，完全符合政治人生的自然軌道。在這個軌道上，危機會逼迫一個國家改革，改革則促使經濟成長、日子更好過，但好日子又會導致它變得傲慢與自滿，傲慢與自滿到某種程度後，終將引爆一場新危機。普丁在第一個任期內虛心傾聽改革派顧問，如經濟部長傑曼．葛瑞夫（German Gref）與財政部長亞歷克西．庫德林（Alexei Kudrin）的建議，同時推動稅制改革等，將意外獲得的石油利潤存下來，投資到新產業。

那段日子真的是非常美好——在二〇〇〇年至二〇一〇年間，俄羅斯經濟規模幾乎成長一倍，但這也導致很多俄羅斯人流於自滿，並將所有榮耀歸功給他們的領導人，當然，他也因此更加傲慢。像天一樣高的支持率讓普丁陶醉不已，最終停止改革，一心一意致力於鞏固自身勢力。二〇一一年時，他放手讓庫德林離開，同一年，俄羅斯經濟便大幅趨緩。當然，很難說這諸多事件之間存在明確的因果關係，不過，改革的停止的確是導致俄羅斯經濟陷入漫長且深沈疲弱狀態的原因之一。

若想了解政治對任何一個經濟體的前景的影響，一定要先釐清一個根本問題：這個國家是否做好支持一個改革者的準備？而要回答這個問題，第一步就是釐清這個國家位於生命週期的什麼位置。一個努力試圖從危機中復原的國家最有可能改變：當一個國家已毫無退路，一般大眾和政治精英接受嚴酷經濟改革的機率最高。而位於週期另一端（譯注：即繁榮期）的國家，則會因長期處於榮景而朝惡化的方向演變，因為此時百姓流於自滿，忙著享受眼前的好運，以致於無法認清必須持續改革才能在競爭激烈的全球經濟體系中倖存的道理。

第二步是釐清這個國家是否擁有一個有能力促使民意團結起來，共同支持改革的政治領導人。生命週期記錄了民意的廣泛與循環性波動，當新領導人擁有非凡領袖魅力，且深諳如何將一般大眾期許變革的願望轉化為具體的改革計畫，民意的影響就會達到最大。最幸運的情況就是在對的時間出現一個對的領導人，而在一九九九年初任俄羅斯總理，並在隔年總統選舉中獲得轟動勝利的普丁，正好就符合這樣的輪廓。在危機爆發時，國家通常會要求更換領導階級，所以，訣竅是釐清新領導人當中是否存在大有可為的改革者：危機可能讓他們獲得人民強烈的改革委任授權。

最不幸的就是碰上腐敗的領導人，這種領導人傾向於慷政府之慨，把政府的錢當成酬庸工具，分送給強大的盟友和自滿的百姓，藉此繼續保有權力。即使是真心的改革者都會因榮景時期的成就而變得愈來愈傲慢，並過度戀棧權力，所以，要留意腐敗且戀棧高位的過氣領導人；因為這種領導人等於是預告國家的未來將每況愈下。事實上，二〇〇八年危機後爆發的很多大規模政治抗爭活動（從土耳其到巴西，乃至阿拉伯世界），基本上都是導因於對腐敗領導人的反感。

每個國家都會順著生命週期運轉，只是運轉的速度不見得相同。貧窮新興市場國家的經濟成長比富裕的已開發市場國家更不穩定且更難以預測，雖然新興國家經濟景氣的上升坡度很陡峭，衰退卻比已開發國家更漫長。通常新興國家的經濟一旦衰退，就會非常嚴重，有時嚴重到抹殺榮景時期的多數甚至全部收穫，長期下來，這會對一個國家的進展造成限制。事實上，很多國家曾反覆淪落到走回頭路的地步。舉個例子，二〇〇〇年至二〇一〇年，俄羅斯的平均所得成長五倍，這個成績確實令人印象深刻，然而，那段時間的成長只不過是促使該國的平均所得回歸到一九九〇年代的水準罷了，也就是一九九〇年代銀行危機爆發前的水準。一九九八年的危機爆發後，俄羅斯的所得便急遽下降，如今，所得下降的惡夢重現；二〇一四年，油價崩盤導致普丁領導下的俄羅斯面臨一場新危機，整個國家的人均所得再度下滑，從二〇〇八年的一萬二千美元高峰，降到八千美元。

這就是生命週期的演變——從一場危機的灰燼走向另一場危機的灰燼。在艱苦時期，領導人會把責任歸咎給外國人和他難以掌控的其餘動力。而到了榮景時期，他們又會忙不迭地把繁榮的所有功勞攬在自己身上。即使經濟上的利益局部是全球動力促成——例如油價的上漲促使俄羅斯等產油國的經濟在一九九八年以後一路亮麗——政治領導人還是傾向於將強勁的成長視為印證其施政效率的證據。領導人和他們的下屬會假設，在他們那麼天賦異秉的領導團隊引導下，他們國家的經濟注定會成功。

二〇〇〇年代多數時間統治印度的國會黨（Congress Party）曼莫漢．辛格（Manmohan Singh）政府，人來瘋地相信印度將成為新興國家冠軍的宣傳話術，很多選民也這麼想。當時整個國家不再談論如何推動能夠維護強勁成長的改革，而是聚焦在如何花費預期每年將因八％至九％經濟成長而流入的財富。那個轉變是印度在二〇一〇年度陷入經濟成長大幅萎縮的明顯預兆。

政治領導人偶發性的成就和經常性的失敗，對國家的興起或沒落至為關鍵，而生命週期則提供幾個指南，供我們找出哪些國家即將進入快速成長軌道，哪些又即將從成長地圖上消失。

平常有閱讀報紙習慣的人，應該都知道許多專欄喜歡在結論部分建議特定國家進行必要的「結構性改革」，某種程度來說，這是亙古不變的智慧，無論是任何國家或任何時刻，這個道理都適用。不管是在什麼樣的時刻，一個國家一定會有某種「結構性」的事物需要修復，有時候，那是指類似企業與政府運作的「個體面」問題，有時候則是指諸如高通貨膨脹、貨幣價值高估，或預算與貿易赤字等「總體面」問題。通常不管是什麼問題，一般人對於問題的修復方式，總是會有一些合理的共識。即使以美國今日這種兩極化的政治情境來說，一般人似乎也漸漸凝聚出降低企業稅率（因為目前美國的企業稅率不具競爭力）的共識。較貧窮國家的缺失可能非常多，所以，新領導人不管從哪裡開始著手可能都無所謂：像是和反抗軍達成和平協議、建造道路、開放貿易，或是將欺詐舞弊的財政官員關進牢裡等。

然而，精準掌握一個國家展開艱難變革的時機，比辨識它的具體改革內容更重要。一般來說，大眾支持變革的意願，取決於他們是否感受到危機的急迫性，如果時間還很充裕，人民就會流於怠惰。從俄羅斯、印度、巴西等國在二〇〇〇年代期間的情況，就可明顯看見大眾心態在驅動生命週期方面的關鍵影響力。那段時間，很多國家的人民假設經濟將永遠維持高成長，檯面上看得到的唯一「改革」問題，就是如何分享滾滾而來的財富。當時，只要到過里約、莫斯科或德里的訪客，應該都能深刻感受到那種「宴會永遠也不會結束」的氣氛，因為當地很多人民感覺國家注定會有繁榮的未來。所以，恐怕得等到生命週期轉彎時，我們希望見到的那種改變——足以將一個國家導向更美好方向的那種嚴厲改革——才可能出現。遺憾的是，這些國家都需要一場好危機。

好的危機能讓一個國家更願意擁抱變革與新領導人，不過，任誰都很難說哪些新領導人將是成功的改革者。成功的改革者是鳳毛麟角般的稀有動物，而且他們的努力通常也都會遭遇無數挑戰，包括國內的既得利益者，還有全球經濟體系的逆境等挑戰，所以，成功機率自然不高。然而，根據我個人一路以來的經驗，我有幾個規則可用來研判哪些類型的領導人最可能有能力將人民普遍支持變革的心，轉化為一個可行的改革計畫：簡單說，清新的新領導人比腐敗的舊領導人更有可能實現高成功率且更永續的改革，具群眾基礎的領導人比擁有很多證照的技術專家官員更可能實現變革，還有，民主領導人比獨裁者更可能實現變革。雖然中國過去三十年的榮景，讓某一群技術專家官員和獨裁的經濟領導團隊獲得響亮的聲望，但其他國家的經驗證明，中國的狀況並非常態。

清新的領導人

法國總統查爾斯．戴高樂（Charles de Gaulle）曾說，「當決心碰上歷史上罕見的異常時期，將能造就一個偉大的領導人」，而這就是大有可為的新改革者總在危機時崛起的根本動力。危機愈大，民眾受到的衝擊就愈大，這時人民就會更迫切支持一個新領導人，即使領導人的更換代表著舊秩序的破壞也不足惜。

戰後繁榮時期的第一個大震撼是在一九七〇年代爆發，當時面臨停滯性通貨膨脹（指經濟成長停滯，但通貨膨脹卻居高不下，這是很多複雜動力共同造成，包括福利國不節制的消費，以及石油生產國組織〔OPEC〕卡特爾和石油國家主導油價飆漲等）的世界頓時感覺不知何去何從。很多國家的人民普遍感覺到自己的國家即將分崩離析，因此也都做好接受激進變革意見的準備，而那個紛亂的環境造就了自由市場改革先鋒的崛起，包括英國的柴契爾夫人（Margaret Thatcher）、美國的雷根（Ronald Reagan）和中國的鄧小平。一如危機時期的常見情況，那些時期瀰漫不去的沮喪氣氛，讓人無法看清這些領導人大有可為的潛力。例如，早期很多觀察家將雷根貶抑為「前演員」，將柴契爾夫人貶為雜貨店老闆的女兒，還將鄧小平貶為中國集體領導下沒沒無聞的成員之一；大約在一九七八年時，中國剛因不久前的文化大革命暴民暴力而疲憊不堪，根本沒有人對任何領導人懷抱任何期待。

不管是什麼危機，因危機而衍生的痛苦都將促使很多國家的人民要求改變，但不見得所有國家都會採納嚴厲的改革。某些國家會訴諸滿口承諾會為國家創造繁榮並重建國家榮耀的民粹主義者，例如委內瑞拉人民選擇擁抱雨果．查維斯（Hugo Chavez），阿根廷則在一九九〇年代拉丁美洲危機後擁抱內托斯特．柯爾齊納（Nestor Kirchner）。不過，某些國家則會訴諸真正的改革者，像是一九八〇年代分別訴諸雷根、柴契爾和鄧小平的美國、英國與中國。

這三個領導人接掌國家大權後，都面臨了一場攸關國家地位的危機，畢竟經過十年的折磨，人民有充分理由擔心自己的國家正逐漸落後主要的全球對手。所以，柴契爾和雷根雙雙在競選時誓言阻擋國內與海外的「社會主義」蔓延。另外，他們也開始著手洗刷一九七〇年代的恥辱，以英國來說，當時它深陷債務泥淖，成為第一個尋求IMF紓困的已開發國家，英國保守派人士也紛紛公開表示，他們擔心這個過度管制的福利國已漸漸朝左派甚至諸如法國等社會主義國家靠攏。至於美國人則是陷入吉米・卡特（Jimmy Carter）總統執政下的「抑鬱」狀態，而且高度擔憂國家與人民將因OPEC卡特爾的油價勒索傷害。另外，鄧小平推動多項實用改革的部分原因是，他參訪新加坡與紐約時，親眼目睹這些資本主義經濟體確實遙遙領先他的國家。總之，擔心被超越的心態（他們共同感受到國家地位岌岌可危）給了這些國家迫切改革的動機。

雷根、柴契爾和鄧小平那一代的領導人最不尋常的特點是，儘管他們各自面臨的經濟環境截然不同，卻都展開類似的改革來解決各自的危機。某種程度上來說，一九七〇年代的低成長和高通膨都導因於累贅的國家管制，所以，這一代領導人推動的解決方案，創造了一個有助於自由市場改革的基本樣版。在美國和英國，那個樣版融合了中央經濟管制的放寬、減稅與縮減繁文縟節、國有企業民營化、解除價格管制，與支持以中央銀行政策作為壓制通貨膨脹的關鍵手段等。而在中國，這個樣版包括讓農民自由耕種自有土地，並對外國開放貿易與投資。雖然世人對於這三位領導人對後代的貢獻爭議不休，但他們的改革無疑為原本停滯的經濟帶來全新的活力。由於美國和英國從一九八〇年代起開始復甦，中國經濟更是從那時開始快速竄升，所以，這些模範人物確實足以對新一代領導人產生一些激勵效果。

到了一九九〇年代，在這個新自由市場「正統信仰」的影響下，很多新興國家也陸續開放對外貿易，並接受資本流入，但這些作為反而讓他們惹禍上身，因為它們向國外債權人舉借太多債務。最先因債務誘發的貨幣危機而受到衝擊的國家是墨西哥，那場危機在一九九四年爆發，接下來，風暴在一九九七年至一九九八年間擴散到東亞及東南亞，後續四年間，又像跳蛙般轉移到俄羅斯、土耳其與巴西。不過，此時生命週期開始轉彎，危機催生了一波支持改革的新力量。新一代的新領導人從一九九八年眾多破產案件與經濟廢墟中，一個接一個崛起，而且這一群新改革者先前多半名不見經傳，包括南韓的金大中（Kim Dae-jung）、巴西的路易斯．伊納西奧．魯拉．達席爾瓦（Luiz Inacio Lula da Silva）、土耳其的厄多岡，以及俄羅斯的普丁。由於目前普丁與厄多岡的地位如日中天，所以我們很容易忘記當年他們崛起的整個歷程，但無論如何，這四個領導人建立了一個促使政府預算及貿易順差增加、債務縮減與通貨膨脹降低的穩固基礎，讓經濟得以實現史上最大榮景，更讓開發中世界的景況大幅改善。在二〇一〇年以前那五年，經濟榮景確實趕走了長期糾纏貧窮國家的苦日子幽靈，九七％的新興經濟體（一百一十個國家中有相關數據的一百零七國）人均所得開始以美國為目標，快速向前追趕。在此前五十年的每五年期間，平均只有四二％的新興國家的人均所得向前追趕，遠比前述的九七％低。此外，在二〇〇五年至二〇一〇年間，表現相對落後的都是非常小的國家，包括牙買加、厄立特里亞（Eritrea）和尼日。每個規模還算大的新興國家都一步步迎頭趕上，而南韓、俄羅斯、土耳其和巴西領導人的貢獻，比其他國家的領導人（這些領導人後來成為所謂「並起的群雄」〔the rise of the rest〕）大。

一如之前的雷根世代，金大中世代善加利用一種普遍瀰漫的危機感和國家地位江河日下的窘境，積極推動改革。我用金大中的名字代表這個世代的用意是，他無疑是這個團體中最令人印象深刻的變革代理人。金大中只受過職業學校教育，而且來自長久以來被北方以首爾為中心的勢力團體漠視的貧窮南方省分。他是個魅力十足的民粹主義者，早在一九七〇年代與一九八〇年代就已成為南韓反威權體制的異議份子首領，並數度為此入獄。一九九八年亞洲金融危機最嚴重之際，他終於贏得選舉，成為戰後韓國首位獲得勝利的反對黨領袖。他上任後不僅開始平衡財政，也出手打破政治人物、國有銀行與主要大型綜合企業之間的秘密勾結關係——這個綿密的政商關係允許（甚至變相鼓勵）韓國企業大量舉債，最後在危機中崩潰。他的政府建立了一個全新的銀行監理機關，它有權勒令最不穩定的銀行停業，也能強制其他銀行業者維持足夠的準備金來支應貸款。在這個領導人世代當中，沒有一個人像他那麼不遺餘力地改革國家經濟體系的基本結構，而這正是南韓經濟如今仍比俄羅斯、土耳其和巴西更強盛的原因之一。

儘管如此，跟金大中同時期的另外幾名領導人，剛開始的表現也算是可圈可點。普丁在一九九八年盧布危機後，被指派接替葉爾欽（Yeltsin）的職務，後來他因承諾將積極重建強大的俄羅斯，而贏得二○○○年總統大選。在諸如庫德林與葛瑞夫等顧問的影響下，他採行了方向正確且有創意的大型措施，例如他將極高百分比的石油利潤提撥到一個雨天基金（rainy-day fund），並和俄羅斯新一代的企業大亨達成協議，只要他們不插手政治，就讓他們擁有長期經營企業的自由空間。為降低拜占庭式稅制（很多不同政府機關收稅）天生就容易貪污的機會，他將稅賦種類從二百種減為十六種，將多重所得稅率整合成低單一稅率，成立一個單一收稅機關，並解雇所有稅務警察，因為很多稅務警察貪污。結果，儘管稅率降低，政府收入卻增加，普丁也因此得以重新平衡預算。不過，普丁不像金大中那麼積極促進銀行或企業的競爭力，也沒有建立製造產業，不過他確實讓國家財務基礎變得相當穩固，達到蘇聯解體以來首見的盛況。

兩年後，土耳其的厄多岡在匯率危機過後執掌土耳其大權，當時土耳其的超級通貨膨脹仍舊猖獗。一如普丁，厄多岡也依循經濟部長阿里·巴巴坎（Ali Babacan）等能幹的財務顧問的建議，為土耳其經濟體系打造了更穩固的基礎。厄多岡到倫敦與紐約演說時，曾談論他打算將土耳其融入西方國家的期望，他說，「證明」自由市場民主制度「也能成為穆斯林社會的基礎」是他所屬政黨的「任務」。他以無可挑剔的責任感來處理國家財政問題，改革揮霍無度的退休制度，將經營不善的國有銀行民營化，通過一項能平順關閉破產企業的法律，並誓言維持預算盈餘。不管厄多岡和普丁後來因什麼不當作為而遭受多麼嚴厲的批評，他們早期推動的改革，確實是創造了無可否認的正面影響。在厄多岡掌權後十年間，土耳其人的人均所得增加好幾倍，達到一萬美元以上，不亞於俄羅斯人。總之，這兩個國家都從窮國轉變為中產階級國家——至少有一段時間如此。

能讓清新領導人獲得機會的危機，通常是足以促使思維改變的危機。那種改變可能導因於大眾對某重大衝擊的回應，一如一九九七年至一九九八年間的亞洲金融危機，那場危機不僅促使韓國人改革，印尼與其他國家也紛紛推動改革。不過，那樣的思維改變也可能源自於國家經濟地位長期走下坡而累積的沮喪感，上述改革者和潛在改革者——從一九八〇年代的柴契爾夫人到普丁——的經濟體都在他們掌權前漸漸輸給對手（這些國家在區域與全球GDP的佔比降低），只有一個人例外，他是土耳其的厄多岡，當時土耳其的經濟並未被鄰國超越，不過，那只是因為那個區域的國家都陷入比土耳其更糟的深淵罷了。

某些觀察家一定會針對的上述意見提出幾點反駁。例如，有些人可能會說，普丁與厄多岡之所以改革，是因為他們不得不改革，因為改革是取得IMF紓困資金的條件之一，所以將他們捧為罕見的天才改革者，似乎有過譽之嫌。不過，我要強調的重點是，危機確實經常會迫使領導人推動改革，有時候是因為他們真心相信改革能讓情況好轉，有時則是因為人民要求改革，有時更因為債權人逼迫他們改革。不過，不容否認的是，所有曾在二〇〇〇年代初期參訪莫斯科或伊斯坦堡的人，或是聽過諸如巴巴坎或庫德林等腳踏實地的土耳其及俄羅斯改革者演說的人，都應該看得出普丁和厄多岡的改革並非單純迫於IMF的壓力，他們也承擔了本國人民的殷切期待，更面臨國家危機後種種餘波所構成的壓力。當時的土耳其和俄羅斯本就已做好改變的準備，而普丁和厄多岡這兩個「對的領導人」正好在「對的時機」出來領導改革，因為他們都是非常有群眾魅力的人物，而且非常了解什麼才是當務之急。

另一個可以想像得到的合理反駁是，二〇〇〇年代時，整體新興市場全面欣欣向榮，故俄羅斯和土耳其的強勁成長，不盡然應歸功於普丁或厄多岡。不過，雖然類似全球經濟榮景這種形式的好運，確實是讓他們功成名就的要素之一，但這兩位領導人終究採取了和委內瑞拉的查維斯與阿根廷的柯爾齊納等領導人相反的經濟政策，才能夠獲得當時的成就。在整個生命週期當中，以經濟角度來看，俄羅斯和土耳其的進展比委內瑞拉和阿根廷好很多，不僅經濟成長更加堅穩，通貨膨脹也遠低於這兩個國家。

相同的，好運和好政策的結合，促成了這個領導人世代最後一名成員的興起，他是巴西的魯拉．達．席爾瓦（Lula da Silva），他在二〇〇二年當選，接替先前已開始著手壓制超級通貨膨脹的里恩克．卡多索（Henrique Cardoso）。不過，魯拉擁有足以改變巴西的世界觀的非凡領導魅力和街頭信譽，而且因接下來的扭轉乾坤而獲得更多讚揚。魯拉是巴西史上第一個勞動階級總統，十九歲時，他因一次工安意外而失去一根手指，所以，批判者殘忍地譏諷他是「藍領、類文盲與九指」魯拉。很多人預期他會恢復此前十年引爆超級通貨膨脹的慷慨公共支出，另外，投資人也非常害怕魯拉，所以，他可能當選的展望，導致巴西貨幣大幅貶值、股市大跌，而這場危機正好促使魯拉產生初期改革的靈感。

魯拉聘請富利波士頓（FleetBoston）的前任董事長亨瑞克．米瑞列斯（Henrique Meirelles）擔任中央銀行總裁，他誓言迅速壓低通貨膨脹，故而將利率提高到二五％以上。後來在全球原物料商品價格榮景的幫助下，巴西經濟成長率也持續加溫。魯拉追隨先前的幾位偉大領導人，先釐清要讓國家復原需要做些什麼事，再用他迷人的群眾魅力，說服國人接受嚴厲改革的必要性，最終成功帶領國家走出異常艱困的時刻。

下一個波及世界各地的大動盪在二〇〇八年全球金融危機爆發時開始蔓延，那是一九三〇年代以來最深沈的一場危機，那種規格的事件絕對足以驅使世人產生要求變革的巨大聲浪。事實上，接下來世界各地確實都爆發了反抗現有統治者的大規模活動，有些是透過投票的方式，有些則是走上街頭。在民主國家，選民用選票換掉原本的政府。二〇〇五年至二〇〇七年，世界前三十大民主國家——包括前二十大新興民主國家——的國民經由選舉投票，支持執政黨繼續留任的比例高達三分之二。但到了二〇一〇年至二〇一二年間，隨著全球經濟衰退擴散到開發中國家，反執政黨的比率增加一倍，選民藉由投票踢走執政黨的比例達到三分之二。那一系列反政府的起義行動，促使歐洲很多國家、智利、墨西哥和菲律賓的執政黨被掃地出門。後來這股風潮又掃除了印度、印尼、義大利和其他國家的執政黨。雖然現在評斷新執政者的功過還嫌太早，但下一批具有高影響力的領導人，確實很有可能會從人民選出來解決問題（二〇〇八年種種事件所凸顯的問題）的改革者陣營中竄出。

腐敗的領導人

每個後危機轉換期的情況都非常複雜，不過，那種時期都會產生一個強烈的型態：雖然大膽的新領導人最可能推動改革，但隨著時間流轉，這些領導人的焦點會漸漸轉移，變成以確保個人崇高名聲或是獎勵親友團為首要考量。關於這個規則，最簡單的方法之一就是這麼思考：一個領導人最可能在第一個任期內推動影響深遠的改革，較不可能在第二任推動，而過了第二任，就完全不可能了，因為過了第二任，領導人通常再也想不出改革的點子，也不見得擁有足夠大眾支持率來落實改革，或兩者皆是。當然，也有一些例外的領導人，例如新加坡的李光耀，他掌權雖超過三十年，卻似乎從未失去改革的能量，不過，他終究是個例外，整體型態不會因他一人而改變。

即使是最受推崇的改革者，最後都難免流於腐敗。雷根也是「第二任魔咒」的受害者：不斷重演的醜聞循環、大眾支持度的疲乏，以及國會的唱反調，讓美國歷任的總統難以在第一任過後推動變革。雖然某些觀察家並不認為那個魔咒真的存在，但知名的歷史學家麥可・貝斯奇羅斯（Michael Beschloss）曾說，所謂連任魔咒是有一點道理可言的，因為世界上沒有任何一個總統完成他第二任上台後著手推動的事，至少在兩個世紀前的詹姆斯・門羅（James Monroe）之後沒有。

即使是不因任期限制或選舉而受牽制的鄧小平，都在掌權兩任之後嚐到影響力實質消失的苦果。他在一九八〇年掌握大權，從此控制了政黨統治權與軍事首領地位，不過，一九八九年天安門廣場血腥鎮壓事件之後，愈來愈多民眾要求政治自由（能和他先前賦予人民的經濟自由等量齊觀的政治自由），於是，鄧小平黯然交出軍方首領與黨主席的職位，但繼續擔任非正式的「最高領導人」，並利用這個名號繼續推動原本那種融合經濟實用主義和政治鎮壓的政策。所以說，儘管鄧小平堪稱二十世紀最重要的經濟改革者，也只在他最有權勢的官位上坐九年。由此就清楚可見，即使是最優秀的領導人都會漸漸腐敗。從那時開始，中國就一直維持每十年徹底更換一次領導人的強烈傳統。

儘管魯拉和金大中也深諳不宜過度戀棧權位的道理，但魯拉政府後來也開始顯露出老化政權那種典型的傲慢與自滿。二〇〇九年，眾多西方慘遭全球金融危機蹂躪，但新興國家尚未受到波及，此時第二個任期正好步入尾聲的魯拉竟表現出幸災樂禍的模樣，並吹噓巴西有多麼厲害，多麼順利地安然度過危機。他訓斥整個世界，說二〇〇八年的劇變「不是黑人、女人、土著或窮人造成。這場危機的始作俑者是某些白膚碧眼的人，他們不理性行為更助長危機的聲勢。」但他有所不知的是，當他在二〇一一年一月一日依照巴西法律規定的時間點卸下總統職務後，這場危機就蔓延到巴西與許多其他新興國家，並在接下來幾年間重創了這些國家。

更令人痛心的是，厄多岡和普丁一點也不像前述幾位領導人那麼尊重法定的權力限制——他們兩人已分別在最高領導人的位置上坐了四個任期，這在主要國家是很罕見的狀況，所以，他們兩人堪稱腐敗領導人的最佳代表。直到二〇〇六年年底，俄羅斯的領導階層還是相當願意落實支出限制，而且願意針對維護經濟成長等基本議題廣納意見，包括朝石油以外的領域多元化經營的必要性。然而，在那之後不久，政策開始轉向，政府開始大量消耗用來儲存石油利潤的雨天基金，將大量金錢花費在取悅大眾的移轉性支出上，包括大幅增加退休金給付給快速增加的年老國民。這種種作法極可能傷害俄羅斯得來不易的預算穩定。

在此同時，土耳其的評論家將厄多岡比喻為「普丁第二」，因為他愈來愈獨裁，而且對改革失去興趣，不僅如此，他還壓制公民自由，積極懲罰異議份子。他從二〇〇二年開始執掌伊斯蘭ＡＫ黨（Islamic AK Party）黨魁大權，一開始表現良好，到第一個任期於二〇〇七年結束時，土耳其甚至被視為新興市場最具領導地位的改革國家之一。當時厄多岡因開放機會給長期被摒除在權力核心之外但規模多數的虔誠穆斯林而獲得普遍的讚譽。這個讓多數人成為主流的作法，為土耳其開啟了一段成長榮景，厄多岡不僅因此贏得實踐穆斯林（practicing Muslims，譯注，指嚴守教規的穆斯林）的普遍支持，更獲得某些政教分離派的老「白種土耳其人」精英份子的讚賞。

隨著一次又一次的選舉，厄多岡陣營的國會多數席次持續增加，他也愈來愈傲慢。到第三個任期自二〇一一年展開時，他更積極強制施行伊斯蘭社會習俗，鎮壓夜店，並禁止在公開場合飲酒、抽煙和接吻，藉此疏遠政教分離派的土耳其人。此時的厄多岡和普丁一樣，用盡心機提升民族主義者的自尊心，其中，他推動了幾項為復興奧圖曼土耳其時代的伊斯蘭教崇高地位而設計的專案，包括一座世界最大的清真寺。那促使政教分離土耳其人和他的關係變得更加疏遠。兩年後，厄多岡又計畫將伊斯坦堡一座頗受歡迎的公園，改成一個發想自奧圖曼帝國的購物中心，到最後，愈來愈多中產階級終於對這個日益老化的政府產生強烈反感，土耳其也重蹈其他新興國家——從埃及到巴西——的覆轍。

很多作家爭相解釋二〇一三年夏天在土耳其爆發的那一場動亂為何會發生，所有人都聚焦在中產階級抗議者，而不是那些中產階級所抗議的腐敗政權。《華盛頓郵報》（*Washington Post*）的一個團隊認為，那是因為社會上「憤怒的中產階級」「現在的要求愈來愈多。」《紐約時報》（*New York Times*）的一個作家曾在伊斯坦堡近郊一家高檔餐廳寫他的文章，根據他的觀察，那是一場「興起中的階級」與「有教養的有錢人」的起義，換言之，他認為透過這個政權獲益最多的人，如今起而反抗這個政權。史丹佛大學的政治科學家法蘭西斯·福山（**Francis Fukuyama**）則注意到，當時各地的起義是一場年輕科技專家的「中產階級革命」。總之，當時所有報導的題材都非常豐富，內容也相當精采，不過，我個人認為，持續增加的中產階級並非那些抗議活動的先驅。沒錯，在這些遭受抗議活動襲擊的國家，中產階級確實持續增加，但其他國家的中產階級也是增加的。過去十五年間，前二十一大新興國家的中產階級人口約當總人口的百分比，平均增加十八個百分點，達到總人口的一半多一點。

然而，不管中產階級人數是快速增加（例如俄羅斯，增加六十三個百分點）或緩慢增加（例如南非，增加五個百分點）的國家，一樣都爆發抗議活動。最大的抗議活動發生在中產階級增加幅度接近十八個百分點（即平均值）的國家：埃及增加十四個百分點，巴西增加十九百分點，土耳其增加二十二個百分點。總之，中產階級的成長和中產階級抗議潮的興起，似乎並無明顯的關連性。

這些抗議活動之間倒是有一個較強烈的關連性：它們鎖定的目標；每一場抗議活動的目標都是一個老化且自滿的政權。二〇〇〇年代的經濟榮景讓新興市場的地位蒸蒸日上，而這促使很多國家領導人自認是帶領國家達到如此成就的大功臣。接著，他們開始要各式各樣的花招——閃避任期限制、轉換職位（譯注：如由總統轉任總理，隔一個任期再參選等）——以達繼續掌權的目的。二〇〇三至二〇一三年間，世界前二十大重要新興國家當中，執政黨的平均任期從四年變成八年，在其中多數國家，由於人民多半都因景氣繁榮而受益，所以對那樣的現象並不以為意，直到新興市場的經濟成長在這十年接近尾聲時開始大幅趨緩以後，情況才終於改觀。

二〇一一年，第一場抗議活動在南非爆發，原本的礦區罷工演變成大規模抗議活動。那年稍晚，印度爆發抗議辛格政府的活動，俄羅斯也爆發抗議普丁的活動，遊行者帶著海報，將普丁比為惡名昭彰、掌權至死的獨裁者，像是利比亞的穆阿瑪·格達費（Muammar el-Qaddafi）和北韓的金正日。二〇一三年，重要性排名前二十的新興經濟體中，有七個爆發政治動亂，包括：俄羅斯、南非、埃及、土耳其、巴西和阿根廷，而且每一股民怨都是針對掌權超過八年且未能解決後危機時代種種經濟挑戰的政權而爆發。

所以，我們從中歸納出一個合理的假設：即使是強大的領導人也有失去改革動能的一天，尤其是掌權愈久的人。他們趨於腐化的時機通常至少局部取決於經濟狀態。內斯托爾·基西納（Nestor Kirchner）在二〇〇三年年中接任阿根廷總統時，阿根廷剛度過四年的嚴重經濟蕭條，正力圖站穩腳步。基西納是個堅定的民粹主義者，不過，他留下改革派的財政部長羅伯托·拉瓦納（Roberto Lavagna），在這之前，幫助阿根廷「勒緊褲帶」度過蕭條的人就是拉瓦納。不過，隨著經濟復甦的腳步在二〇〇五年顯得相當穩固後，基西納就解雇拉瓦納，瞬間朝左派靠攏。這是一個盛及而衰的關鍵時刻，和二〇一一年普丁要求庫德林離開的狀況很類似。由此可見，當總統開始解雇幕僚中的改革派人士，就要提高警覺了。

股票市場總是能清楚感受到這種趨向腐敗的演變過程。一九八八年起，各主要新興國家共舉辦九十一場國家選舉，創造六十七個新領導人，其中有十五個領導人做滿兩個任期。就定義來說，成功連任一次的領導人是政治的成功者，以諸如普丁、厄多岡、魯拉和辛格為首。不過，隨著任期逐漸接近尾聲，這些國家的股票市場會對本國領導人管理經濟的方式愈來愈吹毛求疵；整體而言，這些國家的股票市場在上述領導人第一個任期期間的報酬率比全球平均值高出一六%，不過，到了第二個任期，這些股市的表現就沒有比較突出了。最弱勢的結果之一是發生在厄多岡第二任（二〇〇七年至二〇一一年）執政期間的土耳其，該國股市落後新興市場平均報酬率達一八%之譜，另外，在波蘭的唐納・塔斯克（Donald Tusk）的第二個任期（二〇一一年至二〇一四年），該國股市表現也落後新興市場平均值六%，而在印度，辛格第二任執政期間（二〇〇九年至二〇一四年），該國股市表現落後平均值六%。

市場的嗅覺非常靈敏，一旦政權老化，市場幾乎都能意識到改革的逐漸凋零。雖然領導人的任期多半是四年，但在位期間卻可能差異甚大，尤其是採議會制的國家，首相（總理）隨時可下令提前舉行選舉。要掌握市場何時會開始因老化的首相（總理）和總統而反轉，我再次觀察一九八八年以來的九十一場國家級選舉結果，並找出三十三個至少在位五年的領導人。結果我發現，若將這些領導人視為一個團體，執政頭三年半的市場報酬率中值，傾向於比新興市場平均值高，精確來說，在這些領導人剛上任那四十一個月間，股市表現比平均值高三〇%。或許更具說服力的是，這些國家超出新興市場平均值的股市績效中，有接近（九〇%）的利益是在新政權執政的頭二十四個月內創造。然而，掌權三年半之後，這些市場的表現就不再超出其他市場的平均表現。這樣的情況強烈印證了一個事實：一個新興市場的領導人最可能推動對經濟產生正面影響的改革的時機，就是在政治蜜月期。當然，當投資人有理由期待未來經濟成長將加速，通貨膨脹將降低，市場就傾向於上漲。

值得一提的是，利用相同的分析來解讀已開發國家，結果卻顯示，股票市場報酬率和腐化的政治領導人之間並無明顯的關係。當然，這並不代表富裕國家的領導人不重要，只不過，在新興國家，政治的影響確實較為重大，因為新興市場的制度較不健全，領導人的清新或腐化，對經濟方向的影響明顯較大，因此市場的情緒受政治的影響也較大。

鮮少有領導人能體悟一個事實：若想名垂青史，最好的方法就是在表現最優異的那個任期結束後急流勇退。很多國家的總統不僅未能體悟這個道理，還嚮往能掌權到進棺材的那一刻，他們想盡辦法廢除任期限制，或是當完某個最高領導人後，轉任另一個最高領導人職務，期間安排親戚或密友暫時幫他們卡位。以俄羅斯來說，普丁為了規避任期限制，在卸任總統後轉任總理，接著又從總理轉任總統。厄多岡也展開類似的途徑：原本他打算藉由修法，繼續擔任第四任的總理，但未能如願，所以他轉而參加二〇一四年的總統選舉，並順利當選。就任總統後，他宣布將一棟原本承諾要做為未來土耳其總理新居的宮殿（有一千個房間、造價六億美元）改為總統寓所。一如普丁和在他之前的很多領導人，厄多岡原本可以成為土耳其戰後時期最偉大的領導人之一，在歷史上留下一個完美無瑕的句點——如果他選擇在第二任結束時優雅下台的話。但戀棧權位讓他成為一個備受爭議的人物。拉爾夫・瓦多・愛默生（Ralph Waldo Emerson）說得好：每個英雄到最後都會變成狗熊。

當一個國家的領導人擺脫不了權力的圈套，並認為自己等同國家，就是一個惡兆。波利維亞的社會主義者埃沃・莫拉萊斯（Evo Morales）執政兩個任期，那段期間，經濟表現相對強勁。最近他修憲成功，因此得以繼續競選第三個任期，但這絕不是個好預兆。另外，巴西、馬來西亞、南非和委內瑞拉目前的領導人都是前任領導人欽點的人選，而他們也經常採行和前人類似的政策。還有一些人實質上繼承了親戚或配偶的權力，這就是秘魯總統奧蘭塔・烏馬拉（Ollanta Humala）野心勃勃的妻子會被視為他的可能繼任人選的原因，也是阿根廷總統克莉絲蒂娜・基西納得以攀上權力高峰的理由。

老化的政府不可能賦予人民經濟改革的希望，相反的，年輕的政權則可以。再看看二〇一三年夏天的抗議活動：當時二十一個主要新興國家中，有十一個國家的執政黨在位還沒超過八年，那幾個國家的政府都沒有成為大眾抗議的目標。其中一個有爭議的國家是埃及，阿拉伯之春在很短的時間內推翻了兩個政權，但到二〇一三年，抗議民眾轉而將砲口對準前陸軍元帥阿普迪・法塔・艾爾・塞西（Abdel Fattah el-Sisi）的軍事政府，當時民眾普遍認為他的政府是穆巴拉克（Mubarak）獨裁者舊勢力的復辟。簡單說，世界各地的中產階級抗議者對他們眼中的垂死政權發動攻擊，卻經常無條件給予新政權證明其能力的機會。在新政權當中，的確也有幾個新鮮領導人曾試著推動嚴肅的經濟改革，包括墨西哥、菲律賓和巴基斯坦的領導人。在這些國家，年輕人、知識份子和剛興起不久的中產階級沒有理由透過推特揪團上街抗議，因為他們理性推斷，在新人領導下，國家將朝好的方向改變，所有外部觀察家也都這麼想。

蠱惑人心的民粹主義政客與頭腦清醒的民粹主義者

成功的領導人通常都具備兩個重要的特質：獲得大眾普遍支持，以及清楚了解經濟改革的必要，或至少有意願授權給懂得改革的專家。相反的，蠱惑民心的民粹主義政客則利用人為操弄，大和民粹主義和民族主義稀泥，這種人在政治上有可能成功達到目的，但他們卻傾向於是國家的災難。

對照委內瑞拉和它的鄰國哥倫比亞便一目了然。這兩個國家在一九九〇年代金融危機後，分別採行兩條截然不同的民粹主義路線。二〇〇二年時，委內瑞拉人選出了激進的民粹主義者雨果・查維斯，他的激進立場嚇跑了企業精英。查維斯上台後推動一個實驗性的社會主義制度，但在那個制度下，委內瑞拉人的所得並沒有好轉，而是延續半個世紀以來的下降趨勢。另一方面，哥倫比亞在同一年選出了右派民粹主義者阿爾瓦羅・烏里伯（Alvaro Uribe），他不僅將財政打理得井然有序，還順利平息幾場游擊隊暴動，就此拔除危害了哥倫比亞經濟幾十年的最大障礙。烏里伯在國內和國外都非常受歡迎，事實上，在他的第一個任期內，哥倫比亞股票市場飆漲超過一六〇〇%。我曾針對新興國家市場對選舉結果的反應做過一份研究，在那段期間，新興國家共有六十三位展開第一個任期的領導人，其中，市場對烏里伯的反應是最正面的。然而，全球各地對哥倫比亞未來前景的看好度，或許有點讓烏里伯得了大頭症，因為後來他兩度嘗試修憲，順利為自己爭取到第二個任期，本來他還想爭取第三任，但沒有成功，這在他的政治生涯留下一個大污點。

不可否認的，我們很難明確區分哪些民粹主義者會成功，哪些又會失敗。國家領導人會見國際記者和全球投資人時，總是會做好充分準備，好讓自己的談吐顯得很精明，而且，他們絕對會把最近流行的經濟術語掛在嘴邊。二〇〇五年我去巴西參訪，遇到前里約州長安東尼．加洛汀荷（Anthony Garotinho），他最初是因為擔任福音廣播員而成名，我們見面時，他正在競選總統，所以到處發表反美的競選演說。但私底下，加洛汀荷要我別把他的競選語言當一回事，因為他說他其實很喜歡美國人，而且歡迎外國投資人。隔天巴西媒體報導了我和他的會面，我們見面的消息顯然被洩漏給一些毒舌評論家，他們批判他是鄉土味濃厚的唱反調者，沒資格當國家領導人。無論如何，他後來輸掉那場選舉，不過，我也體悟到一些道理：千萬別輕信任何一個魅力十足的民粹主義者的話，不管他們在公開或私下場合說什麼，都必須大打折扣。

豐富的經驗訓練讓記者學會不要太親近報導對象，但相同的規則也適用於所有在經濟領域工作的人。一個剛開始接觸權力核心人士的新手很容易會對這些位高權重者卸下心防，不太會用強烈的懷疑態度來看待那些高階政治人物說的話，並因此判斷失準；不過，長期和總統與總理級人物交手後，就能搞懂箇中的訣竅，更加得心應手。像他們那麼成功的政治人物通常都擁有世界級的魅力，而且一定都做好萬全準備要讓外界感覺他們有改革經濟的能力和決心，一如十年前的普丁和厄多岡。

二〇一三年三月，我和泰國的領導人見面，當初我理當對她抱持更懷疑的態度的。打從泰國逐漸從一九九〇年代末期的亞洲金融危機中復原後，它的經濟展望就一直不怎麼理想，不過，曼谷的居民卻非常迷戀魅力十足的總理盈拉．欽那瓦（Yingluck Shinawatra）。她順利平息國家動亂，讓支持她的農村支持者和曼谷精英份子（這些都會精英指控她哥哥——也就是前任總理——貪污，並促使他避走海外）之間的街頭鬥毆衝突趨於緩和。然而，後來有傳言指稱，盈拉被放逐的哥哥還是繼續在幕後發號施令，平靜的局面就此變了調。所以，當我逮到機會在菲山紐洛克官邸（Phitsanulok Mansion，泰國總理的正式居所，位於曼谷市中心）謁見這個泰國領導人，我隨即問了有關她哥哥塔克辛（Thaksin）的事。她羞怯地反問我：「你有妹妹嗎？」我說有。「她一向聽你的話嗎？」這句話把我騙倒了，我當真以為她是靠自己的力量執政，而且相信泰國正朝好的方向轉變。然而，才過不了幾個月，盈拉就大赦她哥哥，並引爆一場新的起義。二〇一四年五月，一場以推翻她為目的的政變爆發。總之，再度爆發的動亂又一次重創泰國，經濟成長率從二〇一三年年初的五％降到二〇一五年的二％。

如果一個領導人擁有公眾領導魅力，私底下的為人也真摯誠懇，那絕對是國家的萬幸。鄧小平是個有遠見的改革者，而且擁有磁鐵般吸引大眾的性格，而私底下的他也偶爾會讓訪客感到意外，例如，他對冶金術知識的瞭若指掌，就讓亨利．季辛吉（Henry Kissinger）非常訝異。印度的新總理納倫德拉．莫迪（Narendra Modi）的個人特質也和鄧小平有點類似，他非常清楚肉品的具體細節。菲律賓總統諾伊諾伊．艾奎諾（Noynoy Aquino）也一樣，他的世俗魅力大到讓一般菲律賓民眾願意忘記他來自一個擁有大量土地的上層社會。艾奎諾總是迴避發表太有遠見的演說。二〇一二年八月，我在馬尼拉和他見面，我們談到馬尼拉的水利專案和地方的沙丁魚養殖場，談了非常久，我不得不承認，會談結束離開時，我感覺有點頭昏腦脹。不過，我接著靈光一閃，突然想透一個道理：艾奎諾正是當時菲律賓所需要的那種領導人，尤其是歷經一連串浮華貪污和無能領導人（最遠可回溯到斐迪南．馬可仕）之後，因為他是一個重視基本事實的改革者。他努力不讓自己顯得太過耀眼，最後也說服我相信菲律賓將朝好的方向改變。

左派民粹主義者的興起經常引來全球市場的負面回應，問題是，外界總是把諸如查維斯那種魯莽的民粹主義者和早期的魯拉或厄多岡那種聰明的民粹主義者混為一談。市場經常只從民粹主義者表面上激進的競選演說來評斷他們，未能見到他們深藏在內心的實用主義思想。另外，市場也經常會一廂情願地期許選舉結果絕對有利於商業改革。以前有很多案例是，市場在經濟危機最嚴重之際，重押經濟改革者會在即將到來的選舉中勝出，最後卻因左派民粹主義者的勝利感意外。舉個例子，二〇一四年巴西左派候選人迪爾瑪．羅賽芙（Dilma Rousseff）的勝選就出乎市場的意料之外，那局部是因為市場分析師忘記一件事：當一個國家遭遇經濟困境，人民總是容易對高喊民族主義和民粹主義口號的參選人產生好感，對於經濟改革的邏輯則較起不了共鳴。再強調一次，危機會促使新領導人推動艱難改革的可能性上升，但並非絕對。世界上沒有一個規則能夠主宰一個國家的經濟展望，生命週期只是預測國家興衰的要素之一。

技術官僚帶來的空歡喜

市場也傾向於因技術官僚而感到歡欣鼓舞，因為市場會假設，當過財政部長、曾在世界銀行任職或有名望的大學經濟系任教的領導人，將了解改革是強勁經濟成長必要條件，也知道該怎麼著手。然而，鮮少技術官僚能成為一名優秀的國家最高領導人，因為他們傾向於缺乏足夠的政治敏銳度來說服民眾接受改革的必要性，要不然就是壯志未酬就早早下台一鞠躬。歐洲聯盟總裁尚．克勞德．容克（Jean-Claude Juncker）很能體會各地技術官僚的悲哀，他評論：「我們都知道該做些什麼，只是不知道我們做了那些事以後，要怎麼順利連任。」

在二〇一〇年的歐元危機期間，就有幾個國家為求救贖而訴諸技術官僚，而且這些技術官僚的確也採取許多務實的措施，可惜都撐不了多久就下台。希臘政府在二〇一一年破產，議會向前中央銀行總裁盧卡斯·帕帕迪莫斯（Lucas Papademos）求助，請他擔任臨時代理總理。當時帕帕迪莫斯剛完成一份和失業有關的前瞻研究，或許議會因此認定他將對這個失業率高達二五%的國家有幫助。帕帕迪莫斯上任後發表多場明智的演說，談論希臘必須積極降低薪資和福利才能恢復競爭力，問題是，他從頭到尾都沒打算戀棧，短短一年後便離職。和他同一時期的捷克代理總理——前國家首席統計學家楊·菲舍爾（Jan Fischer）——也大約只任職一年，雖然他在政治同儕心目中留下良好的印象，但選民卻不買他的帳，最後只在接下來的總統選舉得到一五%的選票。

義大利的馬里奧·蒙帝（Mario Monti）堪稱歐元危機達到高峰之際，外界最寄予厚望的技術官僚，因為他是訓練有素的經濟學家，曾擔任某大學校長，也是歐洲委員會中負責稅賦的委員。二〇一一年，蒙帝將接任總理職位的消息一出，隨即刺激義大利股票市場大漲，不過，他雖推行所有必要撙節措施，卻一樣未能成功讓民眾真心接受相關的措施，大約一年多後，他就在總理改選中鎩羽而歸，只得到一〇%的選票。二〇一四年，義大利選出魅力十足、年僅三十九歲的馬戴奧·蘭奇（Matteo Renzi），市場也再次對義大利的改革寄予厚望。

獨裁政府的失敗技術官僚也是一籮筐，這類政府是真誠相信權威專家最懂得該怎麼做的政府之一。其中最顯明的例子是蘇聯，假科學（pseudo-scientific）的中央計畫是導致這個王國崩潰的主因。不過，相似的腐敗現象也傳染給深受蘇維埃模型影響的國家，不僅包括東德等衛星獨裁政府，還有很多大型民主國家，像是國民大會黨執政下的印度，和執政長達七十一年的革命制度黨（Institutional Revolutionary Party）所領導的墨西哥。

然而，如果領導人願意傾聽，能提供正確建議的技術官僚通常能成為領導人的好幫手。前世界銀行經濟學家維克蘭姆．尼魯（Vikram Nehru）舉伯納德．貝爾（Bernard Bell）的故事來闡述這一點。貝爾是一九六〇年代世銀的亞洲重要駐點成員之一，當時世銀還是一個擁有至高權力的神秘機構。貝爾建議各國藉由各種改革來提振經濟成長，根據他提供的一系列概念，各國政府大致上必須藉由出口來獲得繁榮，換言之，必須開放經濟體系，參與全球的貿易活動。當然，並非每個國家都能在短時間內接受他的建言。以印度來說，人民普遍反資本家和反美，大約在一九六五年時，有一次貝爾到德里參訪，他的評論被洩漏給一家國營報紙，結果，那家報社隔天刊登了一篇報導，報導的標題實質上等於是說「伯尼．貝爾下地獄」。後來英吉拉．甘地（Indira Gandhi）利用這股民族主義情緒來統治印度。在接近十年的期間內，她將銀行和煤炭等策略性產業國有化，結果導致印度經濟陷入後獨立時代最糟糕的十年。倫敦《泰晤士報》特派員之一彼得．哈茲列赫斯特（Peter Hazlehurst）用以下這句話來記錄英吉拉．甘地那命運多舛的民粹主義：「她是有點自利的左派。」

就在貝爾參訪德里不久後，他也向印尼自行登上領導人位置的蘇哈托將軍提出相同的建言，而這次，他得到完全相反的回應。尼魯說，蘇哈托對貝爾的建議非常有感，所以他立刻打電話給世界銀行總裁羅伯．麥納馬拉（Robert McNamara），請求他派任貝爾擔任世銀在雅加達的代表。就這樣，一九六八年至一九七二年間，貝爾都在雅加達服務。蘇哈托還晉用幾個在美國接受教育的印尼技術官僚——也就是後來所謂的「柏克萊黑手黨」（Berkeley Mafia），最後讓這個貧困的國家在接下來二十年間，成功轉化為一個迷你亞洲奇蹟。

因此，要讓技術官僚發揮成功的效果，最好的方法就是讓他們擔任諸如蘇哈托等獨裁體制裡的幕僚成員，因為獨裁者能夠直接下達命令，無需耗費精力整合大眾的支持。一九七〇年代的智利也有一群成功的技術官僚，當時獨裁的奧古斯圖．皮諾契特將軍（General Augusto Pinochet）將經濟改革重任交給「芝加哥男孩」(Chicago Boys),也就是由八名芝加哥大學畢業的智利經濟學家組成的團體。他們順利將超級通貨膨脹、公共支出和債務降到能夠管控的水準,而且過程中未造成令人無法忍受的經濟痛楚——只不過,他們殘忍壓迫政治反對勢力。早期獨裁時代的韓國和台灣,也都是經濟上相當成功的技術官僚治國典範,新加坡及中國亦然。

不過,如果技術官僚試圖推動理論上聽起來很明智卻忽視地方情緒的改革,通常對經濟造成的傷害將大於利益,以一九九〇年代的阿根廷為例,卡洛斯·孟南姆(Carlos Menem)總統試圖複製芝加哥男孩的成功經驗,他自行指派了幾個在美國受過教育的專家,實施一套實驗性的外匯管制制度。這個制度一度讓阿根廷披索的匯價趨穩,經濟恢復成長,但不久後,這個制度卻導致公共債務暴增,經濟也從一九九八年陷入徹底蕭條的狀態。接下來四年,阿根廷經濟衰退接近三〇%,到二〇〇二年,還違約未償還八百二十億美元的債務,以當時的情況來說,那是史上最大主權債務違約案件。從那次慘痛的經驗以後,阿根廷百姓對懷抱經濟改革想法的技術官僚都抱持高度懷疑的態度。

就這樣,阿根廷似乎加入了某個反常國家行列——這些國家的經濟雖已衰退多年,卻還有足夠的剩餘財富能假裝國家沒有因危機而受創。觀察近來的狀況,屬於這個行列的國家還包括日本和義大利,這兩個國家的人口都急速老化,經濟競爭力落後同儕,但目前大致上還算相對富裕,外債負擔也相對較低(如果外債很高,外國債權人可能會逼迫國家進行改革)。我在二〇一五年四月抵達經濟正持續萎縮的布宜諾斯艾利斯(Buenos Aires),當時,阿根廷的通貨膨脹也達到主要國家中最高的水準,光是官方報導的通膨數字就高達三〇%。在抵達之前,我原本以為映入眼簾的會是一個處於危機狀態的衰蔽首都,沒想到一抵達旅館,我就碰上一場熱鬧異常的宴會,另外,街上很多餐廳都爆滿,許多客人被擠到街上,而且那是星期三接近深夜時刻的狀態。阿根廷人告訴我,那裡的人對危機普遍沒有什麼概念,所以大眾並不怎麼關心變革，很多人甚至還無法忘懷一九九〇年末期因改革而來的蕭條苦日子，所以每次阿根廷當局想要推動大型改革，當地人就會怪罪先前那一場失敗的改革。

即使是向我做簡報的阿根廷中央銀行官員都對當前的經濟衰退與阿根廷早不再被列為已開發國家等事實避而不談，取而代之的，他們不斷自我陶醉地說眼前的情況比起二〇〇二年（蕭條最惡劣之際）好了多少。總之，這是一個對危機麻木不仁的國家，看起來好像連國家地位長期滑落的打擊，都不足以促使阿根廷人擁抱變革——以前阿根廷人曾自比布宜諾斯艾利斯為南美的巴黎，但那一次到了當地，我卻不時聽到他們說自己的國家比較小的鄰國如巴拉圭優秀之類的話，換言之，他們的標準降低了。不過，即使在阿根廷，同樣沒有事情是永遠不變的。到二〇一五年年底，改革派領導人毛里西奧·馬克里（Mauricio Macri）意外贏得選舉，這似乎透露阿根廷人終於已經受不了經濟停滯的折磨了。

中國是一個成功以技術官僚治國的國家，但它是這類國家中相當獨特的一個——中國對於技術官僚控制經濟成長的能力可能太過有信心了。多年來，中國對外報導的經濟成長率波動程度遠比其他開發中國家小，這讓人漸漸懷疑它很可能藉由操縱數字，讓經濟看起來像是一台平順運轉的機器，同時用以促進社會的和諧。但長久以來，我都認為那樣的懷疑有點過度渲染。鄧小平在一九七九年掌權後便要求下屬必須提供誠實的數字給他，不要提供以前專門為毛澤東打造的那種灌水數字（用來膨脹自尊）。即使在一九九〇年天安門廣場種種事件後的餘波，鄧小平政權對外報導的經濟成長率都不到四％，遠低於官方目標八％。而直到二〇〇三年，由鄧小平欽點且跟他一樣務實的接班人，也公開批評省級領導人為了自己的官場前途而誇大地方的經濟成長數字。當然，那是技術官僚本就應有的態度——客觀。

不過，近年來中國政府漸漸為了某個政治任務而扭曲並竄改經濟成長數字。根據維基解密（WikiLeaks）在二〇一〇年的越洋爆料，據說中國總理李克強承認官方GDP數字是「人工拼湊」的，還說他會觀察比較可靠的數字，像是銀行貸款、鐵路貨物量以及電力消費量——來推估實際的經濟成長率。於是，立場超然的經濟學家開始追蹤這些數字，並稱之為「李克強指數」，近幾年來的李克強指數顯示，中國實際的成長率遠低於官方目標。然而，從二〇一二年年中過後，當局報導的成長率每一季（而非每年）還是只比官方目標七％低幾個小數點。

這樣的精確度一點也沒有說服力，連迄今都非常成功的北京「經濟工程師」們都不信那些數字。中國目前的平均所得約一萬美元，先前幾個東亞「奇蹟經濟體」達到這樣的開發水準後，經濟成長都開始趨緩，從二位數的成長降為五％至六％左右。北京似乎對達成經濟成長目標區的任務念念不忘，問題是，對一個中所得國家來說，那個目標區早已不切實際。二〇一三年七月，中國一個高階官員宣稱，領導階層不會「容忍」經濟成長率低於七％的下限，好像以為他們真的有可能阻擋一個規模高達八兆美元的經濟體陷入成長趨緩的宿命似的。而為了防止這種自然趨緩的現象發生，北京當局訴諸愈來愈激進的操作手法。其中最危險的作法是，中國從二〇〇八年起釋出了超過二〇兆美元的信用，目前那些浮濫的信用正對經濟體系造成嚴重的威脅。

中國上述作為的動機都是由於技術官僚與政治人物太過執著於一個不再有意義的成長目標，那個目標似乎是來自一個粗略的計算——每年經濟必須成長多少才能在二〇二〇年達到GDP增倍的目標。問題是，那個野心勃勃的目標沒有經濟根據可言，這不禁讓人想起當年蘇聯為了追趕西方國家而設定的人工目標，大家都知道蘇聯那麼做的下場是什麼。總之，沒有人有辦法藉由人為操縱手段來維持永無止盡的高成長率，商業週期不可能沒有衰退期，而那個教誨一樣可用在北京的技術官僚身上。

子彈與投票箱

目睹中國長達三十年的榮景後，外界漸漸產生一個強烈的認同傾向，相信獨裁國家比民主國家更有辦法創造長期的成長，這個迷思或許不見得是導因於中國的興起，而是源自於大量報導中國興起的文獻。紐約大學（New York University）發展專家威廉・伊斯特利（William Easterly）分析一九六〇年至二〇〇八年的《紐約時報》報導後，發現這份報紙刊登了六萬三千則和獨裁政府有關的報導，其中有四萬則與報導這些國家的成就有關，只有六千則是報導那些國家的失敗。當然，這些報導的主角不全是中國，但過度報導獨裁國家的成就，或許在無形中促使一般大眾產生一個錯誤的印象，以為中國獨裁式資本主義模型真的是值得開發中國家仿效的模範，尤其是處於發展初期的國家。當然，相關的報導愈多，這樣的印象就愈強烈。

獨裁國家有時候確實很成功，畢竟專制的統治者經常會蠻橫地漠視立法機關、法院或民間遊說團的反對，而那樣的獨裁力量讓有遠見的領導人得以實現遠比民主國家領導人更多的成就。獨裁領導人——包括一九六〇至一九七〇年代多數時間統治南韓的朴正熙、一九四九年至一九七八年統治台灣的蔣介石及蔣經國——都創造了永恆的經濟奇蹟。獨裁者可以壓制特殊利益團體的遊說活動和所有反對勢力，創造勢如破竹的發展，因為子彈的威脅迫使人民循規蹈矩。這種領導人可以強勢地將人民的集體儲蓄導向促進產業發展的用途，而且可以對要求加薪的普遍呼聲充耳不聞，好讓企業保持全球競爭力。或許最重要的是，他們能強行徵收土地來建造高速公路、港口和現代經濟體系的其他必要設施，相對的，沒有任何民主國家有辦法採取和他們一樣的手段。

然而，由於獨裁國家沒有太多制衡機制，也沒有經由選舉產生的反對黨，所以就算它們走錯方向，也沒有人能適時警告他們應改變；另外，這種國家的領導人也可能永久戀棧權力，而這些缺陷通常都會對經濟產生有害的結果。獨裁國家比民主國家更容易產生腐敗的領導團隊，畢竟在民主國家，人民有機會透過每隔四至六年的公平選舉，換掉舊領導人、選出清新的領導人。據伊斯特利指出，鄧小平之類的領導人每創造一次長期的一〇%經濟成長，古巴的卡斯楚（Castro）、北韓的金正日或辛巴威的穆加比（Mugabe）之類的領導人，就能創造出好幾個長期經濟停滯期。獨裁國家的腐敗領導人傾向於造成最長久的經濟損害，因為這些國家沒有靈活回應大眾改革要求或產生清新領導人的機制；一旦一個獨裁體制被迫辦理選舉，當局者就會失去以強制手段促進成長的權力，不過，卻也將因此獲得一個讓成長更自然擴散的誘因，例如透過尊重財產權與打破政府獨佔權等手段來促進的成長。

在創造強勁經濟成長的賽跑中，民主和獨裁體制各有其優、劣勢，沒有一種體制明顯領先。我研究了過去三十年的記錄，在那段期間，有一百二十四個案例在整整十年內連續維持五%以上的全國GDP成長率。而在那些連續創造強勁成長的案例中，有六十四個是受民主體制統治，有六十個是受獨裁體制統治。所以，儘管外界普遍推崇中國那種命令式資本主義，但還是沒有理由假設獨裁體制的成長展望比民主體制亮麗。

此外，由於上述經濟成長數字是採平均值，所以並未能凸顯獨裁政權的重大缺陷——這種體制的政權比較可能創造極端的結果，意思就是，儘管這類政權統治下的國家擁有很高的平均經濟成長率，但各期經濟成長率數值的起伏卻非常大，換言之，這些國家的經濟不是極端高成長，就是極端低成長（或負成長）。戰後時期的超級快速與超級遲緩經濟成長記錄，主最要都發生在獨裁政府統治下的國家[1]。最精確的記錄可回溯到一九五〇年，當中共有一百五十個國家的記錄，這些記錄顯示，有四十三個超快速成長案例的經濟在某個十年期間內創造了平均每年成長七%的記錄。在這四十三個案例中，有三十五個案例的經濟是受獨裁政府管理，包括連續幾十年都能維持快速成長的某些「奇蹟經濟體」（像是韓國、台灣和中國），但也包括很多在某個十年間創造超級高成長，但下個十年完全不成長的案例，像是一九六〇年代的委內瑞拉、一九七〇年代的伊朗，還有一九八〇年代的敘利亞和伊拉克。

獨裁統治的國家也比較容易出現長期經濟衰退的情況。回溯那一百五十個國家至一九五〇年為止的記錄，有一百三十八個案例出現過極端低成長，其中，甚至有一個國家在某個十年期間，平均年度GDP成長率不到三%。在那一百三十八個案例中，有一百個是發生在獨裁體制統治下的國家，包括一九五〇年代與一九六〇年代的迦納、一九八〇年代的烏干達、一九八〇年代的沙烏地阿拉伯和羅馬尼亞，以及一九九〇年代的奈及利亞等。整體而言，從一九五〇年起，整整十年的平均經濟成長率高於七%或低於三%的案例，有四分之三是受獨裁政權控制。

對任何一個國家來說，經濟快速從繁榮轉為衰退的情境——也就是超級高成長年度後緊接著超級嚴重衰退年度——都是惡夢。分析相關數據後，我感到非常訝異——這種惡夢般的情境其實很常見。再次回溯到一九五〇年，我發現在這六十五年期間，有三十六個國家至少有九個個別年度的經濟成長超過七%，同時有九個個別年度呈現負成長。簡單說，這些國家在戰後長期處於非常劇烈的繁榮和衰退狀況中，問題是，在經濟如此大幅震盪的環境中，一般老百姓根本無法過正常的生活。這份清單有兩個現象非常引人注目：首先，那三十六個國家當中有三十四個國家屬於新興市場，這證明新興國家不良的制度和經濟成長的起伏不定有關。兩個例外的國家是冰島和希臘，不過，就某些衡量指標而言，希臘近幾年已回落到「新

1 為了計算一個國家在這段期間是否受獨裁政權統治，我採用一個標準衡量指標來區分獨裁與民主政權——政體四（Polity IV）資料庫。這是位於維吉尼亞州的系統和平中心（Center for Systemic Peace）提供，它依照年度來評斷各個政權的狀況。

興」類別。第二，在這三十六個國家當中，有二十七個國家在那六十五年內多半受獨裁政權統治。總而言之，經濟猶如雲霄飛車般劇烈起伏的國家，絕大多數是受獨裁者統治，而最後的結果就是長期的經濟停滯。

舉個例子，從一九五〇年起就一直受獨裁政權統治的國家包括伊朗、衣索比亞、伊拉克、約旦、敘利亞、柬埔寨和奈及利亞，在這些國家，經濟成長率超過七％的年數有十五年以上。不過，這些國家的人均所得頂多增加二分之一或三分之一，只有伊朗和約旦的平均所得超過四千五百美元，因為繁榮年度所創造的成長，總是被幾乎一樣大幅度的衰退一筆勾消。即使是伊朗，都只達到一萬一千美元的人均所得，因為它雖空有二十三年的超級高成長，那些成長卻大半被九個負成長年度抵消。

在某些最糟糕的案例當中，有一個歷經磨難的國家的經濟在同一名統治者的長期控制下，呈現尤其極端的繁榮或極端衰退狀態。約旦是一個君主立憲國家，過去六十二年，它只受兩個哈希米（Hashemite）國王統治，分別是海珊（Hussein）和阿布達拉（Abdullah），而且，在這六十二年裡有超過一半的時間，當地的經濟成長不是極端高，就是極端低。更糟的是羅伯．穆加比總統，他是辛巴威的獨立英雄，但後來變成狗熊。他已在位三十五年，在他的統治期間內，該國經濟有一半的時間呈現鋸齒狀的超級高或超級低成長。在穆加比領導下，辛巴威的的經濟狀況幾乎無法想像地混亂。二〇〇八年前十年，經濟連續負成長，接著又令人迷惑地從幾乎低無可低的谷底劇烈反彈。但整體而言，目前辛巴威比起穆加比接掌政權前還要貧窮。

然而，這還不是最駭人聽聞的獨裁者經濟表現。哈菲茲．艾爾—阿薩德（Hafez al-Assad）統治敘利亞三十年，直到二〇〇〇年才下台，在他統治期間，該國經濟有三分之二的時間不是極端高成長，就是極端低成長，其中最好光景的幾年集中在一九七〇年代和一九八〇年代的石油榮景期。不過，若要頒一個最

「令人頭昏眼花經濟領導人獎」，近幾十年的得獎人應該非統治伊拉克長達二十五年的薩丹姆・海珊（有十五年以上）莫屬，他是在二〇〇三年下台。在他統治期間，有超過四分之三以上的年度呈現極端的經濟成長狀態，期間不時爆發戰爭，而且創下不少幾個最激烈起伏的記錄。一九九三年和一九九六年，伊拉克的經濟成長率分別高達四〇％，但一九九四年至一九九五年則各衰退二〇％。這就是典型的獨裁雲霄飛車效應。

諸如穆加比和薩丹姆・海珊等人物當然是近幾十年來最惡名昭彰的獨裁者，不過，相同的情節也在比較不那麼有名的政權上演，只是榮枯的起伏比較不那麼激烈罷了。舉個例子，巴西人透過一九六四年的一場軍事政變，推翻了一個日益左傾的政府，新政府迅速透過縮減繁文縟節、成立中央銀行、努力降低預算赤字，以及降低出口商稅賦等措施來重新啟動經濟，經濟成長率也確實從低於五％迅速上升到二位數成長。不過，一九七四年第一次石油危機來襲，這個因暴力鎮壓而引來國內外批評的軍政府，變得愈來愈蠻橫，企圖利用命令指揮的方式維持榮景。它開始大量貸款，最後導致外債高到無力償還的水準，更糟的是，第二次石油危機在一九七九年來襲，經濟也開始衰退。等到一九八四年軍政府終於同意辦理新選舉時，通貨膨脹已嚴重失控。從某些層面來說，這個國家從未真正復原，因為後來的軍事政府一樣事事干預，直到今天，巴西相對美國的人均所得還停留在一九七〇年代水準。

相反的，一九五〇年以來，極端經濟成長年度最少的國家主要是民主國家。例如瑞典、法國、比利時和挪威只出現一次七％以上的年度經濟成長率，在法國，那已是一九六〇年的遙遠記憶。然而，從一九五〇年起，這四個歐洲民主國家的人均所得卻增加五至六倍，最低的一個目前也達到三萬美元以上，那局部是由於他們鮮少出現過整年度的負成長。法國出現負成長的年度最多，有七年，挪威最少，只有兩年。這就是民主國家典型的穩定效果所致，而且，近幾年這樣的現象也漸漸擴展到諸如哥倫比亞和南非等新興國家，這些國家在民主治理方面的分數也相當高，而且出現極端經濟成長率的年度也不多。

任何一個盼望透過獨裁者來穩定局面的國家，都會因極端繁榮和衰退的記錄而陷入經濟暫停成長的窘境。近幾十年來，很多經濟陷入困境的國家都曾希望訴諸強人來恢復繁榮。然而，長期下來，雖然民主領導人缺乏策動亮麗成就（或嚴重失敗）的至高權力，他們領導國家實現穩定且恆久成長的機率還是比較高。即使是能創造長期強勁成長的獨裁者，最終也經常會變成維護現狀的掠食性防衛者，他們蔑視人民的財產權，圖利自己的派系，壓抑所有未能和「大老闆」維持友好關係的人，拒絕和他們分享經濟的大餅。也因如此，很多民主國家才會實施任期限制，目的都是為了防止政權趨於腐敗與貪污。

這也是中國在鄧小平下台後二十年，能夠繼續維持良好功能運作的重要原因，只不過，這個原因經常被忽略。鄧小平雖不是個民主主義者，卻深諳腐敗領導人可能造成的問題，所以，他將年齡與任期限制予以制度化，因此，即使到今日，中國領導人都無法掌權到進棺材的那一天。領導人只能連任一次，每一個任期是五年，兩個任期屆滿，領導人就必須交接。這就是北京當局和其他獨裁國家的差異，雖然很多獨裁國家企圖複製中國模型，卻不願遵守它的規定，例如越南。二〇一五年，總理阮晉勇（Nguyen Tan Dung）已經六十五歲，他幕後操控，將最高領導人的上任年齡限制提高到六十七歲，這個數字正好足以讓其他主要對手失去資格，而他自己可以過關。據說他還試圖轉任共產黨的總書記。阮晉勇已經掌權十年，據當地資訊來源表示，在勁敵已被排除的情況下，如果他真的順利拿下這個新職務，他將成為越南「幾百年來」最有權勢且在位最久的領導人。

回歸生命週期

生命週期是一種政治規則，不是科學。它能讓你了解變革的可能時機和方向，而變革的時機和方向，局部取決於一個國家目前處於危機、改革、繁榮、衰退和腐敗週期的什麼位置。一如其他生命形式，世界經濟體系也循著腐敗與再生的週期而起伏，在某個時期，它的能量會消散於無形，接著再次匯聚，形成新的樣貌。現代經濟體的政治生命也是循著類似的週期起伏，在危機時刻內爆，直到垂死那一刻，才會改革，進而復興。這個生命週期有助於解釋為何只有少數開發中國家能夠長期快速成長，並順利躋身已開發經濟體之列。這個週期也有助於我們真正了解，為何那些成功躋身已開發經濟體的開發中國家，會被稱為「奇蹟」經濟體，因為它們成功克服了常因經濟繁榮成績而自然產生的自滿和腐敗，而那種自滿和腐敗正是扼殺長期繁榮的元凶。

從危機來襲，一直到有潛力推動轉型化經濟改革的新領導人出現，可能事隔非常多年，而即使這樣一個領導人出現，也只是讓經濟恢復強勁成長的可能性上升而已。決定一個新領導人能否開始推動改革，以及那種改革能否成功促使經濟強勁成長，還取決於很多其他因素，尤其若全球情勢導致所有國家的經濟全部陷入泥淖，各國之間更會產生奇怪的落差。

即使是在全球停滯與動亂等最糟糕的時期，生命週期還是會一如往常繼續轉動，不管速度有多慢，它終究還是會將危機之後的灰燼轉化為改革的種子。二〇一一年所謂阿拉伯之春的一系列起義運動，是從突尼西亞最先爆發（事件的導火線是：一個攤販本來想取得當地官方的許可證，不料卻被貪腐官僚體系回絕，於是他自我犧牲）。這個事件讓阿拉伯世界人民長期以來因經濟發展不良而累積的不滿瞬間爆發，於是，起義之火一路從突尼西亞、埃及，一路延燒到敘利亞，所有老化的專制政權都未能倖免。然而，很快的，這場「春天」變成空歡喜一場，因為被推翻的舊獨裁者被一群新獨裁者取代，例如埃及，要不然就是國家又爆發內戰，或是陷入一片混沌，如敘利亞、利比亞和葉門。原本外界希望這場危機能產生讓民主、自由市場改革乃至經濟繁榮等在當地遍地開花，但最後這個地區的命運卻變得更了無希望，只有突尼西亞例外，當然，箇中原因非常複雜。二〇一四年年底，突尼西亞完成區域內第一個在阿拉伯之春後，政權和平轉移的國家，新總統承諾將聚焦在經濟改革。

以「大型危機勢必會催生重要的新改革者，但並非所有改革者都能堅持改革到底」的法則來說，阿拉伯之春是極端案例之一。誠如喬治梅森大學（George Mason University）教授傑克・高德史東（Jack Goldstone）在二〇一一年為《外交》（*Foreign Affairs*）雜誌撰寫的一篇文章中主張的，阿拉伯之春起義運動的目標是要推翻一群特別貪腐的「蘇丹」，這些人不像君主國的君主，他們缺乏公共正當性，而是藉由恐怖統治與圖利親信的方式來達到目的。埃及的穆巴拉克、敘利亞的阿薩德，以及突尼西亞的班阿里斯（Ben Alis）等獨裁政權都是採行「蘇丹化政權」（sultanistic regimes），其他採用相同體制的國家還包括羅馬尼亞的休塞斯古（Ceausescus）、海地的杜瓦利埃（Duvaliers）、菲律賓的馬可仕，以及印尼的蘇哈托等。這些家族獨裁者被視為篡位者，不受人民愛戴；問題是，那類獨裁政權一旦垮台，很容易留下權力真空，接下來的混亂有可能導致國家無法在五年內產生一個穩定的新政權。高德史東主張，如果這段期間還爆發內戰，權力真空時間會更漫長。在那樣的前提下，突尼西亞能在那麼短的時間內產生目前這個相對穩定的新政府，實屬難能可貴。阿拉伯世界的其他國家目前正依循「較標準」的型態前進，所以，它們或許需要超過五年的時間，才有辦法開始修復社會結構。

一般人都能了解生命週期各個階段所代表的意義：危機和人民起義有可能迫使最不情願的精英份子推動改革，至少從馬克思早期的評論中，便可見這個事實。馬克思認為，資本主義最終將在一系列愈演愈烈反上層階級的暴力活動中崩潰。但取而代之的，事實證明，從十九世紀末期至二十世紀初，每當政治領導人面臨經濟蕭條的困境，都能戮力改革自由資本主義，藉由創造福利國的方式來平息民眾的反感，最早的案例是德國和英國。另外，也有很多文獻完整記錄了繁榮時期和政治自滿之間的關連性，舉個例子，現代的日本和歐洲經常被描述為太過富裕而不願推動強硬改革的國家。不過，多數人沒有察覺到的是，即使在較正常的時期，生命週期還是不斷運轉，不斷形塑與再造更好或更糟的經濟體。

前印尼財政部長穆罕默德・查提・巴斯里（Muhamad Chatib Basri）以一句特別受喜愛的諺語，道盡完整週期的輪廓：「惡劣的時機衍生優質的政策，而美好的時機創造惡劣的政策。」巴斯里告訴我，在他自己的國家，這個週期也是不斷重演，包括他在蘇西洛・班邦・尤多約諾（Susilo Bambang Yudhoyono，一般稱之為ＳＢＹ，他是二〇〇四年至二〇一四年的總統）執政時擔任財政部長期間。ＳＢＹ在第一個任期內協助穩定印尼有功，讓國家平順度過蘇哈托下台後那幾年的政治不確定性，不過，到了第二任，他變得自滿，即便政府赤字暴增也不以為意。巴斯里說，他反覆催促ＳＢＹ透過刪減能源補貼等支出來解決這個問題，但由於印尼在二〇一三年開始有爆發外匯危機的跡象，所以他只微幅縮減補貼，接著，那年稍晚危機平息後，他就停止改革。根據巴斯里的說法，當他建請總統繼續推動補貼縮減，總統回答：「為什麼？國家現在不是好好的嗎？」

不過，生命週期的運行並非一成不變，甚至有點飄忽不定，即使在定期依照既定時程辦理選舉的民主國家也是如此。一個國家有可能在自滿中打混多年，不進行積極改革，這足以解釋為何日本和很多拉丁美洲國家會陷入「失落的十年」，那種情境常延續十年以上。然而，也有一些意志力特別強的領導人或國家持續努力不懈地推動幾十年的改革，但僅限於相當罕見的「奇蹟」案例，像是韓國、台灣和一九九〇年起陷入失落十年以前的日本。

二〇〇八年的信用危機嚴重到足以促使大眾支持改革者出線，事實上，的確有很多強大的候選人在後來的選舉中勝出。其中許多人是到全球經濟衰退在二〇一〇年起從富裕國家擴散到新興國家後才登上大位，而他們的出線反映出危機對人心的衝擊日益擴大。二〇一二年十二月，恩里克．潘尼亞．尼托（Enrique Pena Nieto）取得政權，他承諾打破長期以來壓抑墨西哥經濟的眾多壟斷行為。同年同月，日本的安倍晉三取得政權，他提出一份以終結日本長達一個世代的經濟停滯為目標的果決計畫，讓日本觀察家振奮不已。隔年，納瓦茲．夏利夫（Nawaz Sharif）掌握伊斯蘭瑪巴德（Islamabad）當局的領導權，他積極推動改革，使巴基斯坦成為二〇一三年全球股市最熱門的市場。另外，蘭奇在隔年二月贏得義大利大選，又過一個月，印度的納倫德拉．莫迪（Narendra Modi）也贏得壓倒性勝利，因為人民殷切期盼他能讓經濟維持接近二位數的成長，進而將印度改造為下一個中國。

當然，現在要研判這一群新世代領導人當中，誰將成為下一個柴契爾夫人或是金正日，目前都言之過早，部分原因是，好的政策也要有好運氣，才能造就一個成功的改革者，不管新改革者是否採納了正確的政策，其他很多因素也必須就緒，他們才能真正創造連續的高成長。到二〇一五年時，上述所有新領導人試圖復興國家經濟的路途都走得不怎麼順遂，因為全球經濟正陷入戰後最弱的成長期。

總的來說，證據顯示，政治對經濟成長很重要，而當一個新領導人在危機的餘波中崛起，這個國家的命運極可能朝好的方向轉變，而如果一個國家的領導人在位已久並趨於腐敗，它的命運就會完全相反。

第三章 好億萬富翁、壞億萬富翁

——貧富不均是否會威脅到經濟成長？

到二〇一五年，超級富人和其餘人民之間的落差，已成為世界各地熱議的重要議題，不過，沒有任何一個國家領導人像智利的蜜雪兒·巴舍萊（Michelle Bachelet）總統，那麼努力為財富的重新分配而奮鬥。那年四月，我曾到聖地牙哥一趟，我看見她的支持者誓言「以推土機碾平」讓智利成為拉丁美洲國家最富裕但也是貧富最不均社會的精實政府和低稅賦模型。巴舍萊當選後，確實一步步實現了大眾的期望。她經由削弱前總統賽巴斯汀·品尼拉（Pinera）權力基礎的學生抗議運動體察到一些線索，承諾將擴大政府預算規模，提高以幫助窮人為訴求的政府支出，同時提高企業所得稅來支持免費的大學教育。當時我和很多智利的企業高階主管談過，他們非常擔心未來政府將更積極干預。巴舍萊的民粹語言促使膽戰心驚的企業家大幅縮減對智利的投資計畫。隨著投資活動崩潰，GDP成長率也從品尼拉執政時期的平均接近六％，減緩到三％以下。我當時想，和品尼拉聊聊，說不定有助於釐清這場力圖弭平貧富不均的戰爭，最後會以什麼結局收場。品尼拉是智利首富之一，他的財富來自他經營的信用卡業務，所以，他的觀點應該很有意思。

在這之前，他已經從原先用來管理財富的辦公室（看起來相當中庸）撤出，搬到聖地牙哥一棟不知該如何形容的高塔。和典型拉丁美洲企業大亨不同的是，他身邊沒有一大群保鏢和保全系統。品尼拉看起來一點也不憂心自己的安全，不過，他對巴舍萊的政策方向倒是感到憂心忡忡。他說，一個國家若想消除貧富不均，必須同時追求兩個目標：重新分配經濟大餅，但也要把餅做大。他說，他在位時是兩者同步進行；他還辯稱，其實在他任內，智利的貧富不均程度已有所縮減[1]，只不過速度不夠快，才難以平息抗議活動。而如今，巴舍萊只證明一件事：一心只想趁著景氣良好時重新分配財富，只會毀掉強勁的成長，最終讓每個人都變得更窮。品尼拉告訴我，「長久以來，拉丁美洲的歷史就是，當景氣狀況良好時，國家就會朝左派傾斜，而當景氣變差時，又會朝右派搖擺。」

這樣的型態其實似曾相識，也不僅限於拉丁美洲，而是新興市場的普遍現象。民粹運動者常靠著這種強烈反企業大亨階級（這些企業大亨的基礎鞏固且關係良好）的活動，爬上權力顛峰，接著，再推行有可能毀滅經濟的財富重分配政策。最極端的案例是，蠱惑民心的民粹主義煽動者將民間企業和農田收歸國有，禁止外國投資人進入他們國家，再以協助窮人之名，將稅賦提高到令人窒息的水準，迅速擴大政府預算規模，並把大量資金耗用在浪費的補貼上，尤其是廉價的燃料。在貧富極度不均的社會，民粹主義者常常採用這類扼殺成長的政策，這些民粹主義者包括後殖民時代的幾個案例，如辛巴威的羅伯·穆加比、尚比亞的肯尼斯·關達（Kenneth Kaunda）、坦尚尼亞的朱利阿斯·尼瑞瑞（Julius Nyerere）、北韓的金日成，孟加拉共和國的謝赫·穆吉布·拉赫曼（Sheikh Mujibur Rahman），以及巴基斯坦的佐勒菲卡爾·阿里·布托（Zulfiqar Ali Bhutto）。

非洲的情況尤其惡名昭彰：掌權三十多年的穆加比在財產重新分配方面的立場，可說是一年比一年更激進。早期他將老白人精英份子的財富重分配給黑人多數，但實際上的受益者多半是他的親友團。二〇〇〇年起，他更開始以黑人地主取代白人農夫，問題是，其中很多黑人根本不懂得如何務農。結果，該國的農業生產急速減少，從一個食物出口國變成淨進口國。失業率急速飆升到九〇%以上，同時爆發超級通貨膨脹，物價每二十四小時就增加一倍，這個流程導致本國貨幣價值徹底遭到摧毀，因為在短短的時間內，買一顆蛋就得花數十億辛巴威幣，而且三十五兆辛巴威幣才夠兌換一美元。最後，穆加比終於在二〇一五年廢除辛巴威幣。目前該國混用多種外國貨幣，流通貨幣包括美元和南非蘭德（rand）等，穆加比政權幾乎堪稱一齣描述貪腐的諷刺鬧劇，它讓世人體會到，沒有經濟成長作為後盾的財富重分配，有可能將本地經濟體系的信任感摧毀殆盡，不過，類似的流程卻在很多國家或每個大陸上演。巴基斯坦的佐勒菲卡爾·阿里·布托在一九六〇年代成立他的人民黨（People's Party）。一九七一年，該國的軍事政府在對印度之戰中慘敗，讓布托獲得了統治國家的機會。上台後，他開始努力實現矯正貧富不均的承諾，對人民的土地持有權設限，並將金融、能源和製造業等產業國有化。結果，整個國家陷入貪腐、超級通貨膨脹和生活水準下降的深淵。

很多領導人無法克制利用政府力量來重新分配財富的那種衝動，近幾年比較溫和且生動的例子包括一九九〇年代末期菲律賓的約瑟夫·艾斯特拉達（Joseph Estrada）、二〇〇〇年代期間泰國的塔克辛·欽那瓦（Thaksin Shinawatra），還有最近的蜜雪兒·巴舍萊。一九九八年，艾斯特拉達在農村選民支持下，以勢如破竹的氣勢登上權力高峰，當時農村居民感覺到，儘管民營化政策讓經濟加速成長，但主要只有都市人受惠。艾斯特拉達上台後採取常見的重分配措施，包括將土地分給佃農、提高社福支出等，但這些措施導致政府債務和赤字增加，通貨膨脹大幅上升，並在他任職三年後引爆一連串以推翻他為訴求的抗議活動。

1 品尼拉的任期介於二〇一〇年至二〇一四年年初，世界銀行的數據顯示，當時智利的吉尼指數（Gini index，代表貧富不均程度）從二〇〇九年的五二降到二〇一三年的五〇·四五。

當然，自我毀滅式的民粹主義在中南美洲最為猖獗，主要原因是，早在殖民時代，當地的貧富不均情況就很嚴重。但這些國家好不容易實現獨立的目標後，歐洲精英份子並未收回魔掌，而是繼續在這個區域整併他們的政治和經濟力量。於是，權力和財富的過度集中促使承諾推動激進財富重分配的民粹主義者興起，最早出現的是一九五〇年代古巴的卡斯楚。接著，一九六〇年代末期秘魯的朱安·貝拉斯柯（Juan Velasco）、一九七〇年代墨西哥的路易斯·埃切維里亞·阿瓦瑞茲（Luis Echeverria Alvarez）、一九八〇年代尼加拉瓜的丹尼爾·歐特加（Daniel Ortega），以及一九九〇年代末期委內瑞拉的查維斯，還有二〇〇〇年代阿根廷的涅斯特·基西納（Nestor Kirchner）等，也陸續展開類似的作為。舉個例子，埃切維里亞從一個全心發展新產業的政府手中奪走政權，因為前任政府的政策導致城市鄉所得落差擴大（這其實是工業化初期常見的現象）。接手後，埃切維里亞開始藉由提高食物補貼、限制外國投資、重新分配土地給佃農，以及將礦區與電廠國有化等措施，試圖拉近所得缺口。問題是，這一輪窮追猛打嚇跑了外國投資人，刺激墨西哥人將資金匯到海外，最後引爆一場國際收支危機，同時使得能源短缺、失業率與通貨膨脹上升，經濟成長率也明顯降低。接著，抗議活動四起，旅客也逃離這個國家。

這就是品尼拉擔心的「朝左派傾斜」的災難後果，而且他對此非常焦慮，因為這種週而復始的政治後座力終於抵達他的國家。一九七〇年代以來，智利向來自外於拉丁民粹主義的標準節奏，因為獨裁者奧古斯圖·皮諾契特的政權以實例證明，開放對外貿易和接受外來投資、削減繁文縟節、善加控制債務和赤字以壓制通貨膨脹，以及國有企業及退休金民營化等，能釋放穩定的高經濟成長。可惜的是，皮諾契特透過一場政變取得政權後，便實施粗暴的對策來鎮壓反對陣營領袖，最後導致很多智利人和他漸行漸遠。他的血腥政權最終在十七年後的一九九〇年劃下句點。然而，皮諾契特的經濟遺產卻永久流傳了下來，只不過，也有某些評論家主張他的政策是導致貧富不均的始作俑者。接下來二十年間，每次一碰到選舉，智利人還是不願把票投給和皮諾契特政權有關的右翼黨派，而是選擇中間偏左的領導人。幸好這些領導人全都繼續遵循皮諾契特開創的金融穩定政策，在二〇〇六年至二〇一〇年第一個任期內的巴舍萊也不例外。即使是二〇一四年重新掌權後，巴舍萊也沒有破壞皮諾契特所建立的預算紀律習慣，具體來說，雖然她提高對窮人的支助，卻也提高稅賦來因應新增的支出。

嚇跑智利投資者的其實是巴舍萊的民粹語言，偏偏那些投資者才是開發成長力量的新來源。這個國家的平均所得已達到相當牢靠的中產階級水準——一萬五千美元，但儘管迫切需要驅動成長，智利的經濟體系卻還是單純仰賴原物料商品（如銅）的出口，尤其當時全球銅價還一路下跌。巴舍萊的政策壓抑了投資活動（若想讓經濟脫離原物料商品的影響，智利迫切需要投資），也在無意中阻礙了經濟的進步，當然，在大眾高喊財富重分配的聲浪中，她的這些作為早是意料中事。最根本的疑問是：貧富不均是否真的會威脅到經濟體系？事實上，這是更需要透過政治藝術（而非經濟科學）來解決的議題之一。當人民對財富的創造方式產生懷疑，貧富不均就會開始威脅到經濟成長。如果一個企業家是藉由生產有利於消費者的產品，或建造製造工廠讓人民得以有工作等方式來創造財富，那麼，多數人都會接受他。然而，如果一個企業大亨老是藉由奉承政治人物、利用政府提供的土地使用合約，或甚至利用裙帶關係等惡性的方法來創造財富，遲早就會引來民怨，屆時全國人民的焦點就會轉向財富重新分配，而非聚焦財富的創造。

最嚴謹的貧富不均統計衡量指標有助於快速了解大局的情況，不過，這種衡量指標並不常更新，所以難以讓人體察到和大眾快速翻騰的情緒有關的必要警訊。最常見的所得分配不均衡量指標是吉尼係數，每個國家都有一個介於一至〇的分數，一代表所得徹底分配不均的社會，也就是說，社會上的全部所得被一個人囊括；〇則代表一個徹底平等主義的社會，每個人的所得都一模一樣。不過，吉尼分數是學術界採用官方數據後，透過幾個不同的方法計算而來，沒有固定的發表時間，使用的樣本國家也不一致。世界銀行提供的跨國比較數據已經是最即時的資料來源，不過，在它二〇一五年年中發佈的最新吉尼分數中，智利的分數是採用二〇一一年的數據計算而來，美國是二〇一〇年，俄羅斯是二〇〇九年，埃及是二〇〇八年，而法國是二〇〇五年。由於吉尼分數不夠即時，所以無法從中釐清目前哪些國家受貧富不均的威脅最為嚴重。

我自己用來監控貧富不均趨勢的方法，是隨時用耳朵傾聽、用眼睛觀察，因為我知道沒有任何數據能清晰展現一國人民的財富態度的轉變。不過，我還是謹慎使用了《富比世》（*Forbes*）雜誌上的億萬富豪名單，作為辨識離群值（outliers）的工具之一；換言之，我從中觀察哪些國家的大富豪財富規模和來源最可能引爆貧富不均的緊張氣氛，並進而阻礙該國的經濟成長。我會計算億萬富翁的財富規模相對整體經濟規模的水準，以辨識哪些國家的企業大亨佔有異常高比率的財富，而且佔有比率愈來愈高。另外，我還估算億萬富翁的繼承財富佔他們的總財富的比重，希望由此釐清哪些國家的企業大亨精英階級在國內的地位變得更不可動搖。最重要的是，我會追蹤「壞億萬富翁」的財富變化，所謂壞億萬富翁，是指經營歷來和貪腐有關的產業如石油、採礦或房地產業的富豪。如果傳統上容易流於腐敗的產業裡，基礎已非常雄厚的壞億萬富翁階級又變得愈來愈有錢，危險的民粹主義煽動家就愈可能獲得蓬勃發展的機會，因為那類產業的生產力不佳，可能阻礙經濟成長，而那些企業大亨的腐敗也容易引發民怨。另外，我也會密切傾聽大眾如何談論他們國內的主要企業大亨，因為這些談論內容通常代表著一般人對貧富不均的知覺，這樣的知覺比實際的貧富不均現象更容易影響政治人物的反應和經濟政策的演變。

有些人會懷疑諸如財富分配不均等議題或這種解讀富豪名單的方法不夠嚴謹，但我要說，這是愈來愈攸關重大的訊號。某些世界級領導人傾向於不理會諸如貧富不均等缺失，也不插手處理會引發貧富不均的貪腐行為，甚至主張那是所有國家常見且不可避免的永恆罪惡，尤其是在窮國發展經濟之初的混亂期。不過，這是藉口。開發中社會的財富確實傾向於不成比例地流到有錢人口袋，但這些分配不均問題是否能自動消失，答案已愈來愈模糊。

從一九五〇年代開始，這種普遍假設貧富分配不均問題將隨時間逐漸淡化的信念就已存在，當時經濟學家塞蒙．庫茲涅特（Simon Kuznets）指出，在各國經濟發展初期，隨著某些貧窮的農夫搬遷到薪資較高的都市工廠就業，經濟成長過程中一定會發生分配不均的問題。不過，到了較後期階段，隨著都會區中產階級人數增加，貧富不均的程度將減輕。然而，如今不管是處於哪個發展階段的經濟體，貧富不均程度似乎都在上升：包括貧窮、中產階級和富裕國家皆然。貧富不均威脅擴大的原因之一是，二〇〇八年以前如火如荼的全球化進程，傾向於壓抑藍領階級的薪資，因為全球化讓企業更容易將工廠工作機會轉換到低薪國家，而技術和自動化的持續進展，也取代了先前讓很多人得以躋身中產階級的工作機會。隨著各國（不管處於什麼發展水準）國內貧富不均現象惡化，時時刻刻監控所有國家的財富落差就變得愈來愈重要。

因貧富不均而起的衝突由來已久，但近幾年已轉移為全球現象，影響了非常廣泛的區域，包括已開發國家和開發中國家。全球各地的政治領導人已著手處理貧富不均的問題，並開始努力推動財富重分配，包括韓國、瑞典、智利和美國。以華盛頓來說，民主黨持續在對抗貧富不均的問題上推進，甚至一向非常穩重的聯邦準備銀行主席珍娜．葉倫（Janet Yellen），都在二〇一四年承諾要以「為一般商業界而非華爾街」效勞的前提來經營中央銀行。

中央銀行官員親上火線的情況很罕見，問題是，承諾歸承諾，葉倫卻忽略了一件事：聯準會本身其實是加速世界各地億萬富翁興起的渦輪增壓器。從財富衡量指標觀察，貧富不均的惡化的情況尤其明顯，所得衡量指標倒是比較不那麼明顯，但談到財富，聯準會向來是促使華爾街（而非一般商業界）財富大幅增加的力量之一。二〇〇八年全球金融危機後，聯準會為了提振經濟成長，透過幾輪的「量化寬鬆」措施，對美國經濟體系挹注有史以來首見的大量資金，這些措施包括在公開市場上購買債券。這麼做的目的是期許大量資金挹注能促進經濟強勁復甦，並帶動就業機會增加。但取而代之的，美國經濟卻陷入戰後時代最弱的復甦，而且爆發空前的金融投機期。

到頭來，聯準會釋出的寬鬆貨幣多半被轉移到購買股票、豪宅、其他金融資產，以及為了進一步推升前述資產的價格而設計的財務工程（例如買回庫藏股）等用途。每個持有股票或債券的人都變得更有錢，但因為絕大多數這類資產都掌握在最有錢的人手上，所以他們是最快變得更有錢的族群。隨著其他國家的中央銀行紛紛跟進採用聯準會的寬鬆貨幣政策，無形中也導致他們國內的財富落差擴大。二〇一四年，瑞士信貸銀行（Credit Suisse）研究團隊發表一份有關四十六個主要國家的研究，他們發現，在二〇〇七年以前，當中只有十二個國家的財富分配不均情況惡化，但二〇〇七年以後，這個數字幾乎增加一倍，達到三十五國，包括中國、印度到英國與義大利等。

這場寬鬆貨幣實驗是從二〇〇八年起展開，到量化寬鬆在二〇一四年結束時，世界最富裕的那一％人口的財富，共約當全球總財富的四八％，較二〇〇八年的四四％上升，總金額上升到二百六十三兆美元。皮尤研究中心（Pew Research Center）在二〇一四年發表的一份研究發現，「美國高所得族群和其他所有人之間的財富落差，已達到二〇〇七年至二〇〇九年的『大衰退』以來最大」，較高所得家庭的財富上升，中所得及低所得族群的財富則是停滯不停。一九八三年時，高所得家庭的財富大約比中所得家庭多三點四倍，但接下來二十五年間，這個落差逐漸擴大，二〇〇七年時，這個倍數已上升到四點五倍，到了二〇一三年，這個倍數已快速擴大到六點六倍。事實上，窮人並沒有變得更窮，只是有錢人的財富——尤其是超級有錢的人——更快速增加。排名前〇．〇一％的富豪的財富增加得比前一％的人更快，換言之，面對億萬富翁，百萬富翁只能自嘆弗如。在二〇〇九年至二〇一四年間，雖然全球經濟疲弱，但全世界擁有十億美元以上身價的富翁人數，從一千零一十一人增加到一千八百二十六人。舉個例子，在那五年期間，品尼拉雖忙於他身為智利總統的日常工作，但根據《富比世》雜誌，拜全球市場大漲之賜，他的淨值（**net value**）從四億美元膨脹到二十六億美元。

一個健康的經濟體系本來就能創造財富，甚至會創造一些非常有錢的人，那是天經地義的。不過，核心的問題在於財富的創造是否平衡。如果最有錢的人未掌握足以支配經濟的力量，經濟成長和財富創造的過程比較可能被大眾接受。二〇一五年的智利只有十二個身價超過十億美元的富翁，但他們控制了一五％的經濟體系——在世界各國中名列前茅。在那種情況下，就算諸如智利這種原本極為中庸的國家，也難保不會爆發自我傷害式的貧富不均戰爭。

解讀億萬富翁名單

隨著億萬富翁族群的增加，「億萬富翁觀察」已迅速衍生成為一個產業。從一九八〇年代開始，《富比世》就每年發佈它的「世界億萬富翁名單」（World Billionaires List）。過去五年，億萬富翁人數增加一倍，過去十年則是增加兩倍，所以，這份名單已成為一份龐大且愈來愈重要的樣本。二十年前，諸如中國與俄羅斯等國家並沒有任何億萬富翁，但如今這兩國都擁有不少超級有錢的富豪。億萬富翁人數的暴增也催生了一個模仿《富比世》的「家庭手工業」，這個行業的從業人員會定期提出令人心癢難耐的超級富豪報導。

其中彭博社（*Bloomberg*）有一個億萬富翁指數（Billionaires Index）和億萬富翁普查（Billionaire Census），其他資訊來源則是追蹤特定範圍的超級富豪的動態，例如中國的胡潤報告（Hurun Report）和瑞士信貸研究公司的「全球財富報告」（Global Wealth Report）。如今，諸如《富比世》和《彭博社》等資訊來源，會利用即時的市場數據，及時更新富豪的排名。另外也有一些書籍附加了相關的數據，像是克里斯提亞（Chrystia）的《富豪》（*Plutocrats*）和達瑞爾・維斯特（Darrell M. West）的《億萬富翁》（*Billionaires*）。「億萬富翁觀察家」的大量出現，顯示這是一個衝突的時代，他們滿足了社會上偷窺上層社會階級隱私的慾望，也迎合了以批評財富分配不均為樂的評論家的需要。

其中某些富豪資訊也滿足了奢侈品行銷商或富豪族群中老愛和別人較勁的人。根據統計，賓州大學（University of Pennsylvania）製造的億萬富翁，比耶魯（Yale）、哈佛（Harvard）、普林斯頓（Harvard）或其他學校更多。想當然爾，這些名單並不完整，因為相關的數字多半是根據公開的資訊計算而來，尤其是富豪持有的股票和房地產，所以，億萬富翁財富的即時指數主要只是反映那個時刻的市場狀況罷了。諸如比爾・蓋茲（Bill Gates）和卡洛斯・史林姆（Carlos Slim）等大億萬富翁的財富，常在一天之內起落幾億美元，雖然看起來驚人，但那樣的變化其實並沒有特別的意義可言。只有涵蓋面較廣的年度變動資訊比較值得玩味。

最近連一些嚴肅的經濟討論內容都會提到某些億萬富翁數據。二〇一三年有關貧富不均主題的國際暢銷書《二十一世紀資本論》（*Capital in the Twenty-First Century*）作者湯瑪斯・皮凱提（Thomas Piketty）聲稱，美國富豪的繼承財富擁有恆久的力量。前美國財政部長勞倫斯・桑莫斯（Lawrence Summers）最近對他做了一場訪問，他拿美國億萬富翁名單劇烈變動的事實，質疑這個法國作家的前述說法有誤，這場訪問獲得多方的讚賞。桑莫斯提出一個事實：一九八二年《富比世》雜誌的原始美國富豪名單中，只有十分之一的人還在二〇一二年的名單上。作家暨創投家彼得・泰爾（Peter Thiel）也將億萬富翁名單列入他哀悼科技創新陷入停滯狀態的悼詞中，娛樂性十足。泰爾審視《富比世》雜誌二〇一二年全球各地身價超過一百億美元的九十二位億萬富豪名單，他發現當中只有十一位科技產業人士，而且他認為這些人的名號耳熟能詳到令人不得不感到悲哀，像是蓋茲、艾利森（Ellison）和佐克伯等。相較之下，他發現名單上靠「天然資源開採」而賺大錢的人，比科技業人士多一倍，而泰爾揶揄這些人「基本上代表科技失敗的案例，因為原物料商品是無彈性商品，而每次一發生飢荒，農夫就會賺大錢。」

桑莫斯、泰爾和其他人點出了一些事實。不過，我們必須以更有組織的方式來解讀這些名單，才能真正了解億萬富翁財富規模所代表的真正意義——這些財富是否透過生產事業取得，以及這些企業大亨階級面臨多大程度的競爭等等。在一個持續成長的經濟體，財富創造是自然且健康的現象，只要這些大亨掌握的財富約當全國財富的佔比不是過高，沒有透過家族的裙帶關係而淪落為腐敗的精英族群，而且是從創新且有生產力的產業崛起，不是透過政治關係獲得億萬富翁地位，那就無傷大雅。

規模：億萬富翁驚人的高財富佔比

我最早是在二〇一〇年開始閱讀億萬富豪名單，當初之所以會對這些名單產生興趣，是因為印度的情勢急轉直下，當地接二連三的醜聞，暴露了老精英族群的貪污方式，他們透過這些方式更深入地滲透到國會、寶來塢電影世界與產業指揮者的高位。在那之前，印度主要的企業大亨都還堪稱國內最受信賴的人物，他們因建立了讓印度贏得光彩全球形象的成功企業而受到民眾推崇。但一連串的醜聞摧毀了那樣的信任感，暴露了企業領導人物和政治人物之間彼此勾結的醜態。他們操縱無線頻譜拍賣、以不當手段謀取新板球聯盟的所有權，以及壟斷房地產交易等惡行陸續遭到揭露。情況顯示，愈來愈多的新企業大亨不是靠自身的功勳而崛起，而是靠政商關係。很多印度人對這些陰謀極為不齒，孟買的很多企業執行長也向我抱怨，每次做任何投資決策以前，總是必須先釐清要賄賂哪些官員才能把事情搞定。

為了檢驗一般人對精英份子名單愈來愈少變化且其支配力量愈來愈強大的觀感，我快速檢視了二〇一〇年億萬富豪名單，發現印度的十大企業大亨控制了約當一二％GDP的財富，相較之下，中國的這個比率只有一％。此外，在印度十大億萬富豪中，有九個人從二〇〇六年蟬聯至今，而中國的這份名單上沒有人是這樣的狀況。印度億萬富豪名單愈來愈少變化還算是近年來才有的現象，因為在二〇〇六年的名單上，印度只有五個富豪是從二〇〇一年蟬聯至那時。我在二〇一〇年九月為《新聞週刊國際版》（*Newsweek International*）撰寫的一份封面故事中主張，親信資本主義的興起是「印度的致命缺陷」，當時德里政治圈卻對我的觀點嚴重存疑。幾個高官告訴我，在一個起飛中的年輕經濟體，貪污是正常現象，他們舉主宰十九世紀美國的強盜大亨來為自己的國家辯護。不過，接下來幾年間，隨著經濟成長率衰減幾乎一半，那些高官終於承認，異常高水準的貪污與貧富不均，是促使印度經濟趨緩的主要因素之一。[2]

親信資本主義的興起讓少數人獲得不當的金錢與交易利益，不過，這也在政治體系引爆一個連鎖反應。二〇一〇年以後，印度各地的法院開始意識到大眾的義憤，所以採取殺雞儆猴的政策，對某些過於高調的目標採取嚴厲的行動。法官開始拒絕讓被指控的商人交保，將他們羈押到正式審理為止；另外，他們也開始對中央調查局（Central Bureau）的幹員施壓，要求他們積極查察貪污指控，而如果調查員撤銷任何案件，法院系統就會質疑他們的廉潔。到二〇一二年時，這一系列打擊行動持續擴大，很多有錢印度人在德里邊陲地帶的豪華「農舍」（他們將這些農舍視為第二個家）舉辦的宴會中，常有一些剛被保釋或即將入獄的賓客。

事態發展至此，沒有人知道究竟是親信資本主義比較惡性重大，還是外界對它的強烈政治反應造成的後果比較糟。因為後來印度政府文官愈來愈怕自己的名字和任何政策牽連在一起，甚至不敢核准看起來支持商業的案件，以免無端沾染貪腐的臭名。商人也避免從事可能需要政府許可的交易，問題是，在印度，需要政府核准的交易可說是多如牛毛。於是，投資活動明顯趨於低落甚至停止，彼此猜疑的氛圍也縈繞多年。印度財政部長亞倫・傑特利（Arun Jaitley）本身也是個律師，他在二〇一五年哀嘆，政府調查人員秉持「無論如何，我一定要設法挖出一個案件來辦，被指控的人想得到公平審判，就看他自己的造化」的至高原則。他警告，這種「過份追殺」的調查文化，已「對整體經濟決策流程造成阻礙」。印度經濟必須成長更快，才足以解決貧窮與不均的問題，但親信資本主義以及後來那一股試圖抑制它的力量興起，卻都阻礙了經濟的發展。

我們很難明確定義億萬富豪的財富要到多大規模，才會對經濟的均衡造成威脅，不過，針對性質類似的國家進行比較，就能凸顯出離群值。過去幾年，無論是新興國家或已開發國家，億萬富豪的總財富平均大約都等於GDP的一〇％。所以，如果億萬富翁的財富比那個平均值高五個百分點，似乎就可能威脅到經濟體系的均衡，像是俄羅斯、台灣、馬來西亞和智利。印度的這個數字也還高達一四％，比平均值高出四個百分點，不過，目前當地的趨勢正朝好的方向演變。

從我開始解讀億萬富豪名單至今，俄羅斯的結果向來都相當令人恐懼。從一九八〇年代共產主義瓦解之後，俄羅斯政府將以前屬於全民共有的企業，賣斷給政商關係良好的民間商人，從而創造了一群新寡頭。目前俄羅斯有超過一百位億萬富豪，排名世界第三，僅次於美國和中國。雖然二〇一四年俄羅斯股票市場和房地產價格崩盤，俄羅斯的億萬富翁所控制的財富，依舊高達GDP的一六％，而他們的支

2 當時印度的貧富不均程度正持續惡化，二〇一一年時，最富裕的二〇％人口賺走了四四・二％的所得，二〇〇四年時，這個比率只有四二・三％。

出習慣，更是讓莫斯科儼然成為布佳迪（Bugatti）與賓利（Bentley）汽車露天展示場的原因之一。近幾年來，俄羅斯億萬富豪因應國內經濟困境的方法，就是把錢匯到國外。據報導，肥料業大亨德米特里．雷波諾列夫（Dmitry Rybolovlev）花了超過二十億美元在藝術品上，包括一億美元的羅斯柯（Rothko）與莫迪里安尼（Modigliani）畫作，而且，他女兒艾卡特琳娜（Ekaterina）也分別花了一點五三億美元和八千八百萬美元購買一座希臘小島和紐約的一間公寓。另外，據說鋼鐵業巨頭羅曼．阿布拉莫維奇（Roman Abramovich）利用一些手段，買光曼哈頓上東城（Upper East Side）的整個街區，他也是個一出手就豪擲數億美元的富豪。

在二〇一四年以前，俄羅斯億萬富翁約當GDP的財富規模可說是傲視整個新興世界，不過，那個情況正逐漸改變。目前智利、台灣和馬來西亞億萬富豪的財富規模約當GDP的比重也同樣高。雖然馬來西亞長久以來不斷設法將老華人商業精英的財富分散給代表多數的馬來人，但當地億萬富翁的財富規模仍高達GDP的一五%。台灣的狀況也令人訝異地糟糕，畢竟台灣和南韓經常被視為有能力創造連續幾十年高成長且貧富不均程度未明顯惡化的國家，但如今台灣億萬富翁控制的財富也高達GDP的一六%，和俄羅斯相當，而且比南韓億萬富翁控制的財富佔比高兩倍多。由於台灣億萬富翁的財富規模過大，所以當地的精英份子也開始顯得不成比例的大。

已開發國家億萬富翁的財富也有過度膨脹的現象，不過，最令人感到意外的是瑞典。儘管瑞典向來被譽為立場堅定的社會主義者國家，但一九九〇年代初期的那一場大型金融危機，使得瑞典積極朝右派靠攏。它大幅削減各項稅賦，並降低對窮人與失業者的支助款項。從那時開始，瑞典經濟比其他已開發國家更穩定成長，不過，貧富不均的惡化程度也比其他國家嚴重。目前瑞典億萬富翁控制的財富約當GDP的二一%，較二〇一〇年的一七%明顯上升。瑞典只有二十三個十億美元級富豪，但他們的財富規模卻非常驚人，即使以俄羅斯的標準來衡量，都一樣令人難以置信，而這也是瑞典最近在政治上逐漸回歸左派的重要原因。社會民主黨（Social Democrats）贏得了二〇一四年的選舉，它承諾對有錢人課徵較高稅賦，並誓言將貧富不均降到一九九〇年代時的水準。

雖然美國向來以實施殘酷的「贏者通吃」型資本主義而著稱，但美國億萬富翁階級的膨脹程度，看起來並不那麼可怕，只不過近年來情況也在改變。多年來，美國億萬富豪僅控制大約一〇％GDP的財富，接近全球平均水準。但二〇一三年，那個比重上升到一三％，二〇一四年更上升到一五％，這主要是因為矽谷企業大亨的興起，以及聯準會釋出的寬鬆貨幣所致。誠如我們所見，從二〇〇九年起，聯準會的實驗性貨幣政策促使所有主要的金融資產——股票、債券和房地產——價格同步上漲，而由於最有錢那一％的美國人控制了五〇％的金融財富，所以當這些資產的價格欣欣向榮，他們獲得的利益自然也最大。

另一方面，當一個國家的億萬富翁控制的財富GDP佔比低於全球平均值（約當GDP的一〇％的財富），那通常是健康的訊號。舉個例子，當億萬富豪的財富等於GDP的五％或更低，如波蘭、南韓和澳洲，代表這些國家的政治穩定性較高，社會上的精英份子也比較不會經常成為社會動亂與政治煽動的目標。

後共產黨時代的波蘭是特別有趣的案例，波蘭籍的億萬富翁只有五個。整體而言，他們都帶有某種迷人的反阿布拉莫（Abramovich，譯注：俄羅斯首富，相當高調）色彩；換言之，他們幾乎都不善於俗豔的自我推銷。其中一個是銀行巨頭列斯傑克．扎爾尼基（Leszek Czarnecki），他曾創下一項水底洞潛的世界記錄，不知內情的人絕對無法把那種活動和他表面上的財富數字聯想在一起。另一個是達里厄斯．米列克（Darius Milek），他是靠製鞋業務賺到億萬財富。他總是把鞋子堆到大型穀物箱，送到用金屬製運輸貨櫃改裝的街頭涼亭去銷售，他不以為意地承認，所有顧客真的都只在乎價格。這就是他不費工生產鞋盒的原因。和俄羅斯精英比起來，波蘭鉅富精英的崛起過程樸實得多，他們主要是至少約六個白手起家、憑藉著刻苦耐勞的工作倫理，一步一腳印地累積十億美元財富的企業家。馬瑞克・皮耶丘基（Marek Piechocki）就非常典型，二十年前，他的快時尚公司最初是在格但斯克（Gdansk）的一個倉庫發跡。他似乎無時無刻都在上班，而且多年來，他總是開同一輛老爺車，參加各種會議時也都穿同一套老西裝，這些事跡都為人所津津樂道。

波蘭的鄰國捷克共和國是另一個脫離蘇聯後，避免讓億萬富翁過度膨脹的東歐國家，它和波蘭的風格相當類似。二〇一四年五月，我和捷克的農業億萬富翁安德瑞傑・巴比斯（Andrej Babiš）在布拉格見面，當時他正擔任捷克的財政部長，對談之中，我很訝異，眼前明明是個企業大亨兼民粹政治家，但他並未多談自己國家的經濟優勢，就多數理由來說，那是問題叢生的歐洲的亮點之一。當時多數歐洲國家的財政部長都卯盡全力向投資人推銷自己的國家，但巴比斯並沒有這麼做。取而代之的，他倒是口若懸河地針對布拉格的政治內鬥發表了一段陰鬱且古怪的觀點，還對共產主義垮台以來「逐漸形成的貪污矩陣」侃侃而談，或許我有點誇大其詞，但這樣的人才是真正優秀的良性國家精英：沒有過份的舉措、沒有自滿，而且即使是在相對好光景時期，都懷抱憂患意識。

有一些國家比較異常，像是日本，當地億萬富豪持有的財富僅約GDP的二%，對一個富裕的國家來說，這個百分比低得很不尋常。看到這樣的數字，不免令人懷疑這是一種病症，代表日本經濟體系長期以來沒有能力創造鉅富。某些學術研究顯示，當貧富不均程度非常高或非常低，經濟成長都傾向於非常遲緩。雖然主張「一個國家的億萬富豪階級財富佔比過低將對國家不利」的說法似乎有點詭異，但以日本來說，事實可能的確是如此，而且某些日本人似乎也體悟到這個道理。當地某些評論家用「akubyodo」字眼——譯為「惡平等」——來描述一種側重以年資而非功績和風險承擔來獎勵各級人員的企業與政治文化。

在這個國家，長期留在工作崗位上的人才會獲得讚賞，沒有人會因突出的表現而獲得獎勵。日本崛起中的億萬富豪如電子商務巨頭三木谷浩史（Hiroshi Mikitani）向來以擁抱美式企業文化概念與批評同胞不精通英文而聞名，這類新富豪吸引很多媒體的關注，因為在日本，他們非常特立獨行，問題是，當活力與變化被視為異類，絕對不是好訊號。

財富來源的品質：好億萬富翁與壞億萬富翁

雖然億萬富豪名單上出現新面孔，可能代表著對經濟有利的訊號，但前提是，新進榜的人不能是從經濟學家所謂的「競租產業」（rent-seeking industries）崛起，非競租產業的好億萬富豪才真正對經濟有利。所謂競租產業包括建築業、房地產、賭博、礦業、鋼鐵、鋁和其他金屬、石油、天然氣，以及其他主要牽涉到將天然資源從地底挖出的原物料商品產業。因為這些部門的競爭焦點通常在於如何搶奪更高比例的國家天然資源財富，而非如何以創新的新方法來讓國家與自己的財富增加。這種產業的「大咖」為了取得有限資源的更多所有權或最長的資源開採租約，總是花費很多時間和精力來「搞定」監理者和政治人物，如果必要，不惜透過賄賂來達到目的。為了約略判斷巨大財富來源的品質，我拿這些傾向於貪污的企業大亨的總財富和全國億萬富豪總財富進行比較，這樣就能算出財富被「壞億萬富翁」賺走的比率。

不過，計算壞億萬富豪財富佔比時，無疑會有一竿子打翻一艘船的疑慮，因為依照產業來區分好、壞億萬富翁，一定會無端牽連到很多誠實經營事業的房地產與石油業大亨，不過，即使某些國家的這些產業明顯未從事不當行為，它們對經濟成長的貢獻通常還是比較差，有時是因為這些企業相對較沒有生產力，有時則是這些企業的營運因原物料商品價格起伏太大，對國家經濟成長的貢獻並不穩定。基本上，我假設競租產業以外的億萬富豪對經濟成長的貢獻比較大，但我把「好億萬富豪」的名號，專門留給公認對經濟成長貢獻最多生產力的產業，即生產大眾消費品如智慧型手機或汽車的產業。這些「好」產業包括科技、製造、製藥、電信、零售、電子商務和娛樂業，這些產業最不可能衍生不利於財富創造的全民強烈政治反應。[3]不過，我必須先聲明，我不會把這些計算結果當成諸如信用、投資成長或經常帳之類的確定數字，取而代之的，以系統化的方法來解讀億萬富豪名單，就好像以一個鬆散的過濾器來歸納出有點八卦但又強而有力的某種證據，用以釐清特定國家的財富主要是來自吸引大眾讚揚的潔淨產業，或來自可能引爆民怨的骯髒產業。

好億萬富豪和壞億萬富豪的勢力平衡有可能快速轉變，而以全球的狀況來說，過去十五年間，這個平衡翻轉了三次。在二〇〇〇年的網路熱潮期間，科技億萬富豪人數遠超過能源億萬富豪，兩者的比例是三比一。十年後，由於石油和其他原物料商品價格大漲，這個平衡遂快速翻轉，能源大亨人數遠超過科技巨頭，兩者的比例也是三比一。到二〇一二年，原物料商品價格的下跌又導致這個平衡驟變，科技業億萬富豪人數又超過能源業億萬富豪，比例為一點五比一，以全球而言，是一百二十六人相對七十八人。

從那時開始，好億萬富豪的復興趨勢就一直延續到現在，甚至向來和貪腐（而非科技創新）關係較密切的經濟體都浮現這樣的趨勢。二〇一〇年時，印度陷入親信資本主義與貪腐大亨興起的爭議，不過，接下來五年間，那個情況改變。在二〇一〇年至二〇一五年間，印度的好億萬富豪增加率是世界上最顯著的國家之一：好億萬富豪的總財富增加二三%，達到全國億萬富豪總財富的五三%。印度二〇一五年的億萬富豪名單上充滿新面孔，而且多數新面孔屬於有生產力的產業，像是製藥、教育和消費品。二〇一〇年起，太陽製藥公司（Sun Pharmaceuticals）創辦人迪利普·尚維（Dilip Shanghvi）從印度名單上的第十三名一路竄升到第二名，而他堪稱我見過最謙虛且最低調的億萬富豪。

這些趨勢或許減輕了過去十年間在德里逐漸累積的反企業及反成長情緒。一家名為安姆比（Ambit）的印度券商近來開始透過它的「掛勾企業指數」，來追蹤親信資本家的命運，這項指數監控七十五家屬於競租產業且據信明顯受惠於緊密政商掛勾關係的企業。隨著反政治關說的社會氛圍擴散，加上大眾密切注意貪腐案件等政治後座力的影響，這些企業的股票價格紛紛重挫。二〇一〇年年中至二〇一五年年中，印度股票市場上漲五〇％，但掛勾企業指數卻腰斬，這意味印度的親信資本主義正逐漸沒落，藉由原物料商品價格上漲來賺錢的那些人不再像以前那麼耀武揚威了。短短幾年前，印度原物料商品業億萬富豪的子孫紛紛進駐家族企業，但現在我聽說其中某些人開始渴望朝科技新創企業發展。

巴西原物料商品業大亨的排名似乎也隨著原物料商品出口的全球價格下滑而略見下降。儘管必須應付有點過度管制的政府，巴西企業家在打造消費品和媒體等好產業方面，還算是有口皆碑，當中很多企業都很有競爭力。雖然這樣的成績擺在眼前，但當地好億萬富豪打造出來的利基還是相對微小，這些富豪的財富僅約佔巴西億萬富豪總財富的三六％，是大型新興國家中較低的一個。這些富豪分屬一些孤立的領域，這讓人想起巴西經濟學家艾德瑪．巴沙（Edmar Bacha）創造的一個名詞，他形容自己的國家是「比印度」（Belindia），一小部份的巴西像小而繁榮的比利時，但剩下的絕大部分卻和印度一樣落後。

多年來，中國產生新億萬富豪的速度向來很快，直到幾年前，新億萬富豪的財富規模似乎都無法突破一個天花板般的上限。具體來說，在二〇一三年以前，中國沒有一個企業大亨曾累積超過一百億美元以上的財富。事實上，有幾個人曾逼近那個水準，但他們最後都因被控貪污而鋃鐺入獄。看起來當權者或許強制執行了一個「反百億美元財富」的不成文規定，而那或許是因為當局擔心某些巨頭會有錢到足以為反共

[3] 我也將少數優質產業的企業大亨計入壞億萬富豪，而我的根據是有明文記載的政商掛勾貪腐記錄。

產黨統治的政治反動勢力提供資金援助。即使到了今天，某些億萬富豪還是活在中國所謂「原罪」的恐懼中——很多中國企業大亨當年是藉由和政府達成某種協議（例如延長某些過時規定）賺到第一桶金，他們心知肚明，當局隨時會利用那些協議來要脅甚至對付這些企業大亨。

不過，宗慶後在二〇一三年憑空冒出，他的瓶裝水與瓶裝茶公司市值飆漲七五%，這促使他的財富急速增加到接近一百二十億美元，就此成為中國首富，而且突破了一百億美元上限，儘管為時短暫。不久後，全球科技榮景和上海股票市場的垂直飆漲，又使得六名企業大亨的財富，在二〇一四年年底增加到一百億美元以上，其中三個人的財富甚至突破一百五十億美元。這三名富豪都是網路公司的創辦人或領導人，包括阿里巴巴的馬雲、百度的李彥宏，以及騰訊的馬化騰。雖然近幾年來，政府對經濟體系的干預比起以前更加露骨，這些新億萬富豪卻是從最自由且競爭最激烈的民間部門企業中崛起，而非諸如電信、銀行或傳統製造業等向來受政府支配的「老金錢」部門。其中幾個富豪新面孔都才四十幾歲，受惠於政商關係的程度不像老企業大亨那麼明顯，相對的，這些新面孔的表現較取決於全球市場的意見，因為他們的企業通常是在紐約掛牌交易。二〇一五年年初，根據胡潤報告，中國平均每個星期產生五名新的億萬富豪，到那年十月，中國已超越美國，成為世界上擁有最多億萬富豪的國家，共五百九十六人，而美國則是五百三十七人。首富馬雲後來被從事房地產與娛樂產業的王健林取代——他的淨資產遽增到三百四十億美元。

然而並非每個國家的好億萬富豪都有捲土重來的趨勢。政權老化、拒絕改革且培養一大堆靠著政商勾結致富的企業大亨的國家，鮮少出現新的億萬富豪或好億萬富豪。其中兩個最顯著的例子是俄羅斯的普丁和土耳其的厄多岡政權。土耳其億萬富豪階級控制經濟體系的程度正一步步上升，而來自競租產業的財富佔總財富的比重也急遽提高。十分之九的土耳其億萬富豪住在伊斯坦堡，也就是土耳其長久以來的商業中心。即使是來自安那托利亞（Anatolia）內陸的億萬富豪，也傾向於搬到伊斯坦堡，以便就近採取行動。

但以財富與權力集中度來說，世界上沒有一個城市比得上莫斯科。在俄羅斯，一百零四個億萬富豪中，有八十五人住在莫斯科，到目前為止，莫斯科依舊是世界上最多壞億萬富豪匯聚的首都。近幾年全球各地石油、鋼鐵和其他原物料商品價格的下跌，已使得俄羅斯這些寡頭企業家的財富受到侵蝕，但他們還是繼續掌握著支配經濟體系的力量。俄羅斯億萬富豪的財富幾乎有七〇％來自政商掛勾的產業，到目前為止，該國的這個比率「傲視」全球。這些失衡使得俄羅斯成為最可能因貧富不均而承受沈重政治後座力的主要國家之一，而且，事實上，超級富翁嚴密的保全措施跟他們的炫耀性消費一樣吸睛。舉個例子，鋼鐵業大資本家阿布拉莫維奇（Abramovich）最近才購買一艘配備飛彈偵測系統的遊艇，價值四點五億美元。

在普丁的領導下，俄羅斯政府經常利用大眾對億萬富豪的不滿為執政者創造政治利益，而且使用的方法可謂犬儒到極點；政府會保護大眾目前還喜愛的企業寡頭，但對踐踏無產階級的商人，則偶爾利用一些宣傳機會來挫挫他們銳氣。舉個例子，二〇〇九年時，普丁到工業城皮卡里奧沃（Pikalyovo）去參訪，他強迫鋁業億萬富豪奧列格．德里帕斯卡（Oleg Deripaska）和其他企業大亨，針對未付薪資爭議和當地工人達成協議。協議簽訂完成後，這個低聲下氣的大資本家失神地拿著筆離開，結果，普丁當眾把他叫回來，要求他還筆，還藉此教訓德里帕斯卡「連這種小東西也要貪」，更利用國營媒體愉快地詳述整個過程。普丁的用意當然可能全是在作秀，因為一般相信德里帕斯卡和普丁迄今還是相當密切的盟友。

墨西哥大眾憎恨億萬富豪的情況也相當明顯，當地企業大亨的惡名來自他們藉由壟斷某些業務而致富，當地很多產業幾乎都被他們獨家控制，包括電信、水泥、電視和玉米麵餅，壟斷地位讓這些企業老闆經常得以利用漲價的方式來剝削獨佔利益，而這當然引來強大的民怨。也因如此，墨西哥的富翁總是非常擔心被綁架勒贖，超級富翁住所的保全措施更是層層把關，滴水不漏。這和亞洲很多億萬富豪的高調呈現強烈對比，亞洲富豪經常被當成國家代表性人物，高調得不得了。

二〇一四年十一月，我到墨西哥市去參訪，有一天清晨，我從旅館房間走出來，發現走廊上擠滿了一群穿著深色西裝又帶著耳機的沈默男性，這景象把我嚇了一大跳。不久後，我和一個墨西哥記者共用早餐，又發現庭院中也三三兩兩地站了幾個這樣的人。我問那個記者到底是怎麼一回事，他告訴我，那些西裝筆挺的人是墨西哥某頂級億萬富豪的保全大隊。那個富豪是個原物料商品大亨，他一向遠離鎂光燈，所以，本地報紙鮮少捕捉到他的身影，最近的一次是他去拜會恩里克·潘尼亞·尼托總統的畫面。當一個億萬富豪感覺不得不那麼低調，代表那個國家的財富創造系統可能出了什麼問題。

家族關係

壞億萬富豪經常是透過家族王國興起，新興國家的富豪尤其如此，因為新興市場的制度較不健全，老家族比較有空間培養貪腐的政治關係。我還是使用《富比世》雜誌的數據來釐清哪些國家的家族血緣關係最有可能導致它的競爭力降低並引發動盪，因為這份雜誌將億萬富翁「自行創造」和「來自繼承」的財富加以區隔。

二〇一五年，在十大已開發經濟體，億萬富豪財富繼承比率最高的是瑞典、德國和法國，分別都高於六五%，接著是美國和英國，分別是略高於三〇%，最後是日本的一四%。在十大新興經濟體中，相關數據的分佈更廣，從南韓的八〇%以上，到印度、印尼和土耳其的五〇%以上，再降到中國的一〇%和俄羅斯的〇%。雖然我認為家族財富過度集中，對一個經濟體通常不是好現象，但在妄下斷語以前，最好還是謹慎釐清這些家族財富的來源。

很多國家的億萬富豪新面孔通常是來自一些較老牌的企業，他們的財富是透過多年的累積才終於達到億萬富豪的標準，甚至有某些案例是花了好幾代才累積那麼多財富。以這些案例來說，血緣關係或許並不違背潔淨與開明公司治理的要求，尤其當中有些家庭早已將公司的管理交給專業人，他們本身則退居幕後，單純扮演公開掛牌企業的所有權人和監督者角色。這可能是效果非常強大的合作模式，因為這些家族的作法讓企業得以聚焦在長期的發展，而市場則發揮敦促企業公開接受審查的力量。德國是這種案例的典範，當地的億萬富豪家庭控制了世界上某些最具生產力的企業，包括很多造就繁榮製造外銷部門的中產階級（**Mittelstand**）型企業，而且民眾對這些企業多半引以為傲，而非憎恨。

義大利和法國的情況也很類似，近來這些國家的億萬富豪名單上出現不少新面孔。很多新面孔的財富來自老牌家族企業，他們也是緩慢從百萬富翁一步步晉級到億萬富翁的。二〇一〇年起，義大利產生二十八個新億萬富豪，其中有一半以上來自時尚和奢侈品產業。義大利最新上榜的兩位億萬富豪，是一九一三年成立的普拉達（**Prada**）時尚公司的亞伯托・普拉達（**Alberto Prada**）和瑪琳娜・普拉達（**Marina Prada**）。其他義大利新億萬富豪是從杜嘉班納（**Dolce & Gabbana**）和寶格麗（**Bulgari**）興起。法國的億萬富豪傾向於來自傳統上和政治貪污無關的產業，但多半又和家族淵源深厚的老企業有關，如香奈兒（**Chanel**）和路易威登（**LVMH**）。《富比世》將三分之二的法國億萬富豪財富列入「繼承」類別，而且一如義大利，很多新財富來自古老的企業。二〇一五年法國億萬富豪名單上的新面孔皮耶・卡斯戴爾（**Pierre Castel**）的財富來自他在一九四九年一手創辦的紅酒公司。近幾年來，奢侈品產業的企業股票受到熱情追捧，主要是因為這些公司的新興市場銷售額大幅增加，尤其是中國。這些新億萬富豪善加利用法國和義大利生產精緻手工製品（這是他們的國家認同的一環）的競爭優勢來獲取利益。

雖然近幾年流行新亞洲經濟崛起的說法，但亞洲很多主要的企業大亨還是崛起於家族企業與綜合企業，這些亞洲新億萬富豪可謂毀譽參半。以南韓來說，很多企業大亨的財富來自家族的大企業持股，像是三星與現代，而且，這些億萬富豪被歸類為好億萬富豪，因為他們的錢來自有生產力的產業。然而，這些公司的股票價格相對比其他國家類似企業的股價呈現折價，這局部是由於外界對他們的公司治理或對待少數股東的方式存有疑慮。另外，有愈來愈多大眾憂心南韓的商業界過份受一群有血緣關係且看起來將生生不息的精英份子支配。雖然南韓億萬富豪控制的財富佔經濟體系總財富規模的比例非常有限，而且幾乎都不屬於競租產業，但億萬富豪階級的家族財富佔比相當高，這有助於解釋為何近幾年貧富不均問題已成為首爾當局愈來愈關注的議題。

相似的政治後座力也開始在台灣滲透，當地億萬富翁財富的佔比不僅比南韓高，億萬富豪財富來自家族關係的比例也相當高。繼承財富佔億萬富豪總財富的四四%，而在台灣的二十八名億萬富豪中，至少有一半的人和名單上的另一個人有關係。光是魏氏家族就有四個成員名列億萬富豪名單。很多人認為，台灣先前的平等主義社會一步步培養出愈來愈根深蒂固的家族精英族群，而這個現象讓反對黨找到攻擊執政的國民黨的把柄——他們將貧富不均惡化的問題歸咎給國民黨。於是，國民黨也採取一些措施來控制精英階級，包括在二〇一四年通過「富人稅」，鎖定國內最有錢的一萬個富豪，將他們的稅率從四〇%增加到四五%。

在諸如台灣等國家，民眾對億萬富豪階級的怨恨也因主要企業大亨的年邁而加劇。二〇一五年，世界各地億萬富豪的平均年齡接近六十三歲，包括富裕和貧窮的國家。億萬富豪年紀最輕的國家是越南、捷克和中國，平均年齡是五十三歲。在此同時，經濟體系不成比例地遭到企業大亨控制的國家，億萬富豪的平均年齡最老，而且，這些富豪的財富多數來自繼承財富：馬來西亞億萬富豪的平均年齡是七十四歲、智利是六十八歲，台灣是六十七歲。台灣最年輕的億萬富豪是四十六歲，而中國是三十四歲，美國只有二十五歲，這增強了精英份子都是來自老家族的印象。

有一些新億萬富翁的崛起要歸功於他們迅速竄出的企業——例如Snapchat年僅二十五歲的伊凡・史匹格（Evan Spiegel），但在全球各地，這類新富豪都屬例外情況，他們的企業都是從諸如矽谷等溫室環境中崛起。事實上，美國和中國的情況很特別，很多億萬富豪是單打獨鬥、沒有大家族奧援的年輕企業家。

當一個國家的億萬富翁的繼承財富佔比較低，應該算是好訊號，這顯示新企業有辦法和經濟體系裡基礎雄厚的企業競爭。某些國家（包括英國和美國）的情況確實如此。雖然諸如泰爾等評論家以蓋茲、艾利森和佐克伯等耳熟能詳的名號，來作為上流階層停滯的象徵，但這些人物的財富並非來自繼承，他們都是白手起家的企業家。佐克伯只有二十九歲。根據多數國家的標準，他們都算是新面孔。雖然美國億萬富豪榜上有六個華頓（Walton）家族成員，甚至在前十二名中有四名，他們其實是很不尋常的案例，他們繼承的財富共一千七百一十億美元，佔美國億萬富翁繼承財富的五分之一。如果不算華頓家族，美國億萬富翁繼承財富佔其總財富的比重，會從三四%降到二九%。雖然華頓家族的公司因工資過低和逼迫小型零售商關門大吉而引發政治爭議，但不可否認的，透過科技的聰明應用來管理零售配銷與存貨等，讓美國與全球零售產業的生產力大幅提昇，華頓家族是一個有趣的案例，證明好億萬富翁有時也頗具爭議性。

相反的，雖然家族關係對中國及俄羅斯億萬富翁的影響力顯然微不足道，但要針對這兩國的這個現象提出正面的有力論述，一樣非常困難。因為在這些國家，億萬富豪名單的繼承財產之所以極為有限，可能比較不是經濟體系的不公平競爭造成，而是導因於共產黨執政時代，許多以粉碎「有產階級」家庭及沒收其財富為目的的運動。根據《富比世》雜誌的數據，中國和俄羅斯億萬富豪幾乎沒有繼承財產可言，那可能單純是因為這些國家直到最近才有所謂的企業大亨階級產生，而他們還沒有時間把財富轉移給第二代，或者很多老億萬富翁非常謹慎地不讓自己的財富曝光。舉個例子，在中國，除了新科技企業家，還有一群關係良好且非常有錢的共產黨「太子黨」，其中很多人可能並未被列入億萬富豪名單，因為他們的淨值只有幾億美元，當然那有可能是因為他們把財富隱藏起來，以免因擴大肅貪行動而遭受池魚之殃。

從二〇一二年年底掌權以來，中國總理習近平就對大眾所熟知的貪污案件採取緊迫盯人的戰術，甚至對共產黨內某些最高領導層級人物開刀，於是，中國精英份子之間的恐懼迅速蔓延。很多調查行動不僅鎖定高官，也針對夫人團、兄弟姊妹和子女的商業利益。美國財政部前副部長寇伯．米克瑟（Cobb Mixer）是個中國專家，他告訴我，這種恐懼改變了中國精英彼此之間的問候語。一九八〇年代最常聽到的問候語之一是「你吃飽了沒？」這個問候語緣起於一九六〇年代和一九七〇年代中國的大飢荒時期。米克瑟說，從習近平在二〇一二年掌權並展開打貪行動後，新的問候語變成「你進去過了嗎？」這個「進去」是指進監獄。到二〇一五年年初，有超過四十萬黨員被訓斥，還有二十萬黨員被檢舉。漸漸的，打貪行動看似真的有心要改變黨的現有文化，從此免除貪污，這對中國來說的確是個好訊號。

為何壞億萬富翁特別攸關重大

區分好億萬富翁和壞億萬富翁是這項規則最重要的一環，因為如果超級富豪的財富集中來自有生產力的企業，那麼就算他們控制了異常高的財富，就算主要的有錢家族無須應付太多競爭，這些億萬富翁還是可能對經濟帶來正面的貢獻。另外，如果億萬富豪是透過發展新智慧手機應用程式而致富，而不是藉由政商掛勾來賺取利潤，他們也比較會受尊敬。

國家	億萬富豪總財富／GDP	壞億萬富豪的財富／億萬富豪總財富	億萬富豪繼承財富／億萬富豪總財富
巴西	8%	5%	43%
中國	5%	27%	1%
印度	14%	31%	61%
印尼	7%	12%	62%
墨西哥	11%	71%	38%
波蘭	2%	44%	0%
俄羅斯	16%	67%	0%
南韓	5%	4%	83%
台灣	16%	23%	44%
土耳其	6%	22%	57%
新興市場平均	9%	31%	39%
澳洲	5%	45%	41%
加拿大	8%	11%	47%
法國	9%	5%	67%
德國	11%	1%	73%
義大利	7%	3%	51%
日本	2%	9%	14%
瑞典	21%	5%	77%
瑞士	15%	29%	62%
英國	6%	25%	32%
美國	15%	10%	34%
已開發市場平均	10%	14%	50%

資料來源：《富比世》億萬富豪名單，二〇一五年三月

通常如果壞億萬富翁的佔比較低，就能彌補其他指標分數較低的缺憾，無論是新興國家或已開發國家皆然。以南韓來說，具支配力量的工業家族未成為明顯爭議來源的原因之一是，南韓人從年輕時就被灌輸很多愛國故事，這些故事敘述他們光榮的國家如何克服逆境（包括缺乏石油及其他天然資源），最終成為主要工業強國。雖然近幾年來，頂尖工業家族的光環開始褪色，不過，僅少數（約五%）億萬富翁的財富來自有貪腐傾向的產業的事實並沒有改變，而且由於這些富豪不會炫富，所以爭議性自然也較低。另外，富豪榜上若有很多新血加入，會讓企業家產生「只要好好競爭也會美夢成真」的期待。南韓有許多一步步崛起的億萬富豪，包括白手起家的化妝品大亨徐慶培（Suh Kyung-bae），他善加利用全球各地愈來愈火熱的「韓流」來為自己創造利益，另外還有線上遊戲企業家權赫賓（Kwon Hyuk Bin），他公司的「穿越火線」（Crossfire）遊戲在中國風靡一時。

台灣億萬富豪的財富約當總財富佔比偏高，繼承財富佔比也偏高，不過，這些爭議也因很多台灣富豪來自有生產力的科技產業的事實而稍微緩解。台灣億萬富豪的財富有高達七七%是透過有生產力的企業創造而來——主要集中在全球電腦品牌製造和零件組裝業務。台灣是蘋果公司iPhone及其他產品的最大零件供應國，是一個高度有創業精神的經濟體，激烈的競爭導致多數企業都只是中小型企業。台灣億萬富豪的財富數字也傾向於相對溫和（就全球億萬富豪的標準而言）。二〇一五年世界各地約一千八百名億萬富豪的平均財富是三十九億美元，而在台灣，億萬富豪的平均財富只有二十億美元。另外，一如韓國的億萬富豪，台灣的億萬富豪也相對低調，但他們通常不怎麼擔心自身安全問題。

已開發經濟體的壞億萬富豪勢力較弱，社會上對財富創造與財富成長的政治反應也比較溫和。在幾個最大型的已開發國家，義大利和德國的壞億萬富豪財富約當億萬富豪總財富的比重最低，分別是三%和一%。德國和義大利經濟體並沒有太多共通點，但有錢人的財富幾乎都不是來自競租產業。德國億萬富豪的財富來源特別廣泛，涵蓋了滾珠軸承到寶馬汽車（BMW）等生產事業、運輸業到軟體業、消費品到谷歌等。谷歌最早期的投資人之一是個非常有遠見的德國人安德亞斯・凡・貝奇托謝姆（Andreas von Bechtolsheim）。雖然二〇一五年名單上的很多德國億萬富豪新面孔來自較老牌的企業，卻有至少三個人是從某個科技培育計畫（tech incubator，又稱孵化器）中崛起，不過，這個培育計畫目前已成為一股有點爭議的全球力量，它從歐洲抄襲美國網路企業的模式，再應用到印度和印尼。二〇一四年年底，山姆威爾（Samwer）家三兄弟亞歷山大、馬克和奧利佛掌握的柏林培育計畫火箭網路（Rocket Internet）正式公開掛牌交易，他們也因此成為億萬富豪。

我猜想，瑞典好億萬富豪的興起，也讓萌芽中的反貧富不均政治後座力稍微減輕，儘管他們的財富非常多來自繼承。在已開發國家當中，瑞典在億萬富豪財富規模與繼承財富規模等方面的分數都是最差的，不過，就財富的品質來說，它排名第三。瑞典億萬富翁的財富中，只有五％源自於傳統的競租產業，而且，很多財富來自具有全球競爭力的企業，包括時尚業的H&M，以及家具零售業的宜家家居（Ikea）。這些企業的營收主要來自海外，換言之，他們把錢賺回瑞典，不是搶食更高比例的國內資源。然而，瑞典億萬富豪財富壓倒性的規模與深厚的家族根源，依舊可能構成拖累瑞典經濟成長的影響力，尤其當億萬富翁的財富規模大到足以導致大眾對財富的創造產生強烈政治反應時。

美國的分析結果也很類似，在當地，傳統上用來區分好億萬富豪和壞億萬富豪的分界線已經愈來愈模糊。在排名前十大的企業大亨中，很多人已經在榜上幾十年，不過，他們持有的企業——微軟（Microsoft）、伯克夏・海威（Berkshire Hathaway）、甲骨文（Oracl）和沃爾瑪（Walmart），卻是長期能讓經濟體系保有全球競爭力的企業。不過，排名落在十名以外的富豪似乎開始洗牌。很多和一九九〇年代熱門科技公司有關的名號如雅虎（Yahoo!）的楊致遠等已經開始淡出，而和熱門行動網路新應用程式有關的人——包括推特（Twitter）的傑克．多西（Jack Dorsey）、酷朋（Groupon）的艾瑞克．里夫科夫斯基（Eric Lefkofsky），以及WhatsApp的簡．庫姆（Jan Koum）等，則在近幾年擠入億萬富豪名單。雖然矽谷經常發生因科技新貴與低薪服務業工人薪酬差異愈來愈懸殊而起的抗議活動，但在全國舞台上，科技業大亨還是被當成名流對待。例如，億萬富豪創業家伊隆．馬斯克（Elon Musk）的事業涵蓋電動車到太空旅遊，很多高學術水平的評論經常讚揚他「改變世界」的種種事蹟。

美國很多億萬富豪人民英雄來自矽谷，那多半是因為消費者喜愛他們提供的服務。根據《富比世》雜誌的分析，WhatsApp開始營運後的六年內，就爭取到七億個追隨者，比基督教在此前十九個世紀爭取到的信徒還要多。這種快速採納模式已漸漸成為新科技業的典型模式。電力發明後，經過了漫長的四十年，才只有四分之一的美國人口接上電力，但從那時開始，後續各項新技術的採納速度一步步加快，像是收音機的三十年，個人電腦的十五年，世界寬頻網路的七年，以及臉書的短短三年。正因如此，個性有諸多缺點的馬克．佐克伯才能成為大眾偶像和好萊塢電影的主題，那部電影完整描繪了他到目前為止的人生。根據臉書在二〇一一年所做的一項研究，在地球上，任何兩個人之間有「六度分隔」（six degrees of separation）的理論已經不成立。如今由於社群網路的緣故，任何兩個人之間只有四點七度分隔，而很多美國人認為那都是拜美國網路億萬富豪之賜。

以今日的美國文化來說，我們很難找出任何有代表性的壞億萬富豪。現代美國社會上找不到一個能和約翰．洛克斐勒或其他任何二十世紀初強盜大亨相提並論的人物。即使諸如微軟和谷歌等企業一向被貶抑為意圖支配整個科技宇宙的死星（death star），但在特定瘋狂的科技新貴圈以外，這些億萬富豪創辦人還是相當受大眾歡迎的人物。事實上，美國首富比爾．蓋茲和華倫．巴菲特早就預見這種反大財閥的政治後座力，所以不斷公開催促其他億萬富豪共襄盛舉，把遺產捐給慈善團體（洛克斐勒晚年時也這麼做），並主張實施高遺產稅，希望能搶先一步阻止家族財閥統治力量的興起。有些人可能認為典型的壞億萬富豪都來自石油與天然氣等競租產業，類似當年洛克斐勒建立標準石油公司（Standard Oil）的方式（他也因此變得聲名狼籍）。不過，美國的新石油財富其實來自抽取石油與天然氣的新技術（從原本無法開採的礦藏中抽取，例如頁岩層）。所以，很多這類新資源大亨並不全然屬於泰爾所稱的「科技失敗」族群。

貧富不均對成長的殺傷力

世界各地貧富不均程度的惡化，促使非常大量的人開始研究它的前因和後果，而且，不管秉持什麼意識型態，所有人都很難否定一個愈來愈公認的觀點：低貧富不均程度有助於促進強勁的長期經濟成長，而高貧富不均程度有可能永久性地扼殺成長。

這個論述最主要是以一個觀察為起點：當富人的所得增加，新增所得被花掉的百分比傾向於降低，所以，他們多存下來的錢相對比窮人和中產階級更多。原因很簡單，有錢人早就買齊所有基本必需品，如食物到天然氣等，所以，當他們的財富增加，能多花在這類消費必需品的錢也很有限。然而當窮人和中產階級手上多了些現金，他們就會花更多錢在衣裳或食物上，例如買更高級的牛肉，或是購買平常捨不得買的週末度假用汽油等。套句經濟學家的說法——當有錢人的所得增加，「邊際消費傾向」會降低。因此，當有錢人控制全國所得比重上升，國家的整體消費支出成長率就傾向於較低，進而導致經濟成長遭到壓抑。

第二個論點和本書的中心主題有關：掌握變化。關於這個論述，最有說服力的倡議者是IMF的研究人員安德魯．柏格（Andrew Berg）和強納森．奧斯特伊（Jonathan Ostry），他們認為貧富不均程度和經濟不可避免的「成長高峰、谷底及高原」息息相關。他們說明，在戰後期間，拉丁美洲享受了一輪又一輪的快速成長，一點也不亞於被吹捧得天花亂墜的亞洲經濟體。最大的差異是，拉丁美洲每一輪的成長期通常較短暫，而且比較常以激烈的「硬著陸」模式提早結束，而硬著陸會導致經濟「倒退」（以「追趕已開發國家所得」的基本目標來衡量）許多年。為什麼拉丁美洲的經濟成長總是以激烈的結局收場？伯格和奧斯特伊發現，最能解釋這個現象的理由是拉丁美洲的貧富不均程度很高：「貧富不均至少會局部阻礙經濟成長，因為貧富不均會引來財富重分配的作為，而這些作為本來就會使經濟成長降低……在那樣的情境下，貧富不均確實對成長有害，但即使如此，企圖以稅賦和所得轉移來補救貧富不均問題，卻可能是最錯誤的作法。」

這兩位作者並不是指大眾要求財富重新分配的聲浪，必然會阻礙經濟成長，這是平衡的問題，這個問題呼應了前總統品尼拉提出的一個觀點（我和他在聖地牙哥見面時，他提出這個觀點）。他說：「要解決貧富不均的問題，必須雙管齊下，」他是指必須找出一個能鼓勵經濟成長，又能讓財富普及的投資方法。

如果一個新興國家已透過社會福利計畫花費大量金錢在財富重新分配上（例如近幾年的巴西和印度），而且還決定要花更多錢在這上面時，經濟成長所受到的威脅將是最大的。砸更多錢來解決貧窮問題，有可能導致預算失衡，國家負擔加重，最終引來經濟成長受創的反撲，而經濟成長又是社福支出的必要來源，這一切的一切若不改善，將演變成一個惡性循環。伯格和奧斯特伊也發現，所得分配不均程度較低的國家，通常能創造一輪又一輪的長期成長，部分原因是較平均的所得分配讓窮人得以擁有可投資教育或開創小型企業的必要財務手段。

相對的，嚴重貧富不均有可能加重金融危機的衝擊，這種危機經常在強勁成長週期即將進入尾聲時爆發；當一段繁榮期達到狂熱階段，財富的集中度也將達到高峰，這有可能促使有錢人將有過度膨脹之嫌的一部份財富，投入某些高風險型式的金融投機活動，或者從事容易引起社會義憤的炫耀性消費，接著一旦危機不可避免地到來，他們還會把極高比重的國內財富轉移到海外。

一旦危機爆發，政治人物必須判斷哪些人會因虧損的衝擊而受苦，另外，一天天蓄積的憤怒則可能導致債權人和債務人之間難以達成協議。舉希臘債務危機為例，焦頭爛額的歐元區國家企圖解決這問題時，遭遇到的根本障礙之一是，不管是希臘的債權人或希臘的國民，都不急著出手協助這個放任社會貧富嚴重不均的政府，因為幾十年來，當地的有錢人鮮少繳稅。到二〇一五年時，相關強烈政治反應已幾近沸騰，恐懼瀰漫著整個希臘經濟體系。那年夏天，我從聖托里尼島（Santorini）某旅館離開，旅館總經理和他的幕僚一再警告我，要記得帶走單據和信用卡簽帳單，因為海關官員會隨機檢查旅客是否付現金給旅館，而「付現」是逃稅者最喜歡的付款方式。

壞億萬富豪與政府干預

壞億萬富豪就像是貪腐社會頂端的酸奶油。利用國際透明組織（Transparency International，以下簡稱TI）所做的年度調查，就有可能探測出哪些社會的貪腐程度最嚴重。該組織經常邀請遊客為各個國家評分，分數介於零（徹底廉潔）到一百（徹底貪腐）。由於最貧窮國家的貪腐情況通常最嚴重，而隨著國家愈來愈富裕，TI分數傾向於一步步降低，所以判斷一國貪腐程度的最好方法，就是比較平均所得類似的國家的這項分數。復興資本公司（Renaissance Capital）二〇一二年的一份研究發現，有十五個國家比所得水準相當的其他國家更廉潔，包括波蘭、英國和新加坡等，這些國家的TI分數比所得水準相當的國家的平均值低十至二十分。另外，有六個國家遠比其他同儕更不貪腐，包括智利、盧安達，它們的TI分數比所得水準類似的國家的平均值低二十至三十分。接著看看黑暗面，有二十五個國家比同所得水準國家的平均值更貪腐，其中以俄羅斯和沙烏地阿拉伯為首，不意外的，這些國家也傾向於受競租型產業支配，尤其是石油業。在這二十五個貪腐程度較高（其TI分數高於人均所得相當的其他國家的平均值）的國家，有十八個國家是石油出口國。雖然這並不代表所有石油業大亨都是壞億萬富豪，但也證實了一件事：石油國家通常是壞億萬富翁的天堂。

貪腐程度愈高，貧富不均程度通常也愈高，這兩者的關係非常密切，而且，這兩者都可能扼殺經濟成長。壞億萬富豪經常會想方設法，企圖搶食國內更高百分比的財富，而這些人會因貪腐狀況的惡化而欣欣向榮。納德戴維斯研究公司說明，根據TI貪腐調查，在同儕國家中排名最糟糕的國家，通常也是貧富分配最不均的國家，例如委內瑞拉、俄羅斯、埃及和墨西哥。在貪腐調查中排名最好的國家，包括南韓、匈牙利、波蘭和捷克共和國，貧富不均程度則通常比其他同儕國家低。

此外，貧富不均和因地下經濟體系（black economy）常見的腐敗現象也密切相關，地下經濟體系的所有權人為了逃漏稅，只以現金經營業務，而且不登錄帳冊。經濟合作暨發展組織的研究人員發現，擁有大型地下經濟體系的國家，通常也是貧富最不均的國家，而這並不意外。地下經濟體系的就業機會通常薪資很低、沒有福利且沒有發展前途。而壞億萬富豪就是這個黑暗王國的國王，而這個王國非常龐大。以美國來說，地下經濟體系規模約當GDP的八%，英國、德國及法國等歐洲國家超過一〇%，許多已開發國家和新興國家的地下經濟規模甚至超過GDP的二五%，包括義大利、波蘭、墨西哥和土耳其。有五個新興國家的情況最極端，地下經濟規模約當GDP的三五%，它們是巴西、菲律賓、俄羅斯、泰國和秘魯。

地下經濟體系過大，容易引發社會上的憤慨，因為有錢的人逃稅手法通常最高明。以印度來說，政府徵收到的所得稅僅約當GDP的三%，而地下經濟規模估計就約當GDP的三〇%。這是印度長期為政府預算赤字所苦的原因之一。經濟學家塔夏爾·波達爾（Tushar Poddar）指出，在印度，規避納稅已成為一種上行下效的文化。在超過二十五萬個百萬富翁當中，只有四萬二千人申報十五萬美元以上的所得。他主張，上層社會階級的逃稅行為已導致所有印度人民都不樂意納稅，而這使得逃漏稅的現象變得更加難以改變。

億萬富翁階級的習性非常重要，因為他們通常是更廣大的企業文化的塑造者。以印度來說，很多最頂尖的企業大亨控制了廣泛的商業王國，這些王國通常會經營以下四種業務中的一種，有時甚至每一種都經營：一家本地醫院、一間學校、一家旅館，和一家本地報紙。印度第一大報紙發行人之一最近告訴我，現在連小城鎮的頭號人物，也會經營這四種業務，原因很簡單。多數人知道收受現金賄賂是不對的，但印度人多半不覺得接受別人好意送來的禮物有何不妥，即使是貴重到像是為某個家族成員提供免費醫療、免子女學費、免費使用旅館宴會設施來舉辦婚禮，或在地方小報針對某人的商業或政治野心刊登有利報導等禮物。

這些附屬企業被視為經營政治人物和文官關係的投資——可以不賺錢，但不能不投資。而另一方面，政治人物和文官則經常藉由授與特殊執照或給予其他好處的方式來回報這些恩人。這類走後門的勾當讓圈內人的力量變得更根深蒂固、加重貧富不均程度，更使資金被導入沒有生產力的產業。舉出版業為例，印度的出版品琳瑯滿目，但大部分的規模都太小，不具經濟可行性。在超過一萬三千份日報和八萬六千份雜誌中，不到四十份擁有十萬以上的讀者。壞億萬富翁或許不見得擁有其中多數出版品，但他們卻塑造了一種「經商人士一定要擁有一家報紙」的商業文化，目的就是為了取得宣傳影響力。

無法控制狡猾的企業大亨或對他們課稅的政府，經常也無法有效推動有助於解決貧富不均問題的投資活動，如興建道路和機場等。總之，壞億萬富豪通常會導致貪腐、貧富不均惡化與低成長的惡性循環進一步加劇。

億萬富豪規則愈來愈重要

這項億萬富豪規則愈來愈重要，因為世界各地的貧富不均情況日益嚴重，包括美國、英國到中國與印度，無一例外，這主要是因為超級富豪的財富成長過速所致。雖然很多國家的每一個所得階級都雨露均霑，但有錢人財富的成長速度遠比窮人和中產階級快，也因如此，即便世界上的貧窮人口減少，全球中產階級人口持續增加，所得和財富落差卻還是快速擴大。到最後，窮人比較可能和中產階級交往，而這兩個階層的人也會比以前更可能因全球億萬富豪階級快速成長的陰影而受壓抑。貧富不均和貧富不均可能引發的緊張狀態，正逐漸成為愈來愈重要的政治議題，而且勢必將對經濟成長造成威脅。

我對親信資本主義與壞億萬富豪勢力日益興起的國家，抱持戒慎恐懼的態度，因為這些現象都代表著國家機能障礙問題的惡化，包括企業家獲得連續的成就後變得忝不知恥的商業文化、長期掌權的官員變得自滿的政治文化、充斥繁雜又莫須有的規定，最終造成貪腐行為的體系。我也隨時留意哪些國家出現正面的轉機，例如藉由修復經濟體系（例如擬定土地收購法，讓農民與開發商的利益趨於平衡）或舉辦公開透明的公共財（如油田或無線頻譜）拍賣活動，以杜絕走後門的勾當等，來因應貧富不均惡化問題。墨西哥在二〇一五年舉辦離岸石油開採權的拍賣會，但並未讓人留下深刻的印象，因為出價金額相對很低，不過，此舉對經濟體系來說，已堪稱一大成就，因為墨西哥國營電視台直播了拍賣現場的狀況，讓想檯面下私相授受的人較難以得逞。這種變化的環境（唯有透過觀察才能得知相關的變化，數據幫不上忙）可能有助於好億萬富翁的興起，而他們的崛起有助於促進一個讓所有人更雨露均霑的財富創造流程。

對整體經濟來說，億萬富豪階級是非常有用的領頭羊，而隨著億萬富豪人數增加，經年累月下來，相關數據將變得更重要，因為這些數據就像一個統計樣本和分析工具，可用來掌握各國的財富天平是否過度朝超級富豪傾斜。衡量億萬富豪天平的變化、周轉率和財富的來源，有助於了解一個經濟體是否正在創造有利於未來經濟成長的高生產力財富。

如果億萬富豪階級財富約當整體經濟體系的比例過高，且這些富豪漸漸成為社會上根深蒂固且近親相護的精英份子，同時他們的財富主要又是透過政商掛勾的產業取得，那就是非常不好的訊號。一個健康的經濟體系需要生生不息地持續產生有生產力的新企業大亨，老是被一群固定不變的貪腐企業大亨把持的經濟體系並不健康。創造性破壞能驅動資本家社會強勁成長，而由於壞億萬富豪擁有大量資源可從現況中搶奪利益，所以，他們是促成全民繁榮的絆腳石，絕對會成為主張財富重分配（而非把餅做大）的社會運動的主要目標。

第四章

政府可能造成的危險

——政府干預程度是在上升或下降？

二〇一一年達沃斯（Davos）年度全球精英高峰會的熱門話題讓我感到很訝異——當時大家一致談論著所謂的「北京共識」（Beijing Consensus）。這個用語精準展現了一股約定成俗的信念：中國將取代美國，成為世界最大經濟體，更將成為世界上的領導經濟模型。當時，美國正努力試著從信用崩潰（那次信用崩潰引爆了此前三年的全球金融危機）中復原，它的失業率依舊非常高，但政府不僅沒有採取因應作為，還因民主黨與共和黨的政黨惡鬥而似乎形同癱瘓。當時華盛頓方面最朗朗上口的名詞是「Gridlock」（僵局）。但在此同時，中國政府為回應這一場「美國製」危機，明快採取只有一黨專政的國家才可能實行的作為。具體來說，中國官方命令展開大規模的新支出與放款活動，確實，這些活動也順利將中國二〇一〇年的經濟成長率推升到接近二位數，而那一年美國經濟幾乎零成長。所謂北京共識的種種言論暗示，很多國家見識到由積極獨裁者指導經濟的好處後，有可能群起效尤；當時這個新觀點正逐漸取代老舊的「華盛頓共識」——支持自由的市場、貿易和政治。而且二〇一一年，有很多有關「國家資本主義的興起」主題的書籍和雜誌問世。

看著這個發展，我心中極端狐疑。原因之一是，對中國種種現象感到驚嘆的主要是歐洲和美國的政治與商業精英，而不是新興國家的這類人物。此前一年，我在埃及的沿海城鎮沙姆沙伊赫（Sharm el-Sheikh）和迦馬爾．穆巴拉克（Gamal Mubarak）見面，他父親是當時即將被罷免的獨裁者穆巴拉克。我問他，埃及是否會偏離剛展開不久的自由化流程（該國政府推動這個流程的時機過晚，才會引爆先前的革命運動），他回答，未來的方向還是要沿著華盛頓共識的路線，推動經濟體系自由化，他的國家過去已因政府控制一切的作法而受到慘痛教訓，他們深知那條路行不通。

在我的祖國印度，商業圈子的熱門話題也和北京共識無關，當地商業界人士關注的是泰姬瑪哈陵（Taj Mansingh）附近的茶室（Tea Lounge，首都德里市中心非常有代表性的旅館）裡眾多引人注目的掮客，因為那一群掮客的勢力正逐漸壯大。茶室是很多有錢家庭為子女安排相親的主要場所，如今它也是一般人和能幫忙清除政府障礙與解決延宕問題的黨政調停者見面的熱門地點。某一桌的掮客能幫你解決和購買政府土地有關的延宕問題，另一桌的掮客能幫你解決卡在法院的案件（因為當地法院的案件堆積如山），還有一桌的掮客能讓你更快取得國營銀行的貸款核准。這些人普遍被視為國家文官體制過度放縱下的特有產物，也是與國家資本主義體制息息相關的傳統病徵。諸如茶室那種場所會演變成某種影子內閣辦公室，絕對象徵著整個體制的腐敗，的確，不久後，執政的辛格就因腐敗的體制而失去人民的信任。

直到全球眾多精英人士因一味看好國家資本主義的興起而虧掉二兆美元後，讚揚這種體制的聲浪才終於漸漸消退。新興股票市場的總市值從二〇〇八年的十一兆美元滑落到二〇一三年的九兆美元，而**那二兆美元的虧損全部來自國營企業**。在同一段時期，全球民間企業的總市場價值維持穩定。當年聚集在達沃斯的群眾並不只是口頭上說說而已，很多策略投資人因看好北京共識而出手投資這個題材，他們大買中國及其他大型新興國家（如俄羅斯與巴西）的國營企業股份。很多投資人認為，中國經濟體系的復原力強大，並相信這個凡事干預的政府一定有能力「指揮」經濟強勁成長。二〇〇八年時，全球市值最高的企業中，有五家是國營企業（二〇〇三年沒有一家國營企業擠入這個名單），其中，中國最大石油公司——中國石油——取代艾克森美孚公司（ExxonMobil），名列第一。當然，這是證明中國的指揮式經濟體制可能比美國的自由市場經濟體制更有獲利能力的進一步證據。不過，天不從人願。很多全球投資人對國家資本主義發展潛力的期望顯然過高，誤以為這種體制將為所有新興經濟體帶來整體的繁榮。的確，這些國家在二〇〇三年以後展開一段繁榮期，股票市場也在經濟榮景期上漲，但到那十年將進入尾聲之際，投資人不再區隔強、弱國和國營、民間企業之間的差異，不分青紅皂白地亂買一通，結果也因這個嚴重的錯誤而付出慘痛的代價。

二〇〇八年全球金融危機過後，很多新興國家開始以國營企業來作為分配工作機會和提供廉價補貼的工具，希望能藉此保護人民免於受全球經濟成長趨緩的傷害，中國也不例外。中國快速拉升經濟成長的成績讓人印象深刻，但投資人卻沒有即時察覺到，這種以管理經濟成長為目標的種種努力，會對國營企業的獲利能力造成什麼衝擊。當中有一些例外，像是印尼和波蘭等國家少數經營良善的銀行和其他國營企業。但整體而言，那類國營企業的獲利能力很弱，經營階層的命運經常都掌握在政治親信手上，也因此不得不配合政治人物的要求。很多人稱讚中國對債務的處置得宜，故它的整體債務規模遠低於美國（美國的債務導致經濟體系受創），但如今中國也開始指揮國營銀行提供寬鬆信用給國營企業，而這些國營企業明顯並未將資金使用在良善的用途：它們的獲利能力（以股東權益報酬率衡量）從二〇〇九年的一〇%降到二〇一三年年底的六%。諷刺的是，就在媒體一窩蜂報導國家資本主義的現象在二〇一一年的達沃斯論壇上達到高峰時，世界各地國營企業的市場價值正好也開始筆直滑落。

二〇〇八年，世界各地新興股票市場的國營企業市值大約佔其總市值的三〇%，但五年過後，國營企業的市值佔比迅速腰斬。到了二〇一三年年底，全球十大企業名單中已沒有任何國營企業，中國石油從第一名滑落到第十四名。美國科技業的蘋果公司則竄升為榜首。如果說全球市場曾經企圖為國家資本主義的競爭優勢背書，如今這項背書已然撤銷。

不管是研究哪個經濟體，都應該釐清政府干預程度是上升或下降。整體而言，當很多政府都非常積極干預（例如當前的狀況），干預程度愈低的國家就愈好。政府會用很多不同的模式來管理經濟成長，不過，我會觀察三個基本的趨勢：政府支出約當GDP的佔比，另外，我也也評估那些支出是否流向有生產力的目的；國營企業和銀行是否被濫用，淪為實現「名為經濟、實為政治」目標的工具；政府允許民間企業擁有多大的成長空間？

當支出成為困擾

政府支出要多少才算過高？這一向是很難回答的主題，尤其是在今日這種意識型態之爭勝過一切的世界。現實情況是，國家是唯一大到足以建造諸如道路與橋樑等基礎建設的投資人，問題是，某些新興國家太過疲弱——因為徵收到的稅金太少——無力適當投資在這些基本設施。然而，任何一個政府都必須謹慎管理它的預算規模，唯有如此，它才能聚焦在少數攸關重大的工作。當國家花費過多金錢在免費食物、汽油補貼或經營虧損的旅館和航空公司等用途，長期下來，整體經濟體系將會變得更貧窮。我必須承認，因為我在印度長大，所以我的很多觀點和當地的情況直接相關，這個國家纏繞不去的社會主義者影響力，到今天還是造成很多顯著的政府干預錯誤案例，例如，印度某些州的公立學校系統教師曠課率高達四五％，因為很多教師候選人常為了取得教學職務而塞紅包，但爭取到公家的教職後，他們根本就不出席，坐領乾薪不說，還另外到私立學校兼差。相似的醜聞也感染到一個提供免費治療的公共醫療網路，那些充斥老鼠的診所通常沒有真正的醫師駐診，只有一些負責清潔工作的男孩在幫忙處理感染的病患。針對一個能激起如此強大政治信仰的議題來說，要客觀辨識哪些國家能在這當中取得適當平衡，其實是很困難的。

另外，究竟什麼是對的？這個問題也沒有明確的答案，於是，我開始尋找極端的離群者，也就是國家支出習慣看起來最失衡，也因此最可能威脅到經濟成長的國家。二戰後的常態是，當一個國家變得愈富裕，政府支出也傾向於成長，畢竟政府是經濟體系的一環。所以，為了掌握潛在的離群者，我試著找出哪些國家的政府支出約當經濟規模的比例遠高於（或遠低於）相同所得水準的其他國家。當一個國家的政府支出約當GDP的佔比相對高於同儕國家，而且還繼續擴大這項支出，就是最糟糕的訊號。在二十大已開發經濟體中，最誇張的案例就是法國。

法國的政府年度總支出約當GDP的五七％，居世界各國之冠，可能只有某些經濟倒退的共產國家如北韓能比得上它。法國的支出水準比已開發國家的正常值[1]高十八個百分點，不管是在已開發國家或開發中國家，這個落差值都是最大的。另外還有幾個富裕國家的政府支出足以支配其經濟體系，包括瑞典、芬蘭、比利時、丹麥和義大利，這些國家的政府支出都約當年度GDP的一半以上。

然而，法國用來支持過高政府支出的高稅賦已成為很多企業的沈重負擔，因此很多商人表示將放棄，並離開這個國家。法國政府獨大的傳統可回溯到幾個世紀以前，而且法國人一向很善於戲謔這個狀況百出的政府。二十世紀初擔任法國總統的喬治．克雷孟梭（Georges Clemenceau）就形容，法國是「非常肥沃的國家，只要種下文官，稅金就會成長茁壯」。幾十年後，喜劇演員麥可．科勒奇（Michel Coluche）則嘲

1 這裡所謂正常值的定義，是利用一個簡單回歸法計算而來，比較政府支出約當GDP的比重和人均GDP的關係。政府支出數字是採IMF的數據，包括國家、州和地方政府的支出，而且將支出更廣泛定義為包含公務人員薪資和福利支出等所有項目。

諷，如果這個世界有一種稅叫愚蠢稅，法國就必須為自身的愚蠢繳稅。另外，現代作家弗瑞德瑞克・達爾德（Frederic Dard）則評論：「等到繳稅時，你才會理解自己無力負擔你賺的薪水。」

當然，一如二〇〇八年以來的很多鄰國，法國目前正面臨沈重的改革壓力。以前希臘政府支出的GDP佔比也超過五〇%，但自從二〇〇八年的金融危機後，政府支出約當GDP的比重降低了四個百分點，為四七%，這主要是因為希臘的債權人強迫雅典當局裁減公務人員職務和薪資，儘管痛苦，卻不得不為。希臘後來的發展愈來愈正面，政府預算規模逐漸縮小，只不過，就所有衡量指標來說，根據希臘的所得水準，它的政府支出還是遠高於正常值。

更糟的是，希臘不僅維持和法國同樣過度膨脹的支出習慣，人民的逃漏稅水準卻更接近典型的開發中國家水準。希臘養成的逃漏稅和詐領福利文化，讓國家慷慨的福利政策難以為繼，甚至無法再維持下去，這些政策正是導致國家深陷債務泥淖的禍首之一。希臘記者詹姆斯・安傑洛斯（James Angelos）在《完全大災難》（暫譯，*The Full Catastrophe*）中，明文記載了這種機能障礙文化，舉個例子，他描述了一個希臘島嶼上，有二%的人口自稱是盲人（幾乎是歐洲平均值的十倍），但實情是，他們和當地的官員與醫院共謀，領取失明失能福利金。根據不同的計算方法，希臘花費在公務人員退休金的支出大約介於GDP的一六%至一八%，是歐洲最高的國家，而這些支出讓它原本已很有限的資源變得更加枯竭。

儘管如此，希臘政府近幾年的縮編證明，並非所有政府都會演變成某些人戒慎恐懼的強大巨獸。經濟體系存在一些彼此互抵的動力，如果政府對移轉性的福利支出過高，全球市場通常會逼迫它回歸正軌，一如最近歐洲的狀況。前美國財政部官員羅傑・阿特曼（Roger Altman）曾指出，就算德國沒有逼迫希臘和其他歐洲國家藉由痛苦的支出縮減來回應債務危機，這些國家遲早也必須設法縮減支出，因為全球市場對這些政府開出高達四〇%利率的貸款條件。無論如何，減少支出是政府得以有效控制債務的唯一方法。

最近這場歐洲金融危機使當地經濟在短短不到六年的時間內陷入兩次衰退，但這種不尋常的雙危機也可能代表著歐洲大陸的一個轉機。先前那一場危機已讓福利國的態度轉化，而那個趨勢很可能會延續。在一九九〇年代的金融危機後，諸如瑞典和芬蘭等北歐國家便已循序漸進地縮減福利國規模，從那時迄今，瑞典的政府支出已從GDP的六八％降到四八％，而且該國政府也強調要降低企業所得稅來刺激經濟成長，同時將個人所得稅率維持在相對高水準，用以支應社會服務相關支出。德國政府也開始改變支出習慣，在二〇〇〇年代降低社福支出，其中，對於不願找工作的人和登記參加受訓計畫的人的補助減少了。不過，目前德國的政府支出依舊相對較高，政府支出約當GDP的四四％，只是過去十年來，這個數字已降低了近三個百分點。其他歐洲國家也因近幾年的公共債務危機而受到驚嚇，所以，抑制福利國立場的壓力將如影隨形地跟著它們。

已開發國家中，政府支出較低的包括美國、奧地利和澳洲，這些國家的政府支出約當GDP比重大約分別介於三五％至四〇％。瑞士更低，約三二％，不過，瑞士的數字局部是一種假象，因為它的退休與醫療保健體系是由某些未被列為政府機構的機關管理。然而不管怎麼說，瑞士政府非常精實，公務人員相對較少，而且稅收僅約當GDP的二七％，是已開發國家中第二低的（僅次於美國），和法國的四五％相去甚遠。瑞士政府之所以如此精實，部分原因在於它的政治體系賦予地方州和選民非常大的權力。很多主要議題必須透過公投決定，這讓瑞士選民有權反對任何增稅計畫，目前瑞士二七％的稅率是歐洲最低的國家之一。

政府支出較高的新興國家

在二十大新興國家中，目前政府支出最高的是巴西，該國地方、地區和中央政府支出共約當GDP的四一％，比人均所得一萬二千美元的國家的常態值高出九個百分點。事實上，巴西政府的支出習慣比較接近歐洲的福利國，和其他同類型的新興經濟體不同。政府支出第二高的是阿根廷和波蘭，這兩國的政府支出也都約當GDP的四〇％以上，比其他相同所得水準的國家高八％，接著是沙烏地阿拉伯（比平均值高七個百分點）、俄羅斯和土耳其（比正常值高五個百分點）。

然而，看待新興市場的某些數字時一定要持保留態度：根據俄羅斯官方報導，政府支出約當經濟規模的三六％，但即使是最高政府官員都私下表示，政府支出約當經濟規模的實際百分比已接近五〇％，較二〇〇〇年的三〇％大幅上升，若是如此，俄羅斯的情況就比巴西還糟。這個令人感到混淆的情況說明，即使蘇維埃體制垮台，外界對於俄羅斯的實際情況還是只能霧裡看花。相對的，波蘭政府報導的政府支出數字就比較可信，二〇一四年是四二％，比此前五年的四五％降低。總之，波蘭的實際改變方向是正面的，但俄羅斯的情況卻令人擔憂。

巴西的政府支出不僅偏高，還一步步上升，而這導致經濟體系出現很多扭曲現象。二〇一三年，數百萬個巴西人走上街頭參與抗議活動，主要的民怨是，政府徵收的稅金愈來愈多，但提供的公共服務卻愈來愈少。為了釐清這個民怨的真實性，巴西規劃與稅賦協會（Brazilian Institute of Planning and Taxation）顧問公司比較了巴西在徵稅與提供服務方面，相對於其他三十個主要國家的表現。該公司發現，巴西稅收約當GDP的三五％，是新興國家中最重的一個，但在將稅收轉化為公共服務方面的表現，巴西卻是吊車尾，由當地不合規格的醫院、不入流的小學，以及糟糕的巴士服務等引爆大規模抗議活動的公共服務便可見一斑。巴西政府的支出已對人民造成很大的負擔，因為人民因此必須負擔高稅賦，稅法也極其複雜。巴西最大民間銀行伊島塔聯合銀行（Unibanco Itau）的執行長羅伯托．塞圖巴爾（Roberto Setubal）曾告訴我，填寫巴西報稅表格所耗費的時間比其他國家更久，因為這些表格要求提供非常多資訊，包括完整的個人利潤與虧損報表。

在天平的另一端，則是政府支出異常低的幾個新興國家，包括墨西哥、台灣，以及無人能敵的南韓。台灣和南韓的政府支出都僅約當經濟規模的二二％，比相同所得水準的國家的正常值低十五個百分點。雖然從二〇〇八年起，南韓的這個比率上升了三個百分點，不過，重要的是，它增加的支出帶來了有生產力的貢獻。舉個例子。為協助克服南韓女性勞動力參與率相對低的重大經濟障礙，政府投資許多兒童照護中心，協助剛生產的婦女回到工作崗位；根據某些人的估計，這些投資能讓GDP多成長一個百分點。台灣也正採取相似的措施來建立可行的福利國模式：一九九五年時，台灣並沒有公共醫療保健系統，但目前幾乎全民都受到這個系統保障，而且花費的成本僅約當GDP的七％，遠低於美國目前官方／民間共同組成的醫療體系的成本（約當GDP的一八％）。

整體而言，亞洲新興國家的政府支出規模傾向於較小，那局部是由於諸如日本等富裕亞洲國家建構福利國的腳步相當緩慢。目前只有三〇％的亞洲人口受到退休計畫保障，相較之下，歐洲有九〇％人口享有這種保障。有趣的是，一般認定拉丁國家政府的支出傾向於過度膨脹，但這個認知並不是以當期的具體數字為基礎。墨西哥和安地斯山脈（Andean）諸國如哥倫比亞、秘魯和智利等國的政府支出看起來都相對較低。其中，智利的政府支出是最低的，僅約GDP的二五％，比相同所得水準的國家的平均值低八個百分點。通常大西洋沿岸國家如巴西、委內瑞拉和阿根廷才容易超支。

政府預算規模過低的黑暗面

政府的支出至少必須足夠為國家提供必要的文明化商業條件，包括建造最根本的基礎建設和抑制貪污、獨佔和犯罪活動等問題的機制。當一個國家無法達到上述基本要求，那代表它顯然無法徵收到稅金，而這樣的失敗通常就凸顯出人民對行政官員的整體不滿，以及蔑視國家的心態。舉個例子，墨西哥徵收的稅金僅約當GDP的一四％，對一個中產階級國家來說，這個數字實在很低，而缺乏稅收的政府當然難以維護法律與秩序，也無法鎮壓毒品卡特爾的貪腐影響力。墨西哥的軍事支出僅約GDP的〇・六％，是大型新興國家第二低的，僅高於奈及利亞的〇・五％。墨西哥警察和調查人員薪資過低，因此經常被逮到和毒品卡特爾的重要人士共謀，而這也傷害了大眾對政府的信心。

就這個層面來說，墨西哥還是比某些狀況百出的國家好很多，例如，巴基斯坦、奈及利亞和埃及，這些國家的政府只維持最基本的正規主管機關，這說明為何每次到這些地方訪查，都會產生一種奇怪的脆弱感。奈及利亞的政府支出僅約當GDP的一二％，難怪當地很多基礎建設看起來總好像是民間人士和企業臨時搭建起來的，道路東拼西湊，發電機設在地下室等。巴基斯坦的人口有一億八千萬人，但只有不到四百萬人在稅務主管機關登記有案，實際上申報所得稅的人更不到一百萬人。整個系統充斥免稅和優待，讓人感覺到這個國家的雄偉殿堂好像隨時可能被絕大多數不應得與不合群的人民壓垮。

當政府的力量薄弱，經濟體系的基礎也會非常脆弱，而且會特別容易遭受內戰威脅，因為在這種社會，各個族群都容易產生被排斥的感覺，而內戰又會進一步削弱國力。二〇〇九年，美國國際開發署（U.S. Agency for International Development）研究一九七四年至一九九七年間發生在六十二個國家的衝突，它發現，典型的內戰延續十五年，並導致全國GDP降低約三〇％。即使是在趨於和平後，平均也要花十年的時間，才能恢復到戰前的所得水準，而且有十分之四的案例又在十年內爆發新的暴力行為。舉個例子，二〇一一年，南蘇丹從蘇丹脫離，成為世界上最年輕的國家，但到二〇一三年，由於當地兩個主要部落未能就權力與石油的分享達成協議，雙方又爆發另一場內戰。這種國家的政府有可能長期呈現極端脆弱的狀態。財源不足的政府的另一面，就是地下經濟——人民為了逃稅而逃避將商業活動記錄在帳冊上。地下經濟體系是大眾鄙視政府的終極表現，它不僅將使國家變得更加脆弱，也會更沒有效率。在這個未繳稅的地下社會，各種工作機會的薪資通常都非常低，而且沒有前途和福利可言，然而，這個領域的雇主卻因低工資而獲得某種生產力。地下經濟體系的規模有可能大得驚人，瑞士和美國的地下經濟規模約當GDP的八％，而巴基斯坦、委內瑞拉、俄羅斯和埃及則是超過三〇％。

另外，它也會衍生其他型式的機能障礙。逃稅者傾向於避免使用銀行，這會導致可供投資的總儲蓄金額減少，並另外製造一個效率偏低的資金分配管道。二〇一五年《彭博社》作者阿梅德·費德哈（**Ahmed Feteha**）撰寫的一篇報導解釋，很多埃及人利用假結婚的手段，透過親友團關係網來募集資金。他提到，有一個新郎剛在他的「結婚」宴會上募集到一萬六千美元，而新娘根本沒出席，那個新郎解釋：「有些人舉辦婚禮是為了慶祝，有些人則是為了做生意，」這是不用到銀行、也不用繳稅卻能募集到資金的方法之一。

由於這些缺點，政府有時會突然感受到不得不增稅的壓力，但這種突然增稅的舉措又經常會引來反常的結果。印尼的佐科威（Joko Widodo）總統在二〇一四年就職時，這個國家還享受不到二十年的民主。當時經濟成長正一步步趨緩，它迫切需要投資新資金到破爛的道路和橋樑。佐科威察覺到國家最主要的問題癥結：總稅收僅大約GDP的一二％，是亞洲最低的國家之一。為了解決稅收過低問題，他聽取幾位顧問的建議，召集所有收稅人員並徵詢他們能提高多少稅收。某些收稅官為了在總統心中留下深刻的印象，吹噓可以提高「一〇〇％」的稅收。佐科威將增稅的目標降到五〇％，財政部更進一步將增稅目標降為三〇％。佐科威總統的顧問後來承認，儘管降了那麼多，要在一年內達成這個目標，還是非常困難。有些收稅官為了達到目標，竟然大剌剌地到汽車經銷商和房地產銷售辦公室現場監視。不用說也知道，汽車、摩托車和房地產銷售因此大幅降低，商人延後投資廠房，經濟成長當然也進一步趨緩。長期來說，佐科威的想法固然好，但他落實這個想法的方法是無效的。所以，在改變任何政策以前，政府必須考量到新政策對商業情緒的影響，因為貿然改變政策有可能傷及一個經濟體系的動物本能（animal spirits）。

誤解中國的教誨

很多歷史學家指出，在多數亞洲奇蹟經濟體的早期經濟發展階段，政府都是被獨裁者一手掌控。不過，這些奇蹟經濟體的獨裁者和一般所謂的獨裁者之間有著細微的差異：喬．史都威爾（Joe Studwell）在《成與敗：亞洲國家的經濟運作之道》（*How Asia Works*）中寫道，從十六世紀都鐸王朝統治下的英格蘭開始，歷史上沒有一個國家能在缺乏政府早期大力協助與保護的情況下，建立有競爭力的工業企業。都鐸王朝統治的英格蘭之後是美國、法國和德國。接著，德國的典範激勵了日本，日本激勵了韓國，而台灣和中國也很快跟上腳步。史都威爾補充，這些成功的行動主義國家，皆以一種聰明利用市場動力的方式來實現「工業政策」。舉個例子，南韓的朴正熙在一九六〇年就職後，善加利用政府的力量，將貴族的土地重新分配給佃農，創造一個龐大又有生產力的地主族群。朴正熙沒有特別偏好任何一個商業聯盟，而且還在主要企業大亨之間營造一種競爭氛圍，最終創造了幾個全國性的工業鬥士，如三星等讓南韓成為主要外銷強國的企業。

然而近幾十年，世界上沒有新的新興國家實現這類成就（也就是主要在行動主義派政府的引導下創造快速成長的記錄）。當然，這麼說一定會有很多人質疑，那中國怎麼說？誠如諾貝爾獎經濟學得主羅納德·柯斯（Ronald Coase）指出的，一般人對中國的報導都犯了敘事錯誤（narrative wrong）的毛病。事實上，中國是在那個無所不管的政府開始減少對經濟的干預後，才踏上成為工業超級強權的道路。具體而言，大約一九八〇年時，中國政府開始一步步放鬆管制，而且每一次都是在人民的壓力下才放鬆管制。最初，佃農要求銷售更多自產農產品，於是，農村設法經營自己的企業，最後個人又要求取得這些企業的所有權和經營權。

根據德意志銀行的研究，自一九八〇年初期迄今，中國民間企業的產出增加了三百倍，成長率大約是國營企業產出成長的五倍。也因如此，國營企業產出約當GDP的比重，已從一九八〇年代初期的七〇%降到目前的大約三〇%，其中多數變化來自一九八〇年代與九〇年代的加速市場改革。

這個大趨勢讓中國政府身為雇主與市場趨勢設定者的力量遭到削弱，至少近幾年是如此。在一九八〇年以前的三十年間，都會區有七〇%的人力受雇於國有企業，但到二〇一〇年，那個比重一步步降到只剩二〇%。誠如記者兼作家伊凡·歐斯諾斯（Evan Osnos）在《野心年代》（*Age of Ambition*）中寫的，在一九九三年至二〇〇五年間，中國國有企業裁撤了七千三百萬個工作機會，非常驚人，但那也等於是放手讓那些工人去尋找其他所得來源。

事實證明，中國的民間產業確實比國有企業有活力得多，到二〇〇〇年代末期，九〇%的紡織、家具和食品加工業等輕工業產出來自民營企業的貢獻。投資——花費在新廠房、設備和基礎建設的支出——的趨勢，甚至更加明顯。在短短十年前，中國的投資活動有五五%來自國有企業，但到二〇一四年，那個比率已降到大約三〇%。

所以，中國的成功比較不是「指揮式資本主義」的貢獻，而是北京當局穩步推動自由市場改革所致。諷刺的是，中國政府在最近這場危機後所採取的行動派主義——這是促使很多人談論所謂北京共識的原因——至少代表先前讓這個國家得以那麼成功的習性（即減少干預）已悄悄反轉。二〇〇八年以後，中國的技術官僚愈來愈沈迷於追求不切實際的經濟成長目標，而這些目標完全來自一個政治算計——政治人物號稱中國經濟規模將在二〇二〇年達到目前的一倍。而在北京當局眼中，要達成那個目標，最沒有阻力的途徑就是將新公共支出導向大型國有企業，並要求國營銀行放款給這些企業，所以，最近這些國有企業也開始奪回先前失去的影響力。民間企業產出約當工業產出的佔比略微降低，也不再加碼採礦或鋼鐵等重工業的投資。二〇一〇年代迄今，民間企業的成長速度依舊比國有企業快速，但只快約四個百分點，比十年前的十二個百分點明顯降低。

其他亞洲奇蹟經濟體確實是在行動主義政府的協助下發展茁壯，不過，這當中有一個事實經常被忽略：這些政府的預算規模並不特別大，只不過，國家領導人勇於利用政府的力量，將資金引導給他們偏好的企業，他們一點也不會因為支持特定企業而感到內疚。整體來說，這些國家的政府支出約當GDP的比重相對較小，而且迄今依然如此，台灣和南韓向來都能維護紀律嚴明的政府支出傳統，並在這樣的傳統下成長茁壯，而這也解釋了為何這些國家不像法國有那麼多和高稅賦與無能文官有關的笑話。

最近，很多國家的政府支出都快速增加，平均來說，目前新興市場的政府支出達到GDP的三一%左右，較一九九四年的二四%上升。由於戰後所有國家的政府預算規模一向隨著全國財富的成長而成長，所以這樣的發展局部是天經地義的，但我感覺，那有一部份是因為多數國家愈來愈不在乎政府支出的成本效益。新興經濟體在二〇一〇年代的經濟擴張，多半來自政府急於擺脫全球經濟衰退而大幅增加的公共支出，問題是，這種輕率又匆忙的支出經常造成大規模的浪費。所以，應留意的關鍵要素——至少以目前的全球狀況來說——就是哪些國家干預較少。

急就章擴大支出，未來有的是時間懊悔

當一個統治政權掌權多年，執政者比較傾向於在經濟面臨危機或衰退時，過度擴大支出。因為現任統治者會為了提升自身的支持率，利用政府的力量，不惜任何代價追求成長。他們花費大量資金在能夠創造工作機會的專案，或是命令國營企業創造工作機會，另外，他們也常會以人為手段將物價控制在不自然的低檔，企圖讓人民免於因經濟衰退而受苦。

二〇〇八年那場危機過後，這種令人毛骨悚然的大手筆支出傾向，明顯到令人難以視而不見。當時，住宅與股票市場價格崩盤對美國和歐洲消費者帶來巨大衝擊，於是，人們開始減少對中國及其他新興經濟體進口品的消費。而為了補償流失的海外需求，很多新興國家政府開始大量增加支出，鼓勵國內消費者花錢。當然，很多富裕的國家也試圖以公共支出來減輕「大衰退」所造成的衝擊，不過，成熟國家的支出和新興國家比起來可說是小巫見大巫。二〇〇八年後的兩年間，世界二十大主要經濟體中的已開發國家政府，共花費了約當四．二％GDP的資金在各項以打擊衰退為目的的專案，但大型新興國家花費在此一目的的支出，約當其GDP的六．九％，比成熟國家支出佔比高五〇％以上，而它們之所以比富裕國家更慷慨，原因非常簡單，因為它們花得起，至少一段時間內花得起。

二〇〇八年那場危機爆發時，新興國家的公共債務水準大致上非常低，而且擁有非常龐大的外匯存底和非常充裕的政府預算盈餘，或預算赤字規模相對極小，這和已開發國家的政府不同。由於有很多錢可「燒」，它們花起錢來自然也一點都也不手軟，而且最初的成果非常好，經濟果然像火箭般快速向前

推進——主要新興國家的GDP成長在二〇〇九年年中時達到谷底的三%，但到二〇一〇年，這些經濟體成長超過八%。由於花錢的成果顯而易見地好，所以支持強勢政府的人開始喝采。國際勞工組織（International Labor Organization）和歐洲聯盟共同也在二〇一一年的一份報告中，讚美大規模政府提振措施的相關支出，對亞洲及拉丁美洲「亮麗」的復甦功不可沒。

天知道就在此時，這艘超級火箭的火焰已即將熄滅。二〇一一年至二〇一四年間，中國的官方成長率降低超過三分之一，巴西降低十分之一，而新興國家的平均GDP成長率也回落到三．五%左右，大約和一九九〇年代的成長率相同（一九九〇年代經濟成長也受到多場危機干擾）。一九九〇年代末期和近幾年的較大差異是，當時多數新興國家並沒有多餘的錢可燒，沒有放款人可以求助，因此它們沒有能力透過借錢來提振經濟成長。在這種情況下，這些新興國家只能硬著頭皮推動改革，清理經濟體系的壞帳，採取控制支出的措施、壓抑通貨膨脹，並設法（只有少數案例如此）讓企業變得更有競爭力。那個清理流程為這些國家奠定了一個良好的基礎，進而邁向二〇〇〇年代的空前榮景。

相反的，二〇〇八年以後，新興國家的政府開始寅吃卯糧，它們雖在二〇一〇年製造了短暫的璀璨成長表現，但接著就付出慘痛的代價。二〇〇七年為止好不容易累積的政府預算盈餘，到二〇一四年變成平均約當二%GDP的赤字，而這些赤字正一步步帶來實質的憂慮。由於新興國家過去經常受政府超支等問題所引發的危機所苦，所以這些國家大致上都認同，當預算赤字達到GDP的三%以上或甚至更高水準，通常代表著預算問題趨於惡化的警訊。事實上，印尼在一九九八年嚴重的金融崩潰後，採行一項允許國會在赤字超過GDP三%就彈劾總統的法律。不過，印尼和墨西哥、俄羅斯、南韓、印度及南非的預算都在二〇〇八年以後開始失控。

墨西哥是個特別有意思的例子：從一九九四年的披索危機以來，它每年的政府預算赤字都沒有超過上限，事實上，到二〇〇八年，墨西哥政府預算幾乎已經是零赤字，不過，危機的來襲促使它提高政府人員薪資，並啟動新公共投資來對抗衰退。五年後，預算赤字達到幾十年來的高點，約當GDP的四%，不過，經濟成長率卻還只是停滯在二%的低水準，和其他很多類似的國家差不多。總之，墨西哥的政府因急於對抗「大衰退」而棄守支出紀律，導致所有努力付諸流水。

兩場危機帶來完全相反的結果：一九九八年崩潰以後，新興國家政府積極縮減政府赤字和債務，並減少對民間企業的干預；五年後，這些國家的債務負擔都非常低，所以看起來蓄勢待發，即將展開一段前所未見的榮景。然而，二〇〇八年的金融危機爆發後，很多新興國家的政府不斷舉借新債，為提振經濟成長而採取更多干預措施（但都失敗），最後導致經濟成長率在接下來五年間僅得以維持中庸甚至疲弱的水準。

當政府貪求快速達到目的而推動大量支出專案，很多支出就會流向浪費的用途。二〇〇八年後，政府支出的暴增使得新興國家生產力嚴重下滑。以俄羅斯、南非、巴西、印度和中國來說，所謂邊際資本產出（incremental capital output，以下簡稱ICOR）的關鍵生產力指標，在二〇〇八年過後大幅上升，這是非常糟糕的訊號。這代表這些國家必須借比以前多很多的資本，才有辦法創造和以前等量齊觀的經濟成長率，部分原因就在於很多資本流向浪費的政府專案或移轉性支出上。

這個比率告訴我們，在二〇〇七年以前的新興市場——包括中國，一美元的新債務能夠創造一美元的GDP成長。而在全球危機過後五年，新興市場要用兩美元的新債務才能夠在創造一美元的GDP成長，中國更得用四美元的新增債務才能創造一美元的經濟成長；總之，報酬率萎縮的證據處處可見。在俄羅斯、巴西、印度和中國（中國尤其如此），即使政府增加投資，民間企業卻持續縮減投資，而原本由民間主導的投資活動轉為政府主導後，更製造了愈來愈多的浪費。在世界前二十大經濟體中，俄羅斯是政府支出最高的國家之一，光是二〇〇八年和二〇〇九年，它就花了約當一〇%的GDP在經濟提振措施上，其中多數是對大型國營企業的新紓困案。不過，儘管俄羅斯的政府支出是這二十國中最多的國家之一，它的成果卻最糟，花了那麼多錢，全國產出卻還萎縮八%。不過，中國政府支出是這二十國中最高的，約當GDP的一二%，是政府積極干預卻適得其反的最佳範例。

中國政府的研究人員在二〇一四年年底發表一篇報告，結論是，從這一輪提振景氣活動展開後，國家共花了六點八兆美元在浪費的投資活動上。這份報告提到，近幾年來，投資到中國的資金幾乎有一半是被浪費掉的，而景氣提振活動的主要目標扶助產業浪費掉的資金最多，包括汽車和鋼鐵業。我去中國參訪時，地方人士用啟人疑竇的公共投資傳奇故事來逗我笑。舉個例子，有個笑話說，政府剛在南方疆界附近完成一座價值三點五億美元的橋樑興建工程，不過，剪綵當天卻發現，橋樑的另一頭是一個通往一片空蕩荒野的斜坡，而那一片荒野竟然位於北韓一個空置的新工業貿易區裡。

即使是明智的政府提振計畫之父——約翰・梅納德・凱因斯（John Maynard Keynes），都可能因近幾年各國支出規模之大和支出延續期間之久而感到不可置信。凱因斯的建議聚焦在以緊急性支出來緩解經濟衰退所帶來的痛苦，而不是企圖以漫無限制的政府支出來創造永久成長。事實上，二〇〇八年以後，由於全球經濟復甦腳步疲弱，很多被二〇〇〇年代榮景寵壞了的新興國家，就試圖利用大量的支出來實現永久的成長。

二〇一四年，全球的對話開始出現背道而馳的怪象。已開發國家的德國和美國等意見領袖呼籲推行更多提振措施，但新興國家的重要官員卻承認他們的政府支出長期過高。例如那年五月，中國總理李克強在發表演說時表示：「如果我們一直仰賴政府政策的提振成長措施，不僅成長將難以維繫，還會製造新的問題和風險。」十一月時，前印度財政部長齊丹姆巴蘭（P. Chidambaram）表達得更加具體，他承認二〇〇九年啟動的景氣提振活動延續時間過長，所以政府已「失去對經濟的掌控力量」，因為那些活動導致政府赤字增加、通貨膨脹上升，且成長率趨緩。那個月我正好和墨西哥中央銀行總裁奧格斯汀．卡爾斯坦斯（Agustin Carstens）見面，他也直率地告訴我，長期而言，「財政與貨幣政策無法創造成長」。鮮少新興國家領導人會嚴肅質疑這個結論，或許那是因為他們很多人都已察覺到拙劣的社會主義體制有可能帶來什麼損害。

從印度到巴西，眾多新興國家的政府都試圖以無法促進未來經濟成長的方式來管理經濟，結果只做到延緩痛苦。在這些國家，一系列支出活動雖讓它們暫時躲過全球經濟趨緩的傷害，但未來的成長卻勢必會因為債務急速增加（因為提振景氣措施的支出導致負債遽增）而趨於緩慢。這就是政府「寅吃卯糧」的後果。

這個問題凸顯了一個有趣的疑問：為什麼各國政府無法一邊花錢提振短期成長，一邊推動以提高生產力和長期經濟成長為目標的改革——例如縮減監理或出售虧本的國營企業？事實上，他們可以做到這一點，只是在實務上，這些政府似乎總是無法同時追求這兩個目標。或許那是因為這兩個目標在某種程度上是彼此抵觸的：提振景氣的活動是出於一種保護人民免於受自由市場傷害的衝動，而改革運動卻是出於一種解放人民、讓他們在市場上自由競爭的慾望。遺憾的是，保護人民的崇高衝動——例如藉由提高食物或能源補貼——經常導致政府缺乏資源在一個更競爭的經濟環境中進行必要的投資。二〇一五年時，已有很多新興國家體認到它們陷入這個困境——迫切需要推動的基礎建設專案有一籮筐，但政府卻再也花不起這些錢。而且一旦政治人物選擇採用補貼的手段，事後通常都會發現那些補貼很難取消。

政治對國有銀行的濫用

放眼新興市場，國有銀行是阻礙信用體系平順運作的主要絆腳石，在這場全球金融危機過後，如果將政府為了操縱成長——包括國有銀行大肆放款——而暗中採取的所有行動列入計算，新興國家投入政府提振措施的總金額一定遠遠超過以上所述的數字，實際上應該接近GDP的七％。

儘管過去幾十年間，新興經濟體推動了幾波自由市場改革，很多國家的政府到現在還是經營著為數不少的銀行，想貸款的人找政府就對了。平均來說，二十大新興國家的國營銀行控制了三二％的銀行總資產。泰國、印尼、巴西和中國的那個數字都超過四〇％（中國國有銀行和民間銀行之間的界線很模糊，所以實際的數字可能還高一些）。台灣、匈牙利、俄羅斯和馬來西亞也超過五〇％，印度更高達七五％。以俄羅斯來說，共產主義垮台後二十年，資本主義的發展依舊因貸款困難（連為了開辦一家小型企業或購買房屋而貸款都有困難）而受到阻礙，因為當地的信用產業非常貧瘠，而且幾乎有三分之一是受到一家銀行掌控，而那一家銀行就是俄羅斯央行負責經營的。

只要多花時間觀察，就很容易找到政府並非稱職銀行家的證據。即使是拉丁美洲國家中，對發展民間部門資本主義最堅定不移的智利，碩果僅存的國有銀行分行員工數，都每每讓我感到震驚。那些員工似乎總是漫無目的地聚在一起，雖然表面上有各自的工作，實際上卻無所事事。從前門到保全櫃臺，從保全櫃臺到較高樓層，從較高樓層再到高階主管辦公室，途中有非常多人提供獨立的護送服務。要通過這個由眾多公務人員組成的銅牆鐵壁，得花掉整整半個小時，部分原因在於員工實在太多了。

國有銀行動員的放款活動經常會帶來經濟衰退幅度加大的反效果。二〇一四年，很多新興國家的銀行總呆帳達到放款的一〇％，所謂呆帳的定義是：借款人已經連續幾個月沒有還錢。巴西、印度與俄羅斯等多數國家的呆帳問題集中在國有銀行，因為政府命令它們「賑濟」更多信用給政府偏愛的企業，這項命令屬於經濟提振措施的一環。這些沈重的負擔是促使ＩＭＦ和其他預測機構在二〇一五年多次調降新興市場長期經濟成長預測的原因之一。

關於政治濫用國有銀行可能使經濟體系遭到扭曲的議題，巴西是很好的個案研究標的。羅賽芙總統在二〇一〇年就職後，便開始對民間銀行施壓，要求它們增加放款，期許能藉此對抗全球經濟成長趨緩的壓力，她有時候幾乎是公開命令銀行業者這麼做。然而，由於經濟成長趨緩已導致銀行的現有顧客不太有能力償還貸款，所以很多民營銀行不服從她的要求。面臨這樣的阻力，羅賽芙只好轉而對國有銀行施壓，要求它們打開信用水龍頭。

最後的結果變成一個國家、兩個銀行體系──民間銀行明智地縮減新貸款，並設法控制呆帳所造成的損害；相對的，國有銀行則加速放款，而在這個過程中，國有銀行的呆帳大幅增加。世界上最大的政府開發銀行──巴西開發銀行（ＢＮＤＥＳ）──擁有二千億美元的資產，它對所有申貸企業幾乎是有求必應，包括經營良善、有資格申請到採用市場利率的貸款的企業。二〇〇八年至二〇一四年間，巴西國有銀行放款的年度成長率高達二〇％至三〇％，而國有銀行放款佔所有放款的比率，則是從三四％上升到五八％，這個擴張速度傲視整個新興市場。

而積極放款的結果就是債務急速增加，這個現象通常意味未來幾年的經濟成長將更緩慢，因為那些呆帳遲早會對整個銀行體系造成阻礙。果然到二〇一四年年底，巴西經濟已瀕臨衰退，羅賽芙總統原本企圖藉由增加銀行放款來創造良好的成果，但結果卻適得其反。

印度的主要問題也是和國有銀行過度放款有關。印度的政治人物經常打電話給國有銀行的經理人，直接命令銀行放款給他們的金主和親信，這早已是路人皆知的現象。某些國有銀行的董事長職務經常輪替，因為政治人物會不斷安插自己的人馬進駐國有銀行，而每一個新董事長一走馬上任，就會宣佈前任董事長在職期間隱匿銀行的呆帳。所以，每次董事長一換人做，銀行的呆帳總額就會突然竄升；接著，新董事長會陸續公布他打算如何一步步修正前任董事長錯誤——直到他被其他政治人物的人馬取代為止，而他的繼任者也會依樣畫葫蘆，指稱他藏匿呆帳。這一切的一切令人對印度國有銀行的呆帳規模高度存疑，但到二〇一四年時，情況已清楚顯示呆帳數字正一步步走高——整體而言，大約一五％的國有銀行放款變成呆帳。由於資本逐漸用罄，這些銀行再也無法承作新貸款，所以，到那一年新政府入主德里辦公室時，疲弱的信用成長已成為印度經濟成長的最大束縛。

相反的，印度的民營銀行不僅不受政府支配，也不是主控在超級企業大亨或綜合企業手上，這在新興市場相當罕見。二〇一四年時，民營銀行呆帳比率還不到四％，所以這些銀行的財務狀況相當穩健，而且就在國營銀行因資本不足而被迫縮減貸款的同時，民營銀行每年的貸款組合都能成長二〇％至三〇％。在當地，民營銀行和國有銀行之間的這個關鍵差異並不是什麼秘密，當然，股票市場也深知這一點，所以二〇一〇年至二〇一四年間，印度民營銀行的總市場價值增加大約三百億美元，而國營銀行的總市值卻減少三百億美元。換言之，市場用錢投票，選出了經營良善的銀行。

政府干預信用體系的問題不僅在於規模，也在於干預時機。政府並沒有足夠能力預測到快速變化的市場局勢，最貼切的例子就是中國。我有兩個同事在二〇一四年飛到中國去觀察當地經濟的進展，結果發現平日北京的新購物中心都空蕩蕩的，於是，他們後來又派另一名同事去看看那些購物中心週末是否也一樣門可羅雀。答案是：一樣空蕩蕩。因為國營銀行釋出大量資金企圖鼓勵消費支出，所以房地產開發商以迅雷不及掩耳的速度，大量興建新購物中心。問題是，此時中國消費者的購物偏好漸漸轉向網路零售商，消費活動都朝網路購物管道靠攏，所以那些購物中心的生意並不理想。更諷刺的是，中國政府雖耗費鉅額資金興建新的高速公路，但網路零售商卻反映，它們最大的營運障礙之一是地方的道路路況太糟，難以將商品順利運送到消費者家裡。所以，這個教誨告訴我們，當政府急就章地大量放款，未來有的是時間懊悔。

當國有企業成為政治工具

如果一個政府有藉由動員國有銀行來達到必要政治目的的傾向，那它也很可能利用其他國有企業來做同樣的事。留意一個國家的政府是否採行以下標準戰術：利用國有石油、天然氣或電力公司來壓抑價格。其實要防止通貨膨脹走高，這並不是一個好方法，只會導致那些定價錯誤的部門的新投資活動降低，長期下來，那只會導致短缺變得更加嚴重，而且造成浪費性消費。以巴西來說，羅賽芙政府要求國有石油公司巴西石油（Petrobras）打擊通膨，因為巴西曾發生過幾次超級通貨膨脹（hyperinflation），因此當地人對這種通膨還記憶猶新，而且特別戒慎恐懼。但二〇一〇年至二〇一四年間，即使經濟成長趨緩，通貨膨脹率還是從四％上升到七％左右。該公司的高階主管基於全球油價急速上漲而幾度要求政府提高汽油零售價（政府補貼幅度非常高），結果卻屢次遭到政府拒絕。這嚴重傷害巴西石油公司的獲利能力，而且變相鼓勵巴西人消費過量的燃料。

在某些政治人物眼中，國有企業也是創造工作機會的重要機器。根據國際勞動組織的數據來概略衡量，無論是在已開發國家或新興國家，政府及國有企業的工作機會平均大約佔所有就業機會的二〇％。若一個國家的政府就業機會遠超過這個數字，就有過度膨脹之嫌。讓我們看看一個有趣的比較：向來以政府營運效率著稱的日本、韓國和台灣等東亞國家，政府工作機會約當總就業機會的百分比低於一〇％；南韓是最極端的一個，公共部門的工作機會大約還不到總就業機會的五％；相反的，在國際勞動組織清單上，名列前茅的是大型石油出口國——挪威、沙烏地阿拉伯和俄羅斯，政府工作機會大約佔總工作機會的三三％以上。在這份名單中，挪威的排名讓人有點意外，不過，它本來就有和其他石油出口國類似的國家資本主義傾向，而且它的政府支出約當GDP的比重超過五〇％。

從二〇〇八年金融危機來襲以後，俄羅斯就不斷利用國有企業來作為不景氣時期創造工作機會的避險天堂，這使得該國天然氣巨擘俄羅斯天然氣工業股份有限公司（Gazprom）原本已相當膨脹的四十萬就業人數進一步增加，成為俄羅斯幾大國有企業之一，但它還不是該國第一大雇主，在俄羅斯，光是國家鐵道公司就雇用了超過一百萬人。在中國，外人一向難以釐清國有企業和民營企業的分野，但估計國有企業就業人數大約佔總就業人數的三〇％左右，這是相對高的數字，而且二〇〇八年以來，這個數字還一步步上升，只不過，過去三十年間，這個數字其實已大幅降低。研究中國的經濟學家指稱，效率化經營這些巨獸般的國有企業，是習近平政府的第一要務之一。中國的國營煙草公司雇用了五十萬人，其營業額約佔世界各地香菸銷售額的四三％。這家公司的規模比其他五家全球對手都來得大，中國的政府收入中，有七％來自它的貢獻。誠如《彭博新聞》在二〇一五年的一份簡介中提到的，中國對香菸產業的財務依賴度非常高，這或許可以解釋為何當局允許這家國有煙草公司發起小學，而且還在學校的旗幟上寫著：「煙草讓你才華洋溢」的標語。

天下沒有白用的汽油

能源補貼或許堪稱政府對各種經濟事務的干涉中最自我傷害的一項，這種補貼嚴重鼓勵浪費且耗竭國家財產。中東、北非和部分中亞國家的政府，花在燃料補貼的錢比用在學校或醫療保健的支出更多。在這些地區，能源補貼的年度支出金額都超過GDP的八%，這個比率高得驚人。烏茲別克、土庫曼、伊拉克、伊朗、沙烏地阿拉伯和埃及等六國的能源補貼金額都超過經濟規模的一〇%。烏茲別克更誇張，能源補貼支出約當GDP的二八%，比美國的軍事或社會安全支出的GDP佔比還高。

不管是哪個政治陣營的經濟學家，都不太可能樂於為這種支出選項辯護，因為能源補貼將燃料價格維持在不合理的低檔，鼓勵人民消耗過多燃料，進而排放更多導致全球暖化的碳。低廉的價格扼殺了本地的能源供應商，抑制了投資活動，長期下來，就難免引發供給短缺問題，而短缺終會拉高通貨膨脹。另外，低廉的價格也鼓勵走私，連諸如守法的加拿大等國家，都有奸商從美國走私汽油到加拿大，因為美國的低稅率造就了低汽油價格。燃料補貼也傾向於導致貧窮國家的所得與財富分配不均惡化，因為補貼能源的政府常不得不對全民提供補貼，但真正享受到這項福利的，卻是擁有汽車的特權階級，所以，那根本是對有錢階級的補貼。根據IMF的統計，世界各地的新興經濟體高達六千億美元的年度能源補貼中，有四〇%以上是進了最有錢的二〇%人民的口袋。食物補貼就沒那麼糟，至少它能幫助極端貧窮的人民活下來，並進而積極參與勞動力。

然而，能源補貼迄今還是相當普遍，尤其是石油蘊藏量豐富的地區，那裡的人口看待石油的方式，和其他國家看待水的方式很相似——他們認為既然蘊藏量那麼多，政府就應該免費讓本地人使用石油，而如果一個國家的石油蘊藏量豐富並為人民提供慷慨補貼，鄰國人民也會傾向於期待他們的政府能提供免費的汽油。以石油蘊藏量稀少的埃及來說，它花費在能源補貼的支出和石油蘊藏豐富的沙烏地阿拉伯一樣多，都超過GDP的一〇%，儘管幾乎每個人都承認，以人為方式維持低能源價格等於變相鼓勵人民浪費能源，但政府依舊選擇慷慨補貼。

二〇〇八年以後，印度的能源補貼成本也快速上升，結果，到二〇一三年，該國最大的國有能源公司——印度石油天然氣公司（ONGC）——耗費在補貼上的成本高達盈餘的兩倍以上。另外，雖然印度擁有世界第四多的煤炭蘊藏量，在這段期間，它卻被迫進口愈來愈多的煤炭，原因之一是購地核准函和許可證遲遲未能發下，另外，政府未能有效防止所謂納薩爾游擊隊（Naxalites）的毛系共產黨攻擊煤礦，則是印度不斷增加煤炭進口的另一個原因。

最近有不少國家開始討論削減能源補貼的議題，這對很多嚴重運作不正常的經濟體來說是非常正面的訊號。埃及的軍事領袖阿普迪．法塔．艾爾．塞西（Abdel Fattah el- Sisi）開始縮減補貼，原本人民只要花區區八美分就能買到一加侖汽油的「奇觀」已不復見，他還警告人民，接下來還有必要忍受更痛苦的犧牲。另外，印尼在蘇西洛．班邦．尤多約諾（Susilo Bambang Yudhoyono）總統領導下，也開始削減燃料補貼，而他的繼任者佐科威總統也進一步降低相關補貼，因為這類補貼曾導致印尼的預算赤字上升到GDP的三%，而根據該國法律，當預算數字達到這個水準，國會能以高預算赤字為由彈劾總統，所以，他們的政權一度遭受威脅。烏克蘭也出現縮減補貼的類似聲音。即使是激進民粹主義者如委內瑞拉（該國的燃料補貼支出高達GDP的八%以上）尼古拉斯．馬杜洛（Nicolas Maduro）總統，似乎也承認這種補貼造成的結果有多麼荒謬。馬杜洛指出，該國政府高額的能源補貼導致一整桶汽油比一瓶礦泉水還便宜，藉此暗示追隨者，汽油價格有可能調高。馬杜洛的評論暗示他將減少對經濟體系的干預，因為他打算把原本用在能源補貼的資金，挪用為發放其他移轉性支出的社福基金。

在二次世界大戰前展開的「要大砲還是要奶油」辯論（譯注：即軍事與經濟之取捨）最知名的倡議者是戰爭英雄都威特．艾森豪總統（Dwight Eisenhower），他主張，美國對「軍事——工業綜合設施」的支出過高，將會威脅它生產人民必需品的能力。如今，這場辯論變成「要道路還是要奶油」，相關論述是，政府每花一塊錢補貼免費食物或能源（對未來的經濟成長沒有貢獻），能用來建造道路與其他基礎建設（有助於提振未來經濟成長）的資金就減少一元。

干預民間企業的「五十道陰影」

人民需要的是一個能用策略性方法花費有限資源、採取一致且可預測的政策行動，並以清晰經濟原理為基礎的明智「大政府」。政府必須創造有助於各種企業——包括國有企業和民間企業——都能勇於投資的穩定條件，換言之，它必須建立法規。

即使當今這個年代，成功的行動派政府猶如鳳毛麟角，但如果政府能稱職地建立有競爭力的產業，也能產生不同凡響的經濟干預品質。簡單說，某些政府善於透過有效法規與支出方式來促進民營企業的蓬勃發展，但某些政府則缺乏這樣的能力。讓我們看看兩個對比的個案：俄羅斯和波蘭。這兩個國家都是在一九八〇年代擺脫共產主義，但也都繼續維持「大政府」狀態，只不過，兩個國家的大政府風格非常不同。波蘭依循歐陸強權如德國那種強國傳統，發展出一個開放的模型，國家以明確的規定，支持並協助民間經濟體系發展。俄羅斯則是走回頭路，政治人物和他們的親友團異想天開地不斷修改法律，並根據這些法律積極擴張政府職權，犧牲民間經濟體系。要知道，強制執行的怪法律跟完全沒有法律一樣，都是經濟成長的障礙。

俄羅斯的策略是利用政府的力量，犧牲民營部門來建構政府企業。國有石油企業龍頭俄羅斯石油公司（Rosneft）花了幾百億美元買斷較小型的能源企業，包括一家和英國合資的分支機構秋明英國石油公司（TNK-BP），它曾經是非常有效率的機構。根據很多分析師描述，這個事件（俄羅斯政府旗下的巨獸出手收購世界上最具獲利能力的石油企業）就像是預告俄羅斯厄運將臨的預兆。隨著二〇一〇年代時間持續流轉，這個趨勢開始擴散到其他產業，國營銀行開始覬覦外國對手，另外，一家國有傘形公司（umbrella company）則開始投資軍備、製藥和其他產業。

不過，俄羅斯還是有少數幾個孤島般的民間部門得以維持生命力，像是高科技等產業。很多早在蘇維埃時代就展開職涯的老克里姆林宮政治精英，甘願放手讓更廣大的莫斯科年輕一代精英自由在科技領域創新，也因如此，俄羅斯科技產業的動能才得以一天天增強。如今，俄羅斯本地的搜尋引擎和社群網站企業已能和美國的同類型企業抗衡，放眼全世界，這樣的國家並不多。有一陣子，普丁和他的克里姆林宮團隊放手讓網路部門自由繁榮發展，多半不加以監理也不提供保護，儘管大約同一時期，中國利用政府障礙協助中國網路公司對抗外國企業的競爭，藉由種種保護措施讓這些中國網路公司得以蓬勃發展。

然而，二〇一四年起，情況逐漸轉變。克里姆林宮當局開始強制要求在俄羅斯營業的外國科技公司將伺服器設置在俄羅斯，該國政府的目的是希望藉此監控網路流量。那年四月，俄羅斯最大的名人企業家保羅．杜洛夫（Pavel Durov）發現他的社群網站（有時被稱為俄羅斯的臉書）的一半股份，在一夜之間被轉移到普丁的盟友手中，於是，他迅速逃出國。這似乎是網路世代的一個新趨勢：當一家科技新創企業終於在一個新興國家站穩腳步，政治人物就會將這家企業視為取得全國財富的門票，而由於擔心不慎扼殺他們根本不懂的金雞，所以，一開始他們會先按兵不動，等到這家企業站穩腳步再設法強取豪奪。

波蘭國有企業目前在很多產業依舊很活躍，包括銅礦，乃至銀行業等，不過，和俄羅斯相反的是，總統府方面並未鼓勵這些企業併吞民營的對手。取而代之的，波蘭還敦促國有企業改革，效法較有競爭力的民營企業。即使是在沒有工會化組織的產業如礦業，國有企業都引進專業經營團隊、縮減雇用人數，進而提高獲利，自我改造成名正言順的全球競爭者。身為前共產主義時代的獨佔企業，這些公司繼承了龐大的市場佔有率，而且迄今仍控制著國內市場，但政府不再透過打壓民間企業家的方式來捍衛這些國有企業。葡萄牙企業大亨路易斯．阿瑪拉（Luis Amaral）在二〇〇三年花了三千萬美元購買一家波蘭食品零售商，並將它改造為營業額數十億美元的企業，其中一部份營業額來自對老零售商店的銷售，這麼做是為了幫助這些小店面對抗大型超市。阿瑪拉說，他已在波蘭經商超過十年，但「我從未和任何一個波蘭官員打過交道。」

但那樣的情況別想在俄羅斯發生，基於政治上的理由，當地的國有企業還是繼續雇用過多就業人口，而且修訂監理法規的目的，全是為了讓政商關係良好的寡頭政治執政者獲得好處。這種走後門的政商勾當一定會對非「圈內人士」的業務活動造成壓抑。於是，俄羅斯小型獨立企業掀起了倒閉潮。最近我同事在飛往莫斯科的班機上和一個俄羅斯企業家坐在一起，那個企業家正要開辦一家有機釀酒廠，不過，他並不打算在俄羅斯境內銷售他的產品，因為他要維持公司的獨立，避免引起政府的注意。莫斯科股票交易所掛牌企業數，從二〇〇二年的不到五十家爆炸性成長到二〇〇八年的六百家，但二〇〇八年過後，掛牌企業家數又逐漸縮減到五百家以下。這絕對不是全球金融危機造成的自然或必然結果，因為在波蘭，由於政府為企業家打造了更有利的環境，所以掛牌企業數持續大幅增加，從二〇〇二年的二百家增加到二〇〇八年的四百五十家，再到如今的大約九百家。

長久以來，巴西政府都實施相當嚴密的監理規定，所以這個國家已發展出一種專門鑽法律漏洞或幫助別人鑽漏洞的不尋常企業次文化。舉個例子，二〇〇二年的監理法規修正，促使牙醫業出現爆發性成長，結果，若以每人平均數來計算，目前巴西的牙醫學校和人均牙醫師比美國或歐洲多，而它也是少數（甚至是唯一）有專門經營牙醫保險業務的保險公司的國家。巴西還有很多只有當地才有的其他類型服務業公司，像是只出租給企業客戶且藉由出售一年中古車來賺錢的大型汽車租賃公司，另外也有一些企業專門提供信用卡付款服務，這些企業是因主管信用卡終端機取用管道的法規而誕生。上述各種類型的企業都很有創意，但它們的創新都是為了迴避政府規定或利用政府規定來圖利，所以，它們提供的服務並無法推行到巴西以外之處。總之，巴西社會的狀況和利用合理法律規定來促進高競爭力全球企業蓬勃發展的社會完全相反。

另一個判斷政府是否善加管理民間部門的方法，是觀察民營化的好與壞。一九九〇年代幾場金融危機重創新興市場後，各新興國家解決效能低落（效能低落是引爆當年危機的因素之一）的常用解決方案之一，就是將國有企業出售給民間所有權人。回顧當時，民營化通常意味將絕大多數的國有企業股權賣給民間人士，讓新的所有權人有權力推動真正的變革。這就是某些觀察家所謂「真正的」民營化，也就是好的民營化，不過，那個方法早已退流行。

如今除了羅馬尼亞等少數幾個小國，新興市場多數政府只願意出讓國有企業的少數股權。不管是全部或局部出讓股權，並非所有民營化專案都會產生好結果。舉印度為例，我只能說它實際上是採用一種惡意疏忽的民營化政策：政治人物既不願意賣掉老舊的國有企業，也未能改革這些企業。取而代之的，他們只是眼睜睜看著民間企業緩慢地將這些國有巨獸逼到牆角，最後變得可有可無。三十年前，國有的印度航空公司（Air India）基本上是印度唯一的航空公司，但隨著靈活的民營航空公司——包括捷特航空（Jet）和靛藍航空（Indigo）——興起，印度航空的航班佔比迅速降到二五%以下。電信業也一樣，政府放任前國有電信企業如MYNL和BSNL一步步失去生氣，將市場拱手讓給較靈活的民營電信公司，目前印度九億個電信用戶中，這些國有企業的用戶僅三千萬名。

說實在的，政府也真的難以保護這些國有巨獸，因為消費者總是要求更好的服務。回顧一九八〇年代，印度的電信產業還沒有民營廠商，消費者通常要等上一年，才能接通新的電話線路，而且電話線路的通話品質其糟無比，經常斷話，一旦斷話，用戶還得向地方的技術人員行賄，他們才會來修理。相似的，以前搭飛機的花費也非常可觀，因為國有航空公司的票價非常昂貴，航班誤點三至四小時更可說是常態。消費者的怒吼最後終於迫使政府開放這些產業讓民間競爭者參與。

如果印度政府趁著這些公司還有價值時，直接將它們賣掉，結果應該會比較現在好，因為如今這些企業導致政府虧非常多錢，幾乎已沒有價值可言。這個方法——拒絕民營化但也不願保護國有獨佔企業——對政府財務來說是最糟糕的組合。

怎樣才是通情達理的政府

雖然大略勾勒輪廓很簡單，但經濟改革和快速成長之間的細部關連性畢竟極端複雜，不管研究人員怎麼努力，也很難找到足以證明這個關連性的數據。不過，那並不代表這個關連性不存在，只是意味影響經濟成長的不同因素太多，政府的任何單一舉措，都不具備特別高的統計相關性。然而，任何對新興國家有過根本了解和體驗的人都會告訴你，當政府明智規劃投資方向並積極創造可預測且穩定的法規，通常國家比較可能會有好的發展。

當評論家談到新興國家的「結構性改革」，通常是指根據經濟學概論的基本教誨，訂定並強制執行合理的規定。這些教誨告訴我們，經濟體系的產出是土地、勞工和資本等基本投入（input）的簡單加總。所以，在進行「結構性改革」時，通常必須創造一個有效率的法律機制，管理土地的購買與工廠的興建、為取得這些工廠的建築資金而產生的資本借貸活動，以及雇用與解雇必要工人等活動。以印尼來說，由於國家通過一項加速購買警察局、電廠和少年運動營等所需土地的法律，同時針對購地流程的每個步驟設定完成時限（時限約幾天到幾週，而以往這整個流程動輒拖上好幾年），結果促使該國最近的公共投資明顯增加。

雖然這麼說或許有點流於偏見，但某些文化背景的國家似乎比其他國家更願意接納合理的土地、勞工與資本管理規定。舉個例子，一九九〇年代初期，只有少數國家立法要求政府藉由達成平衡預算的方式來自我約束，但如今有超過三十個新興市場政府謹守這樣的自我約束規則。不過並非所有國家都真的嚴肅看待這些限制。二〇一五年時，和希臘債務危機解決方案有關的種種爭端，某種程度上可說是一種文化戰爭，諸如德國等文化背景的人認為雅典人既然違反歐元區的支出規定，當然必須加以懲罰；但某些人——包括希臘人本身——卻感覺應該寬恕他們。以印尼來說，當地人打從內心尊敬預算法規，也因如此，印尼經濟成長在二〇一四年和二〇一五年趨緩，局部就是由於佐科威政府為了將赤字控制在法律上限以內，不惜採取多項縮減支出的痛苦措施所致。

有些經濟體系凡事以規定為依歸，但有的則相反——在這類經濟體系，政治巨頭和他們的「客戶」之間總是私相授受，想當然爾，這種體系可能更複雜。二〇一五年時，希臘的左派新政府逮捕一名被控逃稅的商人，並大力宣傳這是對政商掛勾體系的一大打擊，他們所謂政商掛勾體系是指原來的執政黨和希臘重要商業家族（尤其是能源和建築產業）之間的共謀關係。不過，希臘記者亞尼斯．帕萊歐洛哥斯（**Yannis Palaiologos**）指出，那個政商掛勾關係並不只讓「少數幾隻肥貓」獲得好處，事實上，整個希臘社會的「政治客戶」（**political client**，譯注：衍生自**client politics**，指政策利益集中在少數人手上）全都得到好處，包括律師、藥師、卡車司機、國有銀行和公用事業員工，甚至連政黨的年輕派人士也都分到一杯羹。他表示，這種廣義的侍從主義（**Clientelism**）迄今仍是「希臘落得如此悲慘下場的重要導因」，因為雖然希臘激進左翼聯盟（**Syriza**）政黨表面上逮捕了幾名企業大亨，卻私底下讓它偏好的客戶重新獲得保護。

很多人還是感覺到某些人繼續享有特殊待遇，也因如此，「希臘社會上，人與人之間的信任持續瓦解」並進而傷害到經濟體系。印度和南非等很多侍從主義國家的情況也和希臘差不多。

印度或許是世界上最大的民主國家，但直到如今，這個國家還是散漫地看待「遵循規定」的概念。即使是從事高爾夫這種極端重視禮儀的運動時，印度人也總是一邊打、一邊大聲喧鬧，而且儘管這項運動的規定相當流暢，球場上還是不時爆發各種爭論，每個人都希望根據對自己有利的方式來解讀規定。在二〇〇〇年代，印度草擬了一項對預算設限的財政責任法律，但由於這項法律可能導致政府無法針對二〇〇八年的危機大幅增加支出，所以它很快就被束之高閣。這種法規相關的不確定性可能製造出邪惡的結果，尤其是在制度尚不完備且各種規定還有待研擬的開發中國家。在評估政府的影響時，關鍵的問題在於政府干預是增加還是減少。

我個人的觀察項目是，首先查看政府支出約當GDP的百分比，找出離群者；另外，我會檢視政府支出是流向有生產力的投資，或者是流向移轉性支出；我還會觀察政府是否將國有企業和銀行當成人為提高經濟成長與壓制通貨膨脹的工具，還有政府是在抑制或鼓勵民營企業。近幾年來，很多國家的政府支出約當經濟體系的佔比都上升到過度膨脹的水準，將銀行貸款引導到沒有生產力且不應得的人手上，促進大型國有企業的利益，為有錢人和中產階級補貼便宜的汽油，同時經常莫名其妙強制執行不合理的規定，導致民間企業難以成長茁壯。換言之，很多政府的經濟管理方式不僅無法促進成長，反而造成阻礙。結果，好幾個國家的調查顯示，人民對於政府的信任已降到非常低的水準；當人民不相信政府會做對的事，就有可能促使邊緣政黨和激進的領袖崛起。總之，減少干預與更集中火力的政府支出，將帶來更好的經濟與政治成果。

第五章　地理甜蜜點
——一個國家是否善加利用其地理位置優勢？

幾個世紀以來，杜拜一向是極具大無畏冒險精神的沙漠貿易中心，當地被珊瑚砂包圍，到處都是珍珠商人和黃金走私者。直到二〇〇二年，這個小公國才首度許可外國人購買土地，而且還給足誘因，鼓勵外國人前來。穆罕默德·本·拉希德·阿勒馬克圖姆酋長（Sheikh Mohammed bin Rashid Al Maktoum）統治家族給予外國買主免費的居留許可、低稅賦和便宜的貸款，外國人因此蜂擁而來。當地人口迅速從五十萬人暴增到兩百萬人，形狀像是棕櫚樹的摩天大樓、小艇碼頭和人工島幾乎在一夜之間完成，毫無靈性可言的四海鋪張文化也隨之而來。原本的過氣公國搖身一變，整個國家處處充斥奇觀般的公共建築——一間帆船形狀的旅館、世界最大購物中心等，不過，當地民房的陳設也一樣非常誇張。印度大使館的一名前員工告訴我，他靠著白色物品（white goods，譯注：白色家電和床單等商品）貿易賺了一大筆錢，所以他幫自己蓋了一棟房子，屋頂有一艘藍色的太空船。另一個從某個次大陸移居至此的外國人，則在房子裡造了一個瀑布，上面還裝飾了聖羅蘭（YSL）的識別標誌，送給他熱愛聖羅蘭品牌的太太。

二〇〇八年全球債務泡沫破滅時，我原本以為白沙將會在這個沙漠繁榮城市消失。這場危機讓杜拜暴露在風險之中，因為當地官方與民間大興土木、極盡炫耀之能事的結果，讓它背負了一千二百億美元的貸款，而它的GDP總規模也不過八百億美元。二〇〇九年年初，穆罕默德酋長公開承諾他的公國一定會償還債務，不過，兩個星期後，它卻未能按時償還下一筆付款。於是，市場隨即崩盤，經濟景氣滑落到萬丈深淵。我經常在旅途中行經杜拜，所以當時的我認為它不可能在短時間內復原，但是，我真的低估了它的調適能力。

杜拜是阿拉伯聯合大公國的七個組成公國（也就是皇室大公）之一，儘管鄰近地區總是動盪不安，但杜拜向來非常繁榮，而那局部是拜鄰國動盪之賜。在兩場美伊戰爭期間，杜拜的經濟蓬勃發展，而在九一一恐怖攻擊以及二〇一一年阿拉伯之春暴動之後，它的發展都更加興盛。當暴動在阿拉伯世界不斷蔓延，杜拜反而迅速從嚴重的債務問題中復原，因為世界各地的投資人將資金撤離埃及、利比亞和敘利亞，轉而投入杜拜，也因如此，雖然當時很多中東經濟體因政治問題而陷入停滯，杜拜卻創造了比新興市場平均成長率高好幾個百分點的經濟成長。這個港口城市吸引了來自世界各地的求職者，每年人口成長接近一〇%。到了二〇一三年，一度在二〇〇九年變得空蕩蕩的旅館又變得一房難求。搭飛機來到此地的旅客在五年間成長一倍，達到六千五百萬人次，杜拜國際機場也因此成為世界五個最忙碌的機場之一。

像我這樣的懷疑者曾猜想，馬克圖姆家族不可能為當地的世界最大購物中心能找到顧客，為世界最高的建築找到房客，不過，最後的結果顯示他們確實辦到了。重要的是，杜拜經濟受大型建築專案驅動的程度也降低了，具體來說，建築活動約當GDP的百分比，已從二〇〇八年的超過三〇%降到二〇%。運輸、貿易和觀光產業紛紛進駐這些摩天大樓，並成為促進經濟成長的動能。當然，這並不代表馬克圖姆酋長已不再對戲劇化的大型專案失去興趣，事實上，他在二〇一二年宣布將投入一千三百億美元，推動一個新的巨型專案，包括一座造價一千億美元的新城市，這個新城市將採用他的名諱，它將擁有一座四十英畝的游泳池，當然，那絕對將會是世界最大的游泳池。當然，他的這個宣言導致外界又開始擔心杜拜的債務將再度達到危險水準。面對這些懷疑論者，一個本地開發商在他位於市中心的一棟大樓外，掛出了一面高三十層樓的標語旗幟，上面寫著「保持冷靜，這裡沒有泡沫」。

二〇一三年，我雖擔心杜拜會再次面臨泡沫的威脅，卻更好奇杜拜的復原能力為何那麼強。最根本的原因是，杜拜就像是在一個封閉的鄰近地區建立了一座開放的宅邸。杜拜周遭是一些石油國家，這些國家透過石油賺了超級多錢，問題是，它們深陷內部衝突的泥淖，而且各穆斯林宗派之間經常爆發流血衝突，只有杜拜願意敞開大門，歡迎所有來到此地的人。也因如此，這個地區的很多人都會設法保護杜拜的安全避風港地位，因為這麼做符合他們的利益，誠如作家詹姆斯．理查斯（James Rickardss）在《貨幣戰爭》（*Currency Wars*）中描述的場景，塔利班（Taliban）反抗軍領袖、索馬利海盜以及庫德族游擊隊可聚集在杜拜，彼此達成協議或交易槍火彈藥，只要保持低調，不要干擾到當地的和平即可。理查斯對照現代的杜拜和好萊塢電影中被奉為神聖之地的卡薩布蘭加（Casablanca），他表示，這兩地都是「中立的地盤」，周遭戰爭的戰士能在此地「見面、聘僱和背叛另一名戰士，無須擔心會立即被逮捕」。

杜拜是地理甜蜜點的終極典範，這個地點讓它佔盡地理位置的利益。地理位置攸關經濟成長：今日的波蘭和墨西哥能在全球市場上佔有潛在競爭優勢，都是拜其地理位置所賜——它們分別位於西歐和美國等龐大商業市場的邊界。越南和孟加拉也因位處中國與西方國家現有的貿易路線之上而享受極大的利益——它們瓜分了原本主要在中國進行的出口型製造業務（關於目前的地理甜蜜點與全球運輸路線地圖，請詳見三九四頁）。不過，地理位置並非天命，因地理位置靠近美國或中國而可能獲得的潛在利益，勢必會隨著美國或中國經濟的強度而起落，而且，很多位於（或靠近）主要貿易路線與富裕市場的國家，也不見得會採取必要措施，利用本身的地理位置來繁榮發展。和南歐之間僅隔著地中海（距離很短）的摩洛哥，就善加利用它的地點來發展出口產業，獲取最大利益；不過，位處同一岸的利比亞和蘇丹的政治與經濟卻是一團亂。所以，有資格成為地理甜蜜點的國家不僅幸運擁有有利的地理位置，還必須知道如何利用這樣的優勢，對整個世界——尤其是鄰國——開放門戶，以獲取最大利益，另外，還必須設法引導本國最偏遠的省分一起加入全球的主要川流。舉個例子，墨西哥不僅在美國邊境發展活躍的第二級城市，也在全國各地發展這類都市。

杜拜原本可能因拖累整個中東地區的政治及經濟機能障礙而受害，但取而代之的，它卻順利在坐擁世界六〇%已知石油礦藏的區域，自我改造為區域的商業中心。全球運輸路線地圖上有幾個瓶頸點——包括麻六甲海峽、巴拿馬運河和荷莫茲海峽（Strait of Hormuz）——而杜拜的位置就像是一個監督伊拉克與伊朗等問題石油國家的石油輸出的收銀員。事實上，杜拜自我改造為區域運輸、旅遊、資訊科技及金融服務總部，並因此發展得比其他蘊藏豐富石油的鄰國更加繁榮。

杜拜政府的行事風格雖不張揚，但凡事都逃不出它的法眼，而它多半是利用監視攝影機來監控一切。如果你在當地主要幹道——薩伊德酋長路（Sheikh Zayed Road）上超速，雖然鮮少看到警察現身，但肯定會收到寄來的罰單。不過，如果你在駕車兜風的途中發生碰撞事故，警察就會立即出現，有時甚至是開著警察車隊專屬的藍寶堅尼（Lamborghinis）跑車現身。這種高科技化且財務實力雄厚的國家樣貌，有助於說明為何杜拜到目前為止從未成為恐怖攻擊陰謀成功鎖定的目標，儘管近幾年來它多少也遭受幾次干擾。此地的少數族群一向能享受到相當高的安全感，因為政府強力執行宗教容忍政策：杜拜居民分屬一百多種民族，從巴基斯坦勞工到英國足球界名人等，它有基督教教堂、印度寺廟、新錫克教謁師所，乃至什葉派清真寺等，這在其他以遜尼派為首的波斯灣國家可說是奇聞。

雖然其他波斯灣國家——包括沙烏地阿拉伯、巴林和卡達——也都競相爭取中東的貿易與投資，但那些保守社會尚未徹底開放外國資金和外國的做事方式，或許那局部是由於他們擁有豐富的石油及天然氣礦藏，而杜拜沒有。杜拜的唯一選擇就是成為卡薩布蘭加。不管理由為何，當中的差異卻非常明顯。沙烏地阿拉伯正在興建世界最高的建築，企圖搶奪杜拜的新未來主義建築哈里發塔（Burj Khalifa）的世界最高建築美名。不過，一般人是否會成群結隊前往那麼一個與世隔絕且迄今仍不太容易接受外國旅客——尤其是沒有戴面紗的女性——的國家？的確，二〇一三年，沙烏地阿拉伯吸引了不少訪客，但那些人主要是去參加麥加年度朝聖盛事的五百萬名穆斯林，相較之下，小小的杜拜就有六千五百萬人到訪。杜拜將國家打造為一個和平且自由的綠洲，吸引世界各地的資金流入，包括周遭保守鄰國的資金。從沙烏地首都利雅德出發飛往杜拜的班機上，總是坐滿了沙烏地的女性，她們在半途卸下面紗，準備放膽去享受杜拜的世界最大購物中心和沙灘。

即使在二〇〇〇年代興起為全球重要中心之一以前，杜拜都避免捲入中東內部的爭鬥，包括什葉派、遜尼派之間的暴力對立。一九七九年的革命讓伊朗成為一個什葉派神權政治國家，波斯灣地區的遜尼派君主國——包括沙烏地阿拉伯和阿拉伯聯合大公國的多數公國——無論是在商業或政治層面，都對這個德黑蘭宗教政府避之唯恐不及，只有杜拜公國持續對它敞開大門。伊朗在二〇〇〇年代中期遭指控發展核子武器後，世界上多數國家都加入對德黑蘭的嚴厲經濟制裁，但杜拜成了這個制裁制度的最大漏洞。當所有大型全球銀行紛紛退出德黑蘭，杜拜還是繼續透過哈瓦拉（hawala，這是一種非正式的資金轉匯網路）系統，和當地維持商務往來。幾十年來，除了美國，杜拜已成為移居海外的伊朗人的最大根據地，當地的伊朗人社區住了高達四十五萬個居民，而且有上萬家伊朗企業的分部，透過每週高達二百個航班來維持和伊朗的聯繫。

杜拜的成功秘密是它對所有人開放，不過，「靠近伊朗」的地理位置，可能讓它未來幾年幸運獲得龐大的利益。我問當地報紙卡利傑時報（*Khaleej Times*）的前任編輯拉胡．夏瑪（Rahul Sharma），是什麼原因讓杜拜的經濟復原力如此強大，他說，或許沿著杜拜河（Dubai Creek）走一趟，就能找到答案，如今它已被拓寬為一條人工河。在杜拜河沿岸的碼頭上，船員們忙著把輪胎、冰箱、洗衣機和各式各樣的貨物搬上時髦的單桅三角帆船，其中很多帆船是要航向伊朗。卡內基國際和平基金會（Carnegie Endowment for International Peace）的同仁之一卡林姆．沙加德普爾（Karim Sadjadpour）表示，杜拜的成就局部要歸功於伊朗的失敗及與世隔絕。杜拜公國和伊朗之間的多數貿易是和轉出口商品有關，換言之，它進口不願意和德黑蘭當局做生意的國家的商品，再將這些商品轉出口到伊朗，並因此獲得絕大利益。隨著伊朗政府在二〇一五年採取一些讓它得以擺脫制裁的行動，據信杜拜有可能以它和這個波斯王國之間長久以來的友好關係和毗鄰的地理位置為基礎，進一步發展為「伊朗的香港」。這個推測是參考一九八〇年代的一個發展：當時北京當局逐漸改變與世隔絕的政策，自由無禁忌的香港因作為中國對外的主要聯繫窗口，而得以更蓬勃發展。香港是另一個善加利用幸運的地理位置與良善的政策來創造經濟榮景的好例子。

這些案例闡述了所有經濟體系的根本疑問之一：一個經濟體系是否充分利用它的地理位置來創造最大效益？為了掌握可能的贏家，我追蹤哪些國家正藉由對整個世界和鄰近國家開放貿易和投資門戶，並設法平衡本國主要城市和省級區域的成長，以充分獲取地理位置的利益。杜拜是個只有二百二十萬人的城市國家，沒有自己的省，不過，它積極培養和鄰國之間的關係，近幾年更積極建立和整個世界的關係，這顯示即使是一個缺乏本土人才的荒漠地點，都有可能轉型為一個地理甜蜜點。

和整個世界連結

未來幾年，各國努力利用其地理位置來獲取利益並吸引更多全球貿易活動的壓力只會有增無減。雖然相較於十年前，我們活在一個互聯愈來愈密切的世界，但就某些決定性層面來說，全球經濟體系的互聯關係並非愈來愈密切。其中一個層面是貿易。目前全球貿易量已倏然趨於緩慢。一九九〇年至二〇〇八年間，全球經濟快速成長，貿易的成長幅度更是比經濟快二至二點五倍。不過，全球金融危機爆發後，各國焦點開始轉回內需市場，從那時開始，全球貿易成長率就開始低於全球經濟成長率。一九九〇年至二〇〇八年間，全球貿易量約當全球GDP的比率從四〇％以下成長到六〇％，但從二〇〇八年以後，這個比率已略微降低。

基於很多不同的原因，近幾年全球貿易的停滯或許不僅僅是暫時性的崩壞，原因之一是中國出現一個大轉變。先前隨著中國一步步成為世界組裝廠，它大量進口原物料商品和工業零組件與設備。但近來隨著中國經濟大幅趨緩，而且開始自製許多零件，它的進口開始衰退，而這已對全球貿易造成壓抑效果。

另一個原因是地緣政治問題變得更加嚴重。在戰後世代，世界各國透過協商來降低進口關稅的成效可謂斐然。舉個例子，以美國來說，保護主義戰爭在一九三〇年代時達到最激烈狀態，而那是經濟遲遲無法擺脫大蕭條的原因之一，當時各種商品的平均進口關稅達到六〇％，不過，隨後關稅便一路穩定降低，降到一九八〇年的五％，這個平均稅率一直延續到今日。這一連串成功的降稅協商，是促使全球貿易長期維持榮景的基礎。而到了一九八〇年代初期，因自由市場的概念漸漸擴散到新興市場，開發中國家也開始降低進口關稅，平均關稅從當時的近四〇％降到二〇一〇年的低於一〇％。

但到達這個階段後，國際上的協商人員開始得處理更複雜且有時「無形」的貿易障礙，像是阻礙進口的安全規章（safety regulation），還有給予本地出口商不公平利益的政府補貼等。事實證明，這些議題過於棘手，已非外交官所能解決。最後一輪的全球貿易談判是在二〇〇一年於卡達的杜哈（Doha, Qatar）舉辦的一場高峰會中展開，照理說，這一輪談判理當在二〇〇五年拍板定案，但拖到二〇〇八年都沒能達成協議；而隨著全球金融危機爆發、全球情勢緊張，所有協商談判也因此脫軌。這一輪協商凸顯出各方在極多面向上的衝突，不過，問題的核心牽涉到美國和印度之間的利益抵觸——印度要求若爆發另一場危機，必須允許印度有權以特殊關稅來保障印度農民的權益，另一方面，美國和歐洲之間也有歧見，雙方各自指控對方給予農民不公平的補貼。如今距離原本的二〇〇五年期限已過了十年，名義上來說，杜哈回合談判雖非完全沒有轉寰餘地，但實質上已形同失敗，未來不太可能有進展。

景氣良好時期產生的舊共識——也就是更自由的貿易對所有國家都有利——已因後危機時代的全球經濟趨緩而從根本動搖。二〇〇八年十一月，由於憂心全球金融危機有可能導致一九三〇年代那種貿易戰再次上演，二十大工業國（G20）領導人公開聲明放棄貿易管制的立場。但接著，他們又默默地展開貿易專家塞蒙·伊凡內（Simon Evenett）所謂的「鬼祟保護措施」，像是出口產業補貼等，根據伊凡內的統計，從二〇〇八年開始，二十大工業國制訂的這類對策已超過一千五百項。

當時機惡化，各國通常會把胳膊往內彎，改以照顧內需市場為先，對在本國市場競爭的外國企業設限，這樣的模式由來已久。隨著全面性的全球貿易談判陷入僵局，美國和中國遂各自轉往特定區域建立彼此競爭的聯盟。中國目前正努力設法集結十六個太平洋國家，共組區域全面經濟夥伴協定（Regional Comprehensive Economic Partnership），這些國家的人口約佔世界總人口的一半；另一方面，美國也不甘示弱，積極在太平洋和大西洋尋找合作夥伴。二〇一五年年底，美國搶先和其他十一個將成為跨太平洋經濟戰略夥伴關係協議（Trans-Pacific Partnership）會員的國家簽訂協議，美國政府甚至毫不掩飾地公開宣傳這項協議是防止中國主宰全球商業界的方法之一。預期中國將因此更積極推動它主導的太平洋地區協議的簽訂，而美國也還必須說服本國的國會反對勢力，同時繼續促成其主要盟國共襄盛舉——亞洲主要貿易國如南韓目前還未加入美國主導的夥伴協議。而在歐洲，右派民粹主義者組成一個鬆散的團體，和工會共同努力遊說，抗拒加入華盛頓當局發起的跨大西洋貿易及投資夥伴協議（Transatlantic Trade and Investment Partnership），因為他們主張，由美國居中牽線的協議絕對會以美國自身的利益為優先考量。

為了釐清哪些國家最可能在出口競爭中繁榮興盛，我第一個查看的條件是各個國家對全球貿易的開放程度。最大型新興國家的貿易金額（包含進口和出口）平均約當GDP的七〇%，而貿易佔比超過這個數字的國家，多半是大型出口製造國。排名前幾名的國家的貿易金額，都約當GDP的一〇〇%以上，這是有可能的，因為這些國家消費進口物品，國民所得卻來自出口，這包括捷克共和國、越南、馬來西亞和泰國。

雖然全球貿易成長趨緩將使得過去高度仰賴出口的經濟體難以維持原本的高成長（一如近幾年的情況），但貿易情勢一旦趨於穩定，高出口收入的長期利益還是非常龐大，故無論如何，開放貿易的國家一定會比封閉的經濟體更有競爭力。瑞典工業家安托妮亞·艾薩克森·強森（Antonia Ax:son Johnson）和史帝芬·佩爾森（Stefan Persson）在二〇一五年回應歐洲的反貿易遊說時指出，瑞典在一八六〇年代開放外國貿易以前（當時瑞典是在主張自由化的財政部長約翰·格利潘斯戴德〔Johan Gripenstedt〕大力推動下開放對外貿易），整個國家可說是一貧如洗，而且不僅是以歐洲的標準來衡量顯得貧窮。當時的瑞典比剛果還窮。但經歷那一次的開放與改革階段後，瑞典躋身為「百年成長」的成員。最封閉的經濟體——即貿易約當GDP的五〇%以下——可分為兩個族群。其中一個是人口非常多的國家，像是中國、印度和印尼，這些國家的貿易依存度較低的原因很簡單，因為他們的內需市場非常龐大。另一個族群包括石油和原物料商品生產國，像是奈及利亞、阿根廷、伊朗和秘魯等，這些國家向來會為了規避外來的競爭而採取門戶保護措施，而且過度仰賴激烈波動的原物料商品價格來累積經濟成長。這些經濟體愈封閉，它們在全球貿易流量中的佔比就會愈小，尤其目前全球貿易流量開始受限，不再大幅成長，這些國家的處境因此將更艱難。在三十大新興國家中，封閉程度遠比其他國家嚴重的國家是人口眾多且隸屬原物料商品經濟體的巴西。

幾十年來，巴西的貿易量約當GDP的百分比一直都維持在二〇%左右，除了刻意孤立的離群國家如北韓以外，巴西的這項數字是世界各國中最低的。雖然巴西是大豆、玉米、糖、咖啡、牛肉、家禽肉和其他農業原物料商品的主要出口國，而且一向被吹捧為世界的主要產糧區，但它長期以來不斷抗拒對外界開放。巴西的貿易約當GDP的比率（二〇%）低於俄羅斯和印尼等經濟體，這兩個國家的貿易約當GDP比率都接近或超過四〇%。

和巴西不同的是，某些大型新興國家到目前為止還是努力進一步開放對外貿易。到二〇〇〇年為止，巴西簽訂了三項自由貿易協定，目前共有五項，但都是和埃及、以色列和巴勒斯坦民族權力機構（Palestinian Authority）等小型經濟簽訂。相對的，在同一段期間，印度從零協定增加到十八項，中國也從零協定增加到十九項，而且其中不乏和世界主要經濟體簽的協定。

若能善加利用地理位置的優勢來打造商業甜蜜點，將有助於改善一個國家的長期經濟展望。出口銷售額能賺取外匯，而國家能利用這些外匯來購買人民想要消費的各種物資，並利用這些外匯來投資新工廠和興建道路，不會因此染上外債增加、週而復始發生貨幣危機的病症。戰後日本、南韓、台灣和新加坡等亞洲經濟奇蹟能維持長期的強勁經濟成長，主要也是因為它們的平均年度製造業出口成長率都高達一〇%以上。一個國家能否創造經濟成就，關鍵之一在於它是否能提升各種製造品的出口能力，而這也凸顯出地點的重要性。如果一個國家的發展基地正好靠近連結最有錢的消費者和最有競爭力的供應者的重要貿易路線，它就擁有成為繁榮出口強國的優勢。

幸運的地點是成功要素之一

早在古代，經濟就是沿著既有的貿易路線成長。十六世紀時，西歐國家的經濟成長率突然開始超過亞洲和拉丁美洲國家，這是有史以來首度地球上某個地區居民的平均所得明顯超過其他地區的人民。經濟發展專家戴倫・阿瑟姆格魯（Daron Acemoglu）、塞蒙・強森（Simon Johnson）及詹姆斯・羅賓遜（James Robinson）在二〇〇五年一篇名為「歐洲的興起」文章中，解釋歐洲大陸那一次榮景的成因，他們發現，答案是地理位置，以及利用這個地理位置謀求利益的意願。他們主張，在西元一五〇〇年至一八五〇年間，歐洲的榮景主要是受到擁有兩項關鍵優勢的國家驅動，其一是在大西洋主要貿易路線上擁有港口城市的王國，另一項優勢是願意尊重私人財產權且賦予商人最大空間去開拓貿易管道的王國。所以，十六世紀引領歐洲榮景的兩大經濟體就是英國和荷蘭，主要就是因為這些國家最早開始尊重財產權，另外，倫敦和阿姆斯特丹都是非常繁榮的大西洋港口。

近幾年，很多人常說地點不再重要，因為網路無遠弗屆，在哪裡都能提供服務。不過，到目前為止，有形商品還是佔全球貿易流量的大宗，所以地點還是攸關重大，因為企業終究還是希望能更靠近它們的顧客和供應商。每年世界各地的商品流量金額約十八兆美元，遠高於服務與資本流量金額——各約四兆美元。所以，至少在可預見的未來，對經濟成長最重要的出口還是製造品的出口，像是杜拜的三桅帆船上裝載的白色物品。二〇一五年時，定居香港的經濟學家強納生・安德森（Jonathan Anderson）歸納出一份世界最熱門經濟體的「熱度地圖」。他將一九九五年以來，製造品出口約當GDP比重大幅成長的國家描繪在這份地圖上。他找出十四個國家，而這些國家主要位於兩個區域：東南亞和東歐，前者以越南和寮國為首，後者則以波蘭、捷克共和國和匈牙利為首。

為何是那些地區？為何只有那麼少國家？這些地區與國家的共通點是地點。這幾個製造業出口成功故事，是歐洲與美國等大型消費者市場所造就，因為它們正好「位於日本與原亞洲龍虎國」通往諸如美國等市場的「那條商品運輸路線上」。越南正逐漸取代中國，成為對西方國家出口運動鞋的生產基地。波蘭則是成為德國企業生產出口到西歐的汽車的基地。另外，墨西哥和中美洲製造業出口佔其整體經濟規模的比重也上升，那局部導因於它們靠近美國的地理位置，不過，程度上不像前兩個例子那麼顯著。墨西哥是很好的例子，它證明了「接近大型市場的地理位置」有多麼重要，因為儘管近幾年當地的工資相對中國是下降的，但它更早之前就明顯受惠於相對低的對美運輸成本（因地理位置較接近），尤其是高運輸成本的沈重商品，如汽車。

地理位置也是越南近幾年來逐漸恢復優勢的關鍵。二〇〇〇年代末期，越南被普遍吹捧為中國第二，原因是它擁有龐大的低勞動成本人口，而且共產黨政府也願意積極推動改革。不過，當時我對這樣的說法存疑，因為那段時間，越南共產黨的執政能力遠遠及不上中國共產黨，而且該國人口只有中國的十分之一，何況越南的制度也尚未做好善加利用全球金融危機前流入的幾十億美元外匯準備。結果，當時越南沈迷於典型的信用狂歡，濫用信用的程度足以使接下來的經濟成長率大幅降低。不過，越南後來順利將經濟趨緩的幅度控制到最低，經濟成長率只從八％左右降至五％，所以在後危機的世界，它還是經濟成長率最高的國家之一。

越南復原力如此強大的最主要原因是，政府正確且善加利用它位於東西貿易路線關鍵位置的優勢。儘管執政的共產黨依舊迴避諸如國有企業（普遍過度膨脹）民營化等改革，卻積極追求外部的貿易與投資機會。二〇〇〇年年和美國敲定一項重大貿易協議後，越南又在二〇〇七年加入世界貿易組織（ＷＴＯ），在這段期間，由於中國工資上漲，眾多出口製造商開始尋找替代生產地，越南遂成為重要的受益者之一。

儘管全球貿易成長率出現一個世代以來首度低於世界經濟成長率的現象，越南卻是少數在全球出口佔有率方面繼續進步的新興國家之一，從二〇〇〇年迄今，越南的全球出口佔有率已上升到一％，增加四倍。一％聽起來或許沒什麼了不起，卻已是越南GDP約當全球GDP佔比的五倍，這顯示越南的貿易競爭力已遠遠超過它的經濟規模相對全球經濟規模的比重。二〇一五年時，越南更超越比它富裕許多且開發程度高很多的鄰國如泰國和馬來西亞，成為東南亞對美國的最大出口國。

根據多項調查，日本企業表示，越南是他們設立亞洲新工廠的首選地點，勝過泰國與印尼，主要吸引力是便宜的匯率、工資合理的勞工，以及快速改善的運輸網。以前越南在道路與港口專案的設計上，都是以取悅本地共產黨官員為主要考量，而不是為了配合全球貿易路線而設計，但如今越南已修正這些錯誤。當局正積極趕工建造胡志明市的地下鐵新路線，同時在全國各地大興土木，建造新道路和橋樑，包括北部鄉村地帶。二〇一四年，三星公司（Samsung）在越南北部太原省（Thai Nguyen）成立一個二十億美元的工廠，而且還打算在當地再興建一座造價三十億美元的智慧型手機工廠。智慧型手機已成為越南最重要的出口產品之一，對一個人均所得不到二〇〇〇美元的國家來說，這是非常令人驚豔的進展。越南目前正在打造一個類似一九六〇年代的日本的老學究式（old-school）製造強權，並設法自我轉化為一個新的地理甜蜜點。二〇一五年，越南即將爭取到美國發起的跨太平洋戰略經濟夥伴關係協議成員中最有利的地位，有人推估那一項貿易協定可能在未來十年內，讓越南的GDP多成長一〇％以上。

與鄰國的關係

隨著全球貿易協議的進展因各超級強權之間由合作再度轉為對抗而化為烏有，某些較小的國家開始轉而聚焦在區域貿易共同體與區域共同市場的建立。這個趨勢源自於一個明顯的事實：任何一個國家最熱絡的貿易往來對象，理所當然應是它的鄰近國家。戰後的經濟成功故事傾向於發生在區域群落，包括東亞、波斯灣和南歐。近幾年，新群落開始在拉丁美洲西岸和非洲東岸出現，也可能在南亞出現。誠如艾薩克森．強森和帕爾森在捍衛跨大西洋貿易與投資夥伴關係協議時指出的，這些區域貿易聯盟一旦成形，有可能發展出聯盟內部的正面動能。想當年，歐洲聯盟一開始只有六個成員，目前有二十八個。東南亞國協（Association of Southeast Asian Nations）原本只有五個成員，目前也有十個。

東亞是最令人振奮的模型，因為就很大的程度來說，這個地區的快速興起要歸功於成員國之間熱絡的往來貿易。區域內貿易成長說明了為何這個區域的各個經濟體能夠長期維持六%以上的成長率。早前中國、日本、台灣和南韓願意揚棄戰爭遺留下來的怨恨，建立穩定的商業往來關係，並促成了區域的成長，如今，這些國家還是持續推動重大的貿易協議。例如，中國和南韓在二〇一五年簽訂了劃時代的自由貿易協定，預期這項協定將對東亞各國產生示範效果，激勵各國加速簽署類似的協定。

在鄰國關係不那麼密切的區域，一旦促成區域貿易協定，其影響甚至可能更大。歐洲國家的出口中，有七〇%是流向位於同一個大陸的鄰國，東亞和北美的這個比重也有五〇%。相反的，拉丁美洲的這個比率只有二〇%，非洲只有一二%，南亞更只有五%。所以，未來拉丁美洲、非洲和南亞國家之間透過彼此間的貿易關係來驅動經濟成長的空間相對最大。

強大的領導團隊向來是促進某些區域起飛並快速成長的重要關鍵。亞洲戰後的榮景最先是從日本展開，接著擴展到南韓與台灣為首的第二級經濟體，再到泰國及印尼為首的第三級國家，接著是中國為首的第四級國家。一個日本經濟學家將這個的進展過程稱為「雁行」（flying geese）經濟發展模型——當日本的發展更上一層樓，開始製造更精密的產品後，第二級國家便透過日本的例子學習，並填補日本留下的空缺，接著第三級國家乃至第四級等國家也跟進。

從那時開始，讓東北亞國家得以脫離貧窮的區域內貿易榮景也漸漸擴散到東南亞，印尼、馬來西亞、泰國和菲律賓之間的貿易因此顯著增加。在此同時，東南亞經濟體和中國之間的貿易也出現爆發性成長，過去二十年間，平均每年成長二〇％。亞洲開發銀行（Asian Development Bank）某位重要官員曾告訴我，一九八〇年代末期，在泰國總理察猜．春哈旺（Chatichai Choonhavan）奔走下，原本戰火連綿的中南半島，逐漸轉化為一個連接越南、寮國和柬埔寨的市場。察猜還說服這些國家卸下共產主義的防衛，彼此敲定貿易協議，並興建道路與其他運輸聯網。那個官員說，那些區域性連結很快就演變成一個「像電腦晶片線路一樣密集的」聯繫網。

東南亞區域貿易榮景之暢旺可謂史上首見，然而，那一股榮景卻還是不夠強大，未能跨越藩籬，進一步擴展到包括印度、巴基斯坦、孟加拉和斯里蘭卡所在的南亞。孤立、缺乏法律與區域戰爭所造成的漫長折磨，導致南亞各國彼此間的敵意遲遲難以減輕，因此，區域內貿易長期停滯，僅約佔該地區與世界各地之貿易量的五％。南亞各鄰國間的關係之疏離可謂世間少見，而且，到目前為止，沒有任何一個國家的領導人願意率先向前邁進一步，穩定且有序地開放這些門戶。

二〇一三年八月，我去斯里蘭卡總統府拜見總統馬欣達．拉賈帕斯卡（Mahinda Rajapaksa），這位殷勤有禮的官員住在可倫坡市中心，當時中國和印度都積極爭取和他的國家建立貿易與投資夥伴關係，因為斯里蘭卡位處東-西方關鍵貿易路線上的策略性地理位置，這讓中國和印度深受吸引。其中中國尤其積極，它投入相當多資金，包括花一百五十億美元在斯里蘭卡總統府附近的一片屯墾土地上建設一座「新城市」。儘管資金流入，但斯里蘭卡的外債卻持續增加，經常帳也一直呈現赤字，可是總統似乎不怎麼擔心這些問題。我問他，在全球銀行業愈來愈不願意放款給新興國家的此時，他要如何籌措這些赤字的財源，拉賈帕斯卡對我眨了眨眼，又比了個大拇指說：「我們有中國當靠山！」

他似乎對斯里蘭卡將因全球地理位置優勢而獲得的潛在利益過度樂觀，然而他對斯里蘭卡和鄰國印度之間的關係，則顯得輕描淡寫。當他得知我的祖籍後，他解釋：「印度就像個親戚，但中國則像是朋友。親戚一向比朋友小氣。」兩年後，歷經兩年的經濟嚴重衰退，他失去政權，並因和中國包商之間的不當利益輸送而遭到調查。這時的斯里蘭卡在新總統麥特里帕拉．西里塞納（Maithripala Sirisena）的領導下，開始積極尋求擴展和印度之間的貿易與投資關係，並期許將這個島國打造為印度和巴基斯坦之間的橋樑，不過，這個區域內的貿易成長還是相當緩慢。

非洲幾個萌芽中的貿易聯盟一向都希望以一九五〇年代組成的歐洲聯盟（European Community）為藍圖，來構思如何吸引外界對其成員國的投資。這些聯盟的成員國多半是一些偏遠的小國：非洲有十五個內陸國。在非洲內陸國家如剛果民主共和國等建造基地台的成本，比肯亞等沿海國家的興建成本高一倍，癥結在於窮國的道路與電網落後。即使是長久以來被視為東非之珠的肯亞，都有屬於它的問題。從四千五百英里外的新加坡運輸商品到肯亞，平均只要花十九天的時間，但將同一批商品用卡車從蒙巴薩港（Mombasa）運到首都奈洛比（Nairobi），卻得花二十天。肯亞的經濟規模至少有六百億美元，很多非洲國家的GDP還不到一百億美元，所以，外界通常會認為更沒有理由為了克服這種種障礙而大費周章去投資那些國家。

在非洲國家為啟動貿易成長所推動的聯盟中，最大有可為的是肯亞、坦尚尼亞和烏干達在二〇〇〇年成立的東非聯盟（East African Community，簡稱EAC），後來這個聯盟又繼續擴張，納入了盧安達和蒲隆地（Burundi）。這個聯盟的目標是要透過集體數字來爭取在全球貿易談判桌上的優勢，同時開始打造有助於促進商業成長的區域基礎建設網——包括道路、鐵路和港口。在這之前，外界曾大肆宣傳「非洲興起」的題材，但事後非洲各經濟體的發展冷熱不一，如今，天花亂墜的宣傳語言終於被現實的認知取代，而EAC也在這個分歧局勢中，逐漸成為非洲復原力最強大的小區塊之一。在二〇一〇年至二〇一四年間，經濟成長率高於六%的非洲國家從二十五個減少為十二個，而經濟成長率達到六%且維持相對低通貨膨脹率的國家更只有六個，但在這六個國家當中，就有三個國家是EAC的創始國，此前五年，這個聯盟的出口成長了三〇%，而其他非洲國家的出口僅僅持平。EAC中最強盛的出口國是盧安達，不過，它是個內陸國，而且才剛經歷部落暴力的傷害。盧安達的經濟得以繁榮興盛的關鍵是：較平順的區域關稅結算系統、努力興建更優質道路，以及向其他也曾擺脫政治緊張與孤立地理位置的經濟體（如新加坡）學習等。

非洲大陸的很多新貿易團體都未能創造明顯的進展，和EAC呈現強烈對比。舉一個主要的案例：一九七五年以來，西非國家一直試圖創立一個稱為西非經濟共同體（英文縮寫名稱為ECOWAS）的貿易聯盟，這個聯盟是沿著軸心國家奈及利亞而建立。不過，戰爭和混亂讓這個聯盟在「諸如協議書草擬與進行研究等組織性事務」的進展受到限制。它們設置了區域護照，原本這項措施理當有助於簡化旅遊程序，但最後卻還是未能防止旅客遭到邊境檢查哨的騷擾和耽擱。

事實上，同一個大陸上同時出現失敗與成功的區域貿易聯盟的情況並不罕見，不是只有非洲才有這種兩極化狀況。南美洲各個聯盟的分歧也在擴大。南美洲臨大西洋這一端，有一個由巴西領導的老聯盟，這個聯盟向來對自由貿易很不友善；但在臨太平洋這一端，則是一個由智利領導的新聯盟，它展開雙臂擁抱自由貿易。老聯盟的核心是一九九一年創辦的貿易團體——南方共同市場（Mercosur），成員包括巴西、阿根廷、委內瑞拉和諸如玻利維亞與巴拉圭等被稱為「反英美空談俱樂部」成員的小聯盟國。它們對自由貿易的敵意，說明了為何南美洲長達一萬英里的海岸線上，只有一個港口（巴西的桑托斯〔Santos〕）擠進世界五十大忙碌港口。

南方共同市場成員國的領導人企圖利用高額的民粹主義式支出和懲罰性干預等策略來促進經濟成長，它們向來不歡迎自由貿易。但也因如此，南方共同市場成立後的二十五年間，區域內貿易對其會員經濟體的經濟成長貢獻不升反降，評論家甚至完全漠視玻利維亞和巴拉圭等過於小型的內陸成員國，因為它們距離全球貿易路線太遠，缺乏繁榮發展的條件。

由於南方共同市場不夠有號召力，所以墨西哥另起爐灶，朝完全相反的政治與地理方向前進。一九九〇年代初期，墨西哥加入北美自由貿易協定（North American Free Trade Agreement），從那時開始，墨西哥對美國的出口金額，從約當其GDP的六%提高到二四%。儘管墨西哥的經驗如此成功，卻還是未能吸引南方共同市場的夥伴們發展更廣泛的貿易關係，所以，二〇一〇年代時，墨西哥又與智利、哥倫比亞及秘魯等安地斯山脈國家共同籌組新的太平洋聯盟（Pacific Alliance）。

某一期《大西洋月刊》（*Atlantic*）中曾刊有一篇標題為「最重要但聞所未聞的聯盟」的文章，委內瑞拉前貿易及產業部長莫伊塞斯・納伊姆（Moises Naim）在這篇文章裡寫道，二〇一三年創立的太平洋聯盟在成立後短短二十個月內完成的任務，比南方共同市場二十年間完成的任務更多。它的成員國不僅透過貿易來推動整合，還創立一家區域股票交易所和民營化退休制度，建立一個供人民與資金遷移的共同市場，同時研擬改善道路與鐵路連結的遠大計劃。這個聯盟在很短的時間內就解除了四個成員國間的九二%關稅，廢除區域內的商務及旅遊簽證規定，並聚焦在實務進展的公告，而不再那麼忙著猛烈攻擊美國。

智利在太平洋聯盟中扮演主導角色，這令人聯想到雁行理論的領導者——日本。智利在一九七〇年代期間導入的所有經濟改革必要元素，在一九九〇年代擴散到亞伯托・藤森（Alberto Fujimori）總統領導下的秘魯，下一個十年間，又擴散到阿爾瓦羅・烏里伯（Alvaro Uribe）總統領導下的哥倫比亞。而如今，太平洋聯盟的成立讓那個長久以來就存在的關係變得更加緊密。這三個安地斯山脈國家中最富裕的智利，也成為另外兩個國家的主要投資者，它在二〇一一年投資了二十三億美元到秘魯和哥倫比亞，較二〇〇四年的七千萬美元大幅成長。當然，這並不代表這三個國家的前景都一樣好，不過，它們全都信守「善加利用全球貿易路線關鍵地理位置來獲取利益」的共同承諾，因此，這對所有參與國家都是正面的。

地理位置優劣不是天注定

只要有足夠的政治意志力和正確的政策，國家就能在對自身有利的前提下，重新描繪全球貿易路線。二十世紀初期，主要全球貿易路線在大西洋上形成一個十字交叉線，但第二次世界大戰後，日本和中國順利以各自的海岸為主軸，打造了一條新路線。短短一個世代，亞洲強國就利用廉價勞工的優勢，彌補了從太平洋一路到歐洲和美國的商品運輸成本，而且還綽綽有餘。所以，根據麥肯錫公司（McKinsey & Company）的分析，亞洲正逐步奪回它身為世界「經濟地心引力中心」的地位。

麥肯錫鎖定對全球經濟活動最重要的地點描繪了一份地圖，以說明這個「中心」向來隨著時間而轉變。該公司最早是從一千年前的中國中部開始畫起，一九六〇年，這個中心逐漸轉移到北美，而從那時開始，它又慢慢轉回亞洲。最引人注目的一點是，在二〇〇〇年至二〇一〇年間，地心引力中心的移動速度遠比此前五十年更快，它快速越過北極，回到中國，這個實例生動證明全球貿易模式確實有可能改變，也真的改變。

彼得・傑翰（Peter Zeihan）在他二〇一四年出版的《意外的超級大國》（*The Accidental Superpower*）中指出，美國其實比整個亞洲沿岸——從拉合爾（Lahore）到海參威（Vladivostok）——具備更顯明的

「主要港口特質」。不過，中國卻得以在那個荒涼的海岸北端繁榮興盛，原因是，從一九八〇年代初期的鄧小平開始，乃至接下來幾名強勢領導人帶領下，中國打造了屬於它自己的地理位置天命——中國積極疏浚河流和港口，目前世界前十大忙碌港口中，有六個位於中國，而且這六個港口全是人造港。杜拜也不遑多讓，傑貝阿里港（Jebel Ali）也是純人造港，目前它是世界第七忙碌的港口，深度足以停泊美國的航空母艦，而且規模大到足以處理每每導致美國各港口塞港（因為美國的港口太淺，無法在碼頭拆卸那麼大型的船艦的貨物）的新型超級貨櫃船。

近幾年來，由於中國的工資急速上漲，所以紡織、玩具和製鞋等較不精密的工業，紛紛搬遷到有大量廉價勞工的地點。這些工業並不盡然會搬到勞工工資最低的國家，因為不管怎麼算，勞工工資佔新興國家出口生產成本的百分比，平均只有區區五%。所以，製造商並沒有選擇玻利維亞、埃及或奈及利亞等工資最低的國家，而是基於幾個綜合考量，選擇諸如越南、柬埔寨和孟加拉等國家。這些國家的工資低於中國，而且位於現有的太平洋貿易路線上，另外，它們實施對外部人開放門戶的政策。當前的東西方運輸路線直接通過印度洋，比較靠近印度南部，而非孟加拉，不過，孟加拉吸引到的紡織生產商卻比印度多，因為當地的文官體系障礙較低。

離開印度洋後，主要運輸路線進入紅海，接著經過蘇伊士運河，再進入地中海。運輸路線在這個區域通過很多處於混沌或抗爭狀態（利比亞、蘇丹、阿爾及利亞）的北非國家海岸，但這些國家鮮少曾成為貿易強權國。成功的國家之一是摩洛哥，它是第一批獲得主要西方企業重視並尋求在該國興建出口導向製造工廠的非洲國家之一。摩洛哥是相對平和的王國之一，該國的吸引力在於它的新自由貿易區、穩定的貨幣、廉價的勞工和稱職的領導階層。歐洲企業不僅在當地興建簡單的玩具和紡織工廠，還建立諸如航空與汽車相關的先進產業。雷諾汽車（Renault）最近在摩洛哥開設一間汽車工廠，預期該國將因接近歐洲的富饒市場而吸引更多工廠進駐。

二〇〇八年以前，全球貿易成長率還高於世界經濟成長率，當時運輸路線圖逐漸變成一個義大利麵碗的形狀，達到有史以來最厚的狀態，而且不僅介於中國和西方國家，很多窮國也首度彼此往來。開發中國家之間的商業明顯興起——包括南半球許多向來距離經濟地心引力中心遙遠的國家——那被稱為所謂的「南南貿易」（South-South trade）。過去二十年間，南南貿易約當世界總出口的百分比成長一倍，達到二五％以上，而開發中國家出口中，輸往其他新興國家的百分比也從四〇％左右上升到接近六〇％。

因此，打造新全球貿易路線的機會其實非常多，尤其是連接南半球與南半球之間的路線。十九世紀以來，世人談過的很多重大高速公路幹道，到目前主要都還是停留在偉大概念的狀態。英國殖民地開拓者最先想像要興建一條跨非洲的高速公路，但這條預定從開羅一路連接開普敦的路線從未完整獲得執行。很多建好的延伸路面都已開始毀損，外表坑坑洞洞的，根本無法通行；就算有些路段能行走，也可能充斥土匪和其他道路危險。只有極限旅遊者敢搭乘衝鋒車全程走完開羅到開普敦路線，貿易人士沒那個膽量。非洲高速公路的死亡率比已開發國家高八至五十倍，而且世界銀行估計，非洲糟糕的路況導致當地生產力降低四〇％。另外，連接中美洲和南美洲的高速公路一樣也是零零落落的，整個區域有很多完工程度不一的道路，而且被可怕的達連隘口（Darien Gap）與六十英里的綿密雨林（長久以來，這個雨林導致想要跨越巴拿馬及哥倫比亞邊際的遊客遭到阻礙）阻斷。

在這場重新打造偏遠國度的地理命運的運動中，中國扮演先鋒的角色，它花費數百億美元，打造一些新路線來通往世界上人煙罕至的區域。舉個例子，北京支持一項興建連接南美洲大西洋與太平洋海岸間的東西向高速公路，這條道路總長一千兩百英里，跨越安地斯山脈，連接巴西和秘魯，整個興建計畫預計要花六百億美元。這個巨大的專案雖不足以讓巴西或秘魯成為富裕的國家，卻有助於拉近這些偏遠地區和世界的距離。而對中國來說，這些專案讓它得以取的石油及其他天然資源供給，同時可用來展現它愈來愈強大的全球影響力。

二〇一三年，中國總理習近平首度透過一系列的宣告，揭露他打造「新絲路」的計畫。他是刻意沿用連接古代中國和西方國家的「舊絲路」來為這條新路線命名。十三及十四世紀，中國在蒙古皇帝成吉思汗及其繼位者的領導下，經濟勢力達到顛峰，當時連接中國和歐洲的貿易路線就是所謂的「舊絲路」。這條原始「道路」其實是一片橫跨中國西部與中亞的廣大陸地及海洋路線網，它的變化非常大。而習近平希望這條「新絲路」能連接中國中部到它的邊界省分，進而連接邊界省分到中國海港甚至更遠的港口，包括中國正協助巴基斯坦、孟加拉、緬甸和斯里蘭卡興建的幾個港口，分別是瓜達爾（Gwadar）與喀拉蚩（Karachi）、吉大港（Chittagong）、皎漂（Kyaukpyu）、可倫坡（Colombo）和漢班托塔（Hambantota）。中國計畫募集大約三千億美元的資金，儘管這個金額極為龐大，卻還是不足以完成連接上述區域的新運輸路線，亞洲開發銀行和其他組織已在這些地區投入了數兆美元的資金。

中國似乎相當了解一個根本的規則：如果一個國家願意對全世界和鄰國開放，而且帶領它的所有省分一起參與開放，就能藉由其地理位置的優勢獲取最大利益。在各個國家的經濟成長歷程中，最先發展的通常是沿海區域，但最終經濟成長步伐一定會擴及內陸城市。舉個例子，日本在戰後興起為新貿易強權的過程中，東京港最先成長為一個環繞東京灣的超級港口區；目前它已包含了橫濱和川崎等鄰近城市的港區設施。「鼓勵區域成長普及」向來是中國發展計畫的一環。印度規劃委員會官員曼莫漢．辛格（後來擔任首相）曾在一九八〇年代的一場世界銀行論壇中詢問一個共產黨官員，中國以特殊工業補貼來建立沿海特區的作法，是否會引來城鄉財富落差擴大的風險。結果，那個官員回答：「我當然希望會這麼發展。」他的想法是，只要沿岸先起飛，全國各地稍後也都會受惠。

中國的新絲路計畫最被忽略的部分，或許是二〇一五年年初揭露的：聚焦「國內絲路」方針。這些新道路和鐵路走廊從這個國家的中心向外放射，一旦完成，足以把新疆省西部轉化為通往中亞及南亞的旅遊中心；將西南部的廣西和雲南轉變成通往東南亞和湄公河流域的中心，將內蒙古和黑龍江轉化為北往俄羅斯的中心。到最後，當中的很多道路還將會連接到新絲路上的港口（前述巴基斯坦到緬甸的諸多港口），讓中國各省、鄰國和遠至波羅的海及巴西等貿易夥伴之間的連結網路變得更完整。一旦完成，這個網路將讓早在蒙古時代以後就被遺忘的絲路前哨站——如烏魯木齊等西部城市——重新回到全球貿易路線上。

哥倫比亞也展開類似的內部轉型，雖然規模比不上中國，但這個國家也努力設法重建本國各地和這個世界之間的關係。哥倫比亞是安地斯山脈諸國中人口最多的一個，共有近五千萬個人民，故它的內需市場遠比秘魯（三千萬人）和智利（一千萬人）大，二〇一五年時，它更結束一場長達十年的暴動，和反叛軍簽訂和平協議。敵對狀態的可能終結，讓國內長期孤立的幾個地區有可能重新開放，進而吸引更多投資人和遊客。因為哥倫比亞比其他位於南部的安地斯山脈國家——智利和秘魯——更接近北美的主要市場，所以，它的地理潛力是這個地區最卓越的。二〇一二年，曼紐爾．桑多斯（Manuel Santos）總統和美國簽訂一份重要的新自由貿易協議，儘管諸如委內瑞拉等大西洋競爭對手將這個協議鄙視為和「英國佬或美國佬」結交。

這個世界上沒有任何一個國家偏遠到無法重新連上全球貿易路線，當然，被前總統阿方索．羅培茲．麥可森（Alfonso Lopez Michelsen）形容為南美洲西藏（很美好但無法進入之處）的哥倫比亞也不例外。哥倫比亞的三大城市波哥大（Bogota）、卡利（Cali）和麥德林（Medellin）都是香格里拉般的內陸城市，分別和海岸隔著三座山脈，同時因漫長的游擊隊戰爭而長年與外界隔絕。要在陡峭的哥倫比亞山區興建道路，每公里造價高達三千萬美元，成本非常高，大約是美國農村地區道路興建成本的二十五倍，也因如此，哥倫比亞有九〇%的道路都沒有鋪砌。近幾年，桑多斯總統成立一個新政府機關來克服道路興建的剩餘障礙——以當前的狀況來說，文官體系的障礙可能比叛軍更大。哥倫比亞也擬定一份五百五十億美元的新道路與港口興建計畫，希望能善加利用它「唯一瀕臨大西洋與太平洋的南美國家」的優勢。這項支出計畫的目標是要將卡車運輸速度提高一倍，目前卡車平均時速大約只有三十至四十公里。新高速公路有可能讓哥倫比亞每年的GDP成長率增加一整個百分點，其中一部份貢獻來自重新打通三大內陸城市通往海岸乃至全世界的道路。

第二大城市

要獲取地理優勢的最大利益，各國領導人也必須將本國最落後的省分導入全球商業川流。我最近參訪位於東南亞地理心臟的泰國後，深深領略到這一點的重要性。過去十年，泰國經濟因政黨惡鬥（一方代表曼谷的精英，另一方代表貧窮省分）而受創。我在二〇一〇到曼谷參訪時，城鄉衝突演變成街頭暴力，當地的專家告訴我，北部鄉村的不滿，導因於這個社會過度以首都為中心，以致於整個國家顯得頭重腳輕。他們說只要看一個數字，就能了解這整場衝突的癥結：身為國家中心的曼谷擁有一千多萬人口，比該國第二大城市清邁的人口多十倍以上。

在任何一個人口眾多的國家，那麼不對稱的比率都是不正常的。在較小的國家，公民確實經常集中在首都，但在人口數介於二千萬至一億人的國家，還有人口數超過一億或超過十億的巨型國家，那樣的情況卻是不尋常的。觀察二十個主要中型新興國家後，便可發現多數國家最大城市的人口，大約都是第二大城市人口的三倍。以世界上十五個人口數中等的大型新興國家來說，那個粗略的標竿對依舊成立，包括波蘭、土耳其、哥倫比亞、沙烏地阿拉伯、肯亞、摩洛哥、越南和伊朗等。另外，不管是過去或現在，「亞洲奇蹟」經濟體的各個都會中心，也都維持這樣的「三比一」人口比率，包括日本的東京對大阪、南韓的首爾對釜山，還有台灣的臺北對高雄等。我認為，如果一個中型新興國家的首大與第二大城市的人口比率高於三比一，就可能面臨類似泰國那種因區域衝突而起的政治動盪，而這樣的失衡一定會拖累經濟成長。如果被忽視的某一部份人口一直被困在落後城鎮和鄉村，他們就比較可能起而反抗首都精英的特權。

目前只有五個重要的中型新興經濟體明顯違反這個三比一規則：泰國、馬來西亞、智利、阿根廷和秘魯。雖然曼谷的人口就佔了泰國六千八百萬總人口的一五％，它卻貢獻了四〇％的GDP。這個首都城市是國王與歷任文人領導者和軍事領導者匯聚的所在地，而近幾年的多數城鄉政黨衝突，也是在此地發生。秘魯的人口甚至更不均衡，利馬有八百萬人口，是第二大城市阿雷基帕（Arequipa）的十二倍。由此便可理解為何秘魯迄今仍為了撲滅反政府游擊隊組織「光輝道路」的餘燼而掙扎，光輝道路是一群鄉村叛軍，最早是在一九九〇年代初期發難。智利的情況也嚴重不對稱：聖地牙哥的人口是第二大城市瓦爾帕萊索（Valparaiso）的七倍，而且最近我到智利參訪，很多智利商人告訴我，他們愈來愈喜歡投資鄰國哥倫比亞，因為當地的成長普及到全國各地，當然也滲透到第二大城市。

哥倫比亞是安地斯山脈國家中，內需成長較均衡的一國。波哥大有九百八十萬人，還不到麥德林的三倍，而麥德林和第三大城市卡利，目前正以相當健康的速度持續成長。近來麥德林從世界「謀殺首都」轉型為一個模範城市，這個戲劇化的實例證明，一個國家確實能透過解放國內各省的自由，來達到促進經濟成長的目的。一九九〇年代時，哥倫比亞決定徵召各市的市長一同對抗毒品走私犯，讓地方首長掌握更大的預算權和警力。就這樣，麥德林在滿頭亂髮、愛穿牛仔褲的數學家市長瑟吉歐・法賈爾多（Sergio Fajardo）領導下徹底轉型，法賈爾多市長採納幾個措施，將這個城市最偏遠且受毒品侵擾最鉅的貧民窟改造為主流商業區。麥德林建造一套通往貧民窟（位於整個城市周邊山腰地區）的纜車系統，讓貧民窟居民更容易到市中心找工作和上學。於是，一九九一年起，這個城市的謀殺率從三百八十／十萬人，降為三十人。當地主要毒梟帕博洛．艾斯科巴（Pablo Escobar）遭警察槍殺的豪宅，目前更成為一個重要景點，位於一條受歡迎的遊客巴士路線上。總之，如今的麥德林忙碌又樂觀，和許多拉丁美洲城市常見的沮喪與認命氣氛呈現強烈對比。

越南的第二大城市最近也欣欣向榮，這主要是拜其亮麗的製造業表現所賜。自古以來，胡志明市（即以前的西貢）周遭的南部地區一向是這個國家最富裕且最有創業精神的地區，原因是它以前和高棉帝國息息相關，後來又和美國關係密切。不過，贏得一九七五年內戰且迄今仍掌握政治實權的其實是河內周邊的北部地區，因為當地和孤立的中國帝國關係較密切。如今，河內政府非常明智地主動休戰，並積極促進全國各地的投資。二〇一四年，世界上成長最快速的港口都位於越南，一個是南方的胡志明市，另一個則是北方的海防市。而位於這兩個港口之間的中部海港硯港（美國舊海軍基地），戰後人口也增加了兩倍，達到近一百萬人。硯港被某些人形容為越南未來的新加坡，這裡的港口異常忙碌，地方政府也非常有效率。這個城市的地標之一是橫跨汗江（Han River）的龍形高速公路橋樑，龍的嘴巴還會噴出真正的火焰。

上述三比一規則在已開發國家一樣成立，已開發國家中，有七個國家的人口是落在二千萬至一億人的中等規模，其中五個國家的最大與第二大城市人口比率大約也是三比一，包括加拿大、澳洲、義大利、西班牙和德國。英國的倫敦有一千萬人口，大約是曼徹斯特的四倍，而且近幾十年來，兩個城市的人口落差還持續擴大。曼徹斯特和其他二級城市的居民常抱怨國家政策和媒體過度關注貢獻二〇％全國GDP的倫敦。因此，英國政府目前正設法將更多權力下放到各個區域，期許能創造更多更有活力的城市，進而解決這個問題。

法國是明顯違反這個「三比一」規則的國家之一，巴黎有一千萬人口，大約比第二大城市里昂（Lyon）多七倍左右。巴黎地區對經濟體系的貢獻度達到三〇％，非常驚人，這反映出法國中央集權的傳統。長久以來，國家政策的擬定向來獨厚首都，這是該國經濟陷入停滯的重要因素之一。一九六〇與一九七〇年代時，中央政府曾展開一項興建新城鎮的運動，不過，這些城鎮的成長因地方政治當局太過弱勢與支離破碎而受到壓抑。二〇一四年時，法國立法人員投票通過重新繪製法國政治地圖的法律，將國內的區域數從二十二個減為十三個，期許能縮減文官規模、降低成本，同時將支離破碎的權力結構加以整併。法國經濟展望的轉機之一，在於是否有巴黎以外的大城市崛起。

由於規模的緣故，擁有一億人以上人口的國家一定有很多大城市，所以難以藉由第二大城市的相對規模來判斷這種國家的情況。而要了解那類國家中，哪些國家擁有足以促成較均衡成長的快速崛起區域，我會觀察它們是否有更廣泛的次級城市崛起，所謂次級城市是指人口超過一百萬人的城市。對最大型的國家來說，次級城市的廣泛興起尤其重要，因為以這些國家的規模來說，它們應該要有能力培育出許多個快速成長的都會區。因此，這個規則——追蹤次級城市的興起——主要適用於接下來的兩種規模類別，也就是人口超過一億人和十億人的國家。

世界上有八個新興國家的人口介於一億人至十億人之間，包括菲律賓的一點零一億人和印尼的二點五五億人。隨著國家不斷發展，自然而然會產生更多次級都市，所以，針對相似所得的國家進行比較，也是很重要。在人均所得水準大約一萬美元且人口超過一億人的國家當中，俄羅斯明顯落後。過去三十年間，該國只有兩個都市的人口從一百萬人增加到五百萬人，相較之下，巴西有十個，它是這類國家中較有活力的一個。不過，最生氣勃勃的國家是墨西哥，一九八五年以來，它也創造了十個超過百萬人口的都市，而它全國的人口大約只有巴西的一半多一點。墨西哥的許多次級城市的規模和所得成長率甚至高於首都，它是世界上唯一出現這個狀況的國家。近幾十年，墨西哥市人口相對總人口的佔比，還被其他次級城市瓜分，這是非常罕見的情形。一九八五年，居住在人口介於一百萬至五百萬人的都市的墨西哥人還不到一○%，但目前這個數字已達二一%。

墨西哥境內「滿地開花」的次級城市都是製造業中心，主要生產以出口美國為目的的汽車和其他產品。成長最快速且人口超過一百萬人的墨西哥城市，有三個位於美國邊界，包括提華納（Tijuana）、華瑞茲城（Juarez）和墨西卡利（Mexicali）。過去三十年間，北部欣欣向榮的蒙特雷（Monterrey）的人口增加一倍，達四百五十萬人，而且，它還成為將各種創新傳播到全國各地的製造創新中心。墨西哥中部的克雷塔羅（Queretaro）是全能生產中心，生產林林總總的產品，從紅酒到零組件和卡車等，包羅萬象，另外，它還提供顧客服務中心、運籌中心等服務。曾被譽為鞋履與皮革之都的萊昂（Leon）因中國的競爭而受到重創，不過，它轉型朝農業、化學及汽車產業發展。阿瓜斯卡連斯特（Aguas-calientes）擁有豐田汽車在日本以外的最現代化製造廠。南部偏遠的普埃布拉市（Puebla）則擁有一座龐大的福斯汽車（Volkswagen）工廠。在墨西哥全國各地，出口導向的製造業城市持續蓬勃發展，這顯示在它的經濟成長過程中，區域的發展非常均衡。

近幾年，和墨西哥的發展相反的大型新興國家是菲律賓，二十世紀新開墾社會的影響力，導致首都和鄉村人民之間的關係嚴重撕裂。目前有一三%的菲律賓人住在馬尼拉，自一九八五年以來，這個比率從未改變，而且馬尼拉的居民數比菲律賓其他所有城市的總居民數更多。即使是在一個相對未開發的國家（菲律賓的人均所得還不到三千美元），這種缺乏中級城市的獨特情況還是很令人訝異。然而，諸如宿霧（Cebu）與巴科洛德（Bacolod）等第二級城市似乎有興起的跡象，從二○○○年起，這些城市的人口成長了二五%，也開始吸引某些顧客電話服務中心與資訊科技服務公司進駐，目前這類企業已成為菲國經濟體系的重要支柱。

在已開發國家中，只有兩個國家的人口超過一億人，但這兩個國家發展次級城市的軌跡卻非常不同。從一九八五年起，美國有十五個城市的人口增加到一百萬人以上，而日本只有濱松市（Hamamatsu）一個，它位於東京西南方約一百六十英里之處，不過，濱松市的成長局部是由於它在二〇〇五年併入了周遭的城鎮。日本在這方面表現遲緩是有原因的，包括日本的總人口比美國少，而且人口成長率降低的幅度遠比美國大。儘管如此，日本政策制訂者傾向於墨守成規（包括省級單位），是導致地區缺乏活力的重要原因之一。東京、大阪和名古屋已佔有優勢地位幾十年，所以，在日本，城鄉分裂向來是熱度維持不墜的政治議題之一，即使政府花了幾十億美元補貼日益沒落的鄉鎮（當地年老居民寧可不搬遷），情況也未見改善。

相反的，美國是世界上唯一出現大規模國內遷移現象的富裕國家，戰後有超過一五%的人口，從老一代的東北和中西部工業區域搬遷到南部和西部。人民主要是跟著企業和工作機會流向那些地區——由於較年輕的州稅率較低，工會勞工勢力較弱，加上二次世界大戰後空調的普及，讓辦公室工作得以見容於南部陽光普照的環境，故企業和工作機會遂漸漸搬遷到那些地區。美國十五個人口超過一百萬人的都市中，有十三個位於南部或西部，從傑克森維爾（Jacksonville，又稱為「佛羅里達發源地」）到加州首府沙加緬度（Sacramento）等。都會人口成長最快的城市是拉斯維加斯，過去三十年間，它從一個只有五十萬居民的內華達沙漠賭城，變成一個擁有二百五十萬人口的全球旅遊勝地之一。

下一個人口層級是擁有十億人口以上的巨大國家，全世界只有兩個進榜：中國和印度。其中，中國建構次級城市的成績明顯勝出。三十年前，中國有很多只有二十五萬以下人口的城市，如今其中很多城市已躋身百萬人口的都會區，某些城市的人口甚至遠超過一百萬人。整體而言，中國共有十九個這樣的繁榮城市，以深圳為首，當地有超過一千萬人口，鄰近的東莞市也有七百萬人。就某種程度來說，中國重現了美國大量人口遷移到西南部的盛況，但幅度更甚於美國，只不過，中國人口是從內陸省分遷移到東南沿海。

在同一段期間，印度只有兩個不到二十五萬人口的城鎮崛起為超過百萬人口的都市——喀拉拉邦的馬拉布蘭（Mallapuram）和奎隆（Kollam），而且，這兩個都市的崛起，多半還是導因於地方行政區域重劃。如果不是二〇一一年以後疆域擴大，這兩個城市的人口還是遠低於一百萬人。當然，中國在這方面領先的原因之一是，它的經濟成長遠高於印度，工業化讓都會化進程更為快速。不過，即使如此，印度在開發次級城市方面的努力還是明顯落後。中國藉由創造活力十足的經濟特區來提振西南沿海省分——主要是廣東和福建——的成長，並催生了當地許多快速成長的都市。中國這個由中央到地方的發展方法最令人訝異的一點是，北京當局賦予次級都市非常大的空間；中央放手地方善加利用其地點優勢，甚至允許地方政府強行徵收土地，或引導銀行貸款到建築專案等。這是雖是獨裁式發展，但權力確實是下放給地方層級。一九七九年以前，深圳只是珠江的一個小漁村，在北京當局巧妙引導下，那個地區轉變為中國第一批開放海外貿易與投資的實驗區之一。接下來的經濟榮景不僅使深圳快速成長，還帶動鄰近的東莞和珠海，這三個都市是中國成長最快速的都市。成長速度第四名是位於浙江省的內陸城市義烏，它是世界最長貨物鐵路（連接中國到馬德里）的東部終點站。

相反的，印度是一個龐大但發展緩慢的民主國家，地方的反對勢力足以阻礙土地開發，而且州政府還是保留非常龐大的都會區土地留做自用。誠如前世銀中國董事黃育川指出的，將綿延的都會區地產保留作為公務人員住家和軍事營地，是一種殖民時代遺毒。就我所知，新興國家當中沒有任何一個首都有類似拉特楊德里（Lutyens Delhi）那樣的街坊，這個區域是以當年設計印度首都行政區的英國建築師的名字來命名，它包含一個佔地超過二十五平方公里的「平房區」，那裡共有幾百棟房子，幾乎全數是政府財產，而且周遭有翠綠的公園土地和寬廣的林蔭大道。政府高官個個用盡各種手段，想要爭奪這個都會綠洲的居住權，因為其中某些住宅的鑑價超過五千萬美元。就我所知，新興國家當中唯一能與這個區域相提並論的政府內飛地（enclave）也是在印度，位於諸如巴特納（Patna）和巴雷利（Bareilly）等次級城市的市中心區。

印度雖試圖根據中國的模型打造經濟特區，但又對這些特區的土地與勞工使用，訂立非常嚴格的規定，所以，這些特區對創造工作機會或累積都會人口的貢獻非常有限。印度的建築法規也非常跟不上時代，這導致市中心地區的開發遭到抑制，進而驅使價格上漲。根據全球房地產指南（Global Property Guide）的說法，這些規定是如今印度都會區平均地價比中國貴一倍的原因之一。雖然近幾十年間，曾經權傾一時的德里政府將非常大的支出權限下放給印度二十九個州的首席部長，但情況顯示，那些權力並未滲透到市長層級。目前較小的印度城市依舊為了追求經濟成長而痛苦掙扎，因為當鄉村地區的人口打算搬到都會區，通常還是會選擇搬到人口超過一千萬人的四個超級大都市，包括孟買、德里、加爾各達和班加洛（Bangalore）。如果說中國是一個擁有許多繁榮城市的國家，印度就是一片專屬遲緩巨大城市——周遭圍繞著許多不夠有活力的小城鎮——的土地。

服務型城市

除了位於有形商品貿易運輸路線上的城市，如今也有很多城市在各種服務產業的中心興起。當網際網路最初在一九九〇年代開始啟動通訊革命，專家就認為網際網路將讓人得以在任何地方從事多數服務性質的工作，而且能將這些業務傳播到每個國家的各個角落，也因如此，他們主張地點的良窳不再攸關重大。的確，目前很多低階到中階服務型職務已明顯普及到許多地方，不過，誠如哥倫比亞大學（Columbia

University）的都市專家薩斯基亞．薩森（Saskia Sassen）指出的，金融業、保險業到法律業等服務產業的總部辦公室，實際上還是集中在大約五十個「全球性都市」網上。這些服務型都市以紐約和倫敦為首，但也漸漸擴及上海到布宜諾斯艾利斯等都市。

所以，如今不管是對製造產業或服務產業來說，網際網路都沒有導致地點的重要性消失。一般人不管是管理或建構網路搜尋引擎或者貨物運籌服務等企業，還是有親自碰面的必要，另外，在建立這類產業的新企業時，企業主通常會選擇把公司設在有同業聚集的城鎮，以便善加利用相同的專業人才庫。於是，很多專長於某個特定服務利基型業務的企業就會群聚在一起，促成特定都市的興起。以南韓來說，浦山還是該國主要的港口，也是港口及運籌服務企業的區域中心。而以菲律賓來說，馬尼拉早已是全球後勤辦公室服務的重要全球提供者，目前這項業務還開始擴散到它的衛星城市，包括奎松市（Quezon）和加洛坎市（Caloocan）。杜拜目前也繼續發展它的雙重角色：運送石油與其他商品的主要港口，以及中東的服務中心。這些地點的成功關鍵是，它們創造了一個讓人民願意去就職且樂意在那裡生活的環境，這有點類似蘇黎世和日內瓦等瑞士城市的模式，這兩個城市都結合了驚人的效率和絕美的風景，將一個內陸高山鄉村轉化成為地理甜蜜點。

在波蘭，諸如克拉科夫（Krakow）、格但斯克（Gdansk）和樂斯拉夫（Wroclaw）等次級城市，正以全球服務及製造產業中心角逐者的姿態崛起，當地的企業也開始打入西方市場，這是有史以來首見的情況。其中很多企業還是原始創辦人在經營，一九八〇年代末期共產黨崩潰後開創的這類事業非常多；這些企業藉著努力打拚，度過艱困時期，最後終於達到臨界量（critical mass）。目前很多企業的年度營業額都接近十億美元，而發展到這個階段，他們也開始覺得是該走出波蘭，打入鄰國——德國——的時候了。這些波蘭企業包括快速時尚和鞋類製造商、諸如債款催收（西歐本地的這類專業服務還很不成熟）等新潮服務。二〇一四年年底，一個樂斯拉夫企業家說，由於區域債務危機爆發後，歐元區各地的呆帳快速增加，歐洲大陸的銀行業者開始尋找慎重的夥伴（因為他們不希望外界掌握他們的呆帳狀況），幫助他們在不張揚的情況下解決這個問題。所以他成立一家協助催收德國債款的波蘭企業。這個波蘭執行長表示，他的公司雖是經營這種傷感情的業務，卻採用一種「軟性手法」催債，他預期這個方法有助於他擴展到鄰國。該公司已在德國成立幾個辦公室，同時聘請會講德語的波蘭人透過電話催收債款。

要打造一個地理甜蜜點，國家必須開放三個方面的門戶：和鄰國、更廣大的世界乃至本國各省和次級城市貿易。就這個層面來說，波蘭或許是歐洲國家中的重要典範，因為它積極開放這三個方面的門戶；亞洲的主要代表則是中國，但越南和孟加拉等也急起直追。拉丁美洲的主要例子是墨西哥和最近幾年的哥倫比亞。哥倫比亞在二〇一二年和美國簽訂的自由貿易協定，是南美洲此類貿易協定的首例，另外，它也是安地斯山脈國家外加墨西哥的區域新聯盟成員之一，這個貿易聯盟的前景相當看好，而且，在政府鼓勵下，麥德林從「謀殺之都」變成一個模範次級都市。至於非洲，摩洛哥和盧安達也在充斥狂亂鄰國的環境下，努力打造成功的外銷故事。

地點當然是很重要，長久以來，經濟成長傾向於沿著運輸製造品的貿易路線開花結果，不過，目前服務產業之都也蓬勃發展，而在去全球化時期，這個趨勢有可能愈來愈強大。近幾年，全球貿易成長緩步降低，全球資本流動大幅下降，卻有兩個重要的類別的成長正在加速：國際旅客和遊客人數持續快速增加，以及網路通訊持續爆發性成長。所有察覺到這些趨勢的國家，應該都能從中發掘一些新機會。以色列歷史學家暨作者尤瓦爾．哈拉利（Yuval Harari）主張，觀察美國的千禧世代的習性，或許能看見世界的未來，這個世代比較沒興趣把錢花費在傳統「物品」如家具或衣物之類的東西上，他們寧可把錢花在「經驗」上，包括現實世界的旅遊、餐廳和運動，到可利用智慧型手機取得的所有虛擬體驗等。哈拉利和其他人預測，這種渴求經驗的心態只會加速自動化的進程，讓人類的工作量減少，並擁有更多空閒時間。而這對有能力自我轉化為科技、旅遊和娛樂中心的國家來說，將是非常不錯的成長機會，不過，截至目前為止，這還是只是個有限的機會。

地理位置絕對不足以自行創造強勁的經濟成長，除非一個國家願意採取正確的措施，將它位於幸運地理位置的港口和城市，轉化為具有商業吸引力的磁鐵。地理位置的運氣也可能改變，波蘭和墨西哥即將成為富裕的大國，但近幾年墨西哥比波蘭更幸運，因為美國的經濟成長率比歐洲更高。貿易路線也非一成不變，地理位置的優點或缺點也能透過良好的政策來重新塑造。不久前，很多人還用同情的眼光還看待中國，認為它是個孤立於「偏遠遠東」的貧窮落後「中土王國」，但它後來採取必要措施，終而打造出一個全新的地理甜蜜點。

第六章　工廠最重要

——投資占經濟的比重是升是降？

這裡是墨西哥市郊的聖大菲區，是特別為大企業打造的嶄新郊區，我坐在其中一棟玻璃帷幕大樓高層的角落辦公室裡，眼前開闊的景色渾然不似新興市場國家。我可以看到右邊隔壁商辦大樓屋頂的停機坪上，企業主管正步下直升機，同時，接待我的人向我描述左邊的美景，說那裡是價值數百萬美元豪宅專區，當地人借用路易斯（C. S. Lewis）傳奇小說中夢幻仙境的名字，把那裡叫做納尼亞。這個豪宅區的正式名稱叫做聖大菲森林（Bosques de Santa Fe），設有門禁，傭人另有出入通道和門口，是為億萬富豪和希望被人當成億萬富翁的人所設計的社區。最重要的是，納尼亞距離墨西哥市車程一小時，能夠吸引希望逃避市內街頭犯罪和車流的超級富豪家庭。這是我從二〇一四年秋季開始，在若干國家，尤其是在現代經濟基本設施和安全維護上投資不足的國家裡，所看到富人努力近乎脫離現實新景象中最新的一次。

對大多數訪客來說，如果政府功能崩解，會表現在航空公司機票櫃檯前大排長龍、火車超載到乘客蹲坐在車廂頂上，或是薪資過低的交通警察向民眾索賄，就像墨西哥正在發生的一樣。表現真相的其他蛛絲馬跡只是稍微細緻一點而已，包括自由業者設法填補公共網路的缺口，或是完全避開公共領域。門禁森嚴的私人社區正在拉丁美洲蔓延，聖大菲上空直升機軋軋作響，讓我想到巴西類似的景象，聖保羅企業總部的樓頂上，民間直升機停機坪串連成網路，讓企業經理人逃避下面街道永無止盡的車流。在奈及利亞之類的很多非洲國家裡，民間公司為了避免公共電力網經常出問題、每天一定停電的困擾，都購置大型發電機和巨型油槽，維持照明和電梯的運作。闊拉（Quora）問答網路論壇列出多種罕見的工作，都是某些國家特有、因應公共服務網路缺失而出現的獨一無二工作，其中一種工作意在徵求身強體壯的船夫，解決越南偏遠河濱村莊缺少渡船服務的問題，讓村裡的師生可以跳進大型塑膠袋，由這種船夫擺渡過河，到學校上課。

所有經濟體都要靠消費和投資兩種支出推動，在大多數國家裡，民間和政府花在消費上的錢比較多，但是要推動經濟成長和景氣循環，投資支出卻是比較重要的推手。投資支出的起伏通常比消費支出大，卻有助於創造新事業和新就業機會，增加消費者口袋中的收入。投資支出包括政府與民間企業投資公路、鐵路等交通建設、投資從事務機器以至鑽床之類的廠房設備上，以及投資興建學校和民間住宅等等。要知道國家經濟展望如何，基本上要問的問題是：投資占整體經濟的比率是增加還是減少？投資增加時，加速成長的可能性高出太多了。

隨著時間的過去，我逐漸看出投資有一個大略的甜蜜點水準，這種水準是以投資占國內生產毛額的比率計算。看看我表中所列二戰後十分成功、經濟成長率連續十年超過六％的五十六個經濟體，我發現這些國家在經濟繁榮期間，平均投資了二五％的GDP。加速投資經常創造加速成長，因此，新興市場國家如果希望經濟快速成長，把投資成長提高到大約占GDP的二五至三五％時，通常會非常有助於達成目標。投資水準低落又持續下降、降到大約占GDP二〇％以下的國家，通常會處在不利的地位上。

要判定投資會上升或下降很難，只能主觀判斷，檢視公共投資計畫的規模或承諾、考慮國家是否鼓勵民間公司投資。多年來，墨西哥和巴西的投資大約停滯在占GDP的二〇％以下，安全私人社區和民間交通網路蓬勃發展，證明很多本地人已經放棄等待政府的行動，已經自行投資，以便填補缺口。

投資強勁成長幾乎總是好兆頭，但是，投資愈強勁，追蹤資金用到什麼地方去愈重要。本規則的第二部分意在區分投資熱潮的好壞，企業對若干新的創新興趣十足，把資金投入新科技的創造，或投入建設新的道路、港口或特別新的工廠時，最好的投資熱潮就會展開。對大多數新興市場國家來說，農業、服務業和製造業這三大經濟部門中，製造業一直都是促進脫貧的要角。即使在機器人威脅要取代生產線工人的此刻，還是沒有其他企業能夠證明自己有能力像製造業過去一樣，扮演創造就業和促進經濟成長的角色。

一九六〇年代內，戰後最成功的發展故事在日本揭開序幕，但一切還是從製造服飾之類最簡單的產品並出口到富國去開始。隨著農民脫農，離開土地，做起都會區比較有生產力的工廠工作，工廠開始投資在升級上，以便生產獲利更高的出口產品，從生產成衣升級到生產鋼鐵，再從生產鋼鐵升級到生產平面電視、汽車或化學品。

接著重大變化出現，工廠在城市四周冒出來後，從餐廳到保險公司之類的服務業興起，迎合日漸成長的工業中產階級，製造業開始讓位給服務業，投資逐漸趨於平緩，占國家經濟的比率開始萎縮，原因在於服務業需要的廠房設備投資，比工廠少多了。在今天發展程度最高的國家裡，投資占GDP的比率平均只有二〇％，其中義大利為一七％，美國為二〇％，英國為一七％。隨著國家日趨富裕，製造業的投資通常也會減少，在製造業占GDP的比率升到二〇％至三五％間的最高峰、以購買力平價計算，平均國民所得大約到達一萬美元之前，通常都會穩定上升。然而，對比較富裕的國家來說，投資自然下降，不表示工廠不重要。

國家發展後，投資和製造業兩者占經濟的比率都會萎縮，但是都會繼續扮演促進成長的超級動力。製造業現在占全球GDP的比率不到一八％，比一九八〇年時二四％以上的水準降低，卻仍然是創新的主要推手。依據麥肯錫全球研究所的說法，各種發展水準的製造業國家民間部門的研究發展中，製造業占了將近八〇%，在生產力提高方面，占了四〇%，確實是未來穩定成長所繫的關鍵要素。工人每小時製造出更多產品時，僱主可以提高工人的工資，卻不必提高售價，這樣可以促進經濟成長，卻不會造成通貨膨脹。

今天很多開發中國家終於承認，如果他們希望創造成長，卻不希望碰到通貨膨脹可怕的重大害處，那麼先投資工廠，以便提高生產力，對國家非常重要。因此，不意外的是，擁有最強勁投資成長紀錄的新興市場國家，也都擁有世界上最強而有力的製造業部門。根據二〇一四年投資占GDP比率排名最高的五大國家中，有四個國家的製造業占GDP比率排名，也高居五大製造業王國名單中，這四國是中國、南韓、馬來西亞和印尼。除了幸運靠著發現石油與天然氣、中了樂透的小國家外，大部分國家都發現，如果不把建立製造業當成第一步，那麼就連想要啟動脫貧過程都不可能。

最近十年裡，新興世界大部分地區的投資成長都停滯不前，因為二〇〇八年至二〇〇九年間全球金融海嘯後，政府和企業在籌資方面，都走到了黔驢技窮的地步。開發中國家投資年成長率下降三分之一以上，降到大約一・七%。除了中國之外，其他大國的投資年成長率，都從二〇一〇年的一〇%，崩跌到二〇一四年的〇%。因此，在世界大部分國家裡，投資不再是促進經濟成長的因素，而且，從巴西、俄羅斯、捷克、埃及、印度，到南韓、墨西哥、波蘭和台灣之類的國家裡，投資占GDP的比率全部下降，在其中若干國家裡，尤其是靠商品推動的俄羅斯與巴西等國中，投資減少正在摧殘國內固有的工廠，妨礙整個工業化與經濟發展過程。

新興市場大國製造業占經濟的比率有高有低，從占GDP一〇%的智利，到占GDP三〇%以上的中國都有，在靠商品推動經濟的俄羅斯和巴西等國，目前這個比率約為一二%、一三%，在名單中敬陪末座。非洲國家雖然在二〇〇〇年代裡歡慶經濟復甦，實際上，製造業占GDP的比率卻一直在萎縮，延續從一九七五年的一八%下降到二〇一四年一一%的頹勢。包括奈及利亞和南非在內，非洲若干最大經濟體其實正處在去工業化的過程中，在發展階梯上進一步滑落。

投資增加通常是經濟成長的好預兆，但任何優點過度發展都可能變成弱點，箇中訣竅是不要矯枉過正，這點是理想投資水準上限大約占GDP三五%的原因。超過這種水準，過度投資的陰影隱然出現，戰後到現在這麼久的期間裡，只有十個國家的投資水準超過GDP的四〇%，包括一九七〇年代的南韓、一九九〇年代的泰國和馬來西亞，但是十個國家裡，只有兩個國家事後逃過了嚴重的經濟下行風險，就是一九七〇年代的挪威和二〇〇〇年代晚期的約旦。這一點是本規則的重要因素，因為歷史型態顯示，投資會呈現循環式的流動，一旦投資達到占GDP比率超過三〇%的高峰後，就會開始下降，未來的五年裡，平均經濟成長會放緩三分之一。如果投資占GDP的比率超過四〇%後，才達到高峰，成長會更劇烈減緩，高峰後的五年期間，減緩幅度大約會達到二分之一。要了解減緩這麼劇烈的原因，必須回頭了解經濟循環的基本性質，就是經濟強勁突飛猛進一段期間後，大家會開始自滿和懈怠，更多的錢流向愈來愈沒有生產性的投資人，經濟會放慢是生產力下降造成的。

這種信號在二〇一〇年代裡，向中國釋出鮮明的警訊，雖然全球投資放慢下來，中國仍然陷在可能是世界有史以來最龐大的驚人投資熱潮中。二〇〇二年到二〇一四年間，投資占中國國內生產毛額的比重從三七%，升到四七%，創下大型經濟體從來沒有達到過的高峰紀錄，中國對重工業投資熱衷之至，到了每年投入的人均水泥消費量，達到包括美國在內世界任何國家用量兩倍多的地步。從很多指標來看，中國推動工業投資的力量也過於強大，因為愈來愈多的投資開始流向沒有生產性的目標，一旦投資開始下降，降勢可能延續一段時間，先前亞洲經濟奇蹟的記錄顯示，投資支出趨勢通常會有「單相」的特性，也就是趨勢一旦反轉，同樣的情況會延續很多年。

製造業的良性循環

這裡必須指出，從中國現在面對的所有危險來看，這些風險要經過很久才會出現。中國的工業化過程從極低的基期開始，三十年來，投資流入工廠、道路、橋樑和其他生產性資產，只有在熱潮進入第四個十年，政府和民間公司才開始把目標對準比較瑣碎的投資計畫。的確如此，情形經常是這樣：良好的投資熱潮開始在製造業中出現，這種熱潮通常會變成自行推進很多年。哈佛大學經濟學家丹尼・羅德里克（Dani Rodrik）稱呼製造業為經濟發展的「自動扶梯」，因為一旦某一個國家在全球製造業中找到利基，生產力似乎經常都會自動開始提高。

初期階段生產的製造品總是對外國人銷售，而不是對本國人銷售。香港的經濟研究業者新興顧問集團（Emerging Advisors Group）針對一百五十個新興市場國家回溯研究五十年後，發現持續成長的出口，尤其是製造品的出口，是最有力的經濟繁榮推手。出口簡單的製造品，不但會增加本國的所得和消費，而且會創造外匯收入，讓國家可以進口改善工廠所需要的機器和原料，卻不會累積巨額的國外帳單和債務。

簡單的說，在製造業方面，一波良好的投資熱潮似乎會帶來另一波熱潮，興建工廠會產生工廠升級所需要的資金，進而提高投資，改善道路、橋樑、鐵路、港口、電網和供水系統等基礎建設，讓國家把製造品從工廠運送到全球出口市場。十九世紀時，美國出現兩波龐大的修建鐵路支出熱潮，熱潮過後隨即是兩波衰退，但是熱潮留下來的大部分基本網路，卻在幾十年後，協助美國變成世界主要的工業強國。

今天很多國際機構都估計，新興世界需要在這種運輸和通信網路上，投資很多兆美元，這些國家當中，泰國和哥倫比亞已經訂定計畫，要動用幾百億美元，像美國和德國在二次大戰後，興建全國性公路系統，急劇縮短旅行時間一樣，推動可能改變本國地景的計畫。中國的榮景大致也可以這樣說，它們在極多其他建設之外，興建了連較富有的許多國家都會眼紅的公路網。一直到二十一世紀開始，資金才開始流向國家主席習敬平二〇一四年十月所批評的「奇奇怪怪建築」，包括意在模仿鳥巢、冰塊、甜甜圈、幻想的中國山水城市、大褲衩等等形狀的建築物。

一旦國家經濟開始走上製造業的道路，其中的動力會自行帶著經濟體，向正確的方向走一段時間。投資占GDP的比率超過三〇%時，通常會固定在這種水準上一段很長的時間——就我所研究過的戰後事例而言，這段時間平均為九年。會有這種堅持力道，原因在於其中很多國家，似乎展現出領導階層堅決承諾投資的決心——尤其是投資製造業的決心——這種決心可能可以啟動良性循環。

其中當然會有一些例外，前蘇聯在工廠裡投入巨額資金，但是前蘇聯瓦解時，俄羅斯在這方面幾乎沒有什麼成果可言，一九八〇年代，前蘇聯投資占GDP的比率升到三五%的高峰，但大部分資金都由國家投入計畫不周的單一工業城，如懷德林諾（Vydrino）木材城、白卡爾克（Baikalsk）紙業城和派克利亞瓦（Pikalyovo）礦業城等等，事實很快就證明，到蘇聯崩潰後的一九八九年，國家支持的這些產業根本無法和現代的全球性對手競爭，留給俄羅斯殘存政府愈來愈多的荒廢工業城，以及不值得一提的製造業基礎。

印度是現代的例外，二十一世紀開始以來，印度投資占GDP的比率都超過三〇%，但是資金幾乎都沒有投資在工廠裡。印度的製造業一直停滯不前，幾十年來，占GDP的比率一直維持一五%上下，停滯不前的原因是國家未能興建可用的港口和發電廠，或是創造出一種規範勞工、土地和資本的法規設計和執行時，都以鼓勵企業家投資——尤其是投資工廠為基準原則的環境。印度在創造對勞工友善的法規，以及創造可行的土地取得標準兩方面，都讓人失望。

一九八九年至二〇一〇年間，印度在製造業中，大約創造了一千萬個新就業機會，但是，根據世界銀行經濟學家伊傑西·賈尼（Ejaz Ghani）的說法，幾乎所有新就業機會，都是由非正式的小企業創造，因為這種企業比較適於規避印度的官僚體系以及限制極為嚴格的解雇員工法規。一般認為，印度的勞工法極為繁瑣，以致於大家在實務上，連要做到遵守其中一半的勞工法，卻不會違反另一半的勞工法這件事，都顯得不太可能。賈尼指出，雖然印度推動多項改革，理當讓企業家更容易興建比較大型的工廠，同時更容易出口自己的產品，但是，小型工場還是紛紛發展出來，非正式的小工場目前占印度製造業勞動力的三九%，遠高於一九八九年時的一九%，其中很多小工場是由一個人唱獨角戲，而且規模實在太小，不可能在全球市場中競爭。

我記得一九九○年代自己到紐約訪問時，深感驚異的看到曼哈頓街頭極多的人孔蓋上，都鑄有「印度製造」的字樣，這件事多少讓我覺得慶幸，認為或許這是未來印度製造業進步的前兆，但是我的希望根本沒有實現。二○一四年一月，印度軟體企業家賈舍斯·拉奧（Jaithirth Rao）寫道，一位朋友審視他的辦公室，希望找到一些在印度製造的東西，卻發現「地毯是中國產品，家具是馬來西亞產品，燈飾是中國產品，玻璃隔間是從各地進口的，包括中東杜拜的傑貝阿里港等等」。拉奧還補充說，連印度處處可見的印度教象神葛納許（Ganesh）的塑像，現在都是從中國進口的。

從規模經濟和這些產品的世界市場等角度來看，像地毯和燈具之類的產品必須在中國製造，或許是可以了解的事情，但是最近我聽印度一家最大集團企業的首腦說，像印度神香這麼典型、在大部分宗教儀式和社交場合中散發滿室芬芳的印度用品，現在主要都是在越南生產。

莫迪二○一四年出任印度總理後，推動了「印度製造」運動，但是其中仍然有一個基本問題，就是至少一開始時，他的助理談的不是先在玩具或紡織之類的工業中，興建能夠雇用千百萬員工、緊急創造工業中產階級的簡單工廠，而是談論在太陽能電器和武器工業中，興建需要雇用高級技術工人的先進工廠，然而，在廣大的印度農村失業人口中，卻還找不到充沛的高級技術工人供應。印度試圖跳過發展過程中的某一個階段，已經不是第一次了。

服務業電扶梯

在全球金融海嘯前的繁榮歲月裡，印度的成長主要是靠大力投資科技服務業，而不是投資製造業，這種作法催生了一種家庭工業，也促使印度經濟學家樂觀的以事後諸葛的方式，努力證明這種作法應該是可行的發展策略。他們主張：在全球化的世界上，愈來愈多的勞務可能藉著網際網路提供，大家可能還需要本地美容師燙頭髮，或需要本地造景師父割草，但是網際網路應該可以取代從律師到保險經紀人、從放射線技師到修理網際網路連線科技專家的所有本地勞務代理人。印度要致富，可以靠著出口這個資訊新時代所需要的勞務，而不靠出口愈來愈複雜的製造品。

這種主張在二〇一〇年代初期的「服務業電扶梯」新研究中開始得勢，世界銀行二〇一四年發布一份工作報告，主張舊的製造業成長電扶梯逐漸失勢，已經讓位給服務業新電扶梯，如叫計程車、理髮、餐廳點餐、醫療照護之類的服務。這份報告以希望滿滿的方式聲稱，目前製造業占全球經濟的比重正在下降，創造的就業機會愈來愈少，服務業卻仍然繼續成長，在產出和就業機會兩方面，都為富國和窮國貢獻愈來愈多的成長。評估報告指出，現在就算在衣索比亞之類的窮國裡，服務業創造的就業機會薪資通常比較低落、比較沒有生產力的舊信念也已經不適用，連衣索比亞服務業的勞動生產力提高速度，都超過所有其他部門，在比較現代化的行動電話網路之類服務風行的助陣下，尤其如此。其中的意義是：不只是衣索比亞，整個非洲都可以靠著在服務業中創造的就業，避開「無就業工業化」的陰影。

服務業新電扶梯的主張令人鼓舞且合乎邏輯，而有一群人幾乎希望這種主張正確無誤——預測專家們極為頻繁的根據令人沮喪的趨勢，推斷出令人失望的未來，而在探討製造業的衰微和自動化的崛起時，呈現的正是這種景象。預言家把這些趨勢編進對未來的預測中，預測將來大家會把優質的工廠工作，放給機器人承擔，造成大量失業。當然，從工業化之初，像這樣的預測就不斷出現，而且事實一再證明這種預測錯誤。一台縫紉機固然可以取代紡織業中的很多裁縫，但是，這種科技的擴散卻在家具、玩具，最後到汽車座墊縫製等其他產業中，創造出縫紉機工人的新工作。在摧毀就業機會的時代裡，我們不應該尋找悲慘的結果，應該尋找下一個轉型，因為這樣才是正常的循環。

在去全球化過程展開之際，下一個轉折現在可能已經清晰可見，雖然全球貿易已經放緩、全球資本流動已經退潮，旅客、觀光客和網際網路通訊卻繼續爆炸，所有這一切都為服務業添加助力。此外，過去五年內，擁有「智慧型」手機的人，從不到二〇％激升到七五％，因此，服務業正藉著行動化，擴大勢力範圍。

然而，服務業電扶梯的觀念還是有一個基本問題，就是在新興世界裡，大部分的新服務業工作仍然是非常傳統的冒險之旅，而非創造虛擬實境或高檔的旅遊經驗。想一想從拉哥斯到德里普遍存在的路邊補胎攤子，或是想想木箱理髮店的例子，在印度的小村莊裡，很多企業家會以極少的代價，在看來像直立的大型合板棺材裡，替你理髮，觀光客要相當大膽，才敢進去理髮。農民搬離土地，從事類似這種行業的服務業時，無法創造出口收益，也不能幫助提振國家經濟發展。

現代服務業來臨的趨勢讓一些印度經濟學家極為興奮，在印度，現代服務業的意義是資訊科技服務業，到一九九〇年代末期，這種服務業已經把邦加羅爾和普納（Pune）等城市，變成國際知名的新興都市，也變成包括印孚瑟斯（Infosys）和塔塔顧問（TCS）公司在內新興企業巨擘的根據地。大家都希望，印度像韓國從生產紡織品升級為製造廚房家電產品一樣，從銷售簡單的後勤辦公室服務——就像資訊科技部門的路邊修理攤子一樣——升級為比較進步、利潤比較高的顧問和軟體服務業者。但是這種願景有其限制，經過十年之後的現在，印度的科技部門仍然還在提供相當簡單的資訊科技服務，跟草創時期的後勤辦公室作業一樣，能夠創造出來的新就業機會相當少。

印度大約只有二百萬人從事資訊科技服務業，這些人占全部勞動力的比率不到一%。鄰國巴基斯坦和斯里蘭卡已經出現規模比較小、抄襲印度模式的資訊科技服務熱潮，但是鄰國的熱潮只創造了幾萬個就業機會。菲律賓的情形也一樣，勃然興起的電話服務中心產業就業人數從零開始，在二〇〇〇年代裡，爆炸成長為三十五萬人，卻仍然只占整體勞動力極為微小的一部分。到目前為止，這些服務業的崛起都不夠大，無法推動農村農業經濟的大規模現代化。在日本與南韓之類亞洲經濟奇蹟漫長的快速成長期間，有多達四分之一的人口從農村遷移到工廠。戰後初期美國製造業的勢力如日中天時，工廠裡雇用了美國多達三分之一的勞動力。

大家能夠快速的從耕作農地，轉移到生產線上做工，是因為兩種工作依靠的大致都是體力勞動。從農田跳到現代服務部門卻難多了，因為服務業的工作經常需要較為先進的技術，包括操作電腦的能力。菲律賓和印度轉進資訊科技服務工作的勞工，通常都受過較好教育、會說英語，且至少具備若干電腦才能的都市中產階級族群。為低度就業的中產階級找工作很重要，但是對於能創造多深入的經濟轉型，卻有其極限，因為這些人只占總人口中的一小部分。現在的規則還是工廠最重要，不是服務業最重要。

踏上電扶梯很難

印度之流的國家要面對一個逐漸發展的挑戰，就是要打進製造業遊戲，還要穩穩守在裡面已經變的愈來愈難。自從三十年前中國推動製造業的發展以來，準製造業大國的數目迅速增加，現在從越南到孟加拉之類的國家，都已經變成了競爭對手，既有的外銷製造商光是要保住客戶，都已經愈來愈難，原因之一是全世界的出口製造部門一直在萎縮。

早在二〇〇八年金融海嘯爆發前，要在國際製造業中競爭，已經變的日益困難，後來金融海嘯又造成競爭變的更激烈。過去十年的繁榮期間，大型新興經濟體的出口每年成長二〇到三〇%，二〇〇八和二〇一〇兩年的成長率更升到將近四〇%的高峰。但是接著全球貿易放慢下來，二〇一〇年到二〇一四年間，這些國家的出口成長率變為負值。隨著競爭加劇，製造業部門跟著萎縮，富國開始加速行動，阻止東亞國家在一九六〇年代到一九七〇年代變成出口大國所採用的措施，包括補貼出口、低估匯率，以及以逆向工程學習西方科技等手段。

另一個障礙是自動化，目前的新科技浪潮不是創造可以把一件事情做好的機器，而是創造愈來愈聰明、看來幾乎無所不能的機器人，讓這種機器人駕車、下棋、跑步比號稱「牙買加閃電」的尤塞恩・柏特（Usain Bolt）還快、在亞馬遜公司的倉庫裡，找出裝針的紙盒，搬到出貨平台去。因為現代工廠利用的機器人愈來愈多，雇用的人工愈來愈少，後起之秀的國家要像創造經濟奇蹟的亞洲國家一樣，把二五%的勞動力，從農村轉移到工廠去，會變的比以前更難。目前數位革命橫掃工廠廠房，因為3D列印機器不需要人手的協助，就能夠生產或組裝零件，製造出大不相同的各式各樣產品，如建築材料、運動鞋、設計師燈具和透平機扇葉。

對新興市場國家來說，更糟糕的事情是美國領導的已開發國家，在這些先進製造科技方面遙遙領先。美國在發現廉價頁岩氣的驅策下，正在進行一場迷你型製造業復甦，因為廉價頁岩氣壓低電力成本，壓縮美國和中國之類競爭對手之間的製造業工資差距。美國現在是新興世界製造品的主要顧客，也是新興世界製造商的競爭對手，二〇一五年時，甚至有消息傳出，有些美國企業重新打進成衣和運動鞋等簡單產業中。

因此，新興市場國家再也不能像十年前那樣，長期搭著製造業電扶梯。這點清楚顯示，設法對抗這些趨勢、繼續建立大型製造業基礎的極少數國家多麼傑出，其中最值得注意的是南韓，南韓的平均國民所得雖然已經提高到二萬美元以上，南韓的重型工業列車仍然繼續前進，近年製造業占GDP的比率繼續提高到二八％，成為所有大型經濟體中最高的比率。另外只有六個已開發國家——新加坡、德國、日本、奧地利、瑞士和列支敦斯登——擁有占GDP比率接近或超過二〇％的製造業部門。

德國雖然已經變成富國，但是在擴大製造業出口大國的勢力方面卻極為成功，德國出口占GDP的比率，已經從一九九五年時的二六％，上升到四六％。著名的哈爾茨改革（Hartz reforms）摧毀了工會的力量，限制了勞工的成本，正是這種成就的原因之一。歐盟其他會員國抨擊哈爾茨改革是「以鄰為壑的政策」，這些會員國現在和德國共同使用相同的貨幣，再也不能利用本國國幣下跌的方法，因應德國勞工成本的下降。但是德國也在另外很多方面推動改革，德國擁有以中堅企業（Mittelstand）聞名的核心中型產業公司，擁有這些公司的家庭以善於長期思考聞名，而且在柏林圍牆倒塌後，他們做出精明的戰略性決定，利用供應充沛、開放給他們利用、又受過良好教育的廉價勞工。很多公司在波蘭、捷克、美國和中國投資，設立新廠，有效的輸出德國的工業模式。二〇一〇年是德國汽車公司國外汽車產量超越國內產量的第一年，協助德國打造出堪稱全球主要工業大國的地位。根據哈佛商學院的國際群聚競爭力計畫

（International Cluster Competitiveness Project）的排名，在五十一種最大的全球性工業中，德國公司在其中二十七種工業裡，擁有其中的前三大公司，成績優良到甚至超越包括美國在內的所有其他國家，美國在這項研究計畫中排名第二，擁有其中二十一種工業中的前三大公司，中國排名第三，擁有其中十九種工業中的前三大公司。

工廠的穩定效果

國家愈努力爬上製造業的階梯，其中的故事愈鮮明、愈突出。國家進入製造業良性循環的能力好壞，有一個最清楚的指標，就是這個國家在全球製造業產品出口市場上所占的比率，尤其是這種比率最近的變化。最近這種指標大幅改善的國家很少，例外的國家主要是中國、泰國和南韓，近年來，南韓強大的製造業基礎推動國家經濟繼續前進，創造三到四％的成長率，不過卻揹負了巨額的家庭債務重擔，家庭債務等於GDP的一倍半。

然而，製造業保護國家經濟不受其他威脅危害的事例中，泰國的例子展現出最有趣的一面。一九九七年下半年，亞洲金融危機高峰期間，我在當地企業家的邀請下前往泰國，這些企業家堅稱，泰國經濟遠比表面上所表現的穩定多了。不錯，曼谷的房市正在崩潰，但是，這些泰國企業家希望我看看泰國另一面的製造業基礎。我剛從印度飛到泰國，印度的馬路坑坑洞洞，後街窄巷中藝品店充斥，泰國和這種情形的反差令人震驚。我們的東道主在機場接到我們後，直接殺出機場，開上新建的春武里府高速公路，開向泰國東部海岸，這趟短短的車程所經過的四線道高速公路，不是只把貨物供應到一座深水港而已，而是供應一系列的深水港，其中一座港口是配置高大裝貨起重機的蘭加鎊港（Laem Chabang）。從離曼谷大約一百公里的地方開始，是一長條我只能形容為樂園工廠的工業地帶，在伸向白色砂灘、點綴著寶塔的平緩綠色山坡上，散布著汽車廠、石化煉製廠和造船碼頭，聽過這種工廠海灘景色的西方人很少，但是大批日本人，尤其是眾多汽車廠的投資者和客戶已經捷足先登，海濱的芭達雅村為了招待他們，已經出現一個活力充沛的酒吧區。

今天這段海岸是很受歐洲人歡迎的觀光和退休聖地，也是本地很多待遇最高勞工的住家所在地，但是當時這裡大致是泰國出口製造業實力隱而不見的紀念碑。在平均國民所得仍然只有三千美元的泰國，發現這段忙於製造出口活動的海岸，仍然讓我相當震驚，而且這裡強力證明泰國雖然碰到亞洲金融危機——甚至可能是因為這場危機的關係——仍然可能創造出一番成就，在泰銖崩盤，壓低了東部海岸這些工廠出口價格的情況下，進而推動泰國走向經濟復甦。

泰國是一個鮮明的例子，證明在正常情況下可能導致經濟體沈淪的風暴中，強大的製造業是能夠安定大局的基石，即便現在泰國新聞會登上全球媒體的頭條，不是因為泰國展現製造業大國的力量，而是因為層出不窮的政治動盪和政變的關係。泰國堪稱擁有世界上最動盪不安的政治制度，從一九三〇年代以來，泰國爆發過十三次政變，外加後續六次的政變企圖，包括二〇一四年五月推翻盈拉總理的那次政變。此後軍方將領努力的方向，大致是盡力讓盈拉和她原本多話的鄉村支持者，從公眾眼前消失，泰國的經濟成長已經慢下來，民主政治的前途也難以預料。但是在上次政變前，即使抗議者占領國際機場，或是陸軍接管國會，泰國仍然維持大約四%的經濟成長率達十年之久。

二〇一四年前，泰國經濟能夠穩定，是植基於擁有大型經濟體中第五高的投資比率（占GDP的三〇%）以及第二大的製造業部門（也接近占GDP的三〇%）。近年裡，連中國都無法像泰國那樣，創造那麼高的製造業成長率，過去幾年來，能夠提高全球出口市場占有率的大型新興經濟體很少，泰國就是其中一個，泰國的鋼鐵、機器和汽車都創造了這種佳績。很多種工業成長，促使泰國的失業率降到亞洲最低的水準，過去十年來，平均一直都低於三%，泰國成人有薪受雇的比例高的很不尋常，長久以來，這一點一直是穩定經濟的要素之一。只是，沒有什麼趨勢是恆久不變的，推翻盈拉的政變領袖似乎比較重視政治「改革」，確保盈拉和她的支持者不會東山再起，比較不重視繼續實施她所訂定的計畫——投資數十億美元，興建新的運輸網路，以便維持製造業出口機器的忙碌活動。

罕見的科技熱潮

科技投資是另一種良好投資熱潮，僅次於製造業，但是過去的紀錄顯示，這種熱潮大部分只在主要工業國家中出現，而且近年來，特別侷限於只在美國出現，在新興世界出現的例子十分罕見。印度曾經大力打進資訊科技服務業和製藥之類的專業化事業中，但是規模有限。新興世界裡主要的例外是台灣和南韓，兩國為了無中生有創造出科技產業，都大量投資在研究發展中，過去十年裡，這種投資每年占GDP的比率都超過三%。相形之下，大家也說是經濟奇蹟的智利每年花在研究發展上的投資，卻不到GDP的一%，因此，現在智利的平均所得到了相當高的一萬五千美元後，可能要花一番功夫，才能繼續成長。

南韓是世界上寬頻連結最普遍的國家，已經從汽車到消費電子產品之類範圍廣泛的產業中，創造出具有全球競爭力的科技公司。台灣的企業規模通常比較小，卻能夠快速因應全球的新趨勢。二〇一四年三月我訪問台北時，和一家大銀行的董事長談話，他把這種彈性歸因於長久以來台灣遭到外國侵略的歷史，聲稱台灣人被迫適應很多種文化，已經學會保持心胸開放。台灣企業以生產個人電腦零組件、行動電話和其他消費電子產品聞名，目前已經打進若干快速成長的科技部門，如車用消費電子產品和「運動休閒服」，這種衣服是時裝和運動服裝業者結合所生產的流行運動服飾，在健身房外也可以穿著。

以色列這個國家更小、更不尋常，最近在重新分類時，已經劃入已開發國家行列，但以色列是唯一還處在新興市場國家階段，就開始發展廣泛科技力量的國家。以色列僅次於美國，是世界上擁有第二多新創企業的國家，每年要在研究發展上花費將近四％的國內生產毛額。好幾家美國大企業、如微軟和思科公司，都在以色列設立他們的第一座海外研發設施，而且以色列是強力吸引創投資本家的磁鐵。以色列企業正在發展多種創新產品，其中一種視訊產品可以把觀眾納入三百六十度立體空間的虛擬世界裡，另一種是不需要在你身上裝偵測器，就可以監控你生命跡象的智慧型手機硬體，以色列也把自己高深的軍事科技，拿來生產網路安全系統。以色列是合法的科技出口大國，四〇％的ＧＤＰ得自出口，一半的出口收益來自科技和生命科學。

近年趨勢觀察家指出，從奈羅比到聖地牙哥之類的新興世界都市中，紛紛出現新矽谷、矽巷或矽沙漠，但是，這種現象經常都是微型投資熱潮，只是在一個小小的社區裡，成立幾家新創企業而已，最後很少能夠有什麼成就。另一個可能的例外在墨西哥出現，墨西哥北部的邊境城市蒙特雷在十九世紀裡，從美國進口墨西哥的第一座製冰廠後，就一直在進口科技，這座製冰廠後來促成第一家啤酒公司的成立，然後發展成今天蒙特雷轉型重心的芬沙（ＦＥＭＳＡ）企業集團。早年這個集團創業家族的一個子孫到美國麻省理工學院（ＭＩＴ）念書，後來在母校的協助下，創設了名叫蒙特雷理工學院（Monterrey Institute of Technology）的墨西哥ＭＩＴ，現在墨西哥ＭＩＴ扮演的角色，類似史丹佛大學在美國矽谷所扮演的角色，好比是當地活躍工程、企業與積極創新精神文化的基礎。二〇〇〇年代裡，毒梟幫派侵入蒙特雷郊區，彼此之間還經常火拚，本地公司動員起來施壓，換掉貪腐成性的聯邦警察，換上待遇較高的本地警力，結果本地警力在趕走幫派領袖方面，扮演了關鍵角色。

今天的蒙特雷很平靜，是一整群企業的根據地，他們應用高科技改善一切產品，包括輕質鋁製汽車零件、白起司，到以玉米薄餅為基礎的即食餐點，甚至包括水泥。已故的墨西哥水泥公司（Cemex）執行長羅倫佐．桑布拉諾（Lorenzo Zambrano）把自己在史丹佛大學學到的東西，運用在工作上，將墨西哥水泥變成世界最先進的水泥公司，把墨西哥水泥的招牌產品，用他喜歡的矽谷術語，稱為以科技為基礎的「解決之道」。墨西哥水泥公司有九座研究實驗室，重點放在改善公司的流程，以至發展更強力的預拌水泥。墨西哥水泥公司說服哥倫比亞政府，購買比較昂貴卻比較耐久的新水泥，最後，哥倫比亞在重鋪山區道路系統上，節省了不少經費。墨西哥中央政府認為蒙特雷的企業文化，足以改造仍然以國營壟斷企業為主的墨西哥經濟，從二〇〇九年起，已經提撥四億美元左右的新投資，投入蒙特雷的研發設備中。

「優質熱潮」聽來有點像矛盾修辭法，但是這種熱潮很健全，因為即使熱潮引發崩潰，相關國家卻不會面對民窮財盡的後遺症，反而會發現自己比熱潮前更堅強，擁有新的運河、鐵路、光纖電纜、半導體晶片廠或具有全球競爭力的水泥廠，可以在經濟復甦時，協助經濟成長。總之，就像法國經濟學家路易．賈夫（Louis Gave）所主張的一樣，要判斷投資熱潮，要看熱潮留下了什麼東西。

二〇〇一年時，一般人都認為，科技投資泡沫助長了很多垃圾公司，因此那年網路股泡沫破滅，導致很多名聲喧騰一時的企業倒閉案，寵物公司（Pets.com）就是一個例子。後來哈佛商學院教授拉曼納．南達（Ramana Nanda）和馬休．羅茲-柯羅夫（Matthew Rhodes-Kropf）發現，科技股泡沫和其他類型股票泡沫不同的是，科技股泡沫固然可能為比較多倒閉的新創企業籌資，後來卻也助成比較多的科技公司變的極為成功（根據他們公開上市時吸引多少資金來判斷），變成極為善於創新（根據他們贏得多少專利權來判斷）。二〇〇一年時，每幾十家像寵物公司之類的企業倒閉，就有一家像谷哥或亞馬遜之類生存下來的先驅公司，協助美國大大的提高生產力。事實上，一九九〇年代的科技熱潮協助美國把生產力提高的幅度，從一九八〇年代的二％，提高到將近三％，是一九五〇年代戰後復甦期間以來最高的幅度。這種規模的生產力熱潮在窮國中並不罕見，在先進經濟體中卻相當罕見，因為窮國只要鋪設道路，就可以大大提高生產力。

網際網路熱潮加溫時，有一陣子裡，鋪設光纖電纜，好讓連結加速運作的鉅額投資，看來似乎是最大的泡沫，但是因為光纖的使用年限為十五到二十年，這樣留下來的電纜卻使高速寬頻連結變成現實。新興經濟體中的台灣和南韓在網際網路熱潮高峰期間，推展寬頻的速度甚至更快，現在反而擠身世界上網路連結最普遍的國家。就像賈夫說的一樣，雖然科技泡沫內爆，卻讓消費者能夠用比較低廉的代價，打電話和傳輸資料，同時利用設在印度或菲律賓等國家的電話服務中心，或利用其他成本效益較高的服務，從而提高富國和窮國的成長與生活水準。

日本和南韓在戰後初期發生類似的事情，就是政府引導資金投入世界級企業的建立，其中有些像南韓大宇集團和日本崇光百貨之類的公司，在後來爆發的危機中陣亡，像現代和三星之類存活下來的其他公司，變成了科技產業中具有全球競爭力的品牌。熱潮期間在工廠或科技上的優質投資，在熱潮結束後，通常會有提高生產力很多年的後續好處。

然而，就新興市場國家而言，連科技都不能扮演跟製造業一樣的觸媒角色，因為沒有一個國家能夠想出方法，跳過建立基本工廠，利用直接離開農村的工人都能學會的相當簡單技術，生產服裝之類簡單產品的階段。要訓練這些工人擔任比較先進工廠中的工作，或是在更現代化的服務業中任職，需要花時間。科技熱潮也起源與集中在科技大國發生，包括十九世紀的英國和今天的美國。

惡質的熱潮

最糟糕的投資熱潮幾乎不會留下有生產力的價值，原因之一是這種熱潮不是由某些熱門新科技或創新促成。激發投資人競相搶入惡質熱潮的東西，經常是利用一種大家垂涎的資產漲價的機會，像是住宅或銅鐵礦砂之類天然資源價格上漲。住宅興建可能略為加速，這種事情不見得是壞事，在需要住宅的窮國尤其如此，但是，不動產投資熱潮的長期報酬率通常都會有限制。住宅能夠提供一家人住的地方，對經濟產出或生產力的提高，卻不會提供穩定的助益，而且因為極多人夢想購買完美的住宅或豪華的第二棟房子，不動產市場似乎特別容易出現不理性熱潮。

投資熱潮對經濟是好是壞，大部分也取決於企業用什麼方式投資，如果企業大力舉債，不管是向銀行借錢，還是透過債券之類的其他債務形式舉債，泡沫破滅時，結果通常都是延續很久的亂局。企業設法重新談判債務、銀行被迫提列呆帳損失時，信用體系會陷入癱瘓狀態，經濟會減緩很多年。但是如果企業改用在資本市場發售股票、募集投資資金的話，市場釐清亂局的速度會快多了，股價會下跌，股東會被迫承受損失，沒有什麼爭吵或談判。融通熱潮所需資金最好的方法是利用外國直接投資，外國直接投資流入新興市場時，經常會興建或購買新工廠或其他事業。外國投資既然是所有權人，就會跟投資計畫的長期命運綁在一起，碰到危機時，這種非常穩定的資金來源不會輕易的逃逸無蹤。

國家經常在有利的熱潮和糟糕的熱潮間循環往後，例如大家現在公認，一九九〇年代末期美國的網路股熱潮是典型的有利熱潮，網路股熱潮主要是靠著股市和創投基金資本家籌資，熱潮在這種股票的價值突然崩潰時結束，但是，誰應該承受痛苦並沒有經過長期的辯論，因此，美國經濟在二〇〇一年時，承受了戰後程度最輕的經濟衰退。但是後續的美國房市泡沫卻是不好的泡沫，因為大部分是靠債務融通所需的資金，二〇〇八年不動產熱潮崩盤造成全球危機，也導致戰後最劇烈的經濟衰退和緩慢之至的復甦，因為銀行和客戶都苦苦掙扎，設法減輕債務，恢復正常的感覺。

不動產熱潮經常靠著借貸加油打氣，因此，通常會以嚴重的經濟減緩作為結束，有些最著名的經濟奇蹟結束時，是以債務融通的不動產泡沫內爆作為完結，包括一九八九年的日本和一九九〇年代初期的台灣。一般原則是漲上去的一定會跌下來，但是跟一九七〇年以來十八個最嚴重房價崩盤有關的最新報告顯示，崩盤都在不動產建築投資升到大約占GDP的五%時發生。以美國為例，不動產投資占GDP的比率在二〇〇五年時，升到大約占GDP六%的高峰，領先內爆時間三年。西班牙在二〇〇八年時，升到占GDP十二%的高峰，領先內爆時間兩年。中國在二〇一二年時，升到大約占GDP十%的高峰，過去幾年來，很多城市的房價都在走軟，顯示不動產投資熱潮到達瘋狂階段的大致標準，是到達大約占GDP的五%時。

糟糕的熱潮：商品的詛咒

另一種糟糕的熱潮起源於著名的天然資源「詛咒」：大多數大量投資生產原料的新興市場國家，都無法長期快速成長，不論是大舉投資石油生產的奈及利亞、大舉投資黃豆生產的巴西，還是大舉投資黃金生產的南非，全都一樣。沒有一種其他投資標的能夠像原物料一樣，激發這麼持久的濃厚希望和深沈的失望。從二〇一〇年代開始到現在，全球投資中，有將近三分之一的投資流入商品產業，類似一九九〇年代末期網路股熱潮時，三分之一資金流入科技產業的情形。從二〇〇五年到二〇一四年間，石油與礦業公司的資本支出增加六〇〇%，現在這些供應在全球市場流竄，但是此刻中國和其他國家的需求卻在減緩，到二〇一五年時，情形已經很清楚，這波熱潮會在痛哭流涕聲中結束。

為了說明商品投資熱潮自我毀滅的型態，我找出十八個石油出口大國，檢視他們從開始輸出石油年度以後的平均實質所得成長狀況，和美國的平均所得比較，十八國中，有十二國的所得都呈現下降的現象，其中敘利亞的平均所得固守在美國平均所得九％的水準上，和一九六八年敘利亞開始生產石油時完全相同，而且現在所得已經跟著內戰爆發而崩跌；厄瓜多、哥倫比亞和突尼西亞三國只微幅增加。總之，這些富藏石油的國家中，九〇％的平均所得都下降或停頓不前。石油的發現妨礙了成長，這是大家把石油看成詛咒的原因。

這種詛咒運作的方法是：生產石油引發精英階層爭取分得一杯羹，而不是爭相投資興築道路、發電廠和工廠。在石油輸出國裡，領導階層對納稅人的依賴逐漸降低，然後會愈來愈不傾聽選民的心聲，反而是透過補貼，把一部分的石油收益，用在汽油補貼、便宜食物和其他沒有生產力的免費福利上，希望平息民怨，其他產業會因此受害。外國人購買石油的資金湧入，推升產油國的匯率，從而使僅有的少數本國工廠難以出口產品，石油的暴利會破壞石油以外的每一種本國產業。

這是典型的「荷蘭病」，荷蘭病是一九五九年荷蘭發現北海石油後，製造業崩潰衍生出來的名詞，雖然這個名詞起源於已開發國家，卻對開發中國家造成最嚴重的打擊。過去十年來，荷蘭病已經侵襲巴西、俄羅斯、南非和非洲大部分國家，大致上，只有在發現資源財富前已經相當好過（和相當多元發展）的國家，如挪威和加拿大，才能明智的把商品利潤好好投資，避免了國家發展受到商品價格波動妨礙的命運。

對比較富裕的商品生產國來說，新資源不是唯一的財富來源，因此不會變成難以抗拒的貪腐誘惑之源。如果國家設法把暴利儲蓄起來，以備不時之需，可以用來對抗商品價格的循環性崩跌，或是投資在把石油變成石化產品、把鐵礦砂變成鋼鐵、把原鑽變成美鑽的產業上，商品熱潮就會帶來比較強勁的成長。

波扎那從一九六〇年代發現鑽石後，在戴比爾斯鑽石公司的配合下，不但設法把從這種夢寐以求的寶石上得到的收益，變成穩定上升的國民所得，而且也多元化發展其他產業，但波扎那是這種「詛咒」罕見的例外。

這點凸顯備受宣揚的非洲「復興」現象有其限制，過去十年來，很多非洲國家快速成長，整個非洲大陸投資占GDP的平均比率從一五%，上升到二二%，但是大部分投資都流入服務業和商品產業。包括安哥拉、獅子山、奈及利亞、查德和莫三比克在內的國家，經濟能夠加速成長，主因是他們最重要的出口商品價格上漲。他們所吸引的外國投資主要來自中國，而且主要投入油田、煤礦或鐵礦，製造業占非洲出口的比率反而萎縮，實際上，成千上萬的非洲人過著倒退的日子，失去產業界中的就業，在非正式的商店裡，從事比較沒有生產性的工作。

因此，在製造業上的巨額投資，穩定了泰國和南韓等國的社會，在商品上的巨額投資，卻破壞了奈及利亞之類經濟體的穩定。奈及利亞有一億七千五百萬的人口，是西非最大的經濟體，但是奈及利亞從一九五八年開始生產石油後，經濟發展卻穩定的落後世界其他國家，平均所得原本占美國平均所得的八%，現在已經退步到占美國平均所得的四%上下，同時，千百億美元的石油財富消失在政府部會首長的口袋裡。前總統古德勒克・喬納森（Goodluck Jonathan）二〇一〇年就任時，看來和過去一連串竊取數十百億美元的竊國大盜截然不同，但是，事實證明他太脆弱無力，無法阻止竊國惡行。奈及利亞一位最高階銀行經理人告訴我的一位同事，二〇一五年，穆罕默杜・布哈里（Muhammadu Buhari）繼喬納森之後接任總統時，曾經設法推動內部整頓，把三十六位內閣部會首長候選名單送交財經犯罪偵察署審查，當天還沒有結束，偵察署就回報總統，認定其中三十三位有貪腐之嫌。

例如，倫敦《金融時報》記者湯姆・布吉斯（Tom Burgis）在大作《竊國機器》（*Looting Machine*）

中，細訴了奈及利亞敗壞的景象，指出當地人把奈及利亞電力控股公司（PHCN, Power Holding Company of Nigeria）叫做「請備妥蠟燭」公司（Please Have Candles Nearby）。布吉斯說，電費高昂是過去二十五年來，奈及利亞一百七十五家紡織廠，只剩二十五家沒有關門，三十五萬紡織業勞工中卻只有二萬五千人還保住工作的主要原因之一。生產奈及利亞特有、用色大膽且表面閃亮經典布料的產業，主要已經遷移中國大陸，中國企業家則在同期內，設立了十六家大工廠，專門生產蓋著「奈及利亞製造」戳記的紡織品。奈及利亞人仍然喜愛自己國家的經典設計，但是拉哥斯和卡杜納的街頭小販完全無意隱瞞大部分成衣來自中國，而且是以逃避紡織品進口禁令的走私方式，從中國輸入的事實。布吉斯說明包括化名曼格爾的人在內的走私大王，如何加重了經濟中的貪腐問題。

二〇一五年七月，對食品加工到水泥製造都有興趣的非洲首富阿里科．丹格特（Aliko Dangote）告訴我，在他的家鄉奈及利亞的卡諾州（Kano）裡，兩千萬人靠著四萬瓩的發電裝置過日子，在已開發國家裡，四萬瓩只是人口四萬小鎮的標準裝置容量。因為沒有穩定的供電，很少本國或外國企業敢投資工廠，因此，今天製造業占奈及利亞的GDP比率不到五％，在所有非洲國家中排名第四低，比飽受戰火摧殘的衣索比亞還低。

結果是奈及利亞之類的石油經濟體碰到外在震撼時，比製造業經濟體還脆弱。二〇一五年十月，奈及利亞前財政部長恩戈濟．歐康約—伊威達（Ngozi Okonjo-Iweala）跟我會晤時告訴我，奈及利亞過度依賴一種商品的這種稱做「單一文化」的現象，已經困擾奈及利亞決策官員很久了，但是他們似乎就是無法把國家轉向另一個方向。二〇一五年，油價下跌再度掏空已經遭到劫掠的奈及利亞國庫，中央銀行被迫讓奈及利亞貨幣奈拉貶值，因為奈及利亞很少把石油暴利儲蓄起來，因此，幾乎沒有什麼外匯存底。在泰國之類的製造業經濟體裡，這種行動會使本國的製造品更容易輸出，從而協助政府穩定國家經濟。但是，奈及利亞貨幣崩盤對製造業出口幾乎毫無刺激功效，因為製造業大致上並不存在。

但是石油詛咒中附有一項警語，就是即使對比較不多元化發展的國家而言，商品都可能是短期福祉，比較長期的「經濟奇蹟」全都屬於製造業經濟體，只是，在我所列至少創造十年非常快速成長的五十六個國家裡，有二十四個國家是商品經濟體，包括巴西和印尼。這一點不足為奇，二百年的商品價格歷史顯示，經過通貨膨脹調整後，商品價格並未改變，漲勢通常會延續十年，但是接著價格會直線下墜，在低檔盤旋大約二十年，拖累鋼鐵、石油或黃豆推動的很多經濟體，除非領導階層採取行動、打破這種詛咒。

看看沙烏地阿拉伯的雲霄飛車之旅，一九七〇年代和一九八〇年代初期，油價飛升之際，沙烏地阿拉伯的平均所得倍增為二萬美元，但是到了一九九〇年油價下挫時，卻減半為一萬美元，然後在後來的十年裡，隨著油價恢復漲勢，再度提高一倍以上，增加為二萬五千美元。二〇一〇年代，油價升到高峰後，從二〇一四年開始劇跌，沙烏地人的平均所得跟著劇烈下降。巴西、阿根廷、哥倫比亞、奈及利亞和秘魯從一九六〇年代開始，都有非常類似沙烏地阿拉伯的經驗，平均所得都跟著本國主要出口商品價格的起伏而升高或下降，現在這些國家可能要面臨另一次停滯期，從歷史型態來看，商品價格通常會上漲十年，再下跌二十年，商品價格從二〇一一年起搖搖欲墜的事實，顯示商品經濟體現在要面對另一段很長的停滯期。

如果說，製造業熱潮通常會助長其他優質熱潮，如投資基礎建設或科技的熱潮，那麼商品投資熱潮通常會助長同樣糟糕的熱潮，如投資商業或住宅不動產的熱潮，這點使揭開任何投資熱潮的蓋子、檢視資金的流向變的更為重要。我在檢視安地斯地區國家最近的熱潮時，看不到這一點，過去十年來，這些國家投資占GDP的比率穩定上升，到二〇一三年時，秘魯的投資占GDP的比率升到二七%，哥倫比亞升到二五%，使兩國都到達投資的甜蜜點水準，從二〇〇八年後世界大部分國家的投資都在萎縮的觀點來看，這種情形尤其是罕見的成就。

但事實上，大筆投資都流入商品計畫，哥倫比亞的資金流入石油開發計畫，秘魯的資金流入銅礦和金礦開發計畫，也流入因為對石油、銅和黃金價格樂觀預測而引發的不動產開發計畫中，這些商品的價格先後走軟時，價格下跌導致新投資計畫和相關的不動產開發計畫受到威脅，可能必須取消或延期。到二〇一四年，哥倫比亞的房價漲勢劇烈減速。

在某一種情況下，商品投資熱潮可以稱為優質熱潮，就是投資利用新科技從地上開採商品的情況。最近的例子是美國受到新科技的驅策，投資開採頁岩油氣能源的熱潮，二〇一五年內，原油價格跌到每桶五十美元以下時，很多新頁岩公司因為再也無法支撐下去而倒閉，以致於加拿大和美國中西部的頁岩產業新興城市中，失去幾萬個就業機會，震撼支撐頁岩投資熱潮主力的垃圾債券市場。

但是，如果從熱潮留下的價值來衡量時，那麼這次熱潮留下的是嶄新的產業，會對舊有的業者施加降低油價的壓力，提供廉價能源，促使美國經濟的競爭力大為提高。頁岩工業利用創紀錄的低利率，大肆舉債，在鑽探新油井上，大約花了三千多億美元，光是在過去五年內，就開鑿了兩萬個油氣井，把美國的生產平台增加了八倍，增為一千六百個。頁岩工業建立了新的知識技術庫，快速改善了這些平台碎裂頁岩、從碎片中淬取石油的能力，而且這種科技還傳播到遙遠的澳洲。二〇一五年時，美國的很多平台閒置，卻仍然屹立不搖，準備在需求恢復、再度出現時東山再起。就像十年前網路股熱潮時代的光纖與新科技投資一樣，頁岩泡沫創造了寶貴的新工業基礎建設，在熱潮結束很多年後仍然可以利用。

優質熱潮惡化

投資占GDP的比率穩定上升很多年後，經常開始從優質標的轉向劣質標的。到了優質熱潮末期，高報酬率的工廠或科技投資機會，會趕在樂觀氣氛退潮前減少，這時就是大家移轉投資，或是轉向住宅、股票或石油和黃金之類商品投機的時候，於是熱潮開始惡化。

這種優質投資趨勢普遍惡化為劣質趨勢的現象，帶來很多不動產泡沫，包括二〇〇〇年代之初橫掃歐美的房地產泡沫，以及在二〇一〇年代中期威脅中國的同樣泡沫。美國的房市崩盤有助於引發全球金融海嘯，從很多標準來看，中國的房地產泡沫更為嚴重，優質資金追著劣質資金跑的景象同樣明顯。二〇〇八年時，不動產投資占中國GDP的比率為六%，五年後的二〇一三年升到十%，而且從二〇〇〇年到二〇一三年間，中國的地價上漲了五倍。大都市裡的住宅成屋價格漲勢比平均所得成長的速度快多了，助長中產階級仇視買得起房子的人，也創造了幻想破滅世代的男性，他們因為無力購屋，成為待嫁新娘眼中不適婚的對象，而非自願保持單身。

中國已經面臨容易爆發的信用與投資雙重泡沫威脅，這兩種循環經常同步發展。因為投資經常都靠著借來的錢融通，信用會快速擴張，而且經常會伴隨著健全的投資成長步調，情勢惡化會同時打擊信用與投資。二〇一〇年代裡，中國在這兩方面的投資都出現惡化現象，比較多的資金來自債務，比較多的投資投入不動產之類沒有生產性的標的。到二〇一四年，不動產市場陷入險境，大都市房價下跌，全國各地的超大型開發計畫紛紛叫停。

中國的超大規模通常會產生誇大的故事，「鬼城」一詞無法掌握空置超大開發計畫的完整規模，也無法形容這種計畫的肆無忌憚。其中一個計畫座落在天津市外，天津是個大都市，在北京西南方，坐車大約兩個半小時可達。天津的規劃專家夢想興建一個可以抗衡紐約、名叫于家堡的金融區，官方誇稱這個金融區比華爾街金融區大三倍，原始藍圖描繪的天際線中，包括一位作家所說「極為類似」在九一一恐怖攻擊中遭到摧毀的雙子星大樓。但是這個仿製曼哈頓的工程，在二〇一四年夏季放慢下來，到了近乎停工的地步，雙子星大樓減為一座，目前已經完工，卻處在空置、封鎖的狀態中，模仿洛克菲勒中心興建的建築也是這樣。

現在還不清楚中國的故事會有什麼結局，但是這種熱潮素質衰敗的過程——從興築工廠和道路的優質投資，變成興建超大不動產開發計畫的問題投資——結果經常是某種形式的崩盤。泰國是個經典的例子，泰國擁有長期強力投資興築道路和工廠、改變泰國東海岸的紀錄，但是這種紀錄在一九九〇年代末期走入歧途，先前的榮景產生樂觀氣氛，促使很多泰國人開始大量舉債購買房地產，造成泡沫，泡沫遭到刺破時，協助引爆了一九九七年至一九九八年間的亞洲金融危機。

同樣的故事也在馬來西亞發生，馬來西亞的榮景升到最高峰時，投資占GDP的比率升到四三%，是大型經濟體所創下的第二高水準，僅次於今天的中國。事後證明，在當時獨裁又日漸浮誇的馬哈迪總理指導下，有些投資的確是有用的投資。以目前的需求來看，一九九八年亞洲金融危機高峰時馬來西亞啟用的巨型新國際機場，現在看來已經不會太大。但是馬哈迪推動的大部分投資，都變成了宏偉的願景，包括一座叫做賽博城（**Cyberjaya**）的新科技都市，以及一處叫做布城（**Putrajaya**）的政府新行政區，最後這些建設都只是沒有必要的不動產開發計畫。布城蓋在首都吉隆坡的外圍，城裡蓋了一座意在成為伊斯蘭教凡爾賽宮的總理府，二十年後，這座原本為三十二萬人口設計的新城市，只住了原設計人口的四分之一。靠著民族主義或個人榮耀推動的熱潮，很少能夠像原訂計畫那樣發展成功。

熱潮的反面是空話一場

最糟糕的情況當然是幾乎毫無投資成長，如果投資占GDP的比率太低——大約在二〇%以下——

而且長期維持低檔，整體經濟就可能布滿坑坑洞洞和其他刺眼的空隙。過去十年的全球繁榮熱潮期間，資金湧入新興市場國家，包括印度和埃及在內的很多新興市場國家，都利用這些資金，投資新建或擴建機場，使舊有的機場變得更為凸顯，而科威特市和奈羅比機場破舊不堪的樣子，正是科威特和肯亞投資不當症的病徵，但是最突出的例子是巴西，巴西的大部分機場都是一九五〇和一九六〇年代的遺跡，樣子都像沿著跑道興建的長條形棚廠。要從聖保羅市中心到達聖保羅的瓜魯柳斯（Guarulhos）國際機場，我必須預留三小時的時間，還要預留兩小時的時間辦理報到手續，但是瓜魯柳斯機場在二十一世紀最初十年的投資熱潮中遭到忽視，原封不動，一直到二〇一四年六月的世界盃足球賽開賽前幾天，一座新航廈才終於啟用。

投資無力造成的傷害跟投資熱潮造成的傷害相反，不是過度的故事，而是停滯和遺漏及錯誤的故事。國家投資太少，道路就不能鋪平，學校就無法興建，警察就會設備不足，工廠就會留在藍圖階段。今天即使在像墨西哥和菲律賓之類前途看好的國家裡，這種情況還是正確無誤，但是至少這兩個國家訂有積極提振投資的計畫。投資占GDP的比率低於二〇%，而且政府顯然無法凝聚信心，或無法找到資金、改變現狀的國家，情況最惡劣，俄羅斯、巴西和南非目前正是面對這種困境。

投資無力和成長微弱之間的關係很清楚，不幸的是，正是這種情況極為常見，成功故事——也就是維持高投資速率，因而創造十年以上強勁GDP成長率的國家很少，失敗的國家很多，因此，樣本數夠大，足以顯示明顯的型態。二次大戰結束後，如果國家十年的平均投資比率一直占不到GDP的二〇%，這種國家在這十年內成長薄弱，低於三%的機率會高達六〇%。這種國家最可能碰到公民和企業用巧妙的方式，規避脆弱的公共道路、電力或通信網路，進行私人建設，解決公共問題的情形。

在包括奈及利亞在內的非洲市場中，都市居民經常私自加裝電線，有效的從國家電網中竊電，這種作法同時削弱了國家的電力事業，也破壞了政府可以用來架設公用電線的資源。現在非洲大陸上很多人靠著行動電話聯絡，甚至還跟銀行服務連結起來，但是相鄰兩國之間，利用公路或鐵路的旅行仍然極為困難。

這是投資微弱的徵象，是很重要的事情，大都市中交通壅塞、形同癱瘓，是供應網路太脆弱的警訊，對經濟很危險。聖保羅或孟買下雨時，交通會頓時打結，原因是下水道會溢流出來。如果一個國家的供應鏈植基在劣質的公路、鐵路和下水道網上，供應可能跟不上需求，從而推升物價，微弱無力的投資會以這種方式，變成通貨膨脹的重要來源，成為新興市場國家中扼殺成長的癌症。

投資是財務方面推動成長的重要動力，持續成長的高水準投資是十分常見的好預兆，但是快速上升的高水準投資可能遭到浪費，因此，大家必須慎重監視資金的流向。有一個簡便的經驗法則可以利用，就是最好的投資熱潮是投入製造業、科技，以及包括道路、電網和供水系統在內等基礎建設的投資。最差的熱潮通常是投注在不動產部門和商品的投資，不動產投資幾乎無法為經濟提供恆久的刺激，商品投資對經濟通常會有腐化的效果。

雖然大家可以主張服務業終究可以跟製造業抗衡，成為永續成長的催化劑，但是這一天還沒有到來。現在的規則還是工廠最重要。

第七章　洋蔥的價格

——通貨膨脹到底是高是低？

在很多國家裡，政府預算的發布不是大事，但是在印度之類的英國舊殖民地國家不是這樣，大家會把政府預算，當作政府一年一度針對未來表達願景，進行公開的細心研究。二〇一一年二月，我上德里的新德里電視公司的新聞節目，跟同時接受訪問的來賓、當時擔任印度政府首席經濟顧問的高希克·巴蘇（Kaushik Basu），分析印度最新的預算，談到了我覺得十分危險的意見。當時洋蔥和其他食品品項的價格上漲，已經成為容易引燃的政治議題，巴蘇為了替辛格總理辯護，表示印度不應該過於擔心通貨膨脹，因為在年輕而快速成長的經濟體裡，物價快速上漲是十分正常的事情。我卻大力主張這是經濟學中最大的迷思之一，因為事實上，大多數的長期經濟榮景都伴隨著低落的通貨膨脹。巴蘇反駁說，南韓和中國之類快速成長的經濟體是靠著高通膨起家。我們正要繼續辯下去時，傳奇性的主持人普拉諾·羅伊（Prannoy Roy）插嘴進來，建議我們在黃金時段以外的時間，爭辯洋蔥價格的問題。

後來我忍不住想到，曾經擔任美國駐印度大使的前參議員丹尼爾·莫乃漢（Daniel Patrick Moynihan）曾經開玩笑的說過，有些錯誤只有哲學博士才會犯，發出怨言的印度最高階決策官員都擁有經濟學博士學位——總理辛格是牛津經濟學博士，巴蘇是倫敦政經學院經濟學博士——我經常聽說開發中經濟體理當會有相當高的通貨膨脹，背後的思想是年輕的經濟體快速發展時，人民會有比較多的錢可以花用，比較多的錢追逐既有的貨品供應時，價格就會上漲。

這種看法來自課堂中的標準課程，老師會在課堂中教導大家正面的需求震撼，如消費者的興奮之情或政府的過度支出，可能推動消費者物價漲勢，而負面的供應震撼，如油價突然上漲，也可能推動消費者物價上漲。然而，在實務上，如果年輕的經濟體在供應網路上的投資太少，會極為容易受到需求推動的通貨膨脹傷害，供應網路無所不包，從發電廠、工廠到倉庫，以及跟消費者連接的通信和運輸制度，都包括在內，如果這些供應管道無法滿足需求，消費者物價就會開始上漲。

通貨膨脹居高不下總是壞預兆，通膨低落總是好預兆。一般說來，通膨低落、GDP維持高成長時，經常就是一個經濟體處在甜蜜點的時刻，成長最近才開始起飛時，更是如此——因為沒有通膨壓力可能表示一段很長期間的開始。如果GDP成長率升高，但是通貨膨脹率也跟著上升，繁榮景像不可能長期維持，因為到了某一個時刻——先來而不是後到——中央銀行一定會提高利率，作為因應之道，以便抑制需求、壓制通膨。這樣會拉高借貸成本，也可能扼殺成長。然而，最糟糕的狀況是高通膨伴隨著低成長或成長減緩，因為在這種情況下，中央銀行仍然必須提高利率，以便控制通貨膨脹，為已經陷入停頓風險的經濟有效的踩煞車，這樣可能導致停滯膨脹，使經濟陷入長期低成長和高通膨的困境。

應該記在心裡的問題是：通貨膨脹到底是高是低？你有一個方法，可以判斷消費者物價漲勢是高是低，就是拿任何一個國家的通貨膨脹率，跟同類國家最近的通膨平均值相比。二〇一五年時，新興市場國家的平均通貨膨脹率大約為六％，已開發國家的平均通貨膨脹率大約為二％。

二〇〇九年到二〇一四年間，擁有高深學歷的印度政治精英的確有理由，必須為通貨膨脹的惡兆開脫，因為洋蔥之類基本食品漲價，隱然可能終結他們的政治生涯。執政的辛格政府當時處在第二任的五年期間，物價平均每年上漲十％，通貨膨脹是印度獨立以來最嚴重的一次。幾十年來，印度在最高通貨膨脹率國家排名中，都不算特別差，在一百五十三個有資料可循的新興市場國家中，每一個十年結束時，通常平均排名都在第六十到第六十五名之間。但是在辛格執政的過去五年裡，印度的通貨膨脹率升到新興世界平均值的兩倍之多，排名從六十多一些，掉到第一百四十四名，介於東帝汶和獅子山之間。巴蘇在我們的電視討論時，雖然堅持辛格處理通膨挑戰的手法「非常高明」，這種排名卻讓印度無法列在非常高明的行列中，而且還為印度經濟和政府帶來明顯的風險。

窮人起而反抗高昂的食物價格時，經常會推翻統治者。終結英國在印度統治的大事中，有一個是甘地針對推升基本調味品食鹽價格的鹽稅，所發動的「食鹽進軍」。在印度這種窮國裡，食鹽和洋蔥之類民生基本物資是國家認同的基礎，就像散文家尼蘭亞納・羅伊（Nilanjana Roy）說的一樣，沒有了這些成份，豆泥和烤肉串之類安定人心的飲食，就會「失去自尊」。洋蔥、印度式淨化奶油和馬鈴薯價格大漲，也是印度國大黨長期執政後，在一九八九年和一九九六年國會選舉中敗選的主因之一，辛格和他的顧問就受到羅伊所說「二〇一〇年洋蔥大危機陰影」的困擾，當時洋蔥價格在一星期內暴漲兩倍，迫使政府禁止洋蔥出口，並且開始從印度的宿敵巴基斯坦進口洋蔥。

但是辛格之類的技術官僚在運作時，生性就會跟民意風潮有些脫節，而且他疏於了解公眾憤怒的程度。二〇一三年十二月，我和印度新聞界的一些朋友前往中央邦省（Madhya Pradesh）和拉吉斯坦省（Rajasthan）了解這兩個省的選情，在色彩繁雜的印度各省中，看到兩個省意見一致是很罕有的事情，但是這次我們聽到每個地方都同聲一氣，覺得很驚訝。從北中央邦省賓德縣（Bhind）的荒地，到拉吉斯坦省中部普希卡鎮（Pushkar）多采多姿的市集，社區裡的理髮師、當地的木匠和小農會滔滔不絕，生氣的細數馬鈴薯、淨化奶油以及洋蔥五年來實際上上漲了多少盧比。跟通膨有關的談話壓倒貪腐和失業之類的其他迫切問題。反對黨政客在演說時會諷刺的說，以前你到市場去，用一口袋的現金，可以買到一袋東西，但是現在需要一袋現金，才買得到一口袋的東西。執政的國大黨不但輸掉這些省份的選舉，六個月後，在全國性選舉中，也遭到壓倒性的潰敗，這些選舉顯示，在執政黨的敗選中，通膨扮演了重要的角色。

二〇一一年，現任世界銀行首席經濟學家的巴蘇和我爭論不休時，舉出了相反的風險，說他關心的事情主要是太努力對抗消費者物價通膨，因為這樣政府必須限制開支、緊縮貨幣供給，如果這樣做的太過頭，就會導致工廠關廠和失業。我指出，健全的長期繁榮總是伴隨著低通膨，他回應我的話時，丟出了一九七〇年代末期中國的事例，說當時中國的榮景才剛剛開始發動，通貨膨脹率卻高達二五％上下，而且一九六〇年代末期和一九七〇年代的南韓，通貨膨脹率和成長率同樣都居高不下。我直覺認為，這種說法是誤解通膨和高成長之間的基本關係，為了查核我自己的直覺，我回頭查對歷史紀錄。

扼殺成長的癌症

我發現在戰後這段歲月裡，每一個經濟長期強勁成長的國家，都有著通膨低落的特徵，創造強勁長期成長的國家幾乎總是把很高比率的國民所得用在投資上，建設能夠壓低通膨的強勁供應網路。中國、日本、南韓和所有亞洲經濟奇蹟，其實都遵循這種模式。巨量投資推動經濟成長，同時抑制通膨。我所列出的五十六個國家從一九六〇年開始，都創造至少十年高於六％的連續經濟成長，在這段期間裡，其中將近四分之三的國家，通貨膨脹率都低於新興世界的平均值。一九七〇和一九八〇年代內，這種型態甚至表現在比較不出名的肯亞經濟繁榮中，也表現在一九七一年至一九八四年間的羅馬尼亞經濟上，當時兩國的平均通貨膨脹只略高於二％，比同期內新興世界的平均值低十八個百分點。

台灣、南韓、新加坡和中國經濟奇蹟創造的榮景，延續了三十年以上，通膨卻很少加速到超過新興世界的平均值。新加坡的榮景從一九六一年延續到二〇〇二年，這段期間裡，平均通貨膨脹率不到三％，新興世界的通貨膨脹率平均值卻超過四十％。雖然在亞洲若干經濟奇蹟中，繁榮開始之初，通膨居高不下，卻都在榮景期間下降。此外，通膨突然爆發，就像火星塞起動引擎一樣，是預告繁華即將落盡的跡象之一。中國過去三十年的兩位數字經濟成長伴隨著平均大約五％的通貨膨脹率，其中在二〇一〇年結束的十年間，平均通貨膨脹率還降到二％上下，此後，中國的經濟成長開始穩定下降。

通貨膨脹率居高是扼殺成長的癌症，會透過很多管道攻擊經濟有機體。通膨會阻礙儲蓄，因為通膨會侵蝕放在銀行或債券中的資金價值，進而減少可供投資的資金總額。最後高通膨會迫使中央銀行採取行動，透過升息提高資金成本，使企業的擴張成本上升、消費者購買房屋和汽車的成本提高，導致成長好景停頓下來。通貨膨脹率很高時──例如高達兩位數字時──通常也會激烈起伏，會突然劇降，或是加速成為超級通貨膨脹，為經濟成長增添新的阻礙。在物價容易瘋狂波動的環境中，企業會難以取得推動計畫所需的融資，對投資的可能報酬率沒有信心，如果企業害怕建立新的供應網路或是改善舊有網路，供應網路會繼續無法滿足需求，從而推升物價，經濟會出現長期通貨膨脹的傾向。

巴西經濟是具有長期通貨膨脹傾向的經典例子，幾十年來，巴西的投資一直停滯不前，投資水準大約占GDP的二〇％，遠低於新興市場國家的甜蜜點水準（二五到三五％），政府在道路、學校到機場之類的一切建設上，投資一直都太少。經濟活動開始提升時，企業很快就會面臨供應瓶頸，開始爭奪有限的運輸、通信和其他服務的供應，確保自己能夠得到合板、水泥和其他物資的有限供應，旅館老闆甚至必須爭奪訓練有素的清潔員工。因為缺少可以滿足需求的供應，物價和工資在景氣循環最初期就開始上升，因為巴西人已經習於這種型態，並受其制約，預期經濟復甦時物價會大漲，因此，工人很快就會要求加薪。

這種情形和走向長期繁榮的經濟正好相反，戰後十三個最著名的經濟奇蹟在漫長的繁榮期間，每年通常都把GDP的三〇%用來投資，創造高成長和低通膨，這種結合使這些國家能夠維持二十年以上的繁榮。中國的投資升到最高峰時，投資占GDP的比率將近五〇%，一直到最近以前，大部分投資都流入新公路、電話線路和工廠，卻仍然幾乎不可能觸及供應網路的極限。中國經濟開始加速時，企業可以輕易的讓半閒置的工廠和空蕩蕩的道路，恢復到滿載狀態。供應網路不僅僅是能夠滿足消費需求而已，因此，中國沒有物價上漲的壓力。

中巴兩國的差異很明顯，雖然兩國都面對中產階級日增、消費需求日增的情勢，中國龐大、甚至經常過度建設的供應網路，使中國經濟在過去三十年的大部分時間裡，能夠每年成長一〇%，卻沒有引發通膨。巴西在GDP成長四%以下時，通膨就會變成問題，迫使央行提高利率，抑制經濟成長，巴西在盡力拉拔人民晉升中產階級時，無意間建立了一個令人失望的低成長、高通膨經濟體，跟中國最近幾年高成長、低通膨的經濟奇蹟正好相反。

打贏通膨之戰

大部分國家都贏得通貨膨脹之戰時，消費者物價漲勢居高不下是惡兆的這項通則，在看出化外之國方面特別有用。一九七〇年代內，石油輸出國組織的禁運造成油價飛漲，食品價格也劇烈上漲，工人在預期加油站和雜貨店物價上漲之際，開始要求定期加薪，以便他們能夠滿足基本需要，這種情勢導致企業提高所有消費產品的價格，開啟「工資—物價」的惡性循環，把美國之類富國的通貨膨脹率，推升到兩位數字，停滯膨脹就此開始。

很多美國人應該還記得，福特總統為了打破美國人的通膨心態，敦促他們別上由他所推動、備受嘲笑的西裝翻領「必勝」（WIN, WIN是Whip Inflation Now——打敗通膨的縮寫）別針。但是，美國人也應該會記得，政府最後怎麼打敗兩位數字的通膨，就是靠著聯邦準備理事會主席保羅．伏克爾（Paul Volcker）在一九八〇年代初期，把利率提高到恐怖的高水準（當時英格蘭銀行也近乎配合行動）。美國經濟因此陷入痛苦的衰退，但是結果這點只是小小的代價，因為這種行動帶來長期的強勁成長，卻幾乎沒有什麼通膨。

最後，大多數國家都打敗了失控的通貨膨脹，根據國際貨幣基金的資料，已開發國家平均年度消費者物價通膨在一九七四年時，升到超過一五%的高峰，到一九八一年時，還高達一二%，然後在後來的十年裡劇烈下降，從一九九一年起，平均通膨大約維持二%左右。

在新興世界裡，消費者物價漲勢快速平息的改變力量甚至更大，新興世界的平均年度通貨膨脹率在一九九四年時，升到八七%的驚人高峰，這一年裡，巴西、俄羅斯和土耳其等國的通貨膨脹率都高達三位數字以上，然後新興世界的平均通膨開始穩定下降，到一九九六年時，降為二〇%，到二〇〇二年，降到六%上下，此後一直維持六%左右。

我們很難誇大打敗消費者物價漲勢對政治與經濟穩定的重要性，社會會動亂，原因從來不只一端，但是食物價格在很多次動亂中，都扮演特別的角色。雖然大家經常把一八四八年的革命，歸咎於歐洲民主思潮的散布，最近的研究卻主張革命的觸媒是食物價格暴漲，導致現在的德國、奧地利、匈牙利和羅馬尼亞，出現比較自由派的政權。在比較晚近的幾十年裡，拉丁美洲是通膨推動政權變化的熱點，根據丹麥奧胡斯大學（Aarhus University）學者馬丁．巴爾丹（Martin Paldam）的研究，一九四六年到一九八三年間，拉丁美洲出現十五次民選政府變成軍事統治（或相反情況）的事例；在其中的十三個例子中，政府垮台前，消費者物價都曾經激漲二〇%以上。政權變化的事例在墨西哥、智利、巴西、阿根廷和巴拉圭等國都發生過。小麥和其他穀物價格上漲，也在一九八九年造成前蘇聯的共產政權垮台。

一九九〇年代以後，大部分新興市場國家通膨下降，通膨卻繼續在若干國家中此起彼落般暴漲，經常使政權遭到嚴重傷害。美國明尼蘇達大學經濟學家馬克・貝爾梅（Marc Bellemare）發現，一九九〇年到二〇一一年間，穀物、穀類食品和其他食品的價格，跟抗議、暴動和罷工次數的多寡之間，有著強而有力的關係。一九九〇年代末期，通膨有助於推翻巴西和土耳其的政權，也是俄羅斯前總統葉爾欽的政府垮台的原因之一，葉爾欽在位的最後一年裡，消費產品上漲年率達到三六%之多。二〇〇八年，世界銀行總裁羅伯・佐立克（Robert Zoellick）指出，過去三年裡，世界食物價格上漲了八〇%，他警告說，至少三十三個國家因此面對社會不安升高的情勢。儘管抗議並沒有立即的出現，但大家普遍認為，二〇一一年發生包括阿拉伯之春在內的很多示威和暴動，食物價格是其中一個重要推手。

對抗消費者物價漲勢的普遍勝利，只是使通膨變成看出經濟失能更有用的方法。通膨推動的物價亂象和不確定消失，取而代之的是通膨平淡無奇的世界，因此，化外之國很容易暴露出來。今天，凡是消費者物價通貨膨脹率遠高於同儕的國家，都會變得很突出。現在新興世界的平均通貨膨脹率大約為六%，二〇一五年時，主要的化外之國包括通貨膨脹率三〇%的阿根廷，一六%的俄羅斯，九%的奈及利亞和八%的土耳其。然而，在已開發世界裡，通貨膨脹率大約維持二%左右，而且隨著這一年的過去，通貨膨脹率還日趨下降，情勢已經變的大不相同，已開發國家擔心的不是通膨，而是跟通膨相反、也可能有缺點的通貨緊縮或物價下跌。

如何保持戰勝通膨的戰果

談到通貨緊縮前，值得檢視各國用什麼方法戰勝通膨，因為用在這場勝利的武器對於防止通膨死灰復燃，仍然很重要。

這場勝利的原因之一是全球貿易的開放，從一九八〇年代一直到二十一世紀的第一個十年裡，全球貿易繁榮發展，助長國際運輸、通信與金融網路的爆炸性成長。從一九八〇年開始，進出口占全球GDP的比率從三五%，上升到二〇〇八年的六〇%，然後才停止成長，甚至因為受到金融海嘯的震撼，而略有後退。然而，現在我們的世界比二〇〇八年時更全球化多了，而且整合中國與其他新興市場大國廉價勞工的做法，繼續打壓世界各國的工資和消費者物價。現在一個地方的物價很難快速上漲，因為如果發生這種情形，本地批發商不再受制於本地供應商，可以向全球比較低廉的服飾、鐵鎚或電視機供應商採購。同理，一個地方的工資很難飛躍上升，因為生產商可以關閉本地的工廠，委託工資較低的國家生產，這些事情是市場力量，大致不受政治領袖控制。

然而，各國領袖仍然做對了一些事情。一九九〇年代末期和二〇〇〇年代裡，新一代的領袖為新興世界帶來了政府支出責任和追究責任的新思潮，新興市場國家領袖開始更明智的投資，包括投資在供應網路上，同時減少貪汙的金額，賦予中央銀行更大的政治獨立性，以便央行對抗隨意揮霍的民粹主義份子。這一項動作只獲得了少數大眾注意或支持，他們沒有公開的去「釋放央行」，然而也沒有其他任何一項行動，更能控制一般人民的基本物價，現在央行是否具有獨立性，已經成為國家是否決心抑制通膨的指標。

戰後的大部分期間裡，在有關中央銀行與寬鬆資金的政治爭鬥中，對抗通膨的目標經常都會敗退，甚至在很多新興市場國家裡，中央銀行名義上是獨立的——而且央行十分了解通膨的威脅——卻都不夠獨立，無法對抗公開或私下的政治壓力，努力壓低利率和借貸成本。但是，一九七〇年代的危機讓政治領袖知道，通膨可能讓人民多痛苦，尤其是讓窮人到中產階級的選民痛苦——因為基本物資漲價，會讓他們遭到最沈重的打擊，這種危機把很多政客變成抗通膨戰士。

讓央行自由對抗通膨的全球革命，從小小的紐西蘭開始，就像新聞記者尼爾．歐文（Neil Irwin）所描述的一樣，開啟這場革命的人是唐．布拉許（Don Brash）。布拉許是奇異果農出身的央行總裁，在一九七〇和一九八〇年代的通膨中，曾經看過自己叔伯的終生儲蓄消失一空。紐西蘭在一九八九年通過法律，賦予央行獨立於政治程序之外、制定通膨目標的權力，工會激烈反對，宣稱如果大企業不能夠以低廉的利率借貸，這種作法可能摧毀就業，製造業把此舉稱之為「不民主」。有一位房地產開發商要求知道布拉許的體重，以便測試吊死布拉許的繩索。但是法律還是通過了，紐西蘭央行變成世界第一個明白宣稱對抗通膨是該行頭號重任的央行，兩年內，紐西蘭的通貨膨脹率從將近八%，降為二%。

如果央行努力向大眾證明央行真心誠意、準備提高資金成本，引發控制通膨所必須承受的痛苦，通膨目標就會有效。這種證據具有錨定通膨預期的效果，表示大家不再害怕物價漲勢失控，因此，企業可以為未來規畫，工人不必覺得光是為了追趕上漲的消費者物價，被迫要求加薪，布拉許就這樣激發了大眾的信心。

這個成功故事迅速在中央銀行圈子裡流傳，加拿大是第二個制定通膨目標的國家，時間是在一九九一年，接著瑞典和英國跟進。很多國家的央行選擇二%的目標，以便即使真正的物價穩定暗示的是零通膨，央行仍然能夠保留一些彈性。花旗集團估計，目前共有五十八國的央行（歐元區視為一個國家）訂有某種通膨目標，占全球GDP的九二%，「某種」的意義包括具有雙重任務授權、必須兼顧穩定物價和創造最大就業的美國聯準會之類央行。

一九九〇年代中期，我開始記者生涯時，很早就覺得新興世界國家央行總裁，十分迅速的擁抱對抗通膨的新福音，他們看過過去二十年裡通膨對自己國家造成的傷害，看到伏克爾在美國對抗通膨的成就，因而找到了可以信仰的宗教。跟他們見面是很緊張的事情，你在巴西央行總裁梅瑞爾斯或墨西哥央行總裁吉列爾摩·馬丁尼斯（Guillermo Ortiz Martínez）前面，絲毫不敢輕舉妄動，原因跟你坐在教堂長椅上不敢發出笑聲一樣。這些領袖當中，很多人都有著改變信仰皈依者的熱誠，南非的替托·姆薄文尼（Tito Mboweni）原本是左派激進份子，辦公室牆上掛有列寧的海報，但是出任央行總裁後，他變成保守的反通膨鷹派，甚至在面對所屬的南非執政黨國大黨的左派抨擊時，仍然宣揚健全貨幣的美德。央行總裁經歷通膨造成的苦難後，其實不會有別的想法。

很多國家的央行總裁在大家深入研究通膨的十年裡，曾經在美國的大學裡進修。印度的藍加拉詹（C. Rangarajan）念過賓州大學，這一代人當中令人印象最深刻的冷靜人物、目前仍然執掌馬來西亞國家銀行（央行）的杰提·阿濟茲（Zeti Akhtar Aziz）也一樣。很多央行總裁受到伏克爾所創造勝利的啟發，談到德國聯邦銀行戰後長期對抗通膨的紀錄時，也語帶敬畏。如果說，媲美這種勝利的壓力，讓這些央行總裁顯得很嚴厲，站在大眾和物價上漲的蹂躪之間，也讓他們有一種屬於守護祭司的意識，他們全都相信低落而穩定的通貨膨脹率，是長期成長最好的基礎。一九九七年亞洲金融危機前，馬來西亞央行前總裁賈佛·胡賽因（Jaffer Hussein）曾經告訴我：「好銀行家像好茶一樣，最適宜在熱水中品味。」

智利是新興市場國家率先制定通膨目標的先驅，在一九九一年時訂出目標，後來，很多和智利同屬相同陣營的國家，包括巴西、土耳其、俄羅斯和南韓都會跟進，而且雖然全球競爭升高，加上其他因素顯然也扮演了重要的角色，但制定通膨目標確實協助新興世界打敗了通貨膨脹。二〇〇一年墨西哥採用通膨目標後，通貨膨脹率從平均二〇％，降到四％上下；印尼從二〇〇五年開始採用通膨目標後，通貨膨脹率從一四%，降到大約五%左右。連一九八〇年代平均通貨膨脹率超過七〇〇%的巴西，在一九九九年採用通膨目標後，通貨膨脹率都在二〇〇六年時，降到四%。

然而，這場奮鬥根本還沒有結束，雖然主要國家大多數央行都已經採用通膨目標，而且新興世界很多國家央行獲得假的「獨立地位」，但是在實務上，這種自由並非總是受到尊重。全世界的央行總裁和財政部長，每年都會在國際貨幣基金贊助的高峰會中聚會，這些財金首長二〇一五年在秘魯首都利馬集會時，走廊上的閒談中，充滿了新興世界央行總裁有關政治干預的怨言，對於南非的央行官員來說，這些話讓他們有點驚訝，因為他們沒有承受這種壓力。中央銀行觀察家認為，南非央行是新興世界國家中少數發揮真正獨立性的央行，跟智利、波蘭與捷克等國央行，以及可能還有另外幾國的央行，屬於同樣的陣營。其他國家央行就在灰色地帶運作，大部分央行決心訂定通膨目標，卻仍然非正式的被迫回應總統府打來要求放寬貨幣政策的電話。

土耳其如何短暫獲勝

在不同的國家裡，對抗通膨之戰以不同的方式展開，但是新興世界的通膨開始之初，都是起源於共同的一套病理。這些病例值得更深入的研究，因為這些例子會顯示各國領袖多麼不了解基本經濟學，也顯示國家干預過度、投資過少，可能在不經意之間，培養通貨膨脹。

土耳其是最戲劇化的例子，這些缺點在土耳其湊在一起，造成通貨膨脹率升到接近三位數字的水準，以致土耳其經濟在二〇〇一年崩潰。在這場危機前，通膨完全在土耳其的政治與經濟制度中烘烤，國會由不斷變化結盟方式的世俗政黨聯盟長期主導，反對勢力是更脆弱、更分散的伊斯蘭主義政黨的聯盟，不管宗教信仰為何，這些政黨全都喜歡開出民粹主義支出的支票。碰到選舉時，大家會競相向選民保證更多的政府就業機會，或是更多慷慨的補貼。一九九〇年代初期，在某一個令人飄飄然的時刻，一位候選人向每一個土耳其家庭承諾，要給「每一家兩支鑰匙」，一支是房屋鑰匙，一支是汽車鑰匙。

土耳其在美蘇冷戰競爭期間，是處在前線的國家，又為了賽普勒斯島的控制權，和希臘爆發激烈的爭執，土耳其民粹主義者為了提升國家的安全感，在一九七五年時，把軍事支出占GDP的比率提高到超過五%。土耳其是北大西洋公約組織中最窮的國家，卻是軍事支出最高的國家之一。領導階層也開始推動一系列華而不實、生產性不高的建築計畫，包括東南安納托里亞計畫，這個計畫從一九七〇年代開始推動，意在建立由水壩和運河串連起來的網路，到目前為止，土耳其大約已經投入三百億美元的經費，整個計畫卻還沒有完成。

這些建設不是有效投資，不能協助國家在低通膨中成長，而且很多政客會在未來的選舉中付出代價。到一九九〇年代，土耳其平均每九個月就要換一個新政府，政權搖搖欲墜造成政局不穩定，進而成為容易發生通貨膨脹的主要因素。雖然一九八〇和一九九〇年代內工會力量穩定削弱，工資卻快速上升，因為每一屆新政府都承諾：不但要創造更多公家機關的就業機會，也要回溯為已經據有公家機關職位的人加薪。

為了籌措豐厚工資、宏偉計畫和軍事支出的財源，中央政府轉而求助於國家銀行與國營事業。土耳其央行努力印鈔票，借給政府，政府又下令國營銀行貸款給已經膨脹的國營事業，國營事業則抬高價格（當然是在選舉季節以外的時間裡），以便提高營收，協助應付政府不斷高築的債台。政府的巨額借貸和高通膨湊合在一起，使民間公司難以獲得長期融資，即使很多民間企業集團本身也經營銀行，情況仍然如此。

在這種不確定的環境中，銀行把利率提高到三位數字，在正常的情況下，這種利率水準應該會阻撓借貸、抑制通膨，但是在土耳其，飆上天際的利率卻造成反效果：企業發現可以提高售價，以便償還既有貸款已經上揚的利息。一九八〇年代內，土耳其的平均通貨膨脹率為七五%，一九九〇年代為五〇%，二〇〇一年的危機在當年二月升到最高峰時，通貨膨脹率衝到七〇%，土耳其里拉一夜之間貶值將近一半，土耳其陷入惡性循環，上升的通膨侵蝕土耳其里拉的價值，使進口變的比較昂貴，進一步推升物價和通貨膨脹預期。

因為資金外逃，土耳其必須向國際貨幣基金申請緊急貸款，國際貨幣基金要求土耳其推動改革。政府為了配合要求，引進以世界銀行前幕僚凱末爾・德爾維斯（Kemal Dervis）領導的新經濟團隊，開始推動重大改革，容許中央銀行正式獨立，以免央行受到政治壓力，資助政府的花錢大計。政府中新設一個監理部門，限制內部人借貸，也關閉很多家岌岌可危的銀行，再把等於GDP三〇%的新資本，注入存活下來的銀行中，以便穩定這些銀行的財務。新經濟團隊也推動國營事業民營化，把過去根據政府籌資融通財政赤字需要而訂價的國營事業，出售給民間企業家，由民間企業根據市場需求，訂定產品價格。為了從政客手中奪走薪資決定權，新政府設立多個委員會，召集企業與勞工磋商公平的工作與加薪協議，讓每一個人都大吃一驚的是，這種委員會的做法確實有效。

二〇〇二年全國性選舉舉行前，通膨開始下降，但是，身心俱疲的土耳其人利用這個機會，把從一次大戰以來主導政壇的世俗政黨趕下台，選擇溫和派的伊斯蘭主義份子領袖艾爾多安。艾爾多安剛剛看到通膨推翻了他的前任，似乎認為物價上漲也可能扼殺自己的政權，因此積極行動，努力抑制政府支出。他接任時，原本已經增加到大約占GDP一四%的政府赤字，開始穩定下降，到二〇一一年時，已經降到只占GDP的一%。艾爾多安承襲前人的作法，出售更多的國營事業，包括電信公司、糖業公司和香菸公司。到二〇〇四年，通貨膨脹率三十年來首次降到一位數，新近穩定下來的經濟開始步入繁榮期，促使土耳其人的平均所得成長將近三倍，增加到二〇一二年的一萬零五百美元。強勁的長期成長再度跟逐漸下降的通膨同時出現，通貨膨脹率最後在二〇一一年觸及四%的低點。

接著，正常的型態發揮力量，沈淪開始出現，二〇一一年，艾爾多安在一場壓倒性勝利中，贏得第三任總理任期，開始在經濟事務上，顯現自滿的跡象，改革停頓下來，土耳其的投資開始放慢。在艾爾多安從政初期，土耳其出售國營事業時，曾經吸引過外國人投資，通貨膨脹率和利率劇烈下降，則鼓勵土耳其人增加國內投資，但投資占GDP的比率仍然不到二〇%，因此，艾爾多安日漸自滿之後，公共投資的素質惡化，政府開始大量投資新的宏偉計畫，其中很多計畫的宗教傾向逐漸增加，而且對經濟明顯不會創造確實的投資報酬。政府的預算赤字再度擴大，到二〇一四年，預算赤字擴增三倍，占GDP的比率超過二%，年度平均通貨膨脹率從二〇一一年四%的低點，在後來的四年裡增加一倍，增為八%，遠高於新興世界的平均值，清楚顯示土耳其經濟碰到了問題。

印度遲遲才加入對抗通膨之戰

二〇〇八年全球金融海嘯爆發後的五年裡，印度是唯一碰到兩位數字通貨膨脹的大國，通貨膨脹率爆發，顯示印度在當時的辛格總理治理下，出現了很多問題。

辛格在二〇〇四年就任，隨後的十年裡，印度的投資比率從占GDP比率的二五%上下，上升到超過三五%。這樣應該是好預兆，卻助長印度經濟精英之間虛假的信心意識，印度很多領袖認為，既然印度像中國一樣大力投資，現在應該也是在建設下一個高成長、低通膨的經濟大國。二〇〇八年以前，印度會變成下一個中國的美好夢想，似乎還相當有道理，這時印度的GDP成長率達到九%，通膨抑制在五%上下，在辛格第一任任期內，通膨的表現非常好。

從二〇〇九年開始的第二任任期卻大不相同，辛格政府在全球金融海嘯蔓延之際，為了預防印度經濟減緩，把未來五年的年度公共支出，提高到無法永續維持的一八％水準。增加的投資主要是由日漸笨拙、喜歡橫加干預的政府推動，民間企業的投資變的愈來愈少，原因是民間企業日漸擔心貪腐問題，而且對遊戲規則覺得愈來愈不確定。二〇一一年到二〇一三年間，民間投資下降了四個百分點，降為占GDP的二二％，等於一年減少的金額超過七百二十億美元。

國家官僚不但在中央銀行層級增加干預，也頻頻發布新法規，然後還朝令夕改。有一個例子特別明顯，英國電信鉅子伏得風（Vodafone）併購在印度設有子公司的一家荷蘭企業的併購案中，辛格政府認為伏得風應該向印度納稅，提出告訴，卻司法之爭中敗訴，辛格政府惱羞成怒之餘，制定一項法律，規定不論是外國企業還是本國企業，凡是併購在印度境內擁有資產的企業時，都有義務納稅，而且回溯適用於一九六一年起發生的所有併購案。這種立法引發各界嘩然，結果政府被迫讓步，但是這種出爾反爾的事情，只會讓潛在投資人對政府下一步一動的可預測性變的更不能確定。

印度把資金投資下去，目的不是為了壓制通膨，而是以造成本身經濟特別容易遭致通膨風險的方式投資。印度政府為了保護人民不受全球經濟減緩的侵害，把錢投資在通常可能推升工資和物價的民粹主義計畫中，包括一個規模龐大、保證每一個貧窮農村家庭至少有一百天有償工作的計畫，還有一個以人為高價，收購小麥與稻米，以便提升農民所得的計畫。這些計畫鼓勵印度人留在鄉村，而不是遷移到都市尋找工廠工作，這樣會造成經濟的生產力降低，變的更容易受到通貨膨脹之害。

在世界所有大國中，印度是央行尚未訂定通膨目標，同時央行仍然承受政治壓力，必須壓低利率的唯一大國，這種事情對印度也沒有好處。

印度雖然希望變成下一個中國，但政府的所作所為卻是在建立另一個巴西，就是建立一個低成長、高通膨的經濟體。二〇〇九年到二〇一三年間，印度經濟的主要統計數字惡化，GDP成長率幾乎減半，降到五％，通貨膨脹率倍增為一〇％。由於印度工人開始預期物價上漲，已經開始提出提高工資的要求，中央銀行已經開始針對工資—物價螺旋問題，發布公開警告。

這種循環特別危險，螺旋一旦開始，可能旋轉個好幾年，央行才能壓制下來。幸運的是，印度在二〇一三年換了新的央行總裁拉詹，拉詹立刻明白宣示，他知道對抗通膨是央行的首要急務。接著到了二〇一四年，印度換了新總理，新總理雖然承受民粹主義者要求央行降息的壓力，似乎仍然支持拉詹審慎行動、希望錨定通貨膨脹預期的計畫。隔年通膨威脅受到壓制，全球油價暴跌也對印度的作法大有幫助。

通貨緊縮有好有壞

現在大家普遍把通膨看成像死亡和租稅一樣，是人生中不可避免的一部分，但是在一九三〇年代以前，通膨並不是標準。根據回溯到十三世紀的全球金融資料庫歷史紀錄，一二一〇年到一九三〇年代之間，全球平均年度通貨膨脹率只有一％。這段期間開始時，只有英國和瑞典具有物價紀錄，但是，隨著時間的過去，愈來愈多的資料出現，到了一九七〇年代，這份「全球」平均值涵蓋了一百零三個國家。這種長期全球通貨膨脹率不但低的出奇，超過七個世紀的時間裡，只有一％而已，更驚人的是，這個平均值隱藏的事情，就是通膨期間和物價下跌的通縮期間，經常出現劇烈的波動，但是一九三三年以後，這種波動不再出現，全球通縮期間消失了，取而代之的是前所未有、持續不斷、延續八十多年的連續通貨膨脹。在很多國家裡，通膨像死亡一樣不可避免，只是一代間的事情而已，在這一代以前，通縮跟通膨一樣常見。

有很多種說法，解釋為什麼到了二十世紀下半葉，大家無法避免持續不斷又揮之不去的全球性通膨。

銀行業的成長和信用的供應擴大，隨之而來的是有更多資金追逐現有的商品，進而很可能在推動物價上漲方面，扮演了重要的角色。另一個解釋是：一九七〇年代金本位結束後，各國央行變成比較容易印鈔票，結果是一九三三年世界性的通縮期消失後，全球平均通貨膨脹率開始上升，到一九七四年升到一八%的最高峰，然後在隨後的幾十年裡劇烈下降，到二〇一五年時，降到大約二%上下。

研究人員為了重建二十世紀現代紀錄開始前的通膨和通縮路徑，利用各種資料來源，包括政府的調查、農場的分類帳、醫生的診所紀錄、甚至包括十九世紀席爾斯（Sears Roebuck）、蒙哥馬利華德（Montgomery Ward）等美國百貨公司的銷售型錄，重建過去的物價變化。研究人員向黑暗時代推進時，得到的物價變化指標會變的稍微比較不精確，但是很多資料來源證實一九三〇年代以後，通縮在大多數國家普遍消失的基本型態。德意志銀行最近分析全球金融資料庫後發現，一九三〇年以前，這個樣本涵蓋的所有國家中，超過一半國家經常在任何年度裡碰到通縮，一九三〇年以後，還會碰到通縮的國家居然減少到十分之一，而且在二次大戰結束以後，只有兩個經濟體經歷過長時間、亦即至少延續三年的通縮。第一個少為人知的例子是香港，香港在一九九八年到二〇〇五年間，經歷了七年的通縮，另一個例子是聲名狼藉的日本。

日本的例子是害通縮變成特別惡名昭彰的主因，也有助於說明二〇〇八年金融海嘯後、通縮似乎即將抬頭時，全世界為什麼會這麼害怕的原因，當時全世界似乎面對著類似毀滅日本的通縮威脅組合，包括債台高築壓抑消費需求，以及供應能力過剩。到二〇一五年，已開發國家的平均通貨膨脹率降到接近零時，大家都害怕世界上的大部分國家，都可能陷入一九九〇年泡沫破滅後殘害日本的典型通縮螺旋中。

通縮開始時，物價不只是上漲的比較慢而已，實際上反而是反轉下跌，消費者開始延後購買，等待他們想買的電視機或行動電話價格變的更便宜，經濟成長會隨著消費需求停頓不前而放慢下來，物價下跌的壓力會增強。日本像包括南韓在內的亞洲其他經濟奇蹟一樣，創造了包括工廠、辦公大樓、公寓在內、一切事物都供應過剩的狀況，成長減緩時，這種狀況會有打壓物價上漲的效果。但是，在戰後的經濟奇蹟中，只有日本在一九九〇年的榮景結束後，陷入長期的徹底通縮，這段期間裡，日本的經濟成長以一%的速度，呈現有點踟躕不前的樣子。

不好的通縮螺旋可能非常難以阻止，物價下跌之際，大家會預期物價會進一步下跌。官方要促使消費者開始再度消費，打斷通縮螺旋，唯一的方法是靠中央銀行在經濟體系中，灌注足夠的資金，以便說服大眾，相信物價和市場即將恢復漲勢，日本央行在對抗通縮的這段歲月裡，就是努力希望達成這種目標。

通縮極為難以阻止的另一個原因是，物價下跌對債務人會有重大影響。物價下跌之際，每一美元、日圓或人民幣的價值實際上會略微增值，但是，債務人積欠的債務總額卻維持不變，會被迫以持續增值的貨幣，償還債務，因而遭到沈重打擊。就像美國經濟學家歐文・費雪（Irving Fisher）在大蕭條高峰期間說的一樣：「債務人要還的錢愈多，積欠的債務就愈多。」很多年後侵襲日本和香港的通縮螺旋，同樣是靠強勁的貨幣和升高的債務負擔在支撐。

然而，過度擔心跟日本有關的教訓會有一個問題，就是並非所有的通縮循環都遵循這種模式發展。我們也可以找到很多良性通縮的例子，布蘭戴斯大學（Brandeis University）歷史學家大衛・費雪（David Hackett Fischer）在大作《大波濤》（*Great Wave*）中，追蹤美國和若干歐洲國家的紀錄，甚至回溯追蹤到第十一世紀，發現有四次漫長的「時間波段」裡，物價不是相當穩定，就是呈現下跌的狀況，在這種漫長的期間裡，通縮期間跟高經濟成長率同時出現的例子很多。在這種良性通縮的漫長期間裡，推動物價下跌的因素，不是會自我加強的消費需求震撼，而是良性的供應震撼。

這種漫長的良性通縮期間，全部都在一九三〇年代以前發生，而且完全都是由科技或制度的創新所推動，創新降低了消費產品的生產與流通成本，長期壓低這些產品的價格。事實上，這種一次性的良性通縮，經常伴隨著有益的新科技投資熱潮，如蒸汽機、汽車或網際網路的投資熱潮，一起出現。

我們只舉幾個良性通縮的例子。在十七世紀的荷蘭，新的貿易機會和金融創新出現，開啟了無通膨成長的黃金時代，隨後的一個世紀裡，荷蘭的經濟規模成長三倍。在十八世紀末期和十九世紀的英國，工業革命開啟了類似的歲月，蒸汽機、鐵路和電力之類的科技突破，穩定的降低從可以改在機械化磨坊中研磨的麵粉，到服飾之類所有產品的生產成本。在這段期間裡，英國的消費者物價下跌一半，工業產出成長七倍，只有在拿破侖戰爭、克里米亞戰爭和普法戰爭期間，消費者物價下跌趨勢曾經遭到巨額的政府支出打斷。

一九二〇年代初期，良性通縮在美國出現，當時美國經濟每年擴張將近四%，汽車和貨車之類節省勞力新設備的發明，壓低了食物、服飾和家飾等消費產品的價格。在比較晚近的時間裡，雖然通縮大致在全球和國家的水準上消失，卻在包括科技部門在內的特定產業中，出現強而有力的良性通縮例子，例如，到一九九〇年代中期，來自矽谷的創新使消費者支付的計算能力價格下降，功能和行動力量卻大為提高，也有抑制整體消費者物價的效果。

其中的教訓是：低通膨雖然經常是好兆頭、高通膨幾乎總是惡兆，但是談到通縮時，卻沒有簡單的通則可以依循。你不能說，消費產品價格下跌本身是好兆頭還是惡兆。沒有一件事情，比一八七〇年代末期到一九一四年第一次世界大戰爆發期間美國的長期繁榮，更能夠凸顯這一點，在這段期間的前半段，平均通貨緊縮年率為三%，後半段期間的平均通貨膨脹率為三%，但是整個期間裡，GDP的成長相當強勁，成長年率達到三%。

雖然全球性通縮大致已經消失，通縮卻仍然有其重要性，因為通縮繼續在孤立而隱蔽的地方出現。

的影響。

就像我們看到的一樣，二戰以後的歲月裡，大型經濟體中，的確只有日本出現過一次漫長的通縮期間，但是，就像德意志銀行的研究所顯示的一樣，卻連延續一年的世界性通縮都沒有出現過，但是在個別國家裡，為期一年的通縮卻相當常見，而且我們還是沒有理由相信這種短暫、孤立的通縮對經濟成長會有不利的影響。

這是二〇一五年初，世界各國日益擔心通縮和日本現象爆發之際，國際清算銀行一項研究所揭露的意外發現。國際清算銀行檢視二次大戰後三十八個國家的經驗，發現長期消費者物價通縮的確很罕見，但是延續一年的短期通縮卻不罕見，把這些事例加總起來，三十八個國家一共經歷了超過一百年的通縮歲月。平均起來，在通縮的歲月裡，GDP成長率為三．二%，實際上還略高於通膨歲月二．七%的平均成長率。不論是富國還是窮國，都經歷過通縮和強勁成長一起出現的歲月，例子包括一九七〇年的泰國、一九八七年的荷蘭、一九九八年的中國、二〇〇〇年的日本和二〇一三年的瑞典。通縮歲月裡微幅的成長優勢在統計上沒有意義，而且國際清算銀行的研究人員證實，沒有證據證明消費者物價通縮對經濟成長是好事還是壞事。衝擊取決於推動通縮的是什麼力量。

因此，問題很明顯，就是你是否能夠分辨消費者物價通縮是供應推動的良性通縮還是需求推動的惡性通縮？誠實的答案是這樣做極為困難，需要分析供應與需求的相對力量，這裡要說的重點只是因為通縮已經變成不好的字彙，大家已經形成偏見，一提到通縮，就會假設通縮對經濟不利，但是歷史證據並沒有證實這一點。例如，二〇一五年內，全世界的消費需求都很疲弱，中國和其他新興市場國家的債務增加，這兩件事都是惡性通縮的徵兆。

但是也有良性通縮的徵兆，例如，造成通貨膨脹率下降的一個最重要因素是油價崩盤，而且油價崩盤還餘波盪漾，影響所有消費產品。油價從二〇一四年中的每桶一百一十美元，跌到二〇一五年初的五十美元，油價會下跌，原因很多，包括需求減少、尤其是中國需求減少的不利影響，也包括新頁岩油科技與發現、突然促使美國的石油產量回升的有利影響。籠罩世界的通縮力量包括良性與惡性通縮的因素。雖然徵象好壞不一，很多人卻開始主張：世界各國現在應該放棄對抗明確的通膨舊威脅，以便對抗有爭議的通縮新威脅。

消費者物價並非全貌

這種主張忽視了近幾十年來世界的改變多大，在二次大戰後的世界上，通膨和通縮的舊浪潮已經消失，取而代之的是穩定卻也日益受到控制的通膨。消費者物價的波動通常沒有過去那麼厲害，而且跟其他物價相比，消費者物價也是經濟劇烈轉折時比較不重要的指標，今天資產價格的變化──尤其是股價與房價的變化，跟物價的變化同樣重要，因為房市與股市慘狀跟經濟狀況不佳之間的關係日益明顯。

資產價格日益重要，原因起源於二〇〇八年前快速全球化的最近期間。由於過去三十年全球貿易增加和科技進步，生產商可以在全球各地，尋找工資最低的工廠，生產消費產品，消費者也可以在網際網路上，搜尋從T恤到鏈鋸之類所有商品的最低價，這些力量通常會促使消費者物價穩定。

但是全球化對資產價格會有一種相反的效果，就是向規模龐大多了的外國潛在買主，打開本地市場。因為爭購股票與住宅之類資產的買主增加，價格通常會上漲，也會變的比較不穩定。今天，外國人是三星與現代之流南韓最大企業的主要股東，邁阿密、紐約與倫敦等城市高檔房地產價格會飆漲，外國買主也是主要推手，這些力量通常會造成資產價格震盪，形成更頻繁的盛衰循環，資產價格熱潮經常預示經濟崩潰即將來臨。

最近幾十年，每一次重大經濟震撼爆發前，都會先出現資產泡沫，一九九〇年日本市場崩盤前是這樣，一九九七年至一九九八年間，亞洲金融危機爆發前，房價和股價也曾經暴漲過。一九九〇年代末期美國股市爆發熱潮，預示了二〇〇〇年至二〇〇一年間的股市崩盤，以及隨後短暫的全球經濟衰退。接著美國在隨後的經濟復甦中，領導世界經濟進入繁盛榮景，房價和股價都飛躍上漲，到二〇〇八年兩個市場再度崩盤為止，接著世界經濟陷入衰退，一直苦苦追求復甦。

房價或股價崩盤經常會打壓經濟，因為資產價格劇跌時會造成實質財富減少，大家覺得比較不富有時，會減少花費，導致需求下降，也造成消費者物價下跌。換句話說，資產價格崩盤可能引發惡性的消費者物價通縮。

日本就是碰到這種事情，一九九〇年，一九八〇年代的日本不動產和股市泡沫崩盤時，導致資產價格和消費者物價雙雙長期下跌。美國在喧囂的一九二〇年代（Roaring Twenties）內，也碰到過這種事情，當時大家的樂觀氣氛失去控制，導致股價在一九二〇年到一九二九年漲到天價的期間裡，上漲二五〇％。接著市場崩盤，消費者物價通縮跟著在大蕭條初期出現。

就我們的目的而言，關鍵的問題是：資產價格上漲什麼時候會到達泡沫階段，開始威脅經濟成長？

有一個經驗法則可以參考，就是房價或股價的漲幅愈大，崩盤的可能性就愈高。歷史顯示，很多國家的長期經濟成長在房價崩盤中結束，因此，不動產市場特別值得注意。一般說來，如果房價上漲速度長期超過年度經濟成長率，大家就要開始警戒。國際貨幣基金在二〇一一年發表一份報告，探討全球債務危機的可能原因。國際貨幣基金研究了四十個國家、總共七十六次的極端金融慘狀，發現包括房價在內的好幾個重要指標，在這些崩盤事件發生前，似乎都會上升。房價平常每年大約會上漲二％，金融危機期間前，漲勢卻會加速到上漲一〇至一二％。

二〇一五年時，奧斯卡・裘達（Oscar Jorda）、莫里茲・蘇拉里克（Moritz Schularick）和艾倫・泰勒（Alan M. Taylor）發表一份報告，用戲劇化的方式，凸顯不動產泡沫日漸常見的威脅，他們研究了十七個國家一共一百七十年的資料，說明房價泡沫的衝擊如何成長和蔓延。二次大戰前，五十二次經濟衰退中，只有七次衰退之前，曾經有過股市或房市泡沫破滅，二次大戰以後，這種關係變的緊密多了，六十二次經濟衰退中，有四十次衰退，也就是將近三分之二的衰退，是緊緊跟著房市或股市崩盤的腳步出現。

這份報告提出了若干基準，說明這種沫可能會產生什麼影響。一般說來，和股市泡沫相比，房市泡沫要花比較多的時間，才會升到最高峰，原因主要是股價波動比房價波動還激烈，房價泡沫遠不如股市泡沫那麼常見，但是房價泡沫爆發時，跟著出現經濟衰退的機率卻高多了。一旦房價或股價急劇上漲[1]，漲到高於長期趨勢線時，隨後價格下跌超過一五%時，預示經濟即將面對嚴重的痛苦。

但是——這一點很重要——如果助長泡沫的東西是借貸，痛苦就會嚴重的多。債務會放大經濟衰退，如果引發衰退的泡沫不是靠著債務助長，那麼五年後，經濟會比沒有發生泡沫時應有的規模小一到一・五%。然而，如果泡沫是靠著債務的幫助膨脹起來的，意即投資人大肆舉債買股，那麼五年後，經濟規模會比應有的趨勢小四%，債務助長的房市泡沫結果會更醜陋，五年後經濟會比原本應有的規模縮小九%之多。

二〇一五年時，密切注意資產價格膨脹變的特別重要，因為很多經濟學家都警告說，世界面對方向相反的日本式通縮。經濟學家說，為了因應消費者物價通貨膨脹率下跌的情勢，包括美國聯準會在內的各國央行，應該把利率維持在接近零的水準，以免落入非常難以逃脫的通縮螺旋。這些經濟學家和主要國家央行總裁認為，懷疑論者的反應是認定通膨還是主要的威脅，但消費者物價類似冰河上升式的漲勢，證明通膨根本不存在。

但是，如果你承認資產價格膨脹的威脅，那麼通膨威脅就確實存在。如果你回溯過去兩百年的歷史，你會發現在二〇〇〇年代美國聯準會推動零利率，接著其他國家央行紛紛跟進前，從來沒有一個主要國家央行把短期利率訂為零過。這麼寬鬆的貨幣政策助長了借錢購買金融資產的浪潮，今天美國處在股票、債券和住宅三大資產類別價格難得一見的同步熱潮中。贊成寬鬆貨幣的人正確的宣稱，股價在二〇〇〇年時，曾經漲到更高的天價過，房價在二〇〇七年時，也漲到更高的天價過，但是這種說法錯過了更大的大局。

過去五十年內，美國股票的各種估值超過目前水準的時間不到百分之十，債券和住宅價格現在都站在類似的歷史性高點上。美國股票、債券和住宅三大金融資產的綜合估值指數，目前處在五十年來的最高峰。簡單的說，綜合考慮所有這些市場後，一定會認為，這個泡沫升到的高峰，已經遠高於二〇〇〇年和二〇〇七年兩個泡沫所觸及的高峰，這兩次泡沫都帶來經濟衰退，但是二〇〇〇年和二〇〇七年時聯準會的說法，都跟現在的說法相同，也就是消費者物價通膨不存在，表示經濟體系中沒有通膨風險。

聯準會現在領導全球央行文化，認為央行的職責只是穩定消費者物價而已，不管資產市場發生什麼事情。這種心態必須改變，和戰後初期相比，今天的貿易與資金流動水準很高，通常會限制消費者物價，卻放大資產價格，因此，中央銀行必須承擔起兩項物價的責任。央行現在應該承認股票與住宅價格劇烈變動，可能預示經濟的轉折迫在眉睫。

一般認為，消費者物價通膨低落是穩定成長不可或缺的支柱，如果高成長伴隨著快速上升的通貨膨脹一起出現，那麼這段高成長期間可能注定會結束。如果消費者物價緩慢上漲，甚至因為有利的供應震撼或

1 由裘達、蘇拉里克和泰勒定義為至少有一個標準差。

良性通縮而下跌，那麼高成長的延續期間會長多了。然而，資產價格通縮對經濟幾乎總是不好的預兆，通常是在住宅與股票價格快速飆漲前出現。在今天全球化的世界上，跨境交易和資金流動經常會限制消費者物價，卻放大資產價格。密切注意股價和房價跟追蹤洋蔥價格一樣重要。

第八章　便宜就是好事
——你覺得這個國家便宜還是昂貴？

二〇一〇年代開始前不久，巴西仍然是世界上最受宣揚的經濟體時，我開始聽到遊客從里約飛到曼哈頓，租用貨櫃當購物袋的故事。這種奢侈是巴西貨幣里爾對美元的實質價值，升到四十年來最高峰時令人困擾的副作用。富有的企業人士和社交名流從聖保羅和里約飛到曼哈頓購物、看秀，還可能買一棟上東城的公寓，以便未來再來紐約時居住；對他們來說，可以在紐約買到的東西，實際上都好像是廉價大拍賣中的貨品。紐約的旅館紛紛招募說葡萄牙語的櫃台職員，以便應付蜂擁而來的巴西客人；紐約甘迺迪國際機場飛回里約和聖保羅的班機報到櫃檯前，總是大排長龍，隊伍前進的速度總是特別慢，因為前面擠滿了喜愛購物的旅客，忙著為他們裝滿新購物品的旅行袋，繳交很多筆額外的費用。雖然美國的平均所得仍然是巴西的五倍，巴西精英卻覺得自己是紐約之王或紐約之后。

貨幣過度高估已經使巴西經濟陷入失衡狀態。巴西是鐵礦砂和黃豆之類原料的大出口國，二〇〇〇年代初期，這些商品的全球價格快速上漲，商品價格熱潮不但推升巴西里爾的價值，也提升了從南非到俄羅斯之類其他商品出口國的匯價。對從這些國家來的精英旅客來說，強勁的匯率使曼哈頓變成好像大型的廉價地下賣場，卻也使聖保羅和莫斯科之類的城市，變成觀光客心目中極為昂貴的城市，他們必須拿自己的貨幣，兌換非常昂貴的里爾或盧布，才能購物、買咖啡、買公司股票，甚至買下工廠。

要了解一個國家的經濟展望如何，下面這個問題非常重要：你覺得這個國家便宜還是昂貴？如果這個國家擁有匯價過度高估的貨幣，就會鼓勵本地人和外國人把資金移轉到國外，最後削弱國內經濟成長。讓人覺得便宜的貨幣會靠著出口、觀光和其他管道，把資金吸引到經濟體中，提升經濟成長。

很多政治領袖繼續逃避這條規則，他們會迅速慶祝強勁的貨幣，認為強勁的貨幣是經濟強勁的副產品，可以從全世界各地吸引資金。這點正確無誤，到這個國家開始吸引希望從貨幣升值中快速獲利的投機「熱錢」時，這一點都正確無誤。本地和外國投機客會開始購買股票或債券之類的資產，原因不是他們認為這個國家的經濟或企業很強大，而是因為他們相信，匯價上漲至少暫時會提升這些資產的價值。在一段短暫的期間裡，這種打賭是自我實現的預言，因為熱錢會為匯率帶來升值壓力，從而傷害出口、妨礙企業進行長期投資，這樣很快就會傷害整體經濟展望。

匯率開始下跌時，國家不會表現出準備成長的姿態，卻會在匯率穩定在比較低廉、比較有競爭力的價位上時，表現出作勢欲起的樣子。不過，在很多國家裡，一直存在著貨幣強勢等於經濟展望良好的傾向，和十二世紀英王亨利一世統治英國時相比，這種誤解的暴力傾向沒有那麼高。西元一一二四年時，亨利一世對英鎊價值下跌深感震驚，懷疑其中有什麼陰謀，為了解決這個問題，他把將近一百位皇家貨幣兌換商召喚到溫徹斯特宮，照歷史學家尼古拉斯．梅秀（Nicholas Mayhew）的描述，亨利一世「在非常公開、意在提振信心的場合中」，下令用宮刑伺候所有兌換商，比較幸運的兌換商，就丟掉右手。今天，大家對貨幣匯率波動的原因以及怎麼應付波動的了解，已經略有進步，但是進步可能沒有你想像的那麼多。

為什麼便宜不只是感覺而已？

把跟貨幣有關的主要問題，用大家「覺得」這種貨幣多便宜的角度來描述，似乎有點含混不明，但是沒有什麼更好的方法，能夠比較這種貨幣和其他貨幣的價值。衡量貨幣價值的程序比表面上看起來含混多了。如果今天三元巴西里爾可以兌換一美元，明年要四巴西里爾才能兌換一美元，看來一里爾能夠買到的美元會變少，也就是里爾的價值下降了。但是實際上不見得是這樣，因為里爾下跌可能是考慮一部分或全部通膨之後的結果，如果巴西的物價漲勢比美國快多了，那麼里爾會給人愈來愈昂貴的感覺。

除非你為相對通貨膨脹率修正，否則你不可能精確的衡量貨幣的價值。你不但要衡量里爾對一個貿易夥伴國貨幣的匯價，還要衡量里爾對美國以至中國的所有貿易夥伴國貨幣匯價，必須依據所有國家不同通貨膨脹率調整時，任務會變的困難多了。這種計算非常複雜，得到的貨幣價值可能令人混淆又互相矛盾。在十二世紀亨利王這麼魯莽行刑的案例中，當時英鎊疲弱不振，主因很可能是農作歉收後食物價格高漲的結果，貨幣兌換商很不幸，國王和賢明的大臣不了解通膨可能侵蝕貨幣的價值。

九世紀後，我們還沒有想出前後一貫的方法，衡量經過通貨膨脹和其他因素調整後的貨幣價值。連最有經驗外匯專家都會承認，沒有持續一貫、始終可靠的衡量方法。事實上，任何一天裡，全球外匯市場上，平均都有超過五兆美元的交易量，大多數交易者喜歡買進高利率國家的貨幣，但是貨幣價值甚至不會成為他們聊天時的話題，就像一位資深分析師最近對我的團隊所說的一樣：「在評估貨幣價值方面，沒有一種方法有用。」

最常用的方法是實質有效匯率，實質有效匯率意在根據主要貿易夥伴國的消費者物價通貨膨脹率，調整本國貨幣的價值。另外也有足以媲美實質有效匯率、根據不同的通貨膨脹指標，如生產者物價、勞工成本或國民所得成長率，設法調整貨幣價值的其他方法，其中巴拉薩—薩繆森估價法（Balassa-Samuelson approach）特別深奧，就是以國民所得增加率為評價基礎。這裡不談不同方法的細節，這裡要說的重點是分析師選擇方法時是主觀的選擇，得到的結果會毫無規律。例如，二〇一五年初油價劇跌時，根據上述大多數指標估計的俄羅斯盧布，都呈現匯率崩盤的態勢，只有根據勞工成本估算的匯率顯示盧布看來相當昂貴，這是跟貨幣匯價有關的常見混淆狀況。

有些專業機構為了說明的更清楚，採用跟每個人都有關的東西，比較這種東西在不同國家的價格，為各國創造貨幣昂貴程度排名的指標。這種指標的老祖宗是《經濟學人雜誌》的大麥克指標，但是因為麥當勞已經不再流行，其他分析師開始比較星巴克咖啡，或比較在全球各地供應的其他產品的價格。德意志銀行「世界物價圖示」年報中，利用的是各式各樣的產品，包括iPhone6手機、李維牛仔褲五〇一款式的當地價格，以及周末度假、約會一次和理髮一次等等的價格，但是報告的結論仍然承認這種作法基本上具有主觀性質。德意志銀行在二〇一五年的報告中，斷定在美元走強的情況下，跟一年前相比，至少對美國人而言，在歐洲和日本購物，「感覺起來便宜多了」。

無可避免的是，要感覺不同貨幣匯價是高是低，一定是相當主觀的事情，務實的人應該注意，這種抽象模型可能產生容易造成誤導的精確數字，有些讀者可能提出反對意見，任何國家的物價可能因為旅客出身的國家不同，而給人大不相同的感覺。美國人用美元付款、在巴西購物時，和用歐元付款的歐洲人或拿日圓付款的日本人相比，可能覺得巴西的物價沒有這麼貴。這種情形偶爾可能正確無誤，但是一般說來，一種貨幣的匯價上漲時，通常會對大多數主要貨幣上漲。

在美元仍然主導世界經濟的情況下，任何貨幣最重要的層面是跟美元相比的感覺。雖然美國這個經濟超級強權的勢力已經略微減退，在全球GDP中所占的比重已經從一九九八年的三四%，降到目前的二四%，美國卻仍然是唯一的金融超級強權，美元仍然是世界上最受歡迎的貨幣。世界經濟產出中的一半，出自採用美元或採用跟美元緊密連結的貨幣，如中國人民幣的國家。因為聯準會控制美元的供應，現在聯準會比以前更像是世界的中央銀行。世界各國十一兆美元的外匯存底中，將近三分之二是以美元的形式持有，而且這種比率幾十年來幾乎都沒有變動。根據國際清算銀行的說法，全球銀行間所有金融交易中的八七%，有一方是用美元交易，這種比率聽起來似乎高的不可能，實際上卻很精確，因為全球大部分商業交易是用美元進行，即使交易不涉及美國當事人，仍然是這樣，向巴西出售智慧型手機的南韓企業可能要求用美元付款，因為大部分人仍然樂於持有世界首要準備貨幣。

貨幣的主觀感覺揭開了匯率在政客的操縱下，競爭力多高（意思是多便宜）的整個問題。例如，二〇一〇年代初期，安卡拉官員試圖主張：和一九七〇年代經過通貨膨脹調整的土耳其里拉匯率相比，二〇一〇年代的土耳其里拉非常有競爭力。然而，如果把這種分析的起始點移到一九九〇年代，里拉的價格就會顯得高多了——這是到安卡拉或伊斯坦堡的外國人最初的實際感覺。因為缺乏可以接受的匯價比較標準，政客因而可以隨心所欲的選擇一種標準，發表自己的主張。外人必須依賴信心，在自己有所感覺時，知道一種貨幣是不是很貴。實際情況是：如果個人覺得路口咖啡廳的咖啡價格太高時，大額商業交易也可能會讓人感覺很昂貴。

我所見過比較極端的匯價震撼中，有一次是在一九九八年初亞洲金融危機肆虐時，在泰國見到的。根據實質有效匯率計算，泰銖在短短幾個月內，已經崩跌五〇%，當時我在東南亞地區服務，曾經多次到曼谷採訪，看到從紐約和香港來的銀行家和研究分析師，手裡拿著他們買的大包、小包東西，從購物中心走出來，他們會購物，是因為覺得這些東西便宜的不可思議，在紐約要賣一千多美元的雅曼尼（Armani）和菲拉格慕（Ferragamo）西裝，在曼谷只賣幾百美元。業餘高爾夫手走在街上，提著好幾套等於用半價買到的柯樂威牌（Callaway）鈦金屬新高爾夫球桿，然後回去店裡，替老家的親朋好友，再買另外一、兩套。在這種廉價大採購熱潮中，更基本的變化正在展開。

亞洲金融危機會在泰國引爆，原因之一是泰銖已經變的太昂貴，跟泰國最重要的競爭對手、一九九三年時曾經讓貨幣貶值的中國相比時，更是如此。金融危機造成驚人的痛苦，在泰國經濟陷入停頓之際，失業率飆升三倍，不動產價格腰斬，如果以美元計算，泰銖崩盤導致泰國人的平均所得減少三分之一以上。泰國人的心情幾乎在一夜之間，從新近致富的活潑愉快，變成受到貧窮震撼的震驚。然而，就在泰國人不看好未來時，泰銖崩盤使泰國看來再度像是便宜國度，幾個月之內，大量資金回流，變成經濟復甦的好預兆。

如何解讀資金流動

評估一個國家的展望時，該問的第二個相關問題是：資金是流入還是流出這個國家？如果撿便宜貨的人覺得一個國家的匯率很便宜，而且經濟相當健全，就會把大量資金送進去。如果匯率讓人覺得很便宜，資金卻仍然逃離這個國家，表示這個國家有什麼嚴重問題。例如，二〇一四年底，俄羅斯盧布因為油價下跌而崩盤，但是俄羅斯人害怕情勢會變的更糟糕，每個月仍然把幾百億美元的資金移到國外。在這個例子裡，便宜還不是好預兆，因為匯率還不便宜、不穩定。

你在國際收支帳中，可以找到追蹤跨境資金流動的關鍵，國際收支帳紀錄所有合法流入與流出一個國家的資金流動，是國際貨幣基金所追蹤的資料。在國際收支帳中，應該注意的重要項目是經常帳，經常帳掌握一個國家生產多少和消費多少的比較。對大多數國家來說，經常帳中最大的項目是貿易帳，也就是出口所賺到的錢減掉進口所支付錢後的餘額。然而，光是貿易帳還太狹隘，無法控制一個國家整體的國際債務，要了解國家的所有國際債務，必須看範圍比較廣泛的經常帳，因為經常帳包括其他國外所得的流動，包括在外國工作的國民匯入款、外援和付給外國人的利息，這些資金可以讓國家比較容易或比較不易清償進口帳單，因此，經常帳會透露一個國家的消費是否超過生產，是否必須向外國借貸，以便融通本國消費習慣所需要的資金。如果一個國家的經常帳上，出現時間太久、金額可觀的赤字，就會積欠多到無法償還的債務，到了某個時刻，就可能陷入金融海嘯，這麼說來，危機爆發的臨界點在什麼時候呢？

我看過美國聯邦準備理事會經濟學家卡洛林・佛洛因德（Caroline Freund）二〇〇〇年發表的報告後，開始對這個問題感興趣。佛洛因德在研究先進經濟體時發現，經常帳通常會以多少可以預測的型態起伏，經常帳赤字上升大約四年、升到一年赤字占GDP五%的高峰後，處境惡化的信號會開始出現，超過這個水準之後不久，赤字通常就會自然逆轉，開始回落，原因純粹是企業和投資人對這個國家的償債能力失去信心，撤出資金，這樣會傷害貨幣的價值，迫使本國人民減少進口，於是經常帳赤字開始縮小，經濟大幅減緩，到進口減少促使經常帳恢復平衡為止。

我把佛洛因德針對臨界點所做的研究擴大，到了涵蓋所有國家的程度，我回溯到一九六〇年，篩檢一百八十六個已開發和新興市場國家既有的資料，測試各種規模的赤字、選擇三年和五年的期間檢視，發現二千三百項這樣的觀察。[1]這項研究證實了經常帳赤字持續維持高檔時，正常的結果是隨後的五年裡，經濟會減緩。如果五年期間每年赤字占GDP的比率占二到四%，減緩程度會相當溫和，如果赤字占

[1] 我只注重大型經濟體，因為如果是比較小的國家，只要得到一筆金額龐大的外國投資，經常帳就可能劇烈波動，扭曲結果。大型的定義是經濟規模至少占全球GDP的〇・二%，以二〇一五年為準，這種經濟體的規模會超過一千五百億美元。

GDP的平均比率超過五％，減緩程度會劇烈多了，在隨後的五年裡，會造成GDP平均成長率減少二點五個百分點。

因此，這項研究為五％的規則增添了支持證據。從一九六○年起，國家經常帳赤字至少以五％的平均年率擴大、時間長達五年的例子，一共只有四十個，在這些案例中，經濟減緩是確切不疑的結果。這四十個例子中，大約八○％的案例都爆發過某種形式的危機。[2]很多富國和窮國都出現經濟減緩的現象，包括一九七○年代的挪威、南韓、秘魯和菲律賓，一九八○年代的馬來西亞、葡萄牙、巴西和波蘭，以及過去十年消費特別過度期間的西班牙、希臘、葡萄牙和土耳其。

底線是：如果國家連續五年，每年都出現占GDP比率高達五％的經常帳赤字，那麼重大的經濟減緩就非常可能出現，也非常可能出現某種危機。走在這條路上的國家，消費顯然超過生產也超過自己的能力，需要往回走。持續出現占GDP比率三至四％以上的經常帳赤字，也可能預示未來會爆發經濟與財政問題，只是時間比較不急切而已。

然而，如果持續出現低於三％門檻的經常帳赤字，甚至可能不是壞事，是好是壞，要看資金流到什麼地方去而定。雖然任何赤字都表示資金流到國外，但是，如果資金是用來進口生產性的東西，例如，進口興建工廠所需的機械設備，那麼這種流出可能是好事。在這種情況下，融通這種採購的資金，就是支持未來成長的生產性投資。事實上，我遇到過這樣的新興世界國家官員，他們相信，凡是占GDP比率低於三％的赤字都可以接受，高於這種標準的赤字都值得擔憂。印尼的一位最高級官員在二○一五年的國際貨幣基金春季年會上，表示印尼央行現在認為，如果經常帳赤字占GDP的比率升到三％，印尼就該提高利率，以便抑制消費支出，從而預防印尼寅吃卯糧。

經常帳赤字是否構成風險，要取決於國家把錢花在什麼地方，如果錢主要是花在進口奢侈品之類，不能助長未來成長的東西，這個國家將來在進口帳單和貸款到期時，要還款會困難多了。要檢查資金的流向有一個快速的方法，就是看看赤字是否跟投資占GDP的比率一起升高，如果投資上升，至少是證明資金沒有流向浮誇消費的旁證。

解剖泰國外匯危機

經常帳赤字占GDP比率超過五％是危險的標準，如果這種情況延續很多年，就值得更密切的注意，因為這種情況幾乎總是導致重大的經濟減緩。這種減緩會以獨一無二的方式表現出來，但是，共同的地方是受到影響的國家長期入不敷出，最後無法支付積欠外國人的債務，泰國正是典型的例子。

一九九〇年代初期，泰國自認是下一個日本，是正在崛起的製造業出口大國。泰國已經從生產紡織品的階段畢業，開始為日本汽車公司生產汽車，也開始生產個人電腦用的半導體，還自以為一定會創造重大成就。泰國人甚至覺得自己比用泰銖表示的所得還富有，因為泰銖的匯率釘住強勁的美元，因此不管泰國人到什麼地方去，都覺得自己是購物中心之王。

泰銖強勁鼓勵泰國人，以大大提高經常帳赤字擴大風險的方式消費，泰國銀行家在這段期間裡，以喜好非常特別品牌的外國奢侈品而聞名，喜歡收集法國彼德綠酒莊（Château Petrus）的葡萄美酒，也喜歡炫耀愛彼表（Audemars Piguet）。更糟糕的是，泰國人開始大量舉借外幣，應付這種揮霍無度的行為，如果

---

[2] 我說「某種形式」的危機，是因為這個定義包括卡門．萊茵哈特（Carmen Reinhart）和肯尼斯．羅格夫（Kenneth Rogoff）所定義的銀行、外匯、通膨或債務危機。四十個案例中，有三十四個案例具有這種危機的資料，其中三十一個案例，也就是九一％的案例，至少爆發過一次這種危機。

泰銖崩盤，泰國人就不可能清償這種貸款，但是在一九九〇年代初期，泰國人對這種風險置之不理，認為經濟榮景會無限期的延續下去。此外，美元貸款的利率甚至比泰銖貸款還低。

曼谷街頭洋溢著興奮之情，以致於大家幾乎完全不理會事後回想應該很明顯的各種警訊。泰國人用低利率借到美元貸款後，不但用來購買奢侈品，而且也用來購買國內不動產和股票，因此，這些資產價格暴漲，漲到泰銖強勢無法持續時，價格就無法繼續維持。後來大家追溯歷史，把泰銖崩盤的起源，追溯到一九九三年北京在經濟走軟時，為了振興出口而讓人民幣貶值的決定。人民幣貶值使中國的出口變的便宜多了，因此，能夠從包括泰國在內的亞洲競爭者手中，奪取全球出口市場占有率。雖然如此，泰國人卻行若無事，繼續消費，一九九〇年到一九九四年間，泰國每年經常帳赤字占GDP的平均比率，升到深入危險區的七%。

接著，到了一九九五年春季，美元開始對日圓與德國馬克之類的世界其他主要貨幣升值，由於泰銖釘住美元，泰銖匯率也同樣上漲。在這段期間裡，泰國最重要的貿易和投資夥伴是日本，因此，泰銖最重要的衡量指標是對日圓的匯價，隨後的兩年裡，泰銖對日圓的匯率升到讓人覺得極為昂貴的地步，以實質有效匯率計算，泰銖對日圓的升值幅度超過五〇%，日本投資人因此受到打壓，泰國的出口也因此進一步減緩，但是泰國的經常帳赤字卻繼續擴大，在一九九五年和一九九六年，升到占GDP比率八%的高峰。大家開始質疑泰國有無能力償付日增的外債、維持曼谷的超高股價與房價，不久之後，本國和外國投資人開始恐慌，極度擔心泰國的財政困難，開始從泰國撤資。

泰國央行為了對抗資金外逃的破壞性通膨，開始動用幾百億美元的外匯存底買進泰銖，希望防止泰銖急速崩盤，但是，隨著外匯存底枯竭，央行被迫放棄對抗，也放棄泰銖釘住美元的做法，於是泰銖在一九九七年裡，對美元匯率崩跌五〇%，突然間，所有泰國債務人無法償還他們借來購買房產和股票的美元貸款，股市和不動產市場崩潰，泰國被迫向國際貨幣基金申請紓困，以便償還外幣貸款。幾個月內，積存了幾年的過度狀態在大家熟悉的情境中土崩瓦解，就像已故的麻省理工學院經濟學家魯迪格．唐布希（Rudiger Dornbusch）說的一樣，危機「醞釀的時間比你想像的長多了，發生的時間卻比你想像的快多了」。

解剖貨幣風暴

經常帳赤字占GDP的比率上升很多年，累積的債務變的大到無法償還時，會變成明顯的憂慮。但是近數十年來，世界一再捲入貨幣風暴，投資人開始從某一個出問題的國家撤資，引發相同區域或相同所得階層的國家，也受到投資人撤資之害，即使這些國家可以清償債務，情形仍然如此。換一個角度來看，從一九七〇年代開始震撼新興世界的一系列危機，其實是起源於害怕窮國無力償債的循環式危機，一九九四年的墨西哥披索危機引發一九九七年的泰國危機，泰國危機又引發二〇〇二年的阿根廷危機和很多其他危機，蹂躪無辜的受害國。

就像一九九七年時的泰銖一樣，新興市場國家貨幣出現搖搖欲墜的初步跡象時，投資人經常從整個新興世界國家撤資，不會考慮和分辨哪些國家面臨嚴重的經常帳赤字問題，而哪些國家沒有。這裡只舉一個最近的例子，二〇一三年夏季，貨幣風暴橫掃新興市場時，大家沒有區分土耳其的真正困境以及印度與印尼的暫時性問題有什麼不同，當時印度和印尼的經常帳赤字占GDP的比率介於二到四%之間，貨幣只要跌個一〇到二〇%，就可以讓赤字快速的縮減，最重要的原因之一是兩國的貨幣不會讓人覺得高估。變化的方向是箇中關鍵，而且這兩個政府的危險程度遠比土耳其和巴西低多了，土耳其和巴西的貨幣給人的感覺是高估很多，因此可能鼓勵很多人到國外購物或投資，使一直都很龐大的經常帳赤字更為大增，但是投資人盲目的逃離印度和印尼，以為這些國家都一樣。

這些國家不一樣，風險最高的國家是土耳其，土耳其幾乎是為了積聚大筆經常帳赤字而特別打造的國家，它們幾乎沒有所有的基本天然資源蘊藏，必須進口石油、鐵礦砂、黃金、煤炭、銅和大多數其他原料，土耳其人也習於花費巨資，購買從汽車到電腦的所有進口商品，而且土耳其人的儲蓄相當少，包括家庭、企業和政府在內，國民儲蓄率不到一五%，是大型新興市場經濟體中最低的國家。這點表示，土耳其人必須向外國大舉借貸，融通消費所需要的資金。而且因為儲蓄庫水位一向都很低，可以用來投資本國工業的資金相當少，因此，包括出口商在內的這些產業極為虛弱，虛弱的出口產業和對進口石油與其他資源的龐大需求結合在一起，促使土耳其習於長年出現經常帳赤字。在二〇〇八年以後的歲月裡，隨著全球貿易減緩和油價上漲，土耳其的經常帳赤字再度快速增加，到二〇一三年，土耳其變成世界上所有大國中，經常帳赤字占GDP平均比率連續五年超過五%的唯一國家，面對貨幣規則中極為嚴重的警訊。

去全球化是否已經改變規則？

事實上，這種警訊甚至可能比本文所說的還迫切，這條規則中有一個重要的但書，在我們討論這條規則時，構成危險高經常帳赤字的定義很可能已經改變，連續五年五%的門檻是根據近幾十年來貨幣風暴的型態而訂出來的，但是全世界遭到二〇〇八年全球金融海嘯破壞過後，全球貿易成長陷入停頓狀態，已經導致全球資金流動劇烈萎縮，上述型態可能已經改變。雖然我們活在高度整合的世界上，全球貿易流動卻已經相當突然的放慢下來，就像我們所看到的一樣，由於全球貿易談判瓦解，很多經濟體把眼光轉向內部，加上中國開始在國內的工廠裡，增產組裝產品所需要的零件，這種衰退可能會延續一段相當長的時間。

這種態度上的普遍轉變已經在專家的圈子裡，助長全球化遭到去全球化取而代之程度有多少的廣泛辯論。如果其他形式的全球資金流動沒有退卻，全球貿易放慢的衝擊或許不會很大，但其他形式的全球資金流動的確正在退潮。因為經常帳赤字通常反映過度的進口消費，凡是出現經常帳赤字的國家都必須找到外匯，以便支付進口債務，這種外匯可能以外國銀行貸款、外國人購買股票或債券，或外國人直接投資工廠的形式，流入這個國家，這種資金流動表現在國際收支中另一種叫做資本帳的項目中，但是從二〇〇八年起，這種資金流動枯竭的程度甚至超過貿易。

麻省理工學院經濟學家克麗絲汀．傅碧絲（Kristin Forbes）為英格蘭銀行所做的研究顯示，跨境資金流動已經回降到三十多年前，也就是最新的全球化熱潮開始時的水準。這是明顯的反轉，一九八〇年時，全球年度資金流動為二千八百億美元，占全球GDP的比率不到二%，然後中國對全球貿易和外國投資人開放門戶，其他新興市場國家紛紛跟進，於是資金流動在隨後大家對新開放世界的興奮之情中，增加到二〇〇七年最高峰的九兆美元，占全球GDP的比率升到一六%，然後二〇〇八年的全球金融海嘯爆發，樂觀氣氛消失，到二〇一四年，資金流動回降到一點二兆美元——再度降回到占目前全球GDP的二%。光從全球資金流動的規模來看，時鐘已經撥回一九八〇年。

資本帳幾乎包括大家所能想像、可以用來跨境轉移資金的每一種管道——從銀行貸款到資金秘密轉到開曼群島的方法，在正常狀況下，分析師和報紙頭條只注重資金流動中的一個層面，就是外國人投資在本國股市和債券市場的資金，嚴格的說，這些資金是「投資組合流動」的一部分，卻經常被人稱為「熱錢」，因為在正常狀況下，股票與債券可以非常快速的拋售一空，這種資金流動涉及公開市場交易，因此非常容易看出來。然而，事實上，這種熱錢只是整體資金流動的一部分而已，就像傅碧絲所指出的一樣，這種熱錢不是波動最劇烈的部分，在投資組合流動之外，還有外國直接投資和銀行貸款之類的主要資金流動，而且近幾十年來，銀行貸款是所有資金流動中波動最劇烈的部分，銀行貸款才是真正的熱錢。

銀行貸款也是最近全球整體資金流動萎縮的關鍵，二〇〇八年後全球資金流動逆轉，主因就是歐美、日本的大銀行撤回本國市場，減少承作海外貸款。撤退的原因之一是擔心新興世界的風險，但主因是受到二〇〇八年金融海嘯後頒布的新法規限制。這些法規包括要求銀行持有更多資本、以便至少在理論上，可以更妥善的熬過下次的全球重大危機。美國聯準會現在會派出官員小組，一次進駐大型投資銀行好幾個星期，監視投資銀行是否遵守規範他們動用資產的新規定，確保這些銀行不在包括外國市場在內的任何地方，干冒太多的風險。

根據《富比世雜誌》的報導，全球跨境銀行資金流動在金融海嘯爆發前的二〇〇七年，升到大約占世界GDP四%的高峰，隔年就急劇反轉，降為負值，顯示銀行不但停止放款，還開始出清貸款，把錢帶回本國。這種流動到現在還沒有恢復，而且這種「銀行業去全球化」會使美國和英國愈來愈難以借錢，支持他們對進口產品的胃口，他們要融通長年持續的經常帳赤字也會困難多了——從一九九〇年起，美國的經常帳赤字占GDP的比率平均大約為三%，英國為二．二%。凡是出現高額經常帳赤字而且可能入不敷出的國家，現在都得面對這種障礙。

很多國家可能發現，要吸引支付本身生活型態所需的外資流入，已經變的愈來愈困難，這點表示，這些國家碰到融通經常帳赤字問題的時間可能比過去快多了。在全球貿易停滯的情況下，任何國家想藉著賺取出口收益，保持經常帳平衡，可能會愈來愈難，要陷入危機可能會愈來愈容易。在二〇〇八年以前的年代裡，經常帳赤字連續五年增加到占GDP的五%時，臨界點就會來臨，在金融海嘯後的歲月裡，臨界點可能更快出現，赤字水準可能更低，到達印度和印尼央行官員愈來愈常提到的三％水準。

重新節衣縮食

甚至早在全球化的樂觀時代退位、去全球化的憂慮出現前，經濟學家就已經一致認為，大部分國家都從開放貿易中獲利，但是開放全球資金流動卻是利弊互見。

全球化熱潮巔峰期間，資金流動增加使很多國家極為容易寅吃卯糧，陷入金融海嘯。一九八〇年以前，一個國家儲蓄多少，和投資多少的關係非常密切，如果投資大幅成長，那麼大多數國家的儲蓄也都會大幅成長，但是，到了二〇〇〇年代，這種關係改變了，全球資金流動增加，導致每年都有幾兆美元的新資金可以利用，各國不必大量儲蓄，就可以大肆花費，或從事巨額投資。因為各國可以極為輕鬆的利用其他國家的儲蓄，也就是利用全球資金流動這種基本資金來源。簡單的說，像中國之類的國家，經常帳順差在二〇〇七年，升到十％的最高峰時，都儲蓄夠多的額外收益，可以借給美國之類的國家，融通他們通常沒有生產性的消費習慣所需要的資金——美國的經常帳赤字在二〇〇六年升到六％的最高峰，其中的風險是：這種全球資金洪流讓很多國家，利用舉借更多外債的方式，花掉比儲蓄總額還多的錢。

國內節儉的舊美德現在重新出現，國民儲蓄回升的現象，清楚表現在可以衡量消費與生產之間差距的經常帳中，而且這種差距會透露各國的儲蓄金額。如果國家的消費超過生產，出現經常帳赤字，實際上就是動用儲蓄。現在全球貿易退潮，代表所有經常帳赤字和經常帳順差絕對值的世界經常帳失衡，已經下降六千億美元，降為二點七兆美元，也就是占全球GDP的比率下降了三分之一，這種情形顯示跨境流動的資金減少了很多。美國的經常帳赤字在二〇〇六年升到占GDP六％的高峰後，已經減少一半以上，降到占GDP的二・五%，現在對外國資金的依賴已經遠比過去少多了。二〇〇八年時，在歐元區的十九個國家裡，經常帳赤字占GDP的平均比率升到一・六%，但是到了二〇一四年，赤字已經變成二・四%的順差，經過二〇〇七年的崩盤後，國內儲蓄和國內投資的關係，也已經恢復到一九八〇年的水準。就各國的整體投資來說，大部分國家的投資資金大致都來自自己的儲蓄。[3]

金融海嘯後，出現了因為缺乏投資機會而產生的「儲蓄過剩」問題，儲蓄過剩形成的原因很多，兩個最重要的原因是新興世界成長減緩和有關的商品價格下跌。二〇〇〇年代內，投資占全球GDP的比率提高，但是提高的部分完全來自新興世界，然而，新興世界在二〇一〇年代裡，碰到特別劇烈的經濟成長減緩，以致於把儲蓄投入新興市場國家鋪築道路的機會減少，投入其他投資項目的機會也減少，很多新興市場國家靠著出口石油和其他商品振奮經濟，二〇〇九年到二〇一四年間，全世界超過三分之一的投資都投入商品產業中，但是在二〇一四年底油價崩盤後，預期上述投資水準會劇烈下降。

雖然這些力量顯示新時代的經濟成長會放慢下來，卻也顯示經濟會更為穩定。很多國家在取得維持消費習慣所需要的資金上，對外國陌生人資金的依賴下降，在資金流動——尤其是熱錢流動增加、助長貨幣危機規模和頻率的世界上，這點或許是穩定力量。

跟著本國人走

雖然二〇〇八年後，全球貿易和資金流動不再快速擴張，很多政客仍然隨便的把本國金融危機的責任，怪罪到外國人頭上。大家都知道，可能引發貨幣危機的大筆資金流動變化，是由全球級玩家主導，這些人在最近幾十年勃然興起的全球化中紛紛現身，其中最有力的玩家是避險基金大亨、各式各樣投資公司的基金經理人、替沙烏地阿拉伯之類產油國投資石油利潤的主權財富基金，以及處理全世界億萬勞動大眾儲蓄的退休基金。這種「秘密的」財務新代理人中，有些人籠罩在某種陰謀氛圍內，大家認為，他們有點像很多國家認定的美國中央情報局，擁有看穿一切的眼光以及地上的消息來源，還有在乙太世界的科技，能夠主導大事，取勝世界各個遙遠角落的投資對手。

我的發現正好相反，要偵知貨幣問題的開始與結束，必須跟著本國人走，他們是最先知道國家是處在危機中還是復甦中的人，也是最先行動的人，大型全球玩家大致上都是跟進行動。

新興市場國家爆發危機的時間，經常是投資人失去信心開始撤出資金，傷害本國貨幣價值，以致於國家無法償付債務的時候。這時，這個國家必須向國際貨幣基金申請紓困，大家經常隨便怪罪行動敏捷的外國人引發資金外流，這種懷疑在每次貨幣崩盤中都會出現，從一九九七年至一九九八年間的亞洲金融危機時，馬來西亞總理馬哈迪指責「不道德」、「邪惡」的外國投機客，到二〇一三年土耳其里拉、印度盧比、印尼盾和其他新興市場國家貨幣遭到短暫的攻擊時，都發生過這種事情。不但抱持民族主義的政客如此，連包括國際貨幣基金在內的全球性機構，都歸咎外人造成這種有害的資金外流。

這種正常反射錯過了正常事件程序中的一些關鍵步驟，首先民族主義份子攻擊外國投機客，暗示的是本國人忠心耿耿又愛國，外國人反覆無常又愛剝削。這種說法忽視了根據諾貝爾獎得主羅伯・盧卡斯（Robert Lucas）名字而命名的盧卡斯矛盾，盧卡斯質疑資金通常習於從富國流向窮國，是由歐美投資人所推動，希望在熱門成長市場中追逐高投資報酬率的假設。盧卡斯指出，新興市場國家的本國富人，也有強

---

[3] 用術語來說，儲蓄回升表現在全球國內儲蓄與國內投資的相關性上，這種相關性從一九八〇年的零點八，降到二〇〇七年的負零點一，然後回升到零點七。

烈的誘因，把資金轉移到比較富有的國家去，投入比較值得信任的機構，以及像美國國庫公債之類比較安全的投資項目中。

我的研究支持盧卡斯的觀點，顯示本國人從一九九五年開始紀錄時起，就一直把資金從新興股市移走，二十一個大型新興經濟體跨境流動資料顯示，本地投資人每一年都是本國股市的淨賣方。雖然新興經濟體的本國人通常不會把大部分資金投資在國內，賣出的本國股票總是比買進的多，同時外國人幾乎總是買進的比賣出的多，每年都是淨買方，只有二〇〇八年的金融海嘯年度和二〇一五年的大出走例外。這種情形應該不足為奇，兩種人都努力分散投資，已開發世界的買主尋求把部分財富投資在高報酬率的新興市場，新興世界買主尋求把部分財富投資在安全的已開發市場。其中的教訓是，大家移轉資金主要是基於自利、希望賺更多的錢，而不是希望證明自己的愛國心，也不是基於破壞外國的某些邪惡計畫，而採取行動。

事實上，我的研究顯示，過去二十年發生的十二次新興市場貨幣危機中，本國投資人出脫的時間遠比外國人早，而且這種狀況出現十次之多，在貨幣匯價到達低點時，外國人確實會把握機會，移轉的資金金額遠比本國人大很多，但是他們在先前的資金出走潮中並沒有領先群倫，而是跟隨著移動腳步而已。在這十二次重大貨幣危機中，外國人有八次是在貨幣跌到低點時，開始從本地投資中撤走——抽回貸款、拋售股票與債券，外國人沒有預期會爆發危機、沒有大賺一票，而是在底部出清、蒙受虧損。

資金會先從本國人口袋中開始外流，我猜其中原因是本國人對本地狀況比較了解，和大多數依賴官方統計的大型外國機構相比，本國人可以早在趨勢出現在官方統計數字前很久，就看出企業苦苦掙扎、破產呼之欲出等非正式的蛛絲馬跡。一九九四年十二月墨西哥「龍舌蘭酒危機」期間，國際收支資料顯示，墨西哥披索釘住美元的匯率在這個月開始失靈，但是墨西哥人在披索突然貶值前，已經提前十八個月以上，開始從披索中出走，轉進美元。幾年後，一九九八年八月盧布崩盤前，俄羅斯人已經提早兩年以上，開始從本國貨幣中撤資。

精明的本國人也經常是最先回來的人。在上述十二次重大的新興世界貨幣危機中，本國人有七次比外國人先開始把資金移回國內，採取行動的時機也能夠及時抓住貨幣升值的契機。思考這種型態的另一種方式是：全球性的大玩家知道的東西比他們喜歡想像的少多了，本地人比外國人所認定的精明多了。

國際收支中的資本帳也提供洩露內情的跡象，顯示本國人什麼時候大舉出脫本國貨幣，在本地人開始從國內銀行帳戶開始撤資、把現金移到巴哈馬群島和利用其他出走管道時，這些錢會以巨量資本流出的形式，表現在國際收支中。這裡只舉一個例子，早在二〇一四年底油價崩盤前，俄羅斯的這種資金外流就已經升高到驚人的比例，清楚的預示經濟有問題，資本帳顯示本地人在二〇一二年和二〇一三年內，每年撤出六百億美元，二〇一四年的流出金額膨脹到一千五百億美元，占GDP的比率超過八%，這一年裡，俄羅斯中央銀行為了因應情勢，動用了一千多億美元的外匯存底，捍衛盧布。

富有的本地人和企業也可以透過非法管道，把資金抽離有問題的國家，這種作法在國際收支帳上，只表現在「錯誤與省略」項下。近年來，發掘這種秘密流動已經變成鑑識經濟學家的室內遊戲。根據德意志銀行的研究，有堅強的理由讓人相信從俄羅斯溜出去的資金中，有一大部分流入俄羅斯寡頭富豪喜愛的目的地──英國，原因是英國的稅法和金融監理相當友善。更多的資金透過不正常管道，以「錯誤與省略」的方式，流出俄羅斯時，通常表示有更多的資金透過相同管道，流入英國。二〇一四年內，莫斯科在烏克蘭進行干預後，盧布下跌，俄羅斯人為了保護自己的資金，以免受到國際制裁莫斯科的影響之際，有超過九十億美元的資金，透過「錯誤與省略」的管道，突然湧入土耳其，一般認為，資金來源也是俄羅斯。這種流動對俄羅斯是惡兆，對土耳其卻是吉兆，因為即使資金流動的方式非法，這些資金還是會在土耳其發揮作用。

俄羅斯在這種詭異的資金流動中，甚至還不是領頭羊，這種不一定是好事的名聲屬於中國。根據華盛頓研究公司全球金融誠信組織（Global Financial Integrity）的說法，中國在開發中國家裡，是最大的非法資金外流出口國，在二〇一二年截止的十年內，中國每年平均有一千二百五十億美元的資金非法外流，二〇一二年後，外流金額繼續攀高。高盛公司的分析師在一份「探討三千億美元失蹤奇案」的研究報告中，設法追蹤近年來這麼多的資金，怎麼在北京嚴格管制資金流動、規定個人每年最多只能匯出五萬美元的情況下，溜出中國。高盛的分析師雖然謹慎的說，這種資金用什麼方式、為什麼能夠通過中國戒心重重的守門員，可能有些無害的解釋，但是他們的結論是，大部分資金外流，是為了逃避北京的擴大反貪腐和反非法所得財富行動。

中國資金秘密外流最可能的管道是篡改貿易發票，也就是低報出口收入，把部分資金留在外國。有人懷疑其中部分資金是透過繁榮的海岸城市深圳移轉，因為據報導，深圳有一些黃金珠寶公司交易量和外幣收入不符。法國巴黎銀行的另一份報告顯示，二〇一五年第一季裡，錯誤與省略項下的金額超過八百億美元，是新興市場國家的最高紀錄，這點表示，每年透過曖昧的錯誤與省略管道外流的資金，達到三千二百億美元，占中國GDP的比率超過三%，可說是一種警訊。

連不能利用大企業和超級富豪外流通路的本地人，都擁有一種逃生艙。二〇一三年中，貨幣崩盤的恐懼橫掃從印尼、巴西到土耳其等新興市場國家時，本地人利用了好幾種逃逸路線，印度人把盧比換成黃金的金額，每季達到數百億美元，千百萬土耳其人搶進銀行，把儲蓄從里拉換成美元（里拉下跌二十%的二〇一三年上半年，這樣兌換的金額約達二百二十億美元）。

這不是開發中國家人民第一次成功的預測到重大變化，在動盪不安的一九九〇年代裡，國內投資人把大筆資金，從新興市場國家移走，逃避實際風險非常高、習於利用不友善的稅務人員，以及藉著高通膨和不穩定成長動搖經濟穩定，攫取人民財富的政權。因為很多國家的政府都訂定法規，使資金難以從本國流出，企業和富人經常會發現只註記為「錯誤與省略」的迂迴路線。

二〇〇〇年以後，俄羅斯總統普亭、巴西總統魯拉、土耳其總統艾爾多安等領袖整頓財政，新興市場國家的經濟亂象開始平靜下來時，本國人又是早早就查覺到這種變化，再度透過後門管道，把數十百億美元的資金送回印尼、南非和巴西之類的本國。二〇〇二年時，全球市場為了競選總統時自命為左派激進份子的魯拉，應該會決定引導巴西債務違約而驚魂不定時，巴西人卻比較不重視魯拉競選時的說詞，比較重視魯拉的團隊可能遵守正統的經濟路線。此外，巴西貨幣在過去三年裡，幣值已經跌掉一半以上，給人非常低估的感覺，在政府明訂法規、規定巴西人可以匯進和匯出多少錢的情況下，本地人樂於買進巴西里爾，而且樂意在黑市中，付出比官方匯率還高的匯價買進，本國人的這種信心阻止了更大規模的貨幣崩盤，預示隨後出現的經濟復甦。

快速前進到二〇一五年四月的布宜諾斯艾利斯，阿根廷央行官員在一場私下的會晤中，努力想說服我，要我相信阿根廷披索的黑市價格是有利的跡象。他們主張，黑市匯率雖然比官方匯率低四十%，跟前一年低五十%的情況相比，卻是有所改善。但是對我來說，大消息是：黑市顯示阿根廷人對政府努力恢復國家正常的所作所為，仍然缺乏信心，阿根廷披索必須進一步大幅下跌，才能說服國民，相信他們的國家能夠恢復競爭力。

資金流動代表綠燈通行

雖然本章的重點是低廉而穩定的貨幣是好事，貨幣危機的討論卻占了本章的一大部分，原因在於貨幣危機期間顯示國家已經到達轉捩點。就陷入貨幣危機的國家來說，轉危為安最重要的跡象是經常帳從赤字反彈，恢復為順差，這種順差顯示貨幣可能在具有競爭力的低價位上穩定下來，促進出口，並強迫本國人減少進口，危機正在離開，經濟可以在自行清理一番後，開始恢復成長。

比較一九九七到一九九八年的亞洲危機和二〇一〇年代初期的歐洲危機，可以看出兩者的展開過程極為類似，這種情形清楚的說明了這一點。這兩場危機像近幾十年很多其他的貨幣危機一樣，造成類似的損失程度，苦難波及所屬地區的情形也近似。一九九七年至一九九八年間，貨幣傳染病從曼谷蔓延到雅加達、首爾和吉隆坡之際，投資人逃之夭夭，貨幣崩跌，印尼盾更是跌到空前最低點，價值暴跌八〇%，從二千五百盾兌一美元，慘跌到一萬六千盾兌一美元，某些銀行無法處理外匯交易，因為他們的電腦程式中，沒有設定處理難以想像的五位數印尼盾匯率交易的功能。貨幣崩盤從而助長整個地區的股票美元價值沈淪，到最低點時，四個受創最慘重的亞洲股市總市值跌到只剩二千五百億美元。

從上述觀點來看，在短短的幾個月內，泰國、印尼、南韓和馬來西亞所有的上市公司加總起來，總市值跌到低於美國的一家奇異公司，顯然這是全球市場超賣過頭的案例之一，但是低到這麼驚人的股票價值，也是整個國家給人極為便宜感覺的跡象，這種情形大部分的原因是本國貨幣匯價低廉，轉危為安的時刻即將來臨。

亞洲貨幣崩盤的規模根本不算罕見，我再度回頭檢視一九九〇年以來新興世界的重大貨幣危機，發現危機震央國家，如一九九四年的墨西哥和一九九七年的泰國，以美元計算的股價在貨幣危機助長下，通常都慘跌八五%，受影響地區國家的股價則平均慘跌六五%。受到歐元區危機影響的週邊國家也表現出這種基本型態，揭開危機序幕的國家希臘股市的跌幅高達九〇%，受危機波及的週邊國家包括葡萄牙、愛爾蘭、義大利和西班牙等國，股市平均下跌七〇%。二〇一二年危機升到最高峰時，這五個歐洲國家股市的總市值加起來，還不如蘋果一家公司的總市值，希臘股市的總市值還不如美國折扣大賣場業者好市多公司。這種價值極度下探到某個國家讓人有「廉價感覺」的現象，經常在危機已經觸底的時刻出現。

事實上，這場歐洲慘劇中的每一個國家，在先前的亞洲危機中，都可以找到第二個自我。兩場危機的主角泰國和希臘，經濟規模同樣都巨幅萎縮，泰國經濟在危機後最低點時，萎縮了二八%，希臘經濟在二〇〇八年到二〇一五年間，萎縮了二五%。受到第二沈重打擊的兩個國家（印尼和愛爾蘭）、受到第三沈重打擊的兩個國家（馬來西亞和義大利），以及受到最輕打擊的兩個國家（葡萄牙和南韓），經濟各自萎縮一〇%）經濟受害的程度都相等。

這兩個區域性貨幣傳染病故事中的重大差別，以及這些事件通常如何展開的明顯含意，在於這些國家管理本國貨幣的方式。簡單的說，沒有藉著訂定貨幣匯價的方式、試圖創造人為穩定金融環境的國家，通常比較有彈性，也比較快復甦。亞洲和歐洲在各自的貨幣危機爆發前十年，都採用兩種形式大不相同的固定匯率，試圖把自己打扮成安全的貸款和投資地點。亞洲國家把本國貨幣的匯率釘住美元，歐洲國家採用整個歐洲一體適用的新貨幣歐元，歐元匯率是以歐洲大陸最大、最保守的經濟體德國為基礎。這種計畫在兩個區域推動的幾乎太完美了，因為大家對貨幣穩定性的信心傳播開來，銀行降低借貸成本，本地人開始大量借錢來消費、蓋房子和興建工廠，這種債務助長了消費和進口熱潮，把經常帳推進赤字中，引發這些國家能否償還激增的債務，尤其是償還所積欠外國銀行債務的恐懼。

亞洲國家崩潰和復興循環展開的速度快多了，主因是亞洲國家能夠拋棄釘住美元的匯率。這種作法雖然造成多國貨幣和市場崩盤，卻也有助於點燃復甦的火花，所有遭到危機襲擊的國家在一九九八年元氣大傷後，到一九九九年初，已經可以看到經濟復甦和經常帳恢復順差。在危機爆發前的很多個月裡，這些國家的平均經常帳赤字等於國內生產毛額的五%，但是這些東亞經濟體在一年內，主要靠著低廉的匯率、進口減少、出口爆炸，就創造了等於GDP一〇%的經常帳順差。亞洲貨幣在最初的崩盤後，不再繼續下跌，匯率變成低廉而穩定，足以協助推動本國經濟復甦。亞洲國家只花了三年半的時間，就恢復在一九九八年開始的大規模經濟衰退中失去的所有產出。

我們向前躍進十二年，看看義大利、西班牙和歐洲其他週邊國家後，要問一個問題，就是為什麼他們沒有找到這種效果快速的貨幣藥方。他們不能輕易的放棄歐元，因此，貨幣幣值不會突然下跌，進口不會被迫快速下降，出口也無法提升（要到二〇一四年年中，歐元對美元匯率才終於開始下跌）。他們要恢復競爭地位，只能靠著做出痛苦的決定、削減工資與膨脹的公務員員額，經濟學家把這種可怕的緊縮支出過程，叫做「內部貶值」，這種作法會跟貨幣貶值一樣，藉著恢復出口競爭力，達成大致相同的目的，只是這樣做比較慢，在政治上也比較困難，在對勞工友善的歐洲更是如此，因為這樣需要涉及跟工會進行艱難的談判。危機爆發五年後，歐洲週邊國家還在苦苦追求經濟復甦。

為了對歐洲公平起見，這裡必須說，歐洲面對的外在背景比亞洲惡劣多了，二〇〇八年的全球金融海嘯爆發後，全球經濟經歷了二次大戰後最無力的復甦，在這種環境中，歐洲國家很難靠著振興出口創造繁榮。一九九八年時，亞洲國家不但能夠拋棄固定匯率，也很幸運的碰到全球經濟強勁成長時刻，可以東山再起，亞洲經濟復甦的主要動力是美國經濟出現罕見的高成長，在一九九六年到二〇〇〇年間，美國經濟每年都快速成長四．五%，而且進口很多新近跌價的產品。

到了二〇一四年，歐洲週邊國家終於看到轉捩點，當時這些國家的經常帳出現擺脫赤字、進入順差領域的跡象，顯示這些國家創造的所得可以還債，降低外債總額。葡萄牙、西班牙和愛爾蘭的經常帳全都明顯改善，步向出現順差之路，但是，義大利和希臘還沒有走上這條路。

二〇一五年五月我訪問希臘時，發現希臘沈淪的原因是製造的產品極少，希臘的工資和其他成本降低，對出口沒有實質助益，然而，物價下跌卻使希臘島嶼對觀光客的吸引力大增，以致於各個島嶼上的中國和印度遊客之多，到了我在他們自己的國家之外，見到最多中國人和印度人的程度。但是，觀光占希臘GDP的比率不到七％，觀光在巴哈馬和塞席爾之類的小島國中，扮演重要的角色，但是在協助中大型經濟體從金融危機中轉危為安上，卻從來沒有扮演過重要的角色。即使在一九九七年至一九九八年間亞洲金融危機侵襲泰國時，到泰國濱海風景勝地觀光的旅遊業，占泰國GDP的比率一樣不到七％，對泰國後來的經濟復甦只有小小幫助。

採用浮動匯率的自由，也有助於說明為什麼很多東歐國家會經歷大不相同的危機，波蘭和捷克在準備加入歐盟時，曾經削減工資和政府支出，因此，兩國二〇〇八年陷入危機時，財政狀況勝過比較富有的鄰國，但是兩國還沒有採用歐元，因此危機爆發時，兩國的貨幣可以直線下墜，雖然在危機之後的幾年裡，歐元仍然給人相當高估的感覺，波蘭貨幣茲羅提（zloty）和捷克克朗（koruna）卻讓人覺得相當便宜，這種令人愉快的意外時機幫助這兩個國家經濟復甦，他們跟新興世界其他國家競爭出口客戶時，尤其如此。

東歐不但跟西歐相比時，看來非常有競爭力，也就是匯率給人低估的感覺，跟新興世界對手俄羅斯、巴西和土耳其相比時，看來匯率也相當低估。從二〇〇八年到二〇一三年間，經過通貨膨脹調整後，歐洲以外大多數大型新興市場國家貨幣對美元匯率都上漲，二十大新興市場國家中，有十三個國家的經常帳赤字擴大，七個例外的國家大都是新興東歐國家，包括波蘭、捷克和匈牙利。嚴厲的削減支出減少了進口，同時低廉的匯率和工資削減，提振了包括製造品在內的出口，波蘭因為由市場決定的茲羅提匯率持續下跌，加上工資仍然比西歐國家平均工資低七五％，因而變成從服務到汽車與農產品的主要出口國，這些力量協助波蘭在二〇一五年創造出經常帳順差，幫助波蘭經濟完成三．五％的強勁成長。

但是因為波蘭貼近出問題的歐元區，形象受到影響，一直都很少受到全球投資人的注意，波蘭吸引的國際企業經理人極少，以致於沒有一家大型全球連鎖旅館認為應該在這個人口四千萬、比東歐第二大國大兩倍的國家首都華沙設點。波蘭也有通貨膨脹率低落的額外吸引力，低通膨有助於茲羅提穩守在低廉又有競爭力的價位上。匯率低廉和通膨低落兩種因素結合在一起的誘惑力，當然遠比匯率低廉單一因素更有力、更持久。

二〇一〇年代初期我訪問華沙時，看到老舊的磚造倉庫中開設了不少新餐廳，也在華沙四周看到其他復古式的時髦場所，但是，其中擠滿了追求潮流的本地年輕人以及從外國回來的移民。只不過是幾年前，還有極多的波蘭人移居外國、尋找工作，以致於歐洲其他國家反移民黨派在爭議中，拿「波蘭水電工人」作為反移民的象徵，現在波蘭水電工人受到波蘭經濟轉強、就業展望好轉吸引，紛紛回國，這一切都是靠具有競爭力的茲羅提支撐。波蘭人已經重新發現波蘭，外國人遲早都會跟進。

你不能靠貶值創造繁榮

如果說，政治領袖經常幻想強勁的貨幣是國家實力的象徵，那麼了解便宜有時候是好事的技術官僚領袖，偶爾會屈從相反的謬誤，認為只要貶值，就可以促使經濟轉強。這是另一種形式的國家干預，在議定匯率時橫加干預，好比議定市場其他物價時橫加干預一樣，市場經常會懲罰這種意圖。

如果每一個國家都採用相同的伎倆，希望藉著貶值創造繁榮，任何國家想達成這種目的會變的特別困難。二〇〇八年金融海嘯後，極多國家試圖靠著貶值，改善自己的競爭地位，因此，沒有一個國家能夠得到長期的優勢，美國、日本、英國和歐元區央行為了增印鈔票，輪流推動具有貨幣貶值意味的「量化寬鬆」政策，但是，跟其他國家相比，每個國家在出口市場占有率上，頂多只能得到短期的好處。

市場可能用很多方法，懲罰這種管理匯率的意圖，最重要的是，如果某一個國家大舉借入美元、歐元或其他外匯，然後讓本國的貨幣貶值三〇%，那麼償付外債的金額就必須增加同樣的比率。二〇一五年內，和全球經濟有關的最常見問題是，為什麼包括巴西、俄羅斯和土耳其在內，有這麼多新興市場國家，在最近的匯率跌勢中幾乎毫無所獲？答案是這些貨幣的跌幅遠不足以讓人覺得確實低估。

此外，這些國家當中，有很多國家舉借外債的金額持續增加，從一九九六年起，新興世界國家民間企業積欠的外債總金額占GDP的比率，已經不只增加一倍而已，台灣、秘魯、南非、俄羅斯、巴西和土耳其的此一比率更是已經達到二〇%以上。對這些國家而言，匯價下跌對經濟的傷害跟好處一樣大，民間企業會被迫花很多錢償付債務本息，會減少員工的僱用和新廠房設備的投資。

這種自取滅亡的循環以前出現過，一九八〇年代的拉丁美洲危機是近數十年來摧殘新興世界一系列貨幣危機中的第一場，這場危機會爆發，原因之一是阿根廷、智利和墨西哥開放外國貸款，這種開創性的行動促使經濟蓬勃成長，但是在這些國家無法創造足夠的外國收益償付外國帳單和貸款本息時，令人眼花繚亂的問題就出現了。在上述所有案例中，政治領袖都讓貨幣貶值，以便強化經濟競爭力，結果卻把很多同胞推進外國貸款違約的困境。二〇〇二年，阿根廷經歷近數十年來很少國家碰到過的罕見真正蕭條之際，這種過程終於在阿根廷觸底，在這種低點時，阿根廷的貨幣供給極為低落，以致於阿根廷人淪落到必須成立易貨俱樂部，其中一家俱樂部設在布宜諾斯艾利斯一家空蕩蕩的奢侈品購物中心裡。

貶值也可能造成其他無心的傷害，在缺少強勁製造業的國家裡，低廉的匯率對促進出口、賺取外匯和協助平衡經常帳赤字，可能毫無助益，這是商品出口國典型的危險，但是最近的研究顯示，跟十到二十年前比較，連出口大國要利用低廉的匯率，都已經變的日益困難，原因在於最近的全球供應鏈整合，這點表示，很多製造商向外國購買一大部分的零件和原料，因此，出口現在含有更大比率的進口，如果製造業大國試圖靠著貨幣貶值，獲得出口優勢，最後反而會提高自己為這種進口所付出的價格。

如果國家在食物和能源之類基本物資方面，也高度依賴進口，比較低廉的匯率會使國家在進口這些基本物資上，花費更多的資金，從而會推升物價，進一步傷害貨幣，鼓勵資金外流，這就是土耳其之類國家一再出現的症候群。

資金外流的陣痛會害政府處在尷尬的地位上，外國人跟著本國人出走時，央行為了防止資金外流加速，變成具有破壞性的匯率突然崩盤，經常會動用數十億美元的外匯購買本國貨幣，希望「捍衛」本國貨幣，這樣會讓投資人有機會以蒙受部分虧損的方式，把資金轉移到國外，但是，他們的資金外流會繼續對匯率施加下跌壓力。很多外匯交易員戲稱，「捍衛匯率」的真正意思是「補貼外國投資人出走」，一九九七年至一九九八年間，在印尼和泰國上演的劇情，正好就是這樣，最好從一開始，就讓市場決定願意付出什麼價格買賣外匯。

國家靠著刻意貶值、促進繁榮的例子很罕見，這點帶領我們回到一九九三年中國的重大貶值行動，因為這是難得一見既可以強化經濟成長，又至少沒有造成短期痛苦的例子。中國沒有積欠什麼外債，也不太過度依賴產品進口，最重要的是，中國擁有強大的製造業部門，而且在北京讓人民幣貶值後，製造業的成長甚至更快。這種策略在巴西、土耳其、奈及利亞、阿根廷或希臘的功效不會這麼好，因為這些國家幾乎沒有什麼製造業基礎，比較低廉的匯率會使這些國家的進口更昂貴，也會助長通膨，卻幾乎不太能夠或是要花很長的時間，才能鼓勵出口成長和就業，原因就是這些國家缺少出口產業。

值得指出的是，一九九三年中國官員設法計算人民幣釘住美元的適當價值時，曾經去請示最高領導人鄧小平，鄧小平告訴他們去了解黑市匯率，利用黑市匯率，訂定人民幣的匯率。鄧小平是最務實的人，了解利用最方便得到的市場價格，是決定人民幣價值的正道。

印尼是另一個貶值成功的有趣案例，一九八六年時，印尼把印尼盾貶值三〇%，因為印尼同時追求積極的改革，以便促進出口。正如印尼前財政部長巴斯里（Muhamad Chatib Basri）說的一樣，印尼在一九七〇年代內，把眼光移轉到國內，卻在一九八〇年代印尼主要出口項目的石油價格崩盤時，被迫推動改革。油價下跌導致印尼盾匯價跌落，造成出口商的營收減少，使出口商變成貿易自由化的支持者。印尼總統蘇哈托把經濟政策交在技術官僚手中，這些技術官僚開始降低關稅和減稅，開放外國投資，針對貪腐的海關官員，定出不尋常又有創意的解決之道，就是用民營的瑞士公證檢驗業者SGS公司取代海關。巴斯里認為，當時印尼向全世界開放，推動協助國家引爆製造業熱潮的更龐大改革計畫，印尼盾貶值是這個計畫中的一個因素。

思考這條規則的另一個方式，是國家的開發程度愈低，對「便宜就是好事」的敏感度愈高。如果一個國家出口原料，或是出口非常簡單的製造品，如成衣、鞋子或加工食品之類低價經常是賣點的產品，那麼這個國家的經濟命運就更容易隨著匯率的起伏而波動。但是如果這個國家製造比較昂貴的商品，尤其是顧客樂意付出高價購買的品牌產品，那麼匯率仍然相當重要，但是重要性卻比較低。

德國和日本是典型的例子，雖然兩國貨幣在一九七〇年和一九八〇年內大幅升值，卻仍然勉力維持長期的強勁成長，因為「德國製」和「日本製」，已經變成嚴格標準和精確工程的同義字。瑞士也創造了相同的故事，過去十年來，沒有一種貨幣的升值幅度超過瑞士法郎，但是，瑞士在全球出口市場的占有率一直維持穩定，大多數其他已開發國家的市占率卻都在衰退。

瑞士央行和其他人都曾經在這方面研究過「為什麼瑞士特別不同」的問題，答案是瑞士生產範圍廣泛、品質極為高超的出口產品——手錶當然包括在內，另外還有藥品和機械——即使比較強勁的瑞士法郎推升瑞士產品的售價，顧客仍然堅持愛用瑞士產品。根據哈佛大學的《經濟複雜性報告》，只有日本生產的系列精密出口產品範圍比瑞士更廣泛。我在蘇黎世和日內瓦時，經常感受到這種對價格不敏感的不尋常相同感覺，因為連旅館提供的服務品質和效率，似乎都證明高昂的價格確實有道理。我早在一九九〇年代中期，就去過歷史可以回溯到一八九八年的蘇黎世席爾妥餐廳（Hiltl），當時這家餐廳的服務生已經拿著手持設備，在片刻之間，把點餐內容傳到廚房。據說席爾妥餐廳是世界最老的素食餐廳，也是最先使用這種手持科技產品的一家餐廳——這兩點是瑞士常見的典型組合。

中國正在推動多少有點類似向先進製造邁進的進化，中國也在努力自我提升，生產比較不靠便宜匯率保住全球市場占有率的出口產品。目前中國的出口中，科技產品和資本財已經占到一半，遠高於二〇〇二年時的三〇％。二〇〇〇年時，占總市值將近八〇％的公開上市科技公司，都設在美國、歐洲和日本，但是後來中國、南韓和台灣侵蝕歐美日企業的優勢後，這個比率已經降到六〇％以下。

二〇〇八年金融海嘯後，世界轉向的方式顯示，現在靠著貶值創造繁榮的可能性受到更大的限制。全球貿易不再擴張，新興市場國家互相競爭，爭取固定貿易大餅中的一定比率。在這樣的世界上，光是靠著匯率低落，已經不可能再創造很多經濟明星，在這種環境中玩貨幣貶值遊戲，可能很容易碰到反彈。越南之類的小型經濟體或許仍然適合玩這種遊戲，因為貿易占越南GDP的比率高達一七〇％，因此，即使越南在全球貿易市場上的占有率小幅提高，對越南的經濟成長都會有龐大的有利影響，但是在大型經濟體中，貿易的重要性不如國內市場。

雖然貶值的阻礙日漸增加，卻不可能阻止各國政府嘗試用這種方法踏上成功之路，但是在全球經濟疲弱無力、全球化停頓不前、競爭日益激烈的情況下，這種手段愈來愈可能變成毫無所獲。即使是中國，貶值也不可能產生和一九九三年貶值相同的影響，中國現在的全球出口市場占有率已經成長到一二％，是近數十年來任何經濟體所能創造的最大市場占有率，而且中國現在已經變的太大，沒有多少進一步擴張的空間。事實上，因為中國極為龐大，中國的貨幣貶值時，影響所及，通常會迫使新興世界國家的所有貨幣都下跌，二〇一五年底，中國的人民幣貶值三％，希望重振低迷的出口時，很多新興市場國家的貨幣幾乎在片刻之內劇烈下跌，完全抹煞北京靠著貶值可能提高的任何競爭力還有餘。

匯率最好由市場決定，而且匯率可能是最簡單的即時指標，可以顯示一個國家在國際貿易和投資上，跟主要競爭對手在價格上，能夠多有效的競爭。如果匯率高估，可能導致持續增加的大筆經常帳赤字，資金會開始外流，經常帳赤字成長到占GDP的比率連續五年超過五％時，經濟減緩和金融危機的風險會變的極高。但是在「去全球化」日益明顯的世界上，可以管理的經常帳赤字門檻水準，或許可以降到三％。不過即使經常帳赤字占GDP的比率低於三％，了解資金是流向購買廠房設備之類生產性工具所需融通資金，還是流於購買奢侈品之類的浮誇產品，仍然很重要。

要看出貨幣問題的開始和結束，一定要跟著本國人走。國家陷入危機或經濟復甦時，本國人會最先知道並最先採取行動，全球性的大玩家大致上會跟進行動。經常帳恢復順差、國家再度從國外取得足夠的資金支付國外債務時，就是這個國家命運即將轉變的跡象，這種過程通常需要靠非常低落的匯率促成。

匯率直線下跌當然不是好預兆，尤其是如果這個國家積欠大筆外債，又沒有可以從低落匯率中受益的出口製造業基礎時，情況更是如此。理想的組合是由市場在低落通膨預期心理支撐的穩定金融環境中決定的低廉匯率。這種組合會讓本國企業信心十足的大興土木，使本國銀行也信心滿滿，願意以合理的利率放款，讓投資人有信心長期投資勃然崛起的國家。

第九章　債務之吻

——債務成長率是否高於經濟成長率？

一九九七年底亞洲金融危機高峰期間，我要求跟一位名叫羅伯・齊林斯基（Robert Zielinski,）的人在香港見面，齊林斯基是銀行分析師，因為早早看出金融危機即將來臨的跡象，因而引發爭議。他早在一九九五年，就寫了一篇短短的報告，警告新興世界的很多國家爆發金融危機前，債務都曾經連續五年、每年成長二〇%以上，泰國當時就處在這種信用熱潮中。那時很少人聽信齊林斯基的話，連在亞洲最有雄心壯志的投資銀行怡富公司（Jardine Fleming）服務的很多同事，都不理會他的警告。

齊林斯基因為自己個性直率又不同流俗，所以沒有花多少力氣去傳播自己的警告訊息。到了一九九七年十月泰銖崩盤之際，他用我所見過銀行分析師所用過最特異方式，重複發布他的警告，他不是用枯燥無味、背誦資料的方式發布警告，而是以一齣名叫「債務之吻」的短劇形式，發布這項訊息，這齣短劇在少少的三頁中，掌握信用熱潮的基本要素，場景設在東南亞某一個沒有說出名字的國家裡，劇情描述的是：幾乎每個人的眼睛，都被日益美好的好時光和低落的借貸成本遮住了。一位銀行家敦促一位名叫阿蟹的單純農民，創設一家阿蟹地產公司，還承諾「你的公司」一定會「一舉成功」；一位家庭主婦喊著：「替我買進四百萬的任何東西！我不想錯過。」總理告訴憂心忡忡的財政部長，不用擔心財源，因為他們總是可以向也已經失去理智的銀行，借到更多的錢；每一步愈來愈不理性的步驟中，都有合唱團在背景裡唱著：

「債務之吻、債務之吻、債務之吻。」

齊林斯基是最先警告我要注意下列經濟問題警訊的人：借款人和放款人陷入信用熱潮，以及民間貸款總額成長率遠比經濟成長快等問題。信用危機顯然跟債務有關，但是要解析數十兆美元的債務市場，卻有無限多的方法，取決於釋出貸款的人是什麼人（外國或本國來源）、接受貸款的是什麼人（政府或民間企業與個人），以及債務負擔多大、在多長的期間內成長多快而定，其中可能的組合有無數種。齊林斯基的作法是瞄準金融危機爆發前，經常都會先出現民間部門——也就是企業和個人持續不斷借債的熱潮。十年後，讓亞洲金融危機相形見絀的全球金融海嘯慘劇爆發前，歐美民間債務快速成長之際，我才真心希望自己當初曾經把這種訊息內化成功，我沒有聽懂合唱團低聲輕唱的「債務之吻、債務之吻……」訊息。

過去三十年來，世界愈來愈常受到金融危機侵襲，每次金融危機之後，大家都會掀起一種熱潮，希望追尋金融地雷何時會再度爆炸的最明確警訊。每一次的新危機似乎大致都會產生危機爆發的新解釋，一九九〇年代墨西哥的「龍舌蘭酒危機」後，大家把檢討重點放在短期債務的危險性上，因為當時引爆危機的是短期債券。一九九七年至一九九八年間的亞洲金融危機後，檢查重點完全跟大舉舉借外債的危險有關，因為外國人在泰國和馬來西亞的問題明朗化後，突然切斷了對這兩個國家的貸款。這些不同的解釋造成嚴重的混淆，導致大多數大型金融機構在二〇〇八年前，普遍看不出信用危機隱然出現。

這種失算讓國際清算銀行、歐洲央行、國際貨幣基金和其他主管機關顏面盡失，因此，這些機構開始重新檢視這個問題，到二〇一一年，這些機構用不同的方式，得到類似的結論。他們在研究中找到一條強而有力的線索，可以把回溯到一九三〇年代大蕭條以來的重大信用危機都連結起來，在某些情況中，甚至可以連結十七世紀蹂躪荷蘭的「鬱金香熱潮」。所有這些危機的前兆——也就是危機即將爆發最重要的指標——都是國內民間信用成長速度在一段相當長的時間裡，比經濟成長的速度還快，這一點是非常重要的線索。

這些機構也得到另一個令人驚訝的結論：雖然國家的債務總規模——指政府與民間部門債務總額——對經濟展望沒有影響，債務總額的增加速度，卻是財務困難即將來臨最清楚的信號。總額很重要，增加速度更重要。一九九七年時，民間債務占泰國GDP的比率達到一六五%，對泰國來說，就是一種不好的兆頭，但是，如果債務成長率並非長期大幅超過經濟成長率，這種規模的債務負擔不見得是危機的預兆。一九八〇年代末期，泰國的債務一直都穩定成長，一九九〇年以後卻開始起飛，一九九七年前的五年內，泰國經濟的年成長率大約是一〇%，民間債務的成長率卻高達二五%左右，信用成長突飛猛進，反映過度樂觀的情緒，也反映齊林斯基在短劇中所描畫的日益惡劣的借貸決定，還透露泰國日漸增加的債務負擔可能引發危機，因此，危機即將來臨最明確的信號不是一九九七年民間債務占GDP的一六五%，而是從一九九二年九八%劇烈上升，一共提高了六十七個百分點。想看出未來的麻煩的話，民間信用占GDP比率的五年成長率是神奇的數字。[1]

我自己的研究也是遲遲在二〇〇八年的震撼後，才把這一點推升為當務之急，我的研究針對這些發現，進行了兩項重要的修正。第一，我點出了一個不回歸點，也就是民間信用過去五年上升速度極快，超過這一點後，金融危機很可能就會爆發。第二，我的研究處理了這些機構沒有問的一個問題，他們沒有問這個問題，是因為他們把重點放在看出金融危機的警訊，如股市或匯率崩盤上。這個問題是：如果沒有爆

1 的確如此，某些國家——例如一九八〇年代的智利和一九九〇年代的印尼，在民間債務快速上升後，都爆發危機，但是，兩國的民間債務升到的水準仍然相當低，占GDP的比率不到五〇%。

發公開的危機，信用熱潮是否還是會傷害這個經濟體？我的研究顯示，這個經濟體過了不回歸點後，不但可能爆發金融危機，而且實際上也可能碰到劇烈的經濟減緩。[2]

我的團隊和我從一百五十個國家回溯到一九六〇年的既有資料，分離出三十個最嚴重的五年期信用熱潮。這項分析得到的結果，是債務末日派評析專家也會認可的老牌信用危機精選集的東西。其中獨占鼇頭的是愛爾蘭，愛爾蘭在二〇〇四年至二〇〇九年的五年間，民間信用總額占GDP的比率，升到令人震驚的一六〇%。這張名單中也包括已開發國家，如一九八〇年代末期的日本，以及全球金融海嘯前債務暴增的希臘、澳洲、瑞典、挪威等五國。新興市場國家中，出現極端熱潮的國家包括一九八〇年代的烏拉圭和智利、一九九〇年代末期的泰國和馬來西亞，以及今天的中國。就這三十個極端的國家而言，民間信用的成長速度都連續五年遠超過經濟成長率，而且民間信用占GDP的比率總共至少提高四十個百分點。[3]

所有這些案例過了循環的第五年，而且民間信用比率增加幅度觸及四十個百分點的門檻後，都出現繼續惡化的現象，一旦跨過這條線，這些國家當中的大部分國家，也就是三十國當中的十八國，都在後來的五年裡爆發金融危機。[4]這種危機侵襲從希臘以至泰國之類的國家，希臘幾乎就在二〇〇八年跨過四十個百分點後，立刻就遭到危機侵襲，泰國是在一九九三年第一次跨越這個門檻，四年後就爆發危機。

極端信用熱潮對國家經濟成長率的不利衝擊甚至更為明顯，在上述所有三十個案例中，包括沒有爆發金融危機的國家，在民間信用增幅突破四十個百分點門檻後的某一個時間，經濟都會劇烈減緩。[5]拿三十個國家來平均，隨後的五年裡，這些國家的GDP成長率都會降低一半以上。以希臘為例，民間債務占GDP的比率從二〇〇三年的六九%，升高到二〇〇八年的一一四%，五年期間一共提高四十五個百分點，隨後的五年裡，希臘的GDP平均成長年率崩跌到負五%，遠遠不如二〇〇八年以前的三%平均成長率。熱潮的樂觀期間過去後，現在每個人都很清楚，熱潮高峰期間，借款人和債權人過度放縱，必須面對錙銖必較、減少債務和貸款的苦日子。

這種百分百的結果異常清楚而一貫，至少根據過去五十年的全球經濟型態來看，這種情形可能暗示一項經濟重力法則。我的研究也顯示，民間信用成長率在經濟循環相反的一面、信用熱潮破滅後的日子裡，是重要的指標。如果民間信用成長率連續五年遠低於GDP成長率，就可能創造出經濟強勁復甦的環境，銀行會重建存款儲備，對再度放款會覺得安心，借款人的債務負擔減輕後，對再度借款也會覺得安心。

泰國說明了這個法則的兩面。泰國信用占GDP比率是在一九九三年內，突破連續五年提高到超過四十個百分點的門檻，接著泰國的GDP平均年成長率從一九九三年以前五年的一一%，慘烈下降為隨後五年的二・三%。不過信用激增的情形一直延續到危機爆發的一九九七年，然後銀行和借款人才縮手，開始療傷止痛，信用占GDP的比率連續五年下降，到二〇〇一年泰國自行整頓完畢，經濟開始真正加速復甦時，才停止下降。

---

2 我應該指出，到二〇一五年，有些民間金融業的研究人員發表研究報告，探討信用熱潮和經濟成長減緩之間的關係，包括當年一月高盛公司的《解開中國的信用謎團》（*Untangling China's Credit Conundrum*），以及當年十一月摩根信託銀行發表的《謹慎監看新興市場國家的信用循環》（*Keeping a Wary Eye on the EM Credit Cycle*）。

3 在信用成長快到危險程度的期間裡，這些國家的經濟大都強勁成長，因此，信用成長是信用占GDP比率上升的主因。

4 這裡我用金融危機，來表示萊茵哈特和羅格夫在二〇〇九年出版的《這次不一樣》（*This Time Is Different*）中所定義的銀行危機，他們的大作詳細說明銀行擠兌，以及政府被迫關閉、合併、紓困或接管一家以上金融機構的作法。

5 隨後的五年裡，三十國中的二十六國平均年成長率下降，馬來西亞、烏拉圭、芬蘭和挪威另外四國，經濟嚴重萎縮，但是很快的又恢復成長，足以提升後來五年的平均成長率。

民間部門帶頭，公共部門跟進

二〇〇八年全球金融海嘯後的研究，增加了我們對金融危機如何進行的了解，也讓我們更了解為什麼金融危機的起源，大都可以始終一貫的歸咎於民間企業與個人借貸。基本答案是民間部門通常是債務熱潮的起源，有一些起因——經常是一種發明或創新——讓大家相信經濟已經進入很長的快速成長期，他們未來的所得展望光明，可以應付更高的債務。美國信用熱潮的起因包括潛水鐘的發明、運河與鐵路的開通、電視問世、強力光纖網路的出現，以及新種借貸工具讓大家可以根據住宅的價值借錢。

一開始時，創新的影響確實會提升經濟成長和所得，會引導出光明的展望，誘使大家借更多的錢，最初創新的實際影響消失後，這種樂觀循環可以持續很久，經濟學家可以看出創新的影響正在消失，因為生產力的成長率開始慢下來。然而，很多企業會極度深陷在熱潮中，會繼續鋪設鐵路或光纖線路，到現有需求證明繼續在供應上投資毫無道理的程度；其他人也假設需求熱潮會持續下去，開始借錢興建住宅與辦公室，更有人跳進來，提供新種貸款，讓盛宴持續進行。

債務成長速度遠超過經濟成長率時，連經營良好的銀行都不可能放出這麼多貸款，卻不出大錯。熱潮持續愈久，錯誤會變的愈大，因為就像過去一樣，比較可疑的民間放款人不斷加入遊戲，把錢借給愈來愈不合格的民間借款人和投資人，也就是借錢給齊林斯基所說的業餘玩家，如準備投資「四百萬購買任何東西」的富有主婦。經濟成長靠著過量的信用推動時，崩潰的可能性就會提高。

就我們所知，在二〇〇八年以前的美國，民間信用品質的這種崩壞過程，反映在「次級房貸」放貸機構的增加上，若干放貸機構用寬鬆到讓人懷疑的條件，向不合格的借款人推廣貸款。雖然次貸市場只占美國房貸的一小部分，卻是經常在信用熱潮末期出現的那種貸款集中的化外之地，提供的貸款機會不要求頭期款、工作證明和償還債務證明，這種貸款像枯葉一樣脆弱，還變成點燃二〇〇八年債務柴堆的火種。

政府通常是在民間放款人和借款人失去自制能力後，才會介入，主管機關經常會在信用熱潮加速進行之際，設法限制炒作比較過度的新放款人和放款作法，但是這種措施很快的就會退化，變成類似「打地鼠」的遊戲，每次政府設法打壓一種不正當的放款人，另一種不當的放款人就會冒出頭。如果主管機關禁止次級房貸，信用老鼠就開始提供同樣不用繳頭期款、不用拿出工作經歷證明的超級便宜行動住宅貸款。

最後，盛宴終於因為某種重大金融事故而結束，這種事件通常在央行被迫大力提高資金價格、打壓過度狀況後發生，接著經濟會劇烈減緩，主管機關開始努力減輕接踵而來的信用危機，把破產民間借款人的債務，移轉到政府的帳簿中，政府債務也會跟著增加，因為政府為了減輕經濟衰退所造成的衝擊，經常會增加借款，以便提高公共支出。經濟學家泰勒（Alan Taylor）和同事，在一項回溯到一八七〇年的詳細金融危機研究中，得出下列結論：「金融危機通常起源於財政問題（政府借貸）的想法，沒有得到歷史的支持。」我們通常會在民間部門找到這些問題的起源，政府債台高築又陷入危機的國家，會經歷比較長期、嚴重的經濟衰退，原因純粹是政府會發現自己難以借到錢，做為金融紓困或刺激經濟支出的財源。

這種債務危機先在民間部門爆發，國家扮演支撐角色的型態，現在已經牢牢確立。根據國際貨幣基金的分類，從一九七〇年起爆發的四百三十次嚴重金融危機中，主要是政府債務或「國家」債務危機的次數，不到七十次（也就是不到六分之一），包括一九八〇年代初期侵襲拉丁美洲的債務慘劇，這種債務崩盤的規模十分龐大，以致於足以說明為什麼到了現在，很多分析師仍然急於在每一場債務危機中，探討政府是不是罪魁禍首。另一個原因是：政府藉著大舉借貸，人為延長熱潮的時間，最後可能使危機變更嚴重。

債務的漸進式疾病

債務造成的崩壞是一種漸進式的疾病，病徵會逐漸變的更嚴重，這一點要取決於債務成長多快、多久而定。我的研究顯示，民間信用成長幅度，不必超過極端熱潮一定會有的四十個百分點增幅，就會嚴重衝擊經濟成長。只要民間信用成長率連續五年成長一五％，未來五年的GDP成長率就會降低，在這段期間裡，平均每年的成長會放慢一個百分點。

民間信用成長率升高時，經濟減緩的規模和可能性也會升高，如果民間信用占GDP的比率連續五年成長二十五個百分點，經濟減緩的規模可能相當大。以上述例子來平均，年度GDP成長率會放慢三分之一，但是會產生惡劣多了的結果，以美國為例，二〇〇二年到二〇〇七年間，民間信用成長二十五個百分點，從占GDP比率的一四三％，升為一六八％，平均年度GDP成長率就從二〇〇七年以前的二．九％，降為後來五年的一％以下。

經濟減緩從美國蔓延到世界其他國家時，各國政府開始借貸，以便增加支出，對抗持續擴大的經濟衰退，這樣做其實是遵循常見的型態，就是由民間企業和個人領導信用循環，政府跟著行動。到二〇一四年，雖然一般認為，世界各國已經熬過「去槓桿化」或厲行節約的痛苦過程，開始償還貸款，實際上只有若干國家和產業確實是這樣。若干民間借款人把債務削減到某種程度，美國的家庭和金融公司尤其是這樣，但是，這種削減都被非金融公司和美國政府的新借貸所抵銷，因此，美國債務占經濟的比率維持穩定，而且在新興世界裡，很多國家的政府和企業舉借新債的速度更是讓人驚駭。

結果是從全球金融海嘯以後，全世界很多國家的債務負擔成長速度，甚至比先前胡亂借貸的歲月還快。根據麥肯錫全球學院二〇一五年的研究報告，從二〇〇七年起，包括家庭、企業與政府債務在內的全球債務負擔，從一百四十二兆美元，增加到一百九十九兆美元，占全球GDP的比率從二六九%，增加為二八六%，整個世界債台高築，情況比二〇〇八年危機爆發時還嚴重，美國的債務總負擔維持穩定，歐洲呈現停滯狀態，主要新興市場國家卻大幅膨脹。美國聯準會把借貸成本壓到極低的水準，以致於新興市場國家政府容易增加借貸，對抗全球性的經濟減緩，而且事實證明，連民間企業都無法抗拒舉借新債，二〇〇八年金融海嘯之後的五年裡，很多最大型新興市場國家的民間信用快速上升，馬來西亞、泰國、土耳其和中國增加總額占GDP的比率，超過二十五個百分點。簡單的說，這些國家已經觸及這條信用規則規定的水準，預示未來的經濟成長非常可能放慢下來。

中國創紀錄的熱潮

然而，中國是獨樹一幟的例子。根據麥肯錫公司的說法，從二〇〇七年開始，全球債務總共增加了五十七兆美元，其中超過三分之一，或其中二十一兆美元是中國舉借的。二〇〇八年金融海嘯的結果之一是：中國雖然沒有取代美國成為世界最大的經濟體，卻超越美國，成為對世界GDP成長貢獻最大的國家，二〇一〇年代的前五年裡，全球的經濟擴張當中，有三分之一由中國創造，美國的貢獻只有一七%，確切不移的扭轉了一九九〇年代以來的角色。

問題是：中國能夠在二〇一〇年代崛起，大都是靠龐大的財政與貨幣刺激促成，這樣就造成中國的債務負擔大增，因此，中國的債務炸彈變成全球經濟最大的威脅之一。大家激辯這個故事最後會怎麼結束，大部份分析師認為，嚴重的經濟走軟不是風險，原因之一是中國領袖非凡的紀錄，三十年來，即使其他新興市場國家爆發危機，中國經濟在中國領袖的主導下，成長幾乎毫不中斷，因此，中國領袖一定能夠解決債務問題，不會出現嚴重騷亂。

歷史顯示結果沒有這麼美好。

在中國出現目前的熱潮前，戰後共出現三十次最極端的信用熱潮——其中包括日本和台灣這兩個最有名的亞洲經濟奇蹟，每次熱潮都帶來嚴重的經濟減緩，台日兩國的經濟領導階層都以精明聞名在外，卻都在一次信用熱潮中，結束長期的強勁成長。日本和台灣的民間信用占GDP的比率，都曾經至少擴張四十個百分點，日本在一九九〇年跨過這個門檻，台灣在一九九二年跨過。就中國避免「債務之吻」的可能性來說，目前的情形並不是好預兆。

全球金融海嘯後，跡象很快開始浮現，顯示好久以來，中國領袖第一次不能完全掌握應該怎麼辦。二〇〇七年時，中國總理溫家寶公開警告，說中國經濟已經變成「不穩定」、「不平衡」，因為中國把太高比率的所得，投資在興建太多工廠和住宅上，而且灌注了太多的水泥。很多觀察家認為，溫家寶的坦承證實了北京在經濟上很精明的名聲，也暗示中國即將尋找新的成長模式，一種比較不那麼嚴重依賴出口導向工廠投資，而比較依賴社會加強消費的模式。台灣、南韓和日本等亞洲經濟奇蹟成熟後，經濟都會減緩，現在中國已經變成中等所得國家，也到了慢下來的時候了。

二〇〇八年九月初我訪問北京時，夏季奧運剛剛結束，中國經濟的確已經開始減緩，但是從領導人以降，沒有一個人驚慌失措。雖然房地產市場出現轉弱跡象，而且上海股市泡沫剛剛破滅，中國官員都說，在漸漸成熟的經濟體裡，這種轉折很平常，他們談論縮減投資、精簡大型國營企業、讓市場在經濟體系中的信用配置上，扮演更重要的角色。為了準備歡迎世界各國參加奧運，中國甚至放寬網際網路的檢查，下令設點在北京會製造汙染的工廠暫時關門，以便改善運動員呼吸的空氣品質。我抵達北京時，北京的天空難得毫無霧霾，全國人民似乎對自己的中產階級地位深感滿意，也對其中所暗示的自然成長減緩非常安心。

兩星期後我離開北京時，美國的雷曼兄弟公司（Lehman Brothers）聲請破產，全球市場一片大亂，歐美需求崩潰，壓縮中國的出口成長率，中國的領導階層突然陷入恐慌。到那年十月，中國推出維持經濟成長的龐大計畫，動用巨額的國家支出與數兆美元的新債務。溫家寶的政府改弦易轍，採用債務助長經濟動力的方式，加倍努力，推動投資帶動成長的舊模式，這種變化幾乎是一夜之間幡然巨變。從二〇〇三年到二〇〇八年間，信用成長率不比經濟成長率快，占GDP的比率穩定在GDP的一五〇％上下，然後北京開始敦促國營銀行對國營企業貸放巨款，啟動了典型的信用熱潮。

到二〇〇九年八月，我重回北京時，氣氛已經徹底改變為勝利式的自滿，那一年政府大力宣傳增加支出會讓中國的經濟成長率達成保八的目標，歐美國家卻陷在經濟衰退中。北京的計程車司機和商店老闆向我吹噓，他們很想基於純粹的同情心，對西方觀光客打折。大家現在似乎認為，不論世界局勢怎麼變化，他們的政府都可以創造自己希望達成的任何經濟成長率。光是過去一年，新貸款造成的資金流動就達到一兆美元，在巨量資金助長下，投資再度勃然興起，大部分資金流入股市和房市，導致股價和房價再度劇烈上漲。澳門的賭場人潮熙來攘往，唯一表示擔憂的人，是北京的銀行監理官員，他們在為新的債務規模感到驚駭之餘，告訴我他們正在努力，希望日漸魯莽的貸放作法能夠恢復一點理智，打地鼠的遊戲正在盛行。

為了因應寬鬆的監理，以及北京所釋出不計代價追求更多成長的信號，放款人開始提供新型貸款，也提供意在把新規定發揮到極致的債券與信用保證，後來以「影子銀行」聞名的新玩家開始出現，很多新玩家銷售的信用商品，承諾提供高到不可能實現的殖利率，大型國營銀行為了因應競爭，把貸款跟影子銀行的高報酬率債券結合起來，提供「財富管理產品」。

對很多中國人來說，這種財富管理產品看來很穩當，因為這些產品是由他們熟悉的銀行發行，這些銀行由擁有至高無上權力的國家支持，同時，這種產品提供的報酬率高達銀行存款的四倍，看來很有吸引力。然而，對某些觀察家來說，中國的財富管理產品很快就變成類似美國的奇怪債券產品，由次級房貸和其他抵押貸款結合，是一種含糊不清又具有爆炸性的信用商品組合，正是巴菲特在這些組合內爆前六年，稱之為「大規模毀滅性金融武器」的東西，這些東西在二〇〇七年和二〇〇八年內引發美國房市與股市崩盤。

北京下令國營銀行緊縮貸放標準後，更多的銀行借款人與存戶轉而求助影子銀行，以致於到了二〇一三年，影子銀行在新信用流動中所占的比率，升高到占幾兆美元信用中的一半。中央政府開始限制地方政府可以借貸的金額時，地方政府藉著設立空殼公司或所謂的「地方政府資金工具」，以便向影子銀行借錢，很快的，這些走在前面的地方政府，變成了影子銀行體系的最大債務人，公司債市場以驚人的速度擴張，出售這種債券的大部分「公司」，其實是地方政府的人頭。

中國也落入另一種典型信用熱潮的陷阱，愈來愈多借來的資金進入房地產市場，助漲房地產價格。近幾十年來，經濟衰退比較容易在債務助長的不動產榮景中開始出現，原因很簡單，因為房貸融資爆炸。前文引述的泰勒研究回溯到一八七〇年，探討十七個先進經濟體，發現現代全球金融熱潮出現前，會先出現金融機構對家庭的房貸劇增。過去一百四十年內，房貸放款人增加了八倍，銀行對家庭和民間企業的其他目的放款增加三倍。以全世界來說，房貸現在占一般銀行業務量的一半以上。泰勒說，這樣說明了為什麼經濟盛衰「似乎日漸由房貸信用的動力塑造」，其他形式的放款只扮演不重要的角色。

在新興世界中，房貸和金融慘劇之間關係日漸密切的現象同樣明顯。國際貨幣與銀行研究中心（International Center for Monetary and Banking Studies）的研究顯示，二次大戰後，從一九五〇年代的義大利和日本，到後來的拉丁美洲和東南亞國家中，戰後很多經濟「奇蹟」最先都是因為強勁的基本面（如投資強勁與低通膨）而起飛，再靠快速增加的債務維持繁榮，最後碰到由債務助長的不動產泡沫。大家很清楚這種型態，而且這一點可能是北京一開始把信用灌注到經濟體系中，中國的銀行監理機構就變的這麼憂心忡忡的原因。

新貸款大都直接前進不動產。二〇一〇年中，我重回中國時，處處都可以看到不動產過熱現象。雖然大都市主辦完奧運之類的大賽事後，營建活動通常都會放慢下來，但北京似乎還是世界的起重機首都。開車沿著將近二百公里的公路，從杭州到上海去參觀年度世界博覽會時，迎面而來層層疊疊的很多排公寓建築會讓你震撼。那一年裡，流入中國房地產的貸款刺激房市，成交了大約八億平方英尺的不動產，成交面積超過世界其他房市的總和。在大都市裡，房價每年上漲二〇到三〇％，把普通公寓的價格，推升到超過平均年所得的十倍以上，在股市仍然開發不足、缺乏投資選擇的中國，不少有錢的中國人買下多達三十到四十套的住宅，作為投資。

信用成長快過經濟成長，助長不動產泡沫時，銀行經常會迷失到看不清楚大局，中國的銀行也不例外，銀行在價格上漲的迷惑下，開始比較不注意貸款戶有沒有足夠的所得還款，比較注意貸款戶拿出來作為保證的擔保品——通常是房地產——的價值。即使貸款戶缺少所得，只要貸款戶能夠根據所提供的不動產或其他資產擔保品價格上漲，不斷取得新貸款，償付舊貸款，這種「擔保貸款」就能繼續運作下去。到二〇一三年，中國新增貸款中的三分之一，都是用來償付舊貸款，只要房價開始下跌，這種旋轉木馬的遊戲就會中斷。那年十月，中國銀行董事長肖鋼警告說，影子銀行體系看來開始類似「老鼠會騙局」，核發貸款的依據是永遠不會創造足夠報酬率回報投資人的「空置房地產」。

中國總理溫家寶在二〇一三年三月的人民代表大會中去職之際，針對中國嚴峻的失衡情勢發出新的警告，說當前存在「經濟成長下行壓力和產能過剩之間日增的衝突」。然而，中國政府不但沒有改革既有以投資推動成長的模式，反而用價值數兆美元的新債，助長這種模式，樂觀派把改革的希望寄託在他的繼承人身上，新總理李克強是活力充沛的年輕經濟學家，曾經談到要發動市場力量對抗汙染和減輕貧富不均，這一切似乎（再度）暗示：中國準備讓經濟成長降到比較成熟的速度，從而可以限制信用熱潮。

務實路線的回歸從未實現。二〇一三年七月，領導階層透露真正的優先目標，一位最高層官員宣稱，「不能容忍」經濟成長率低於七．五%的官方目標。北京不但不接受成長放慢是中等所得經濟體宿命的想法，似乎反而擁抱政府可以靠著行政命令隨心所欲，創造任何成長率的新民粹信念。政府因為沈迷於達成官方成長率目標，或至少看似達成的樣子，因而開始每季報告GDP成長到七．五%後幾個小數點。而這並不足以讓它們振作起來，阻擋新信用熱潮。

整個二〇一三年裡，領導階層確實採行過限制貸放的若干措施，例如，規定新住宅銀行貸款上限、限制購買第二套住宅，以及在大城市中推動控制不動產價格爆炸的其他措施。但是，一出現經濟放慢的現象，領導階層就會重新打開水龍頭，新玩家會跳進日漸瘋狂的貸款遊戲，連業務並未打進金融領域的煤炭和鋼鐵公司都跳出來，開始為客戶和商業夥伴發行的數十億美元債券提供保證，缺少現金的公司開始利用這種債券或「保證票據」，作為虛擬貨幣。中國的央行人民銀行估計，二〇一四年內，流通中的保證票據總值達到三兆美元。

信用熱潮即將升到新高峰，到二〇一四年，房地產熱潮似乎接近巔峰，大都市的房地產價格走軟，但信用在千百家新出現的「群眾募資」網站助長下，仍然繼續流竄，這種網站取名「搜房」之類的名字，容許業餘投資人用少少的幾塊錢人民幣，就可以購買豪華公寓房貸的一個持分。這種網站承諾在幾星期裡，就可以付給投資人兩位數字的報酬率，專業分析師抨擊這種投資建議不合情理，懷疑放款人跟促銷照片中顯示的精美華屋，沒有真正的關係。

這時，領先的企業家已經把目光轉移到新目標，這是信用熱潮末期常見的行動，流入不動產的信用開始再度流進股市，只是這次獲得國營媒體熱烈的持續支持，國營媒體稱讚買股是愛國行為，而且在理財上很有道理。中國公民坐擁大約二十兆美元的儲蓄，中國決策官員這樣努力最後一搏，希望引導一部分儲蓄到買股上，目的是為了讓債台高築的企業得到新的資金來源，目標顯然是引導緩慢而穩定的多頭走勢，但是瞌睡多年的股市卻爆炸開來，形成歷史上最大的泡沫之一。

股市泡沫有四大基本跡象：股價上漲速度超過基本經濟成長率所能支持的程度、用融資購買股票的比率很高、散戶投資人過度交易，以及股票的估值超高。到二〇一五年四月截止的半年內，上海股市已經上漲超過七〇%時，國營「人民日報」洋洋得意的說，美好時光「才剛剛開始」，但是市場不顧所有四大泡沫指標都升上極端的盡頭，仍然繼續上漲，形成難得一見的景象。

股價繼續上漲，經濟成長卻放慢下來，同時企業獲利萎縮，中國投資人為了買股票所借的融資，等於上市股票總市值的九%，是任何股市有史以來的最高水準。在某些交易日裡，中國交易的股數超過世界其他股市成交量的總和，每星期都有幾百萬中國平民，受到國營媒體文章稱讚買股是美德的慫恿，開戶進場，成為市場投資人。三分之二的新投資人沒有中學學歷，在鄉村地區裡，農民設立迷你股票交易所，有人說，他們花在交易的時間比務農還多。

中國經濟學家吳敬璉說過，中國股市「連個賭場都不如，因為連賭場都有規矩」。二〇一五年六月，市場開始崩盤，這次崩盤和二〇〇八年初相反的是，政府大力介入，例如，下令投資人不得賣股，還威脅要把賣股的人繩之以法。但是北京還是無法阻止市場崩潰，上海股市在幾個月裡，跌掉超過三分之一的總市值，大家普遍認為北京的專制政府可以隨心所欲、創造任何經濟結果的想法突然改變，北京的領袖吹破股市、債市和房市泡沫後，全球意見領袖開始質疑北京善於處理經濟問題的名聲，所有泡沫都明顯威脅中國的崛起。

這種信用熱潮明顯具有中國特色，包括地方政府的人頭借貸，以及共黨宣傳鼓吹資本主義的泡沫，但是，大部分熱潮的典型問題是脆弱的基本面。在大多數放款人都假設，如果自己的貸款出問題，政府會替他們紓困的市場中，顯然有著道德風險，而且在國家擁有最大的銀行和銀行最大客戶的情況下，其中顯然有利益衝突和裙帶關係貸款的可能性，還有從事放貸的新企業冒出頭的速度，比國家把他們打下去的速度還快的問題，這一切全都是警訊。

中國的信用熱潮隱然可能成為新興世界有史以來最大的熱潮，二〇〇八年以前，信用成長占中國GDP的比率一直維持穩定，但是那年下半年，黨內領袖開始大開信用水龍頭，債務負擔爆炸。到二〇一三年，民間債務五年的增加幅度創下新高紀錄，達到占GDP比率的八十個百分點之多。次於這個新興世界紀錄的是一九九〇年代馬來西亞和泰國所創造的紀錄，一九九七年時，泰國民間信用五年增幅占GDP的比重，高達六十七個百分點，隨之而來的經濟走緩相當嚴重。中國不太可能避免類似的命運。

對抗極端信用泡沫沒有良方

至少到二〇一四年，歐美國家對北京領導階層的信心極高，高到民間部門經濟學家一致預測：未來的歲月裡，中國的成長會接近當時中國官方所訂，仍然高達七．五％的目標。樂觀的預測專家主張中國不同，中國因為擁有特殊的優勢，可以反抗自己的債務負擔，中國靠著強大的出口產業，穩定的賺進持續流入的外國所得，而且靠著多年來龐大的貿易順差，積聚了最高峰時高達四兆美元的作戰經費，這些外匯存底可以用來清償債務，或是捍衛資本不足的本國銀行。

中國的多頭進一步主張，雖然很多新興市場國家向外國債權人大舉舉債後陷入危機，中國的債務人借貸的對象主要是中國放款人，在這樣的情況下，政府可能可以把壞帳當成熱馬鈴薯一樣，在國內各地傳來傳去。而且中國的普通銀行跟影子銀行不同，看來相當穩定，背後的支持力量是非常強勁的國內儲蓄支撐起來的巨額存款——中國的國民儲蓄占GDP的比率高達五〇%，相形之下，全球平均國民儲蓄率大約只有二二%。多頭主張，總之，中國處在可以還清或赦免債務的地位上。

歷史紀錄令人質疑這些辯詞的力量，而且不只是對中國如此而已，對任何國家都一樣。三十個爆發最極端信用熱潮的其他國家中，很多國家都享有一些相同的優勢，卻對他們毫無助益。一九九五年時，台灣擁有的外匯存底占GDP的比率高達四五%，比中國到二〇一四年所累積的外匯存底水準還略高一些，卻還是照樣爆發銀行危機，台灣的銀行似乎也擁有多到足以支撐放款的存款，但是這一點卻沒有幫助他們避免危機。日本在一九七〇年代碰到銀行危機、馬來西亞在一九九〇年代碰到銀行危機時，兩國的國民儲蓄率都高達四〇%上下，同樣遠高於全球平均值。

最後，為中國所發的辯護中，最大的謬誤之一是：雖然中國的整體債務負擔（民間部門與公共部門）看來很高，卻不是真正的威脅。到二〇一五年時，中國債務占GDP的比率已經攀升到超過二五〇%，跟美國相當，卻比日本將近四〇〇%的水準低很多。這種比較的問題是比較富有的國家總是可以應付比較龐大的債務，原因很明顯，因為富國的銀行擁有比較多的資金。對於像美國這樣平均國民所得超過五萬美元的國家來說，等於GDP二五〇%的債務負擔相當正常，但是對於中國這樣的新興市場國家而言，這樣卻是有史以來最大的債務負擔，對國民所得是中國兩倍的台灣和南韓來說，也是大到比較難以負擔的重擔。

如果大筆的新債是用來償還舊債的利息，而不是用來推動新計畫，即使有一些減輕問題的因素，例如債務不斷在國營實體間展期，或許可以防止金融危機直接爆發，經濟持續劇烈的放慢看來似乎是不可避免的事情。沒有什麼確定的因素會引領國家的興衰，但是過去每一個極端的信用熱潮，都會造成經濟無力成長，而且經常伴隨著爆發金融危機。

經濟走軟的型態

信用危機爆發時，推動熱潮的心理會逆轉，大家會對經濟和未來所得的成長展望失去信心，對償還債務的能力也會失去信心，這種不確定性會帶來節衣縮食，造成經濟進一步走軟。

債務熱潮後的經濟走軟可能造成不同的情境，包括經濟短期回降和成長率趨勢長期下降的某種組合。標準的情境是劇烈萎縮之後，恢復先前的成長率趨勢，瑞典經歷一九九〇年代初期的金融危機後，就是這樣。最糟糕的情形是萎縮之後，出現復甦，但是成長率趨勢降到比較低的新水準，久而久之，這種水準會造成經濟規模遠比原本應有的發展小很多，不幸的是，歐元區經歷二〇一〇年的債務危機，似乎就向這種情境發展，台灣的債務在一九九二年升到最高峰後，也走上這條路。

國家會走那條路，大致要看政府多快能夠處理基本的債務與GDP之間的比率，處理方式不是降低債務成長率，就是提升GDP成長率，或是兩者並行。以中國這樣正在成熟、成長正在自然放慢的經濟而言，關鍵問題是政府多快、多積極的解決債務問題。

和列在極端信用熱潮名單上的其他國家相比，中國或許可以遵循亞洲其他經濟奇蹟——尤其是台灣所走過的路線，債務升高曾經在一九九五年時，害台灣陷入輕微的危機，再在一九九七年陷入嚴重的危機。

台灣的因應之道是劇烈收縮貸款，當時台灣正在擺脫蔣介石建立的獨裁型態權貴資本主義，包括民營銀行在內的更多民間業者進入市場，跟國營銀行競爭，根據借款人的經濟展望而不是根據他們的政治關係，承作貸款。政府也取消規模龐大的六年投資計畫，而不是增加舉債，以便完成計畫。結果，台灣的債務總額穩定下來，今天債務總額占GDP的比率為一七五%，大約和一九九〇年代中期危機時的水準相當，經濟也放慢到比較低的成長率趨勢，從一九九二年信用增加幅度突破四十個百分點門檻前五年的將近九%，降到其後五年的略低於七%，然而，對當時平均國民所得大約為一萬五千美元的開發中國家來說，這樣的成長率仍然很強勁。

但中國也可能進入比較糟糕的情境，就是走上一九九〇年代日本所走上的道路，日本在債務升高導致房地產和股市崩盤後，不計一切想避免痛苦，不但沒有採取行動去降低貸放速度，或是強迫銀行承認和清理壞帳，反而為出問題的借款人紓困，還用新貸款彌補舊貸款壞帳。這種連鎖紓困得到三菱和三井之類大型企業集團的支持，因為企業集團的建立是以一家銀行為中心基礎，銀行的主管經常覺得自己有義務維繫旗下不同子公司的生機。國家也積極供應紓困，因此，雖然民間債務成長率確實放慢下來，政府債務卻開始不斷快速成長，政府擔心破產會造成失業，威脅執政黨，就對銀行施壓，要求銀行加強紓困貸款，也增加愈來愈沒有生產力的投資，包括投資興建著名的「無尾橋」。到一九九〇年代末期，一項針對日本營建、製造、不動產、批發和零售產業所有上市公司的調查發現，有三〇%的公司屬於「僵屍企業」，靠著有補貼的貸款維持活命，這種失敗企業的救生系統阻礙了新創企業的融資，削弱了日本的生產力。

實施這種「虛假的續命」債務政策，結果是造成兩敗俱傷，也就是形成成長停滯、債務升高。日本持續努力的防止信用熱潮，得到的痛苦報應是日本的債務總額從一九九〇年占GDP的二五〇%，升到今天的三九〇%。現在日本一再受到債務危機侵害，又困在低很多的成長率趨勢中，一九九〇年代內和二

○○○年初期，日本都爆發一系列的銀行危機，GDP成長率從一九九○年代以前的將近五%，降到其後二十五年連一%都不到，是同期內大型已開發國家中最差的紀錄。到二○一五年，日本的經濟規模為四兆美元，比一九八○年代大家吹捧炒作日本是下一個世界超級強權時，根據日本的成長率趨勢預測的規模小八○%。

如果中國繼續在政治化的運動中，利用債務進行人為支撐成長，避免任何短期痛苦的懲罰，中國可能會碰到上面這樣的未來。有人估計，大陸股票交易所交易的公司中，大約有一○%的公司是「僵屍企業」，靠著政府的支持，維持生命。中國甚至還沒有開始去槓桿化或減少債務的過程，債務的年成長率仍然高達一五%，比經濟成長速度快一倍。歷史顯示，龐大的信用熱潮開始瓦解時，信用成長率降到低於經濟成長率時，隨之而來的經常是經濟衰退，但是經濟衰退不見得就是清洗階段，健全信用可以開始成長的新時代，不見得會跟著出現。

信用熱潮的益處

債務增加並非都是壞事，沒有信用系統讓中小企業借錢，一圓偉大的夢想，資本主義就無法運行，在過去很多次優質的信用熱潮中，信用占經濟的比率成長，卻不會成長過快，而且信用是用來融通可以增進未來成長的計畫。穩定的信用熱潮可以讓銀行得到更多的資本，因為銀行的貸款可以賺到良好的報酬率，銀行利用改善過的貸放作法，可以合法提供創新的信用產品。

因此，現在要談談這條規則的好處：如果連續五年間信用成長率比經濟成長率慢，表示銀行體系正在痊癒，債權人準備恢復放貸，健全的信用成長即將開始。事實上，如果連續五年裡，債務占GDP的比率成長愈慢，隨後的幾年裡，健全的信用愈可能有助於提升經濟成長率。近數十年來，很多國家經歷過這種良好的信用與GDP成長變化，包括一九九一年時處在危機底部的智利、一九九五年的匈牙利，以及二〇〇二年時民間信用占GDP比率降到三〇%時觸底回升的捷克。但是，最戲劇化的「觸底回升」例子，是經歷一九九七到一九九八年間亞洲金融危機後的印尼。

一九九七年內，債務問題的初步跡象在鄰國泰國出現時，印尼在蘇哈托的獨裁統治下，官員不知道自己的國家有多危險。蘇哈托政權過去十年曾經推動改革計畫，其中一項改革是開放新業者加入銀行體系，但是因為改革的設計不佳，很多工業集團紛紛設立自己的銀行，以私人秘密基金的方式運作。後來的幾波調查顯示，若干銀行超過九〇%的貸款，都跟銀行的母公司、子公司或高級職員「有關係」，或是直接發放給這些借款人。在把貸款分配給夥伴和同事為業的銀行體系中，銀行幾乎不查核借款人的事情，根本就不足為奇。幾波的調查也顯示，若干銀行帳簿中多達九〇%的貸款是「不良貸款」，也就是借款人連至少還款九個月的標準都達不到。

信用危機加深到嚴重地步時，根深蒂固的勢力會努力奮鬥，緊緊抓住被他們經營到無力償債的銀行，也堅持他們擁有的貸款仍然有價值的假象，日本就是典型的例子，印尼也曾發生過這種事情，只是經歷的時間短多了。印尼設立銀行業重整署的目的，就是要處理呆帳、把搖搖欲墜的銀行收歸國有或關門，銀行業重整署設立之初，就點名十三家由蘇哈托的密友和兒子擁有的銀行。印尼表現出銳意改革的樣子，市場大為安心。接著，蘇哈托的一個兒子以另一家不同銀行領導人的身分，和他的舊員工一起重出江湖，大眾對銀行的信心崩潰，印尼企業家開始提領資金，匯到外國。

到一九九八年初，極多資金逃離印尼，以致於印尼盾貶值八〇%，愈來愈多得到政治關愛的企業集團，無法償還他們靠著「關係」得到的貸款。時間一周一周的過去，每一則跟銀行調查有關的壞消息——

雖然蘇哈托試圖為調查過程保密，還是有一些消息洩漏出來──都會引發新的銀行擠兌。調查人員發現，擁有銀行體系大約一半資產的國營銀行中，很多家已經喪失償債能力，手頭沒有足夠的存款，支撐他們對客戶承作的貸款，同時，很多貸款戶也已經停止償還貸款。隨著銀行腐敗的嚴重程度為人所知，印尼銀行股的總市值在一九九八年時，跌到接近零的地步，在世界性的估計中，印尼銀行體系基本上已經不存在。

街頭很快就爆發血腥抗議，迫使蘇哈托辭職，權力轉向改革派傾斜，零星的抵抗仍然存在，但是，銀行業重整署動作更快，完成了整個銀行所有權結構的轉型，蘇哈托的家人和朋友遭到驅逐，其中很多人遭到終生禁止從事銀行業的懲罰。這項改革不只是銀行改革而已，更是政治革命，印尼准許外國人有權購買這個一向封閉國家銀行的九九％股權，還用能力足夠的專業人員，取代舊時代的老闆。鄰國泰國和南韓在亞洲金融危機期間，也推動過銀行改革，卻是在既有的民主體系中推動改革，印尼推動的卻是獨裁體制的民主改革，舊的銀行體系和銀行大頭跟著獨裁者一起落馬。

在很多新興市場國家裡，銀行仍然占有所有貸放的八〇％（相形之下，美國只有五〇％），銀行體系全面改組等於社會全面改造。印尼發現，從零開始重建銀行體系時，有兩個步驟最為重要，第一是必須承認和打銷呆帳，否則的話，債務負擔會長年拖累銀行的貸放，第二是銀行必須「重組資本」，也就是必須由政府或新所有權人提供新資本，才有錢開始承作新貸款。

處理呆帳總是會碰到一個政治問題，就是決定誰應該受苦受難。主管官署可以決定讓借款人吃苦，迫使他們違約、破產，或容許放款人取得借款人的汽車或住宅。主管官署也可以對放款人施壓，要他們完全赦免借款人的債務，或是以放寬還款條件或降低債務總額的方式，提供借款人若干寬免。二〇〇八年後，美國復原的速度比歐洲快，原因之一就是美國法律讓大部分州裡的屋主，可以相當輕鬆的讓自己的房貸違約，協助清理系統中的不良債務。總之，信用危機結束的起點，經常不是在債務開始償還的時候，而是透過赦免和寬免或查封與違約，開始解決問題的時候。

因為銀行的名聲已經敗壞，要讓銀行吃苦，在政治上比較沒有那麼困難，因此，印尼能夠以罕見的力道與速度，解決銀行的壞帳、重組銀行的資本。印尼政府接管大約三百二十億美元的呆帳——最後以百分之幾的價格賣掉，而且用典型的政府公債，為體質最好的銀行注入新資本，很多其他銀行不是被迫合併，就是被迫關門，因此，兩年內，印尼銀行的家數從二百四十家，降為一百六十四家。四家最糟糕的國營銀行合併成比較強壯的曼迪利銀行（Bank Mandiri），九家倒閉的民營銀行合併成改造過的印尼金融銀行（Bank Danamon），印尼金融銀行的原始所有權人是蘇哈托最親密的夥伴，但是，他最後在主管機關追捕他時，逃到外國，他積欠多家跟權貴有關係的銀行撥發的緊急貸款十多億美元。

債務危機正在觸底的另一個強烈信號，可以在銀行內部找到，如果銀行透過貸款撥出的金額超過存款金額，必須依賴外界資金補足差額時，通常可能面臨麻煩，如果一家銀行的貸款占存款的比率超過一〇〇%，這家銀行就進入風險區，比率超過一二〇%，就是面對危機的警訊。危機爆發後，銀行減少貸放，提列呆帳損失，最後開始再度吸引存款時，存放款比率會開始下降。一般說來，銀行體系中放款總額占存款總額的比率，降到大約八〇%以下時，銀行會準備開始再度放款。

在包括印尼在內，爆發危機後的很多國家裡，銀行體系恢復這種平衡，也就是存放比率恢復健全狀態時，代表信用復甦、經濟恢復成長。一九九七年危機接近時，印尼銀行體系中的平均存放比率升到一一〇%，危機爆發後，銀行業突然開始自清，呆帳從帳簿中塗銷，銀行停止承作新貸款，一年內，存放比率降到三五%，為脫胎換骨做好準備。

印尼銀行在亞洲金融危機中受到嚴重傷害，得到的慎重心態烙印一直維持到今天，印尼金融銀行和曼迪利銀行是金融危機觸底時，在幾十家倒閉銀行的瓦礫堆上創立的，今天卻變成亞洲經營最好、最受尊敬的銀行。同時，忽視齊林斯基有關債務之吻警告的怡富公司早已不存在，是危機蔓延時最先倒閉的亞洲投資銀行中的一家。

債務恐懼症

備受傷害的借款人和銀行經歷債務危機的羞辱後，經常成為債務恐懼症的受害者，害怕舉債或釋出信用。消費者和企業只希望撤消債務，不再推動新事業，銀行則害怕貸款給這些嚇呆了的客戶。一九九八年時，跟泰國和馬來西亞的銀行家談話，就像跟創傷後壓力症候群的受害者談話一樣，其中很多人都寧可保持低調，買進比較安全的政府公債，持有到到期日，而不願冒險承作新貸款。隨後的五年裡，信用成長緩慢，拖累了東南亞大部分國家的復甦，以致於這些國家的經濟雖然復甦，成長率卻只有危機前的三分之一到一半。

二〇〇八年的全球金融危機後，大家普遍擔心資本主義會衰亡，全世界的放款人和借款人患上債務恐懼症。研究人員為了了解這種威脅的規模，回頭挖掘歷史紀錄，找到很多「無信用經濟復甦」——也就是信用並沒有恢復，經濟卻重新開始成長的例子。事實上，在國際貨幣基金推動的一項大型研究中，戰後將近四百次的經濟復甦，有二〇到二五%的復甦是在信用成長幾乎沒有恢復的情況下展開。對某些人來說，經濟能夠在信用沒有成長的情況下復甦，幾乎像是神奇的事情，有些經濟學家稱之為「浴火鳳凰式的復甦」。然而，實際上，沒有信用協助的復甦通常都很無力，GDP成長率比有信用助長的正常復甦大約少三分之一。

墨西哥是新興世界中經歷最長債務恐懼症的國家，從連串金融危機最後造成一九九四年墨西哥披索崩盤開始，墨西哥一直都設法在沒有信用的情況下成長。一九九四年危機徹底摧毀墨西哥銀行的程度，跟四年後印尼銀行遭到摧毀的程度相當，但是墨西哥銀行業老闆沒有被迫退出，也沒有延後清理呆帳，同時沒有恢復信心、重新放貸新貸款，原因之一是他們的存款很少，墨西哥民眾已經變成極度不信任銀行業者，以致於到今天，很多人還不願意保留銀行帳戶。二〇〇〇年代初期，政府強迫墨西哥三大銀行賣給花旗銀行和匯豐銀行之流的多國銀行後，民間貸放曾經短暫興起，但是信用從來沒有復甦過。

墨西哥的問題是信用太少，但是，二〇〇八年的金融海嘯把多國銀行嚇壞了，因而停止在包括墨西哥在內的任何國家貸放，到二〇一四年，墨西哥一共經歷了二十年創紀錄的債務恐懼症，在這段期間裡，民間信用占GDP的比率從一九九四年的三八%，降到二五%，堪稱世界最低的水準。信用成長停滯期間這麼長，難怪GDP成長率也同樣疲弱，在這段期間裡，鄰國智利和巴西的平均國民所得都超越墨西哥。

現在墨西哥的長期債務恐懼症延續期間，幾乎已經可以媲美美國在大蕭條後碰到的債務恐懼症。就像英國經濟學家提姆．康登（Tim Congdon）一九八九年時說的一樣，一九二九年大崩盤前的二十五年裡，美國人對經濟展望日趨樂觀，大崩盤後的二十五年裡，卻一直懷疑經濟復甦的可能性與延續性，表現出的主要徵象對借貸「極為審慎」的態度。

正常的債務恐懼症發作期間當然遠低於二十五年，獨立的紐約顧問業者實證研究公司（Empirical Research）在回溯到大蕭條、針對所有最大規模金融危機所做的研究中，發現債務危機後，會有一段信用成長與經濟成長疲弱不振的期間，平均起來，這種期間大約是四到五年，隨後信用和經濟成長都會提高。這種證據支持信用規則的光明面，顯示經過五年的信用成長疲弱後，經常會出現比較強勁的經濟成長。

碰到亞洲金融危機的國家也清楚說明這種過程，印尼、泰國和馬來西亞在一九九七年後的五年裡，信用占GDP的比率至少降低了四十個百分點，但是到二〇〇一年前後，債務恐懼症的陰霾開始減輕。[6]然而，信用熱潮需要靠某種契機重新引發，例如一些新的創新或經濟的變化，讓大家有理由相信自己將來的所得會提高，因此，有能力承受債務和事業風險。在東南亞國家裡，這種契機表現在日增的金融穩定跡象上，包括債務下降、政府赤字減少，以及全球商品——東南亞國家的重要出口產品——價格大漲。隨著這三個東南亞經濟體的信用成長率提高，平均經濟成長率跟著從一九九九年至二〇〇二年間的四%上下，提高到二〇〇三年到二〇〇六年間的將近六%。

為什麼還債會有好處

健全的信用成長對很多國家的經濟成長會產生轉型效果，再怎麼強調這種好處都不會過分。二〇〇〇年代的大部分時間裡，新興世界的信用都在擴張，但是占GDP的比率卻沒有擴張的太快，請記住，二〇〇三年到二〇〇八年間，連中國的信用占GDP的比率都穩定在一五〇%上下，在這段期間裡，中國的年平均經濟成長率為一〇%。整個新興世界裡，健全信用成長和低通膨結合在一起，為其中很多國家創造了有史以來第一個真正金融穩定的時代。

這種穩定性會改變從俄羅斯到巴西、土耳其和印尼等國的社會，主因是高通膨通常會難以預測。如果放款人連高價商品未來的價值都無法預測，就不會願意為住宅、汽車、商業或任何東西提供貸款，這一點在阿根廷這種罕見的例子中仍然正確無誤。阿根廷的通膨一直是問題，銀行甚至對於長期貸款，大致上仍然會把期限限制在幾個月之內，美國中產階級生存所需的很多基本項目，包括五年期的汽車貸款、三十年期的房貸，對阿根廷人來說，都是得不到的奢侈品。

對包括東南亞在內的新興世界其他大部分國家來說，信用在沒有通膨的新環境中恢復成長，為二〇〇〇年代的放貸業帶來了革命，近在一九九〇年代，已開發世界消費社會的基本必需品，如信用卡、房貸和公司債，在大多數新興市場國家裡並不存在，到二〇〇〇年時，在這些國家裡，房貸還很罕見，現在卻已經變成規模數百億美元的產業，二〇一三年時，房貸在巴西和土耳其的經濟中的比率，從〇%到變成七%，在俄羅斯變成占有四%，在印尼變成占有三%。信用在開發中經濟體日益重要的現象叫做「金融深化」，在人民沒有積存必要的現金就不能買車或買房子的國家裡，引進這些簡單的信用產品，跟引進室內衛浴設備一樣，是踏進現代世界重要的一步。

信用健全成長期間，大眾的情緒和心理跟信用熱潮期間「一切都行得通」的氣氛不同，負責的放款人取代靠不住的放款人和不合格的借款人，向一般平民或中小企業提供範圍擴大的可靠貸款選擇，助長強勁卻又不會強勁到無法持久的經濟成長期間。二〇〇八年全球金融海嘯爆發時，大家立刻把注意力放在歐美國家債務快速擴張造成的問題上，同時過去大家稱之為「經濟小虎」的東南亞國家，在全球雷達幕上消失，很少人注意到他們已經減輕債務負擔，已經占住能夠熬過債務危機的堅強地位。

除了印尼之外，泰國、馬來西亞和菲律賓也是這樣，這些國家擁有可以管理的債務負擔、以及準備放貸的強勁銀行，放款總額遠低於存款總額的八〇%。隨後的五年裡，事實證明信用體系的健全，對國家經濟復甦展望至為重要：二〇〇三年到二〇〇七年繁榮期間，西班牙和希臘之類國家的債務負擔增加最急劇，結果在危機過後，經濟成長變成最緩慢，但是，像菲律賓和泰國等在繁榮期間債務增加最少的國家，卻有最好的表現。

6 屬於亞洲金融危機核心國家的南韓沒有列入其中，是因為南韓的經歷的型態不同，信用成長率根本沒有降低。

到二〇一五年，另一種角色逆轉的現象清晰可見，這時，美國和西班牙之類已開發國家的民間部門已經把債務負擔減輕，但是很多新興市場國家卻大舉借貸，希望保持成長活力。二〇〇八年的經濟大衰退後，新興世界國家政府打開信用水龍頭，債務水準激增，經濟成長卻沒有跟上來。

這是不良投資熱潮的另一面，這種情形經常是在投資熱潮後期，靠著太多債權人對愈來愈沒有生產性的投資，如興建過量的工廠產能或豪華的第二棟住宅，貸放太多資金助長出來的繁華。我們已經看到，二〇〇七年前，在包括中國在內的新興世界裡，一美元的新債務，就可以創造一美元的GDP成長，全球金融海嘯五年後，要二美元的新債務，才能在新興世界創造一美元的GDP成長，在中國甚至要花四美元，因為愈來愈多的貸款流入沒有生產力的投資。到二〇一五年，從巴西、土耳其到泰國的很多新興市場國家，都在為短期內借貸太多付出代價，過量的債務是限制這些國家經濟展望的主要因素。

債務水準上升可能是健全成長的跡象，前提是債務成長不能比經濟成長快太多、太久。債務水準可能在某些無法預知的時刻，變得至關緊要，但是債務增加的速度是情況變好或變壞最重要、最清楚的信號，問題的初步跡象經常在信用熱潮起源的民間部門出現，債務熱潮的心理不但鼓勵錯誤貸放與過度借貸，妨礙成長，也可能導致金融危機，還會在危機過去後很久，還留下心理創傷。一旦債務恐懼症的徵象開始消失，銀行準備恢復貸放，國家就會有擺脫債務負擔、準備再度開始成長的感覺。

第十章　吹捧炒作觀察

——全球輿論界如何看待各國

我從一九九一年開始撰寫報紙專欄，也開始了為期十年關注大家所信任的雜誌封面故事和標題的經歷。當時全球媒體風靡日本崛起成為世界主要經濟強權的故事，從汽車到電子的很多日本產業在美國領土上，銷售狀況都勝過美國的競爭對手，而且看來似乎正準備在其他產業上接替美國同業。日本的泡沫在一九八九年升到最高峰時，東京上市公司的總市值占全球股市總市值的一半，日本的土地一樣昂貴，當時媒體喜愛一則讓人信以為真的消息，就是東京皇居座落的土地價值，超過加州所有土地的價值。日本的泡沫從一九九〇年開始消氣，東京股市和房價崩盤，但是全球大部分媒體和政治階級繼續炒作這股吹捧宣傳浪潮。

日本市場狂跌後兩年，《時代雜誌》還在一九九二年二月，刊出一篇探討日本的封面故事，其中包括預測世界第二大經濟體的日本，可能會在二〇〇〇年超越美國。這篇報導引述當時日本國會下議院議長櫻內義雄的話，批評美國工人懶惰又不識字，美國會變成日本的小包商。這篇報導也引用民調專家威廉．瓦茨（William Watts）的發現，就是美國人把日本的經濟威脅，看的比俄羅斯的軍事威脅還嚴重。在那一年的美國總統選舉中，候選人保羅．桑加斯（Paul Tsongas）宣稱：「冷戰已經結束，日本已經獲勝。」

日本的例子是我的即時教育範例，讓我了解華爾街和艦隊街（新聞界）的基本差異，在於兩者的時間展望不同。投資人放眼未來，新聞媒體放眼現在。兩者的觀點不同，原因在於他們的誘因不同，市場玩家靠著早早看出下一個大趨勢賺錢，媒體評論家靠著對當天頭條令人信服的解釋成名。媒體經常在趨勢發動好幾年後，才對這種趨勢感興趣，還會難以放棄這種故事。吹捧炒作浪潮當然會吸引市場的注意力，只是新聞媒體是以捕捉時代精神為要務，因為這種精神反映最強烈的共識想法。

我變成專欄作家三年後，開始自己的投資生涯，從此就陷入我的兩項最愛——寫作和投資——之間時間架構的差異中。這一年是一九九四年，投資人已經把注意力移轉到亞洲的新目標，尤其是泰國、印尼和馬來西亞，這三國似乎準備加入日本的行列，變成製造業大國。媒體也熱烈追尋「亞洲崛起」的故事，雜誌封面讚頌馬哈迪是「計畫大師」，無數的文章稱讚「亞洲價值觀」的美德，包括節儉、勤勞、尊敬領袖、忠於家人。媒體的吹捧炒作持續到一九九七年金融危機爆發、亞洲貨幣和市場崩盤為止，這時大家的情緒像常見的情形一樣，突然變成由愛生恨，跟亞洲新「小虎」經濟有關的熱情報導消失，取而代之的是，全力揭發蘇哈托和家人擁有數十億美元財產、馬來西亞企業貸款作法十分腐敗，以及亞洲「高球場資本主義」之類政商之間在休閒賽事中，達成可疑交易的過度投資行徑。

這時，大眾媒體把讚賞的目標，移轉到看來強大到令人吃驚的美國，一九九八年亞洲金融危機升到最高峰時，美國經濟的擴張幅度高達五％，美國消費者的需求防止世界經濟陷入衰退。這時幾乎不可能讓大家對新興經濟體感興趣，馬來西亞蓋好了世界最高的雙子星大樓，但是，擁有金色拱門標誌的麥當勞之類全球品牌，看起來像是比較可信而且風險較低的全球經濟擴張工具。從一九九八年到二〇〇三年的這段期間，大家對很多新興市場國家滿懷怨恨，或是頂多只能說是漠不關心。

《時代雜誌》在二〇〇三年內，刊出一篇封面報導，批評印尼和東南亞其他經濟體是「過氣小虎」，這篇報導用憑弔五年前慘烈天災發生地點的筆調，等於把過去的小虎經濟體一筆勾銷。但是，在隨後的五年裡，原本遭到危機侵襲的東南亞變成了繁榮景氣的一環，新興經濟體的平均成長率超過七%，在這段期間裡，土耳其之類新興市場國家經濟轉危為安的故事，受到國際新聞界和輿論界的漠視。雖然土耳其的溫和伊斯蘭執政黨努力推動經濟改革，以便得到歐盟的會員資格，全球媒體都把重點放在土耳其保守的社會性目標上，每次土耳其為了一項社會性提案——如懲罰通姦或禁止在公開場合接吻——跟歐盟發生衝突時，媒體都會問，土耳其是否能夠愉快的融入文化比較自由的政治聯盟。同期間裡，土耳其的國民所得十年內卻成長三倍，使土耳其在二〇〇〇年代裡，變成世界經濟成長第十快速的國家。

作家兼大屠殺倖存者艾利・魏瑟爾（Elie Wiesel）說過，愛的相反不是恨，而是漠不關心，這種觀察很適於用來了解吹捧炒作循環。任何國家應該問的問題是：全球輿論界如何看待我國？對媒體來說，經濟景氣延續的時間愈久，這個國家的紀錄似乎愈可信，媒體愈可能接受這個國家是未來的經濟明星。這種關愛愈深化發展，我會覺得愈驚慌，我們已經看到，長期持續成長很罕見，經濟景氣發展愈快，成長期間可能愈短。

大量研究支持這種確切不疑的國家興衰型態，最引人注目的研究出自瑞士信貸銀行，瑞士信貸編纂了一個回溯到一九〇〇年的資料庫，涵蓋的時間比其他研究大約多了半個世紀。該行的研究結果再度證實了霍布斯式的事實，也就是大部分的加速成長都難以為繼。努力維持六%年成長率的新興和先進經濟體，通常可以延續這種速度的成長四年，年成長率八%的國家能夠維持這種速度三年，年成長率一〇%的國家在正常的情況下，可以維持這種速度兩年。

這項研究和類似的研究傳達的訊息相同：如果強勁成長期接近五年的期限，大家默認的假設應該是快速成長已經接近尾聲，但是，很多觀察家會假設強者恆強，然而他們對處在成長熱潮期間經濟體所發的讚譽，只是埋下崩潰的種子，會使國家領袖變的太自滿，以致於不再推動改革，反而吸引超過本國所能處理的過多外國資本。危機侵襲時，媒體的關愛首先轉成恨意，隨著危機而來的批評經常都很有道理，例如亞洲金融危機所揭露有關裙帶資本主義作法的憂慮的確很正確，但是轉危為安的時機還很遙遠，亂局需要時間解決。

下一批明星經常從已經掉出媒體雷達幕，或是根本沒有進過媒體雷達幕的國家中崛起，他們在沒有人理會、獨自整頓本身經濟時，開始蓬勃發展，或是恢復活力，一直到他們創下好幾年的強勁成長後，媒體才發現他們，這時成長動力可能已經接近耗竭了。基本規則是：對任何經濟體來說，全球媒體的關愛是壞預兆，漠不關心卻是好預兆。

新興世界吹捧炒作簡史

事實一再證明，跟下一個熱門經濟體有關的吹捧炒作都不對。二十世紀初期，注意全球經濟競爭的人比今天少多了，但是，他們都把眼光放在拉丁美洲，尤其是阿根廷的光明前途上，當時阿根廷靠著利用英國新發明的冷凍船，向全世界出口牛肉和作物，已經創造第一世界的所得水準。到一九五〇年代，阿根廷仍然是世界上最富有的國家之一，但是阿根廷在民粹主義份子璜恩．裴隆（**Juan Perón**）的統治下，沒有完成現代化，於是吹捧炒作重點轉向委內瑞拉，委內瑞拉在隨後的幾十年裡，利用自己龐大的石油財富，跟沙烏地阿拉伯合創石油輸出國組織卡特爾。一九七〇年代油價暴漲後，委內瑞拉的所得水準逼近美國，大家稱讚委內瑞拉是拉丁美洲的未來，在阿根廷、巴西和後來的智利遭到獨裁者統治的南美洲大陸上，委內瑞拉是旭日東升的資本主義民主國家。

一九五〇年代和一九六〇年代的權威人士幾乎毫不注意亞洲，要是有所關心時，也只是讚揚菲律賓和緬甸的展望，這兩國都擁有豐富的金屬、寶石和其他天然資源蘊藏。這些權威人士同情中國和印度，而且到了一九六〇年代中期，還鄙視台灣，把台灣叫做「癱瘓之島」，缺乏天然資源和資本，大致不識字的人民由名聲敗壞的貪腐政府統治。全世界也用類似的暗淡看法看待南韓，美國的評論家認為南韓是個「毫無希望的無底洞」，是冷戰的前線國家，是華盛頓灌注援外資金、經濟卻幾乎沒有希望起死回生的地方，捐贈國談論的是把錢灌進韓國的「老鼠洞」裡。

這種評斷在每一項重點上都錯的離譜，在不同的大陸和國家上都完全錯誤。從一九七〇年代開始，亞洲的平均所得一直在追趕西方國家，拉丁美洲卻落居人後。阿根廷繼續空轉，委內瑞拉在一九八〇年代油價崩跌時幾乎陣亡；在亞洲地區，緬甸甚至早在一九六二年的政變導致政府垮台前，就已經搖搖欲墜，政變創造了一個失敗的軍事國家，後來由將領改名為緬瑪。菲律賓在三年後，在竊國總統馬可仕和他同樣貪腐的妻子掌權後，跟著緬甸一起沈淪。同時，比較不受注意的亞洲鄰國在「癱瘓之島」台灣和「老鼠洞」南韓的領導下，開始起飛，二十年後，中國和印度相繼也開始轉型。

封面的詛咒

評估吹捧炒作是一種另類預測藝術，評估吹捧炒作時，判斷會有幫助，評估卻不受谷哥所找到的資料限定，也不受廣泛媒體報導、不受主要經濟學家和投資人氣調查的資料限制。到了網際網路時代，你找不到半個代表性的主流輿論衡量指標。過去這種榮耀屬於主要新聞雜誌的封面，但是，很多美國雜誌的記者早就知道新聞雜誌向後看的特質，還用開玩笑說「消息上了《時代雜誌》或《新聞周刊》封面時，早就已經過氣」的笑話，形容這種特質。

我覺得，即使考慮比較沒有代表性新聞雜誌同行相嫉的心理，這個笑話還是有幾分真實性，用在經濟報導中，更是如此，這點說明為什麼《新聞周刊》會在一九八九年十月，就是日本經濟進入二十年衰退前幾個月，刊出封面故事，報導索尼公司（Sony）「入侵」好萊塢，代表日本無情崛起的最新信號。這也是為什麼《時代雜誌》在二〇一一年十一月，也就是所有大型新興經濟體開始急速減緩的一年裡，詢問這是「中國還是印度」世紀的原因。

我的團隊和我為了測試這種一般性的說法，檢視了一九八〇年到二〇一〇年間出版的所有《時代雜誌》封面，發現其中有一百二十二期的封面，探討個別國家或區域的經濟問題（《新聞周刊》逃過一劫，因為我們無法進入他們的檔案庫），然後我們判定這種封面故事的筆調是樂觀還是悲觀，這種情緒是否精確。結果證實上述老笑話具有若干真實性。如果《時代雜誌》的封面悲觀，隨後的五年內，封面報導的國家中，有五五％的國家，經濟成長都會提高。一九八二年三月，《時代雜誌》的封面用「利率的極度痛苦」，探討美國聯邦準備理事會主席保羅．伏克爾（Paul Volcker）提高利率的決定，現在大家稱讚伏克爾的作法，說這是對困擾美國的停滯膨脹決定性的一擊。一九九九年八月，《時代雜誌》封面故事報導「日本回歸民族主義」，認為日本經歷金融危機後轉變成向內看，但是，日本很快的在總理小泉純一郎的領導下，開始推動至少可說是短期的改革，恢復若干活力。二〇一〇年內，《時代雜誌》刊出的封面故事叫做「破敗的美國」，但是，隨後的五年裡，美國經濟加速成長，勝過所有先進經濟體。

相反的，如果《時代雜誌》封面故事的筆調樂觀，在隨後的五年裡，經濟走軟的比率有六六％，從一九八〇年到二〇一〇年間，這種情形一共出現三十七次。一九九二年二月，《時代雜誌》以封面故事報導日本後，日本的經濟成長率從一九八七年到一九九一年間的五％以上，降到隨後五年裡的略為高於一％。

二〇〇六年五月，《時代雜誌》刊出「法國改革之道」的封面故事，主張法國的改革比大家所知道的還快，但是隨後的五年裡，法國的成長率下降一半，降到一%以下。「德國奮起」的封面報導在二〇〇七年十一月刊出後，德國的好命開始變差。

這樣說不是要貶抑《時代雜誌》或新聞雜誌，而是要凸顯推斷和線性思考的兩個問題。這種行為上的偏誤，可能使認真的人對於國家命運的重大轉折視而不見，在國家好運連連時，更是如此。記者畢竟都是跟隨著市場研究人員、認真的學者和國際貨幣基金等重要機構的腳步前進，國際貨幣基金地位尊崇，因此，大家認為他們的預測極為合乎主流，把他們的預測當成全球性的共識，但是，國際貨幣基金就像所有的人一樣，通常會出現一種傾向，就是有系統的為熱門經濟體的展望吹捧炒作。

二〇一三年，前美國財政部長桑莫斯和同事藍特．普里契特（Lant Pritchett）發表名為《亞洲恐懼症碰上回歸平均數》（*Asiaphoria Meets Regression to the Mean*）的論文，對吹捧炒作的力量發動正面攻擊，質疑中國和印度經濟在未來幾十年裡，應該會成長很多倍的預測，桑莫斯和普里契特其實是要籲請國際貨幣基金和其他預測機構，不要再假設熱門國家會繼續保持熱門，要認清戰後經濟成長研究最強而有力的唯一結論是：所有經濟體通常都會「回歸平均數」，或是降到所有國家歷史性的平均GDP成長率（這點表示大約為三．五%的成長，或一．八%的國民所得成長率）。國際貨幣基金的預測假設中印兩國不但不會回歸平均數，反而只會以略為溫和的速度，繼續成長，在二〇三〇年前，把經濟規模擴大四倍，中印兩國合併起來，規模大約要擴張五十三兆美元。桑莫斯和普里契特認為，歷史顯示，中國和印度的成長率比較可能回歸平均數，暗示兩國的經濟規模在二〇三〇年前只會倍增，合併在一起，擴張的規模只有十一兆美元。也就是說，推斷和回歸平均數這種已經確立的型態之間，有著四十二兆美元的差距。就是這種誇大的預測引導記者吹噓中印兩國的崛起。

值得讚揚的是，國際貨幣基金的若干研究人員把他們的說法聽了進去。二〇一四年時，江何（Giang Ho）和保羅．莫洛（Paolo Mauro）發表名叫《從現在成長到永遠？》的研究報告，回溯到一九九〇年，分析國際貨幣基金和世界銀行的預測紀錄，發現桑莫斯和普里契特的批評大致正確，預測專家似乎忽視了經濟回歸平均數的傾向，江何和莫洛發現「我們的預測紀錄相當持續一貫的偏向樂觀。」國際貨幣基金和世界銀行之類機構所發布有關新興經濟體的報告，一直都有助長媒體正面吹捧炒作的傾向，不論這些經濟體是否熱門，不論「預測轉折點是否特別困難」，都是這樣。

我對國際貨幣基金最近的預測所做的評估顯示，上述說法對中國極為正確。中國GDP成長率升到最高峰的二〇一〇年四月裡，國際貨幣基金預測，中國大致會保持相同的擴張速度，未來五年內，成長速度大約會降低半個百分點，到二〇一五年，仍然會有九．五%的亮麗成長。根據官方的數字，二〇一五年中，中國的實際成長率約為七%，比國際貨幣基金的預測大約低四〇%，如果根據獨立的估計，中國的實際成長率甚至更低，還不到五%。

二〇一〇年後，國際貨幣基金對中國的預測還是一樣樂觀，預測隨後的五年裡，每年成長率會略微降低，大幅錯失了經濟走軟的幅度。二〇一五年四月，國際貨幣基金預測，二〇二〇年中國的成長率高於六%——但中國的成長率很可能已經跌破這種底部。在中國實際上已經變成「繁榮奇蹟」同義字的時代，即使經濟放慢的過程已經開始，大部分認真的預測專家甚至都還難以想像，中國經濟成長會降到正常的速度。

十九世紀的歷史學家湯瑪斯．卡萊爾（Thomas Carlyle）曾經嘲笑經濟學，說經濟學是「憂鬱的科學」，事實上，經濟學卻是充滿「樂觀偏見」的學門，從國際貨幣基金長年不願意預測衰退這一點，就可以清楚看出這種根深蒂固的樂觀。《經濟學人雜誌》研究一九九九年至二〇一四年間國際貨幣基金對一百八十九個國家所做的年度經濟預測，發現其中有二百二十次，是經濟成長一年後，隔年隨即衰退的例子，然而，國際貨幣基金每年四月發布隔年的經濟預測時，卻從來沒有發過隔年會衰退的預測。《經濟學人雜誌》發現，即使隨機挑選負二到十的數字作為預測值，表現都勝過國際貨幣基金的預測。這種傾向根本不是只限於國際貨幣基金而已，大多數經濟學家都傾向於漸進式的小幅改變自己的預測，因此會錯過重大變化。例如，費城聯邦準備銀行針對大約五十家主要預測機構，進行每季一次的訪調，二〇〇八年初，包括股市下跌在內的諸多經濟大衰退信號都已經出現時，這些預測機構像平常一樣，開始小幅調降自己的預測，他們預測二〇〇八年內，美國經濟的平均成長率為一．八％，只有兩家機構預測成長率低於一％，沒有一家預測負成長。我們現在當然知道，經濟大衰退從二〇〇七年就已經開始。

我懷疑國際貨幣基金和世界銀行是基於特別的原因，才表現出這麼樂觀的偏執，他們預測對象的很多國家，基本上也是他們的客戶，針對這些國家的經濟展望勇敢說真話，會觸怒這些國家的政治精英。我覺得同樣的壓力也壓在很多地位超然的經濟學家頭上，尤其是近年來，新興市場國家的勢力和影響已經成長的現在，更是如此。某大投資銀行的經濟學家跟我談到中國時，覺得很苦惱，他處在裡外不是人的地位上，他不滿的說，如果他質疑中國政府所報告的七％，北京會把他罵的狗血淋頭。

集體吹捧炒作

我們已經看到，任何國家都不太可能長期急速成長，更何況是一群國家，但是，這種事實卻沒有阻擋過去十年的吹捧炒作。二〇〇二年後，各種力量湊合在一起，協助引發了新興世界的繁榮熱潮，使國際貨幣基金追蹤的一百五十多國在後來的五年裡，平均成長率倍增到超過七％。預測專家很快的預測，巴西、俄羅斯、印度和中國等最大型的新興經濟體會火熱擴張，最後平均所得會追上已開發世界。

世界所得水準會大舉「收斂」的迷思因此產生，這種情境對所有的人都有誘人的吸引力，從聲援窮人的非政府組織，到希望利用新興市場的全球投資人，再到熱衷於看出全球權力均衡下一個大變化的權威人士，都是這樣。不少觀察家認為，新興市場國家崛起，會加速終結美國的全球主導地位，二〇〇八年的金融海嘯後，這種說法聽來相當合理。兩年後，美國經濟成長無力，新興經濟體在中國的領導下，成長速度比美國快三倍。

新興市場國家成長優勢擴大，至少在一段時間裡，支持大舉收斂的迷思。大家大致沒有注意到的是，二十一世紀的第一個十年裡，大家對新興世界的看法樂觀到非比尋常，以回溯到一九六〇年開始的每一個十年裡，大多數新興市場國家的國民所得都不如美國，權威的賓州大學世界比較表（Penn World Tables）涵蓋每一個國家的成長資料，在二〇〇〇年以前的任何十年裡，能夠趕上美國的國家不超過四五％，連掀起商品熱潮的一九七〇年代也是這樣。二〇〇〇年以後，這一切都改變了，寬鬆的貨幣、激漲的商品價格、增加的貿易量橫掃新興世界，隨後的十年裡，八〇％的新興經濟體成長快速，到了國民所得增加速度勝過美國的地步。

難怪為新興經濟體吹捧炒作的聲勢開始飛躍增加。從二〇〇五年到二〇一〇年的五年間，新興世界出現近乎畸形的急速成長，賓州大學世界比較表中的一百一十個新興市場國家中，只有三個國家的平均所得成長率屈居美國之後，一百零七個國家，也就是九七％的新興市場國家的成長率都超過美國。這是空前未有的情形。落後美國的三個國家是尼日、厄利特里亞和牙買加，都是規模很小的經濟體，看來幾乎整個新興世界都在崛起。

這種全面高速成長可以維持幾十年的假設，當然極為不合理。單一國家要達成收斂已經夠難，根據世界銀行二〇一二年的研究，過去半個世紀裡，只有十三個新興市場國家努力從貧窮或中產階級國家崛起，晉升到高所得階級。根據某些標準，南韓已經到達已開發世界地位的門口，捷克和波蘭離門口不遠。大舉收斂的情境暗示：幾十年內，這麼多國家會從貧窮或中產階級，大躍進到富裕國家，會造成國家之間的階級差異開始模糊化。世界由至少安穩晉身中產階級國家主導的看法，跟沒有窮人的大同世界一樣虛無飄渺，可能性也一樣虛無飄渺。

實際上，二〇一〇年代表很多國家短暫的超快成長期間結束，而不是全面繁榮發展的開始。這一年稍後，新興世界成長開始放慢，因為全球資金和貿易流動開始退潮，商品價格開始走軟，到了二〇一〇年代中期，新興市場國家平均成長率已經從二〇一〇年七．五％的高峰，回降到長期平均值的四％，而且除了中國之外，還回降到二％左右。美國的擴張速度比這種平均值快，而且比舉步艱難的俄羅斯、巴西和南非快。和美國相比，過去十年備受讚揚的很多新興經濟體不但沒有收斂，反而還逐漸萎縮，因為他們的人口成長經常比較快，從國民所得的角度來看，落後的速度甚至還會加快。

市場上假定中國的成長榮景會直線前進的所有「中國劇碼」投資，從二〇一一年起開始消退，然而，這種狀況對包括專家學者意見在內的輿論毫無影響。二〇一四年初，我和好多位著名的學者參加布魯金斯研究所（Brookings Institution）的研討會時，驚訝的聽到他們討論中國勢不可擋的崛起，好像轉捩點還沒有來臨一樣。我表示反對，但是一直到二〇一五年中，上海股市崩盤和人民幣貶值後，全球主流媒體才開始接受中國經濟減緩是新現實的一環。

商品經濟吹捧炒作的特殊案例

過去十年，我一直都很反對大家吹捧炒作金磚四國時，以「單一的簡稱一體適用所有國家」，藉以了解世界作法中的一點，就是這種吹捧炒作當中，沒有區分像中國一樣靠著製造產品成長的製造業大國，和靠著從土地挖東西成長的商品大國之間的不同。像以出口石油為主的俄羅斯、以出口鐵礦砂和穀物為主的巴西，通常會隨著他們的主要出口商品全球價格的起伏，出現急劇的成長或嚴重的萎縮。我回溯追蹤這種故事五十年，發現商品價格波動和以迎頭趕上速度成長的國家數目多少之間，至少有著短暫卻清清楚楚的關係，

從一九七〇年起的每一個十年間，平均所得跟西方國家快速收斂的國家數目，都隨著商品價格激烈起伏。一九七〇年代內，標準商品價格指數上漲一六〇%時，有二十八個國家快速收斂。[1]但是，一九八〇和九〇年代商品價格停頓不前時，快速收斂的國家減為十一個。二〇〇〇年以後，新世紀的第一個十年間，商品價格倍增時，又是快速收斂的黃金時代，共有三十七個國家快速追趕西方國家。

靠商品推動經濟成長的國家有一個問題，就是主要出口商品價格一下跌，通常就會停止追趕。二〇〇八年時，世界銀行召集國際經濟專家成立委員會，委員會由諾貝爾經濟學獎得主麥克・史賓斯（Michael Spence）主持，委員包括美國前財政部長羅伯・魯賓（Robert Rubin）以至南非財政部長特瑞佛・曼紐爾（Trevor Manuel）之流的專家。史賓斯委員會的目標是：解開只有二次大戰後才出現的長期穩定成長繁榮的秘密，這個委員會列出一張名單，涵蓋十三個至少創造二十五年七%以上平均成長率的國家，但是他們發現，這些國家的故事結局大不相同。十三個國家裡，只有六國繼續快速成長到高所得水準，六國中的五國是製造品出口大國，只有馬爾他是奇怪的例外。另一方面，在創造高所得前就停頓下來的七國中，有六

國都是擁有豐富商品的國家，包括波扎那、印尼、馬來西亞、阿曼、泰國和巴西。從一九一四年起，巴西的國民所得一直和鐵礦砂、砂糖與黃豆的價格一起浮沈，今天巴西的國民所得等於美國的一六%，比一九一四年時高出一個百分點。

有一個因素掩蓋了商品的詛咒，就是原料對成長展望雖然有很大的影響，在經濟中扮演的角色卻可能相當小。根據世界銀行的計算，來自天然資源的所得，平均占中低所得國家GDP的八%，相形之下，卻只占大多數已開發國家GDP的一．四%。但是，如果這種所得占國家出口或政府歲入的比重很高，卻可能決定一個經濟體的命運。商品價格通常會快速而劇烈的變動，突然壓縮來自石油、棉花或砂糖的收益，因而使國家陷入危機，國家需要外匯收益支付債務本息時，尤其如此。拉丁美洲會出現很多「失落的數十年」疲弱成長，原因之一就是商品占南美大國出口的比率超過一半。

在很多國家裡，石油、天然氣和其他商品有關的公司都是國營企業，國家嚴重依賴這些企業的收益推動國家大計，商品價格突然下跌，政府可能很快就會面臨經濟問題。表面上，石油只占俄羅斯GDP的一〇%，卻占俄羅斯出口的一半、政府歲入的三分之一，二〇一四年油價崩盤，俄羅斯就陷入嚴重經濟衰退。就在這一年油價開始暴跌前，很多雜誌的封面才謳歌俄羅斯總統普丁，說他是「世界上最有權力的人」，因為他完成了一系列明顯的外交成就，包括占領克里米亞。這是趨勢結束後吹捧炒作升到最高峰的典型例子。俄羅斯的平均所得已經落後西方國家，石油助長的衰退應該會使經濟加速下行。

1 「快速收斂」的定義是：我們回溯到一九六〇年，檢視一百七十三國的成長，然後為這些國家排名，比較這些國家在每一個十年期間，每人GDP成長比美國快多少。然後把所有這種觀察結果的最高四分之一個案，定名為「快速收斂」案例。這些個案在十年期間，每人GDP成長和美國每人GDP成長率比較，至少多成長二．八個百分點。

美好的悽慘情境

雖然商品大國的命運跟價格的激烈波動息息相關，跟這些國家有關的吹捧炒作，卻經常受一種直線式思考，跟馬爾薩斯所提悽慘情境有關的情緒推動。自從十九世紀初期英國學者馬爾薩斯初次預測，全球人口成長率會超過農業生產，造成大規模飢荒以來，專家每隔幾年或幾十年，都會推出悲觀的理論，即使馬爾薩斯的預測根本沒有實現，也是這樣。就在二〇一一年食品價格暴漲後，國際組織樂施會（Oxfam）才警告大家，說人口增加，農產品生產成長率卻比較慢，會造成缺糧，樂施會預測二十年內，穀物價格會倍增，到二〇三〇年時，會有千百萬人挨餓。其中暗示的國家未來興衰也很明顯，巴西之類的農業國家在穀物與黃豆價格上漲協助下，理當有非常好的表現。

這種情境的預測不斷出錯，出錯的原因跟馬爾薩斯一樣，低估了農民、石油與鋼鐵大亨或任何其他商品生產者創新與增加供應的能力。二次大戰後的歲月裡，全球實質食物價格平均每年下跌一．七％，主因就是價格上漲時，農民賺到更多所得，投資在更好的肥料、更有效率的聯合收割機與拖拉機上，提高了供應。二〇一一年食物價格激升的恐懼會再度出現，是起源於農業生產過程已經碰到困難，無法從現有的土地上產出更多的馬鈴薯，因此，大家認為，農產成長率已經放慢下來，而且應該會繼續惡化。

這種情形就像平常一樣，忽略了仍然有很多方法可以進一步提高供應量，中國、巴西和前蘇聯國家的農作物產量，現在大約只有美國的一半，因此，如果這些國家模仿外國的方法，產量應該可以急劇增加。在新興世界裡，將近三〇％的所有食物和將近五〇％的所有水果和蔬菜，都在運輸過程中遺失，因此，如果巴西和俄羅斯的道路改善，就可以大大提高送到市場上的食物數量。

農民是鄉下小農的古老形象，掩蓋了一項事實，就是現代農企業能夠快速的調整投資，因應價格信號。事實上，研究顯示，農民因應市場力量的速度，比多國石油公司之類的其他商品大供應商還快。生產商增加投資新供應時，高價最大的敵人就是高價。

二〇一一年發生的事情就是這樣，末日派發布食物價格上漲和飢荒報導的同時，新一波的投資已經開始對這種威脅發動攻擊。二〇〇〇年到二〇一〇年間，從美國的頁岩油到巴西的砂糖，全世界一共投資了一兆美元增產原料，以致於新供應壓低了價格。從二〇〇九年到二〇一一年初食物價格激升六六%的趨勢迅速逆轉，隨後的兩年內，食物價格下跌了三〇%。

二〇一〇年代裡，食物和其他商品價格劇跌，急劇改變了全球媒體對巴西之類國家的觀感。二〇〇九年下半年，巴西經濟繁榮處在最高潮時，《經濟學人雜誌》刊出一篇封面故事，題目是《巴西振翅高飛》，搭配的影像是著名的耶穌基督雕像飛升到里約熱內盧上空。隨後的四年裡，巴西的經濟成長率跌掉一半以上，以美元計算，巴西股市總市值喪失了五〇%。二〇一三年底，《經濟學人雜誌》刊出一篇封面故事，搭配的影像同樣是耶穌基督的雕像，只是這次雕像栽在地上，標題比較遲疑不決，問道《巴西搞砸了嗎？》

隨時保持警戒

為什麼任何國家這麼難以維持強勁成長？大家常常提到的原因是中所得陷阱，也就是說，窮國可以靠著鋪路之類的簡單改善，以迎頭趕上的速度成長，但是達到中等所得的水準，需要發展更先進的產業後，卻難以維持快速的成長。然而，真相是：「發展陷阱」可能在任何所得水準上痛擊國家，害國家偏離正道。要創造具有生產力的產業，需要更好的銀行、學校和主管機關的支持，需要穩定的投資和信用助長，這種挑戰不會累積起來，同時全面挑戰一個國家，而是在胸懷大志的國家踏上發展階梯時，每踏上一步，都會糾纏不休。

但是跟中所得陷阱有關的吹捧炒作到二〇一〇年才出現。二〇一三年，柏克萊加州大學經濟學家巴利．艾肯格林（Barry Eichengreen）和同事在一項研究中指出，谷哥搜尋一共找到四十萬則提到中所得陷阱的訊息，點進這些訊息後，發現從貧窮的越南和印度，到比較富有的台灣、馬來西亞和土耳其，都受到警告，說他們有陷入中所得陷阱的風險。這種風險的觀念極為模糊，定義又大不相同，因此無法鎖定可能有風險的國家。

二〇〇七年，世界銀行的專家編造出「中所得陷阱」這個名詞，但是到了二〇一三年九月，世銀另一群專家檢討這個觀念後，產生懷疑，說研究結果對這種陷阱是否存在，提供「很有限的支持」，甚至懷疑根據國家是否走在追趕西方國家所得的正道上，來判斷中所得國家是否有理。這些專家發現，很多經濟體在很多種所得水準上，都曾經陷入困境，並非只在中所得進入高所得時碰到關卡，他們的結論是：「陷阱」一詞是標籤，不適於成長速度放慢到比較正常水準、遠低於快速成長要求的國家。包括孟加拉、尼日、薩爾瓦多和莫三比克在內的國家，現在國民所得還不到美國水準的五%，其實是還困在戰後流行很久的貧窮陷阱中。

富國也可能碰到頓挫，艾肯格林的團隊發現，個別國家的人均國內生產毛額達到美國的七五%時，也就是遠高於中所得的水準時，可能碰到重重減緩高峰。相當富裕後碰到七年經濟長期減緩的國家很多，一九九二年，日本的人均國內生產毛額達到二萬八千美元時，經濟急劇放慢；一九九四年，香港人均ＧＤＰ達到二萬七千美元時，經濟開始減緩；一九九七年，新加坡人均ＧＤＰ達到三萬五千美元時，開始減緩；一九九八年，挪威人均ＧＤＰ達到四萬三千美元時，開始減緩；愛爾蘭和英國在二〇〇三年、人均

ＧＤＰ分別達到三萬八千美元和三萬二千美元時，開始走緩。這樣的減緩幅度經常都很嚴重，在二〇〇三年前的七年裡，愛爾蘭的國民所得成長率以六．六％的年率爆發，然後在隨後的七年裡，崩潰到平均負成長一．三％，沒有什麼流行用語，可以形容愛爾蘭的遭遇，但是我們可以說是房地產陷阱。

在一些罕見的例子裡，經濟減緩可能嚴重到拖累新近變成富國的國家，害這種國家退回到中所得國家的地位，二十世紀裡，這種事情至少發生過三次。委內瑞拉在過去一百年內，從中所得國家到富裕國家來回走了一趟。同時，阿根廷的平均所得從一九三〇年代占美國平均所得的六五％，降到二〇一〇年的二〇％不到。最近的例子是希臘，二〇一〇年以後，希臘財政陷入混亂，國民所得從略高於二萬五千美元的已開發國家門檻，降為遠低於二萬五千美元時，降級為新興市場國家。希臘所以會沈淪，起因是這種淪落常見原因的長期金融危機。

任何十年期間，跌回較低所得水準的國家都比晉升到較高水準的國家多。從一九四〇年代末期開始，很多國家經歷了這種下降動能，包括一九五〇年代的菲律賓、一九八〇和九〇年代的俄羅斯、南非和伊朗。世界銀行二〇一二年的研究發現，二次大戰後，只有十三個國家跨越門檻，變成高所得階級，世界銀行也表示，有三十一個國家從中所得國家沈淪，變成低所得國家，其中包括聲名狼藉的經濟失敗國家和受到戰火蹂躪的國家，如伊拉克、阿富汗和海地。

經濟學家表示強勁成長幾乎沒有「持續性」。紐約大學經濟學家伊斯特里和同事花了二十年時間，確定了這種事實，後來又獲得多次的證實，但是幾乎都是證實負面的情況。例如，桑莫斯和普利茲克分析過從一九五〇年起，經歷「超級快速成長」期間的二十八個國家，也就是人均ＧＤＰ平均成長年率至少連續八年超過六％的國家，發現這種好景通常「極為短命」，經歷九年的中位數延續期間後，就會煙消雲散，而且「幾乎總是」以大幅減緩作為結束。經濟通常會回到平均人均ＧＤＰ成長年率略微高於二％的水準，也就是所有國家「將近完全回歸平均數水準」。

正面的故事卻受人忽視，國家冷卻十年後，下一個十年不見得會繼續冷卻。在任何一個五年期的經濟循環中，競爭風貌可能徹底改觀，隨著若干國家達到債務熱潮的最高峰，其他國家會忙著償還債務，為連續強勁成長做好準備，新科技可以為新產業帶來新優勢，新選舉可以為國家帶來新領袖，新領袖可能為國家帶來惡運，卻也可能帶來好處。近年從義大利到日本，推動改革的新總統或總理上任後，都改造停頓不前的政權，使經濟加強成長的可能性提高，卻不是創造義大利甚至日本世紀的可能性，而是創造表現優異的五年甚至十年的可能性。連商品經濟大國也會像時鐘一樣，每次商品價格開始上漲時，都會顯出蓬勃發展的樣子。一九九八年九月，《時代雜誌》把危機四伏的俄羅斯經濟放在封面故事裡，用最簡單的標題「救命！」來形容，但是隨後的五年裡，油價開始上漲，俄羅斯的成長率從負五％，銳變為正七％。

為什麼愛的相反是漠不關心

經濟明星通常會從媒體漠不關心的雲霧中出現的另一個基本原因是：大家幾乎總是從比較貧窮且通常遭到最普遍漠視的國家中，找到成長最快速的經濟體。在窮國中創造活絡經濟成長比較容易，因為只要在這種國家裡，鋪築良好的道路、採取其他簡單措施，就可以振興經濟。

為了說明這一點，我研究一九五〇年到二〇一〇年間每個十年裡十個成長最快速的國家，發現這些國家開始十年的熱絡成長時，整體國民所得通常都低於三千美元，這種國家包括一九五〇年代的奈及利亞和土耳其，一九六〇年代的台灣和新加坡，一九七〇年代的馬來西亞和羅馬尼亞，以及一九八〇年代的埃及和波扎那。開始快速成長期間時已經是富國的經濟體是例外，這種國家通常都是商品大國，例如挪威和富藏石油的其他小國，都是乘著油價上漲的浪潮，晉升十大成長最快速國家排行榜中。除此之外，任何十年裡，成長超級巨星通常都出身相當貧窮，因此也相當沒沒無聞的國家。

每個十年世界成長最快速國家排行榜中，有一些特別值得注意的地方，就是其中被埋沒的明星很多，而且變動率很快。難得有幾個國家連續二十年都掛在榜上，很少人能夠預料到巴西會在一九八〇年後跌出榜外，或是預料到中國會跳進榜。幾乎沒有人預料到日本在一九九〇年後會掉到榜外，或預料到俄羅斯會在下一個十年升到榜上。而且每一個十年都會出現才新進榜，十年後就沒落的國家，例如一九五〇年代的伊拉克、一九六〇年代的伊朗和一九八〇年代的馬爾他。國家獲得全球媒體最鍾愛的時候，多半就是從榜上消失的時間快要到了，這些國家躲在陰影中時，多半就是準備上榜的時候。下一批領導國家通常是從過去落後的國家中出現。這個十年裡，菲律賓變成新興世界中最熱門的明星，過去停頓不前的墨西哥，現在是拉丁美洲近期內最可能加速成長的國家。

漠不關心也是好預兆，因為繁華落盡時，媒體會進場，為已經發脹的經濟屍體驗屍，揭開某個國家在繁榮末期過度花錢、舉債多到無法償債之類的過份事實。政府會設立委員會，關閉銀行，處理呆帳，汰換主要國營事業中貪腐無能的人物，推動確保同樣的危機不會再度發生的改革。

內部整頓可能歷時好幾年，要看危機的規模而定。例如，亞洲金融危機期間，債務問題的初步跡象是從一九九六年起最先在泰國出現，到了隔年夏季，這場危機全面爆發，若干全球性大投資人在一九九七年夏季，跳進來大買泰國股票，遵循羅思齊男爵（Baron de Rothschild）一八七〇年代率先提出且後來很多人重覆說過的建議：「街上血跡斑斑時」，就是最好的買進時機。血跡斑斑的國家維持這種狀況一段時間時，問題就出來了，一九九七年後，亞洲的情況就是這樣，危機蔓延到其他新興市場國家，把泰國股市再打下七〇%，在一九九七年夏季買進泰國股票的大投資人，都蒙受巨額虧損。

媒體由愛生恨，轉頭注意另一個故事，讓遭到危機侵襲的國家獨力整頓亂局時，這個國家的經濟狀況最有可能好轉。新千禧年開始後，全球媒體早就忘了在亞洲金融危機中沈淪的國家，轉而重視科技熱潮受益者之類的新熱點。同時新領袖在俄羅斯、土耳其和南韓嶄露頭角，很多東南亞國家開始策劃由低廉貨幣助長、由出口帶領的經濟復甦。這些新領袖把經常帳改善成恢復平衡，又把債務納入控制，但是媒體在一九九七年和一九九八年的混亂過去很多年後，仍然難以看出遭到危機侵襲的國家已經不是吳下阿蒙。二〇〇〇年時，《時代雜誌》在一篇封面故事中，把印尼總統在會議上備受嘲笑的打瞌睡照片，刊在封面上，還配上「瓦希德麻煩大了」的標題，這篇報導刊出後，印尼的成長率從〇%，躍增為接近五%，因為印尼銀行體系的亂象已經清理完畢，低廉的貨幣又可以促進出口。

經濟成長缺乏持續性，但是媒體對某些國家的負面印象，偶爾卻表現出驚人的延續能力，這也是成功故事遭到忽視的原因。二〇〇三年內，普丁的政府以大家普遍認為是莫須有的稅務與詐欺罪名，監禁石油大亨與民主運動家米卡爾．柯多科夫斯基（Mikhail Khodorkovsky）後，全球媒體把注意力轉向俄羅斯，柯多科夫斯基遭到監禁和有關的騙局，把俄國變成普丁回歸蘇聯式專制主義的故事，雖然他在重要經濟職位上仍然任用改革派。俄羅斯的經濟繁榮還會持續很多年，但是，如果你看普丁和俄羅斯的國際新聞，你永遠不會知道這一點。

我經常忽視落在全球媒體雷達幕外的國家，我錯過了二〇〇二年阿爾瓦羅．烏里伯（Álvaro Uribe）當選總統，開始為備受戰火蹂躪的哥倫比亞帶來和平與秩序的經濟轉型故事。對我來說，相信這個長期和古柯鹼與謀殺連結的國家可以迅速改變，在信念上是太遠的躍進。但是，「失敗國家」的狀況不會永遠持續。

沒有一個國家像菲律賓一樣，遭到全球媒體的徹底忽視。二〇一〇年一月，我訪問馬尼拉時，查覺到一種好轉的感覺，因為菲律賓人已經受夠了本國經濟被鄰國超越的事實，急於賦予大家認定的「廉潔」領袖強力的授權，以便減少創紀錄水準的貪腐、啟動投資，振興當時人均水泥用量不比八年前多的菲律賓。但是，菲律賓已經落後太多年，我的記者朋友認為我談論菲律賓的光明前途時是在開玩笑，很多人仍然這樣想。

另一方面，我擔心二〇一四年時，跟莫迪當選印度總里有關的吹捧炒作。那年十二月，莫迪在《時代雜誌》「年度風雲人物」讀者票選中領先，但是，《時代雜誌》的編輯群沒有把這份榮耀送給他。毫無疑問的是，投票給莫迪、灌飽《時代雜誌》投票箱的印度讀者一定很失望，但是，我認為出現在《時代雜誌》的封面，表示對印度的興奮之情已經升到最高峰，隨之而來的經常都是沈淪。莫迪已經是國際媒體寵兒，國際媒體把他說成是改革家，在全球經濟迫切需要好故事時，能夠振衰起敝，為印度帶來重大的經濟復甦。大家對他的期望高到極點，以致於不論是在曼哈頓或孟買，找不到半個會對印度經濟發表負面評論的財務分析師。我覺得莫迪在《時代雜誌》年度風雲人物競爭中失利時，印度已經獲得勝利。

解決吹捧炒作的良方是應用規則

雜誌封面經常指錯方向的常規中，《經濟學人雜誌》是個例外，原因可能是這本英國雜誌刻意採用反向思考的世界觀。我檢視一九八〇年到二〇一〇年間，這本雜誌二百零九期的封面後，發現這本雜誌刊出跟某個國家有關的樂觀封面故事後，隨後的五年裡，這些國家中大約有三分之二的經濟狀況都會改善。《經濟學人雜誌》刊出悲觀的封面故事後，大約有一半的國家經濟都會走緩。

一九九八年五月，《經濟學人雜誌》在標題為《歐洲起飛》的封面故事中，配上超人從翻倒的電話亭中衝向天際的圖畫，隨後歐洲經濟的確劇烈加速，從一九九八年前的年成長率一．七%，加速到隨後五年的二．六%。三個月後，大部分媒體還在分析高爾夫球場資本主義，指責這一點是造成兩年前亞洲爆發金融危機的原因時，《經濟學人雜誌》已經看到「亞洲驚人反彈」的種種跡象開始發動。一九九九年一月，這本雜誌主張「為什麼網路股會跌翻天」時，是身影孤獨的懷疑派，但是，網路股的確慘跌，造成美國和世界經濟陷入衰退。兩年後，《經濟學人雜誌》說，即將上任的日本總理小泉純一郎是「日本的重大希望」，結果小泉純一郎努力推動一次短期改革，促使日本的經濟成長率從〇．四%，提升到比較不難看的一．四%。

然而，這樣不是說連這麼積極超脫傳統的雜誌，都不曾多次抓住主流的共識，包括在二〇〇九年巴西經濟開始崩潰前，刊出《巴西崛起》的封面故事。非洲在一九九〇年代裡，經濟表現連續第二個十年讓人失望的成長後，《經濟學人雜誌》在二〇〇〇年五月的封面故事中，把這件事稱為「無望的大陸」，但是，這一年正好代表非洲好轉的第一年，因為隨後的十年裡，以五%以上平均年率成長的非洲國家，會從十四國躍增為二十八國。這本雜誌根據非洲二〇〇〇年到二〇一〇年間的強勁成長推測，在二〇一一年十二月，把非洲大陸再度放上封面，這次用的是《非洲崛起》的標題。兩篇報導都沒有什麼道理，因為非洲不是單一的經濟體，而是五十三個國家的集合，其中很多國家幾乎沒有什麼共通的地方。把大不相同的經濟體綁在一起，變成支持「集體趨同」觀念的同樣錯誤，也變成了跟「非洲崛起」有關吹捧炒作的基礎。

十二個月後，《時代雜誌》跟進《經濟學人雜誌》，用同樣的《非洲崛起》標題，刊出封面故事時，敲響了這種報導的喪鐘。當時非洲的確已經不再崛起，到二〇一三年，以五%以上平均年率成長的非洲國家，已經從二〇一〇年的二十八國，滑落為二十一國，而且通膨升高的國家正在增加。這種非洲故事分解成比較務實的情節，不同國家表現出成長展望優異、普通和差勁不一的樣子。

二〇〇〇年後，大家對非洲的看法樂觀，原因之一是領導階層明顯改善。愈來愈多國家唾棄獨裁者，舉行民主選舉，但是到了時序進入二〇一〇年代後，情形很清楚，這些選舉沒有選出多少真正的經濟改革專家。南非的非洲民族黨政權變得愈來愈不新鮮，統治南非二十多年後，仍然無法降低高達二五％的失業率。非洲民族黨的領袖雅各．朱瑪（Jacob Zuma）因為濫用公帑二千三百萬美元重新整修自己的住宅，遭到強烈抨擊。在奈及利亞，曾經被視為奈及利亞第一位廉潔總統的喬納森，面對大家對他處理失蹤石油收益的質疑，大家也質疑他處理中央跟北方各州關係的方式，這些州在伊斯蘭極端派博科聖地組織的煽風點火下，有意叛離。

南非和奈及利亞是非洲的經濟指標，但領導真空普及整個非洲大陸。倫敦的非政府組織伊布拉欣基金會（Mo Ibrahim Foundation）在二〇〇九年到二〇一三年的五年間，有四年找不到值得頒發非洲傑出領袖獎的人，只有在二〇一一年，頒給即將去職的小島國維德角共和國總統佩德羅．皮雷斯（Pedro Pires）。

很多非洲國家因為沒有堅強的領袖，因此拿其他規則測試這些國家時，也得不到好成績。「非洲崛起」主題的另一個基本構成要素，是很多新當選的領袖對政府的浪費恢復了控制力。但是，二〇〇八年的金融海嘯侵襲時，有幾件事變成了一廂情願的想法。很多非洲國家政府很快的就開始大力支出，希望減輕經濟減緩的痛苦，同時提高公共部門的薪資，散發其他形式的公共好處。政府赤字占GDP比率超過三％——很多專家認為這種比率可能有危險——的國家數目，從二〇〇八年十一個國家的低點，增加到二〇一三年的二十個。

同時，極少非洲國家領袖加強投資、以便國家從石油和其他商品的輕鬆暴利中斷奶。二〇〇〇年到二〇一〇年間，亞非兩洲新興市場國家的出口成長五〇〇％，但是，以亞洲國家來說，上述增加的出口中，大約有四〇〇％靠的是增加出口量，也就是說，出口更多的汽車、家電或其他製造品。相反的，非洲是搭著全球商品價格上漲的列車而步入繁榮，非洲增加的出口收益中，大約有四〇〇％主要是靠著全球可可、咖啡和石油之類商品價格上漲而來。非洲國家在製造業工廠上，很少有新投資。在撒哈拉沙漠以南的非洲國家裡，商品占GDP的比率高達一半，製造業所占的比率持續下降，二〇一四年時，占GDP的比率只有一一％，低於一九九〇年的一六％。這是一種去工業化的過程，跟新興市場國家追求大幅成長、建立富裕中產階級所需的東西正好背道而馳。

商品價格反轉時，這些國家的「崛起」一定會結束，而且這種事情從二〇一一年開始發生。在黃金、鐵礦砂和其他很多商品價格滑落之際，非洲很多國家發現，要平衡政府預算和經常帳愈來愈難。就像我們前面所看到的一樣，經常帳赤字占GDP的比率連續五年維持五％時，就是可能爆發危機的警訊。愈來愈多非洲國家掉到這種危險地帶，開始面臨難以償付外債的問題。二〇一四年內，包括莫三比克、尚比亞和迦納之類的非洲國家，必須求助於國際貨幣基金，尋求新貸款或展延舊貸款，以便平衡收支。

迦納的問題特別令人失望，因為大家曾經讚譽迦納是非洲最閃亮的明星，現在卻困於通膨升高和外債增加，命運比同是失敗者的尚比亞還慘。美國總統歐巴馬二〇一二年訪問迦納時，曾經稱讚迦納在明智政府的領導下，寫下「奇妙」的經濟成功故事。但是作家亞當．明特（Adam Minter）在彭博觀點專欄中指出，同一年裡，經常性的停電已經開始傷害迦納經濟，家庭和企業每天有八小時沒有電可用，商店必須關門，企業人士被迫尋找擁有備用發電機的旅館大廳。迦納的崛起靠的是石油、黃金和可可價格上漲，因此比外人的想像脆弱多了。二〇一四年，這些商品的價格暴跌時，迦納的經濟成長就降到二十年來的最低點，迫使迦納向國際貨幣基金低頭乞憐，申貸九億美元的緊急貸款。

但是非洲仍然存在著亮點，從來沒有一個這麼大的地方，曾經令人徹底「毫無希望」過，包括烏干達和肯亞在內的印度洋沿岸國家，經濟都在升級，開始透過新設立的區域共同市場「東非社會」（East

African Community），促進區域貿易。肯亞和烏干達跟其他非洲國家不同，是很多商品的進口國，因此，會從石油和其他原料價格跌勢中受惠，兩國的經常帳仍然有赤字，但是，他們花在進口上的錢，不是浪費在奢侈品的消費上，而是用來購買機械、設備和其他資本財，協助未來的成長。肯亞也擁有非洲大陸比較有希望的新領袖烏胡魯·肯亞塔（Uhuru Kenyatta）總統，肯亞塔在二〇一三年就任時，國際正針對他在過去部落暴力中所扮演的角色進行調查，但是就整體能力和經濟管理方面，他得到國人的崇高評價。但即使過去十年內，有關非洲的吹捧炒作已經轉變了一百八十度，從「無望」變成「崛起」，真相卻總是比較複雜，是一種由五十三個國家的故事串成的多層次劇情，總是有些國家崛起，有些國家幾乎無可救藥。

跟國家興衰有關的主流輿論通常都看錯未來，因為主流輿論依據最近的趨勢推測，國家的成長期間延續悠久，愈容易得到主流媒體的鍾愛。這種愛情故事經常會因為一種令人信服的一面之詞，而變的牢不可破。治療這種令人誤導的羅曼史最好的藥方，是把媒體鍾愛的目標，放在所有規則中檢視。最重要的是要記住，成長浪潮延續悠久，愈不可能再繼續下去。最受鍾愛的國家在未來五到十年內，最不容易有最好的經濟展望，反之，最讓人討厭的國家經常會因為一種理由，成為普遍抨擊的對象，理由通常是爆發政治抗議或金融危機，暴露了真正的弱點，而且經常要花一些時間才能解決。要到這些遭到危機侵襲的國家從媒體的關注中淡出，加入被遺忘國家的行列後，才可能以下一個成功故事的身分，重新出頭。對任何國家來說，最有希望的吹捧炒作形式是根本沒有半點吹捧炒作。

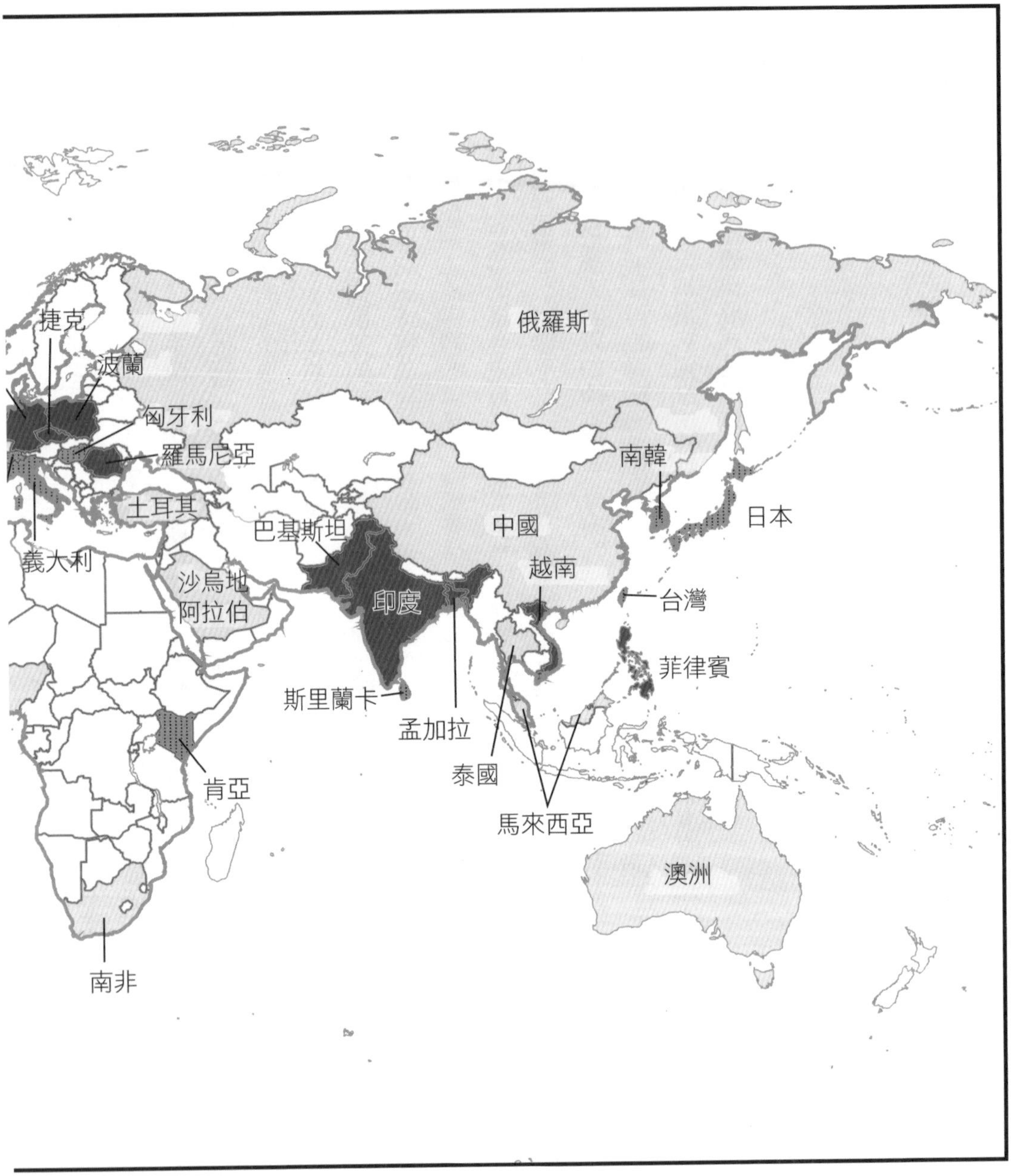
捷克
波蘭
匈牙利
羅馬尼亞
土耳其
義大利
俄羅斯
南韓
日本
中國
巴基斯坦
越南
台灣
沙烏地
阿拉伯
印度
菲律賓
斯里蘭卡
孟加拉
泰國
肯亞
馬來西亞
澳洲
南非

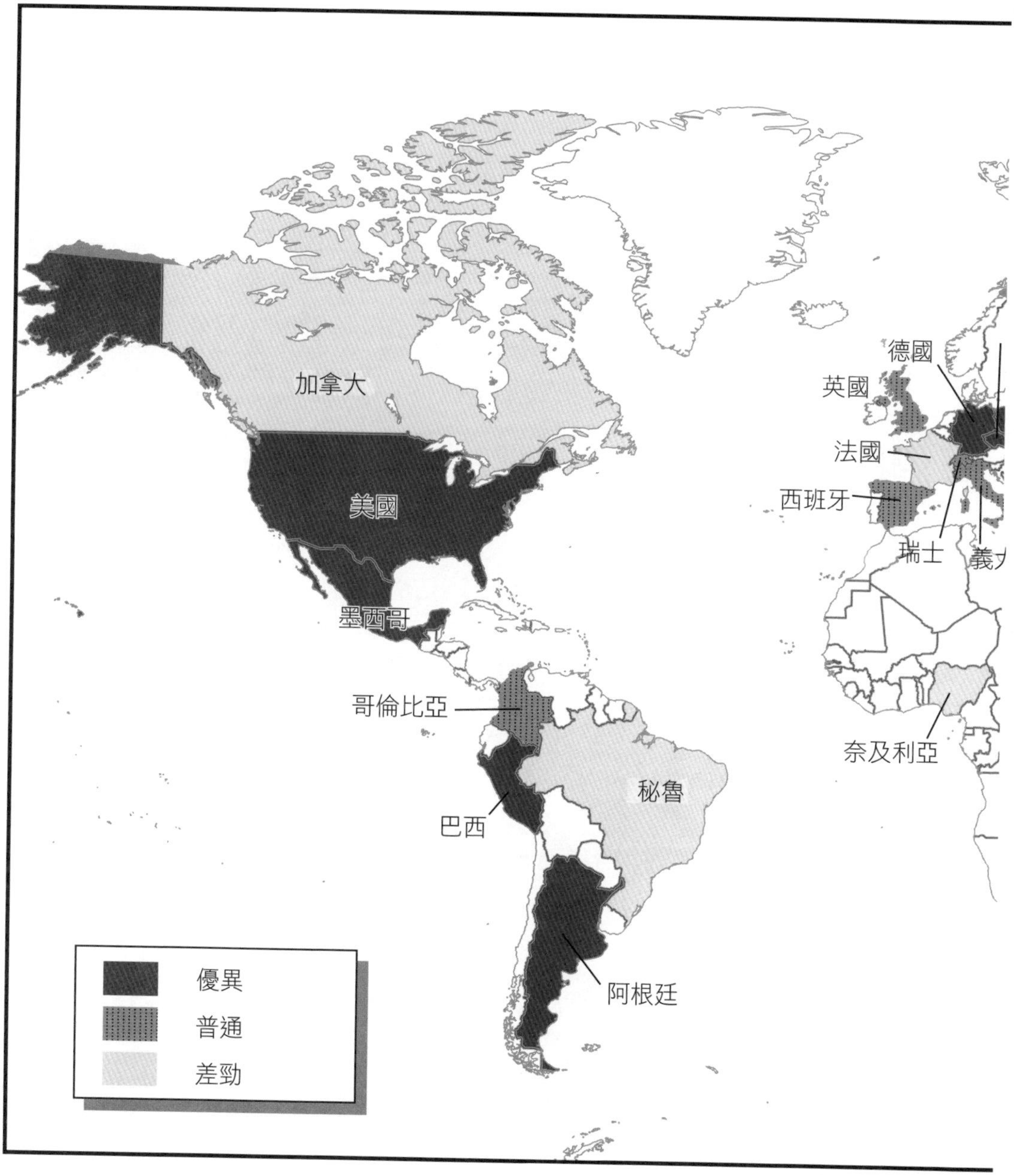
加拿大
美國
墨西哥
哥倫比亞
秘魯
巴西
阿根廷
英國
德國
法國
西班牙
瑞士
義
奈及利亞
優異
普通
差勁

第十一章　優異、普通、差勁

根據金融海嘯前的標準，符合未來之星標準的國家應該很少。但是在全球金融海嘯來襲前一年的二○○七年裡，經濟成長率高於七%的國家超過六十國，包括中國、印度和俄羅斯，創下戰後最高紀錄，目前只剩下九個國家，其中只有印度的規模相當大，第二大的是衣索比亞。而且印度的成長率很可能有誇大之嫌，是國家統計局採用可疑新會計方法的結果。

新時代有一個特徵，就是世界上每一個地區的經濟成長都放慢下來。干擾世界經濟的因素包括人口減少、貿易與資金流動的去全球化，以及若隱若現的「去槓桿化」或降低債務負擔的需要。然而，這些趨勢應該不至於造成不當的悲觀心理。即使每一個地方的成長基線都降低，我們仍然可以看出那些國家正在崛起或衰落，這就是我的十條規則致力想完成的事情，我不會自稱這些規則確切無疑，我只是希望在預測未來五到十年的情勢時，提高預測正確的機率。這種預測方法以十條規則中、每條規則都評定一到十分為基礎，我評比相同所得層級中的其他國家後，再用總分為國家的經濟展望排名，分為優異、普通和差勁三種。

二○○八年金融海嘯前的三十年內，全球平均經濟成長年率超過三%，但是，現在大家估計的全球經濟成長率卻略低於二・五%。成長最快的經濟體幾乎總是最貧窮的國家，因此，成功的新標準仍然要取決於國家的平均所得，但是，就每一種類別的國家來說，標準必須降低。例如，以年所得正好低於五千美元的低所得新興市場國家來說，優異、健全的成長率標準至少應該調低兩個百分點，降到五％以上。如果是中低所得國家、亦即所得介於五千美元到一萬五千美元之間的國家，三到四％的成長率可以列為相當好的成就。至於中等所得國家，所得介於一萬五千美元到二萬五千美元之間，連二到三％的成長都應該算很優異。平均所得高於二萬五千美元的國家屬於已開發國家，如果這些國家的成長率高於一．五％，就代表相當強勁的成長。

經濟成功的新算法要求很多國家改變心態，即使是二〇〇八年前備受寵愛的國家也一樣。心態愈快改變，對世界愈好。舉例來說，我們可能要等待很多年，才能再看到另一個經濟大國連續好幾年創造超過七％的經濟成長。因此，重要的是，各國領袖和評判他們的人針對成功下定義時，必須採取比較務實的定義，否則就會陷入中國所陷入的困境，浪費資金，增加借貸，試圖在後金融海嘯的歲月裡，達成不再合理的成長率。

二〇一六年三月，我發現當時大家的情緒有一個特別的地方，就是徹底缺少樂觀氣氛。我請記者朋友舉出一個他們樂觀看待的國家時，看到的經常都是茫然的眼神，他們發現，要抨擊某個國家的經濟展望比較容易。我猜他們都是根據金融海嘯爆發前的標準，判斷國家的經濟潛力，這點可能是他們看不出什麼良好經濟展望的原因。為了有助於大家從正確的角度看待事情，我們應該記住奧地利出生的經濟學家約瑟夫．熊彼得（**Joseph Schumpeter**）的話：「在公眾眼裡，悲觀看法通常比樂觀看法更博學。」

沒有一個國家是經濟上的烏托邦，任何時候，都不會有十項全能的國家，不會有在全部十項規則上都得到高分的國家，即使是展望最好的國家，頂多只會在六、七條規則上得到高分。雖然很多經濟學家努力尋找，而且有些經濟學家宣稱已經找到，但經濟展望中其實沒有聖杯可尋，找不到一個通向未來經濟繁榮的關鍵。我發現，唯一最可靠的指標，是債務之吻規則的反面指標，也就是重大的經濟減緩出現前，國家債務的成長率已經連續五年，比經濟成長率高出四十個百分點以上。即使現在只有中國出現這種警訊，這條有力的規則現在還是適用。有紀律、平衡而具有及時性的觀點比任何單一的標準都好用。

美國

目前的民意調查顯示，很多美國人認為美國走錯方向，這種感覺中，有一部分是反映美國出現戰後最無力的經濟復甦。但是和很多已開發國家相比，美國在二〇〇八年金融海嘯後的復甦一直很強勁，這點凸顯了我們在後金融海嘯的世界上，必須用不同的方式，思考成功的意義。

十年來，雖然美國積極參與勞動的人力急劇下降，卻仍然是吸引經濟移民的大磁鐵，勞動人口成長率高於大部分已開發國家。因此，美國在工人較少代表經濟成長率較低的人口統計規則上，仍然得到相當高的分數，這點表示，要補救勞動力成長無力的問題，唯一的方法是引進婦女、老人或移民，加入勞動人口。

美國政府正在推動泛太平洋夥伴協定（TPP），打算結合十二個國家，組成新的共同市場。這樣做是根據地理甜蜜點規則，向前踏進一步的作法——這條規則的意思是：國家藉著簽署協定、興建港口、機場和其他貿易通路，強化自己在全球與區域商業中的地位時，甜蜜點就會出現。雖然目前政治氣氛轉變為反對自由貿易，導致泛太平洋夥伴協定的前景不明，這個協定仍然可以協助美國，加速提高自己在貿易上的收穫，過去五年裡，貿易占美國GDP的比率從一九%，上升為二四%。然而，近期內，這種好處會受到漸進式的貿易去全球化限制。二〇一五年下半年，世界貿易轉為負成長，這是全球金融海嘯以來首見的紀錄。

整體而言，比起其他已開發國家，美國的展望看來仍然相當好，但卻因為最近幾個月的變化，變的略為模糊一點。工廠最重要的規則說：強勁的資金流動是一大加分，尤其是如果資金流入科技之類的生產事業，最好的當然是流入製造業。就這點來說，數十百億美元資金灌注到由科技驅動的美國企業，助長從頁岩抽取油氣新方法的發展，協助領先世界的美國軟體和網際網路公司，就是非常優異的投資熱潮。截至二〇一五年為止，總市值最高的世界十大公司都設在美國，這是二〇〇二年以來首見的情形，這些企業包括臉書、亞馬遜、網飛（Netflix）和谷哥在內的企業，由蘋果公司領軍，催生了引領潮流的縮寫新字詞FANG，不幸的是，FANG的意思是毒牙。

其中適用的是吹捧炒作規則；也就是全球媒體的報導雖然讓人羨慕，通常卻在某個國家接近熱潮尾聲時，升到最高點，然後在危機來襲時急轉直下，到這個國家準備東山再起時，才徹底脫離危機。美國科技公司的報導充斥在全球財經新聞中，四家「毒牙」企業的股票總市值大約一兆美元，超過巴西和俄羅斯股市總市值之和，只比印度股市總市值略少一些。過去十年新聞界的吹捧炒作中，把金磚四國中的這幾個核心國家，當成未來經濟強國一樣吹捧，但是這個十年裡，隨著四國經濟減緩而來的是：他們的股市大致上都已經下跌。就美國而言，有關四支毒牙的吹捧炒作可能代表最高峰即將來臨，而不是代表美國的新優勢。

這些規則也顯示，美國在另外幾方面的情勢正在惡化。頁岩科技把美國變成世界最大的產油國，每天生產一千二百萬桶原油，遠高於二〇〇八年低點時的八百萬桶。這場熱潮的規模相當驚人。二〇一四年內，美國大企業的投資中，有三分之一擁入能源業，比率非常類似二〇〇〇年的泡沫破滅前，美國企業投資在科技、媒體與通信業中的比率。一九九〇年代末期擁入矽谷新創企業的資金，也是良好的投資熱潮，因為這些投資造就了谷哥之類有生產力的公司，但是熱潮的崩壞卻在短期內，引發二〇〇一年的經濟衰退。

隨著油價崩盤，目前美國的能源投資劇減，從德州到北達科他州的抽油機停擺，頁岩業的就業機會消失，頁岩新興城市變成鬼城。雖然這股石油熱潮留下了有生產力的新產業，為美國帶來長期壓制能源價格的好處，近期內卻帶來風險，原因在於能源投資是近年美國極為重要的成長動力，這種動能現在大致上已經消失了。

美國在便宜就是好事的貨幣規則上的優勢，也已經喪失。二〇一四年前，美國走在正確的道路上，廉價的美元使出口更有競爭力，也使進口支出受到妨礙，迫使美國量入為出。這種節儉心態表現在衡量貿易與其他國外交易的經常帳上，國家向外國人大舉借貸，支應本國的消費習慣時，經常帳上會出現巨額赤字，二〇〇六年內，美國的經常帳赤字升到遠高於占GDP比率五％以上的最高峰，根據貨幣規則，這種水準經常表示未來會出問題。接著金融海嘯來襲，經濟衰退，美元走軟，經常帳赤字跌到占GDP的比率不到三％，使美國在二〇一四年時，脫離危險區。

二〇一五年內，美元對一籃子主要貨幣的匯率激升二〇％時，美國的運勢變壞。比起日圓、盧布、巴西里爾與南非蘭德及其他新興市場國家的貨幣，美元給人匯價偏貴的感覺。美元走強已經開始傷害美國的出口和製造業，甚至隱然可能把經常帳赤字打回警告區。

同時，過去五年內，美國的公私負債總額一直持平，維持在占GDP的二五〇％上下，就死亡之吻規則來說，這種趨勢是加分，因為這條規則是說債務成長率遠高於經濟成長率時，代表將來會出問題，然而，美國的整體穩定掩蓋了若干過度的地方。在好的一面上，美國的家庭已經降低債務負擔，金融部門的銀行和其他公司也一樣，但是政府的債務一直增加，有些民間企業也一樣，和頁岩能源業有關的企業尤其如此，過去五年內，金融業以外的美國企業債務占GDP的比率一直在上升，雖然成長速度不算太驚人，但是借來的資金中，流入財務工程計畫而非流入生產性投資中的比率高到令人擔心，流入拉抬股價的股票買回方案中的資金就是例子。根據債務之吻規則，貸款品質這樣惡化是另一個警訊。

現在美國有一個適用一切的重要字眼，就是憤怒的民粹主義興起，根據生命週期規則，這一點是惡兆。新領袖出掌權力時，尤其是在經濟危機後掌權、負有重振經濟成長的使命時，大家會燃起重大改革的希望。但是經常不代表總是如此，在其他後金融海嘯的環境中，如果選民對日益擴大的不平等不滿，或是擔心外國的威脅，他們可能要求比較近似報復而比較不像改革的事情。現在很多國家就是呈現這種情緒，美國也是其中一個，二〇一六年美國總統大選由民粹主義份子主導的狀況，是好幾十年以來從來沒有看到的情況，右派由房地產大亨億萬富豪唐納．川普領軍，左派由柏尼．桑德斯領軍，桑德斯呼籲針對「億萬富豪階級」進行政治革命。

對經濟來說，階級戰爭之說極少是好預兆，如果這種說法驅策主流候選人採取比較激進的立場時，更是如此。美國共和黨的很多總統候選人爭相和川普競爭，在移民之類的議題上，宣稱要採取強硬的立場，這樣可能傷害美國作為吸引外國人才大磁鐵的優勢。幸運的是，就像生命週期規則所說的一樣，激進民粹主義份子崛起，對成熟民主國家的威脅比較小，這些國家的成長會比新興市場國家穩定，原因之一是他們的政治體系中具有足夠的制衡機制，足以阻止激烈的政策變化。

我們很難想像，在俄羅斯或墨西哥這樣所得不均比較嚴重與明顯的國家裡，億萬富豪會出來競選最高的公職。最富有的美國人比較受人尊敬，不是受人痛恨，原因之一是美國在好壞億萬富豪這條規則上，排名仍然相當高。最可能發生政治暴動、要求財富重分配的地方，是億萬富豪不但主宰經濟，還從政治和家族關係中謀取財富的國家。雖然美國億萬富豪擁有的財富比率相當高，占到美國國內生產毛額的一五％，但大部分億萬富豪是「良好的億萬富豪」，不是家族的子孫，而是白手起家，從礦業或營造業以外比較沒有貪腐傾向的行業中賺到財富的企業家，這樣會讓美國在好壞億萬富豪規則上某個層面中的差勁得分消去一些。整體而言，所有十條規則上的總得分，仍然使美國列在「良好」已開發國家的行列中。

美洲其他國家

不管誰贏得美國總統大選，美國選民的情緒都反映金融海嘯後全世界對既有領袖的反彈，這是政治生命週期中的正常轉折。二〇一五年內，三十個人口最多的國家中，有八國舉行全國性大選，其中五國——奈及利亞、阿根廷、波蘭、加拿大和斯里蘭卡——的現任總統或總理都敗選，包括西班牙在內的另外三國，既有的政黨都遭到嚴重挫敗。這種情況跟二〇〇三年到二〇〇七年的繁榮歲月正好相反，當時三分之二的現任領袖都當選連任。

最大的政治變化發生在大家最預料不到的地方。苦日子把拉丁美洲國家推向右派，基本食品價格暴漲、經濟成長崩潰，合力促使阿根廷的左派政府和委內瑞拉的左派國會遭到推翻。就像洋蔥價格規則所警告的一樣，洋蔥之類基本物資價格快速上漲，註定會帶來經濟展望的末日，而且經常造成政治領袖下台，高通膨伴隨著成長率與生活水準降低時，更是如此。有一個簡單的基本法則可以遵循，就是注意通膨遠高於新興世界平均值——最近才降到四％上下——的國家。在阿根廷，二五％的通膨加上零成長，造成總統克里斯蒂娜．德基什內爾（Cristina Fernández de Kirchner）和她領導下執政十二年的民粹主義政黨垮台。同時，在阿根廷北方的委內瑞拉，一〇〇％的通膨和負一〇％的GDP成長率，結束了社會黨對國民大會十七年的控制。

在這些例子中，新領袖崛起可以提高進步的可能性，首先可以改進的地方是國家統治的危險，國家從插手民間部門事務中退出，把重點放在努力投資道路和安全，創造出鼓勵民間企業增加投資生產性產業的環境，經濟成長展望就會提高。在港口、電話系統、工廠之類供應網路中的強勁投資，可以讓經濟快速成長，卻不會產生高通膨，可以說是完美的結合。

委內瑞拉社會黨似乎不願在毫不反抗的情況下，放棄國家權力，因此，委內瑞拉的前景仍然極為糟糕。但是在阿根廷，新任總統毛里西奧．馬克里（Mauricio Macri）卻開始大刀闊斧，採取為人民帶來希望的行動，他取消資本管制，讓高估的阿根廷披索立刻暴跌到比較有競爭力的價位，他也降低出口稅、取消農產品出口的關稅和配額，而且提高接受補貼的電價和水價。他任用新的央行總裁，誓言要在中央銀行遭到多年的政治干預後，重新恢復央行的獨立性。他開除了一批統計專家，因為國際貨幣基金和其他人指責他們編造阿根廷的經濟資料。然後，他在自己的國家展望迅速從差勁變成良好後，甚至呼籲委內瑞拉，暫時停止地區性南方共同市場貿易集團的會籍，顯示不當管理南大西洋幾個南美經濟大國超過十年的左派陣線，出現第一道裂縫。

巴西工人黨是這個陣線中唯一倖存的成員，巴西女總統迪爾瑪．羅賽芙（Dilma Rousseff）在二〇一四年底當選連任後，滿意度從二〇一三年的六〇%高峰，掉到只剩一〇%，變成世界主要領袖中，唯一滿意度低於通貨膨脹率的領袖。巴西經濟在商品價格下跌的摧殘下劇烈萎縮，面臨一九三〇年代以來最嚴重的經濟衰退。

巴西以國家干預經濟的長期紀錄已經攀升到新高峰，羅賽芙掌權前，巴西還有過基本的預算剩餘，但是在她的領導下，剩餘惡化為占GDP一〇%的赤字，是世界所有大國中最高的赤字水準。羅賽芙為了控制上升的通膨，被迫提出緊急削減赤字措施的建議，但是因為將近七〇%的預算，用來支付社福津貼和薪資，巴西幾乎沒有削減支出的空間，因此，羅賽芙把削減赤字計畫的重點，放在可能進一步傷害經濟的加稅上。羅賽芙總統的政治聲望極為低落，以致於她幾乎無法針對極度慷慨的國家統治制度，例如仍然容許很多巴西人在五十出頭時就退休的制度，提出任何認真的改革建議。

多年來，笨拙的統治和借貸成本長期居高不下結合在一起，一直壓抑巴西的投資，就工廠最重要的規則而言，這點是不好的預兆。在開發中國家裡，占GDP比率二五%到三五%的投資，對成長會有所助益，如果資金流入生產性產業，如製造業或科技業中時，更是如此。在巴西的例子裡，很多年來，投資占GDP的比率一直停留在二〇%以下，巴西根本不曾努力興建新的製造業工廠，反而比過去更依賴黃豆、砂糖和其他商品的銷售，現在這些商品占出口的比率為六七%，遠高於二〇〇〇年的四六%。巴西有一小群著名又具有全球競爭力的利基型工業公司，但是這些公司是巴西極度依賴商品為生中的例外。巴西在全球媒體和市場上，已經從普遍受到讚揚，變成普遍遭到貶抑，是所有困擾新興經濟體弊病的典型代表。

從吹捧炒作的角度來看，全球媒體不再批評受到危機摧殘的國家，而且根本忽視這個國家時，就是好預兆。雖然媒體現在討厭巴西，但是若干正面的跡象已經出現，尤其是巴西貨幣給人低估的感覺。便宜就是好事的規則指出，匯率下跌代表未來會更不穩定時，本地人是最先感覺到這種事情的人，他們也會開始從國內撤出資金。但是，巴西富人安然不動，這一點是好預兆。巴西富人跟俄羅斯富豪不同，俄羅斯富豪抓住每一個機會，從同樣受到摧殘的俄羅斯商品經濟體中撤出資金，巴西富人卻在大撿便宜，尋找國內的投資機會，美國和中國的買家也一樣。在聖保羅接待國際企業人士的旅館裡，現在房間一晚的租金是二百美元，遠低於商品熱潮高峰期間的上千美元。聖保羅一位億萬富翁最近在紐約的一場會議中，坦承自己正在國內大舉投資，因為「巴西正在大拍賣」。

跟著巴西本地人走，他們會帶出巴西運勢可能好轉的其他跡象。在聖保羅的購物中心裡，巴西製成衣現在的售價，比擁有新興世界最昂貴貨幣的中國所生產的服裝還便宜。但競爭力增強的優勢卻遲遲不能扭轉巴西的經常帳赤字，原因之一是巴西堪稱世界上最封閉的經濟體。但是，巴西的經常帳赤字經過長期延誤後，已經開始縮小。二〇一五年初，赤字占GDP的比率達到五%，但是一年後，已經降到三%以下，脫離危險區。有一些比較樂觀的估計指出，二〇一七年時，赤字可能轉變成剩餘，這種轉折經常象徵未來會有比較穩定的成長。

雖然巴西跟變成地理上的甜蜜點的夢想距離很遠，貿易占GDP的比率極低，只有二〇%，但至少巴西已經開始重新思考自己閉門拒絕接納世界的政策。二〇〇〇年到二〇一五年間，巴西的競爭對手簽署了數十項貿易協定，巴西只簽署了兩項。二〇一五年十一月，巴西放寬閉關政策的第一個跡象出現，總統羅賽芙前往土耳其參加二十國集團高峰會時，據說曾經探究跟歐洲國家簽署貿易協定的可能性。總之，巴西路線的改變還不夠，不足以協助巴西脫離差勁階級，卻已經把巴西從底部略為拉升起來，主要的原因是巴西匯率快速下跌，以及若干全球評論家開始稱呼巴西是「上帝之國」的吹捧炒作突然消失。

商品價格崩盤造成鄰近安地斯地區的展望化為泡影，過去十年最熱門的明星中，只剩下秘魯的展望仍然很好，哥倫比亞已經回歸平凡，智利淪落到差勁階級。同時，墨西哥變成了在這條規則上得分最高的拉丁美洲國家。

近年來，巴西、委內瑞拉和阿根廷構成的左派軸心國自外於全球市場、抨擊美國之際，墨西哥卻急於對世界開放門戶，從跟強鄰美國建立更密切的關係中獲利。美國人大舉投資墨西哥的製造業工廠，協助墨西哥降低對石油的依賴，以致於現在石油占墨西哥出口的比率降到一〇%，遠低於一九八〇年代的四〇%。因此，墨西哥是少見能夠降低自己跟石油之間關係的國家，其他國家的運勢大都繼續跟著油價的劇烈波動浮沈。

二〇一二年墨西哥總統大選前，我去採訪後來當選總統的潘尼亞．尼托（Enrique Pena Nieto），本地媒體批評他是娶了連續劇美女太太的空心帥哥，但是，他卻有條理一貫的計畫，可以藉著打破仍然控制經濟的寡頭集團，促使墨西哥的經濟成長率增加一倍。但是他的進步受到醜聞和惡運阻礙，醜聞是涉及他太太的甜心不動產交易，惡運是他在油價即將下跌時，開放外國新資金投資石油部門。但是他的一部分改革已經開始見效。

尼托的團隊以改革者自居，態度傲慢，拒絕接聽舊體系中權力玩家的電話，但是，後來學會了彼此合作的方法。政府通過打破電信之類事業獨占權的指標性法律，降低工會的力量，開放外國人投資能源之類部門，改善稅捐稽徵，加強投資公共基礎建設。

隨著全世界的人口成長放慢，墨西哥像後金融海嘯時代的極多國家一樣，首先要面對的最重大挑戰是人口問題，墨西哥的工作年齡人口成長率為一．二％，對相當大的新興市場國家而言，這種成長率相當疲軟無力。為了維持三％以上的經濟成長率，墨西哥必須依賴生產力的提升，要提高生產力，就必須在基礎建設、設備和訓練上增加投資。多年來，墨西哥的投資占GDP比率一直停頓不前，維持在二〇％上下，尼托的團隊正在致力提高投資比率，提出的計畫包括投資一百二十億美元，為墨西哥市興建一座新的國際機場。

墨西哥電力成本比國界對面的德州高一倍，政府為了解決電力成本居高不下的問題，計畫興建新管線，把美國的廉價天然氣引進墨西哥的發電廠，同時建設更多的發電容量。電力成本下降，配合披索匯價下跌和工資的競爭力提高，已經吸引南韓汽車大廠起亞公司之類的投資者，二〇一五年，起亞放棄巴西和美國，選擇墨西哥，作為最後年產能一百萬輛汽車廠的建廠地點。

因為墨西哥政府努力改善港口設施、積極簽署貿易協定，目前北美洲的汽車生產正迅速的由北往南移，從加拿大移往墨西哥。墨西哥一共簽署了四十五項自由貿易協定，比美國多出一倍，加拿大官員承認，墨西哥已經在簽署貿易協定的區域性競爭中獲勝。從寶馬汽車到通用汽車，從豐田汽車到起亞汽車，幾乎每一家世界級的汽車大廠，現在都已經進駐墨西哥，興建或擴建從北部奇瓦瓦省（Chihuahua）到南部普埃布拉省（Puebla）的汽車廠。地理規則獎勵提倡區域成長平衡的國家，而且現在很少國家能夠像墨西哥一樣，更善於把財富分散到各省去。

墨西哥一直像等待多年、準備起飛的飛機，但是目前在多種改革已經就緒的情況下，看來墨西哥的展望的確勝過大部分國家，尤其是勝過大部分拉丁美洲國家。巴西和墨西哥的其他南方鄰邦善於停滯膨脹之際，墨西哥的通貨膨脹率卻遠低於新興市場國家的平均值，經濟以三％上下的速度成長，在後危機時代裡，就平均所得一萬美元左右的國家來說，這樣可說是優異的表現。

南亞

根據吹捧炒作規則，最近屈居人後的國家總是尋找下一批贏家的地方，近數十年來，很少有什麼國家跌出全球媒體雷達幕外的情形比南亞國家還慘，但印度卻是例外。多年來，印度一直受到一陣陣的吹捧炒作恭維，二〇一四年五月莫迪總理就任，承諾要推動重大經濟改革時得到的吹捧炒作，就是最新的例子。然而，媒體對比印度小的鄰邦巴基斯坦、孟加拉和斯里蘭卡卻視而不見，他們能夠上國際新聞，都是因為涉及恐怖主義、血汗工廠和戰爭罪的起訴等議題。這種報導掩蓋了一項經濟現實，就是孟加拉、斯里蘭卡和巴基斯坦悄悄協助南亞崛起的現實。

目前南亞國家加總起來，平均成長年率接近六％，以後危機時代的標準來看，表現非常優異，甚至對低所得國家來說，都是如此。南亞地區領袖正在推動改革，信用成長受到控制，工作年齡人口強勁成長，巴基斯坦和孟加拉尤其如此。南亞國家和大多數新興市場國家不同的是，商品價格下跌對南亞國家是一大助益，因為所有南亞經濟體都是商品進口國，即使經濟加速成長，低油價仍然可以抑制通貨膨脹率，形成理想的結合。二〇一五年內，南亞是世界上經濟加速成長國家最密集的地區。

整個南亞地區現在都是新興的地理甜蜜點。從二〇〇八年起，很多新興市場國家都受到工資提高之害，全球出口市場占有率下降，但是，因為製造商都在中國以外的地方，尋找比較低廉的工資，孟加拉、巴基斯坦和斯里蘭卡因此從中獲得驚人的好處，孟加拉在成衣對美國和德國出口方面，是僅次於中國的第二大出口國。中國和日本為了競相在印度洋爭取影響力，已經在這些國家投資數十百億美元，興建新港口，所有港口都位在靠近東西方主要貿易路線的精華地點上——這是成為地理甜蜜點的基本要素。北京最近宣布要耗資四百六十億美元，興建一帶一路中的「經濟走廊」，連結巴基斯坦南部海岸和中國西部後，日本擊敗中國，取得在馬他巴利（Matarbari）興建孟加拉第一個深水港的權利。

斯里蘭卡和孟加拉的投資現在占GDP的三〇%，恰好處在促進強勁成長卻沒有通膨的穩定地帶上，而且一大部分的投資是用來興建工廠。巴基斯坦的投資與製造業紀錄比較疲弱，製造業只代表巴基斯坦經濟的一二%，但是，在跡象顯示政府似乎準備採取行動平定極端份子的暴力行為後，巴基斯坦的情緒已經改變。從二〇一四年神學士組織在白夏瓦屠殺一百多位學童開始，巴基斯坦平民不再認為神學士叛亂份子有好壞之分，民怨似乎鼓舞巴基斯坦軍隊開始鎮壓叛亂，而跟恐怖主義有關的傷亡人數，已經從二〇〇九年的每天三十人，降到二〇一五年的每天十人。

我的團隊二〇一四年到巴基斯坦工作時，我們的護衛小組基於在巴基斯坦境內旅行的風險極高，限制我的團隊只能在旅館內活動。一年後，他們獲准由懶得穿著戰鬥服裝、配備戰鬥武器的警衛陪同，到鄉間隨意走動。有一位保鏢甚至穿著藍色的麂皮鞋上陣。連二〇一六年三月拉合爾的血腥爆炸案，都沒有摧毀本地人的樂觀氣氛，他們說，大消息是經常政變的軍方已經成熟，專注維護安全，把經濟管理交給納瓦茲．夏立夫（Nawaz Sharif）的民選政府，看來夏立夫可能會做到二〇一八年任期屆滿為止，就政變頻頻的巴基斯坦來說，這是不尋常的進步跡象。

從二〇一三年夏立夫上任以來，巴基斯坦的通貨膨脹率已經降到三％以下，政府預算赤字占GDP的比率從八％降為五％，經常帳赤字占GDP的比率從八％，降為不到一％，深深的進入安全區。批評者把這兩種赤字的縮減，歸功於油價下跌，把夏立夫統治期間的任何進步，歸功於巴基斯坦二〇一三年申貸國際貨幣基金緊急貸款時，同意國際貨幣基金每季檢討夏立夫的改革計畫，大家合理的懷疑是：國際貨幣基金的監督一結束，巴基斯坦的改革也會結束，但是現在看來，巴基斯坦政府和國際貨幣基金之間還會繼續來往好幾年。

巴基斯坦會勃發樂觀氣氛，起因跟夏立夫比較無關，跟暴力減少和中國資金湧入、對解決小國投資不足問題可能大有幫助比較有關。中國預定投資四百六十億美元的廿一世紀海上絲綢之路計畫中，打算在二十年內，興建跨越巴基斯坦的新公路、鐵路和發電廠，巴基斯坦可能無法這麼快的完成這麼多計畫，但是，即使花費其中的一半金額，都可能使現在的外國投資比率倍增，從喀拉蚩到拉合爾的旅館裡，擠滿了推動海上絲路計畫的中國代表團，巴基斯坦像鄰國一樣，走在未來幾年經濟可望加速成長的路上。

孟加拉的情緒變化沒有巴基斯坦那麼激烈，卻也走向同一方向，因為出口和投資強勁成長，孟加拉享有經常帳順差，人口趨勢甚至更好，二〇二〇年前，世界上只有非常少的幾個國家，能夠看到自己的工作年齡人口成長率達到或接近二％，也就是接近過去大部分開創經濟奇蹟國家的水準，其中卻有兩個國家在南亞，就是巴基斯坦和孟加拉。

同樣重要的是，南亞這三個小國努力保持成長，卻不違反債務規則，過去五年內，三國民間信用占GDP的比率小幅成長，銀行的資產負債表相當健全。債務之吻規則指出，銀行貸款餘額不超過存款的八〇%時，表示銀行狀況良好，手頭擁有足夠的存款承作新貸款。南亞所有銀行體系都處在或低於這種水準，因此，過去五年內，極多大型新興市場國家信用急劇擴張到危險的程度，在這種情況下，南亞地區反而變成了充滿企業機會的樂土。

從一九四〇年代的獨立運動以來，南亞一直受困於政治不穩定，專制統治造成的經濟風險，仍然籠罩這個頻頻發生政變的地區。一般而言，專制政府創造長期強勁成長的可能性，不會高於民主政治，也不會低於民主政治，卻可能創造穩定度少多了的成長，而且通常會經歷劇烈的波動，在非常強勁和非常疲弱的成長中起伏。去年斯里蘭卡的這種風險消失，因為選民拒絕了總統馬欣達．拉賈帕克薩（Mahinda Rajapaksa）連任第四任總統的訴求，拉賈帕克薩在位時不敢批評他的本地企業主管欣喜之餘，表示拉賈帕克薩受挫，消除了斯里蘭卡的「穆加比風險」，使斯里蘭卡不會像辛巴威一樣，在穆加比三十五年獨裁統治下經歷激烈的盛衰循環後，國家毀於一旦。

印度的展望維持穩定，繼續保持樂觀與悲觀看法併呈的傳統。莫迪第一次出任總理時，支持者希望他改變現狀，批評者卻擔心他在治理世界最大民主國家時，過於積極與獨裁。就任兩年後，莫迪在經濟事務方面的慎重程度卻讓人吃驚，非常謹慎的維持印度漸進式改變的舊習慣。他完成了若干積極而明顯的成就，例如減少燃料補貼，在各邦之間提倡競爭性聯邦主義的文化。他似乎了解穩定物價的重要性，也讓中央銀行獨立對抗通膨。

但是，莫迪治理下的印度也為悲觀份子提供很多養分。國營銀行體系控制了所有貸款中的七五%，是新興世界平均值的兩倍多，也是印度加速成長最大的阻礙。在社會主義根源很深的印度，連推動若干明顯經營不善造成虧損的銀行民營化，都會被人視為是異端行為。國營銀行的呆帳比率驚人，高達一五%，僵化的銀行體系抑制了信用的成長，同時印度企業對於在國內投資，抱持非常小心的態度。

新投資主要來自莫迪積極拉攏的外國人。二〇一五年八月，世界最大的電子產品製造商富士康公司宣布，計畫投資五十億美元，在馬哈拉施特拉邦興建新廠和研發中心，這則新聞令人鼓舞，但是任何大型經濟體中，投資主要都是由本國人推動，莫迪主要卻是靠標語口號，呼籲本國人投資，首先喊的口號是「在印度製造」，目的是要振興製造業，口號後來改成針對科技產業單一目標的「在印度創業」。印度若干科技中心現在擔心的是，他們在沒有政府的協助或干預下蓬勃發展後，現在可能受到不必要的注意。

投資疲弱通常會使經濟受到通膨之害，因為無法建立適當的道路和工廠網路，表示經濟加速成長時，無法配合需求的增加。過去幾年內，印度是通膨好發的經典例子，在莫迪統治下，央行對抗通膨的新使命在油價下跌的幫助下，已經把原本兩位數字的通貨膨脹率，降到五%，成就驚人，卻仍然遠高於新興世界的平均值。

在地理規則方面，南亞國家長久以來，一直受到區域內貿易水準極為低落的阻礙，莫迪在跟鄰邦打交道時，比在國內施政大膽，試圖和孟加拉以及宿敵巴基斯坦建立很密切的貿易和外交關係。然而，如果放眼全世界，印度的故事就沒有這麼希望無窮了。根據歐洲經濟政策研究中心的說法，從二〇一〇年起，印度實施了五百多項保護主義措施，比世界上的任何國家都多。

印度既是大陸，也是一個國家，全國二十九個邦差異之大媲美歐洲，很多邦的人口甚至比歐洲國家多多了。今天大部分的實際經濟活動，掌握在哈里亞納邦（Haryana）與安得拉邦（Andhra Pradesh）等邦的首席部長手中，他們會前往紐約到北京之類的地方招徠投資，這點說明了雖然首都新德里發出好壞不一的訊息，印度目前的成長率仍然很可能介於五到六%之間，遠低於政府所宣稱成長率的原因，但是對後金融海嘯時期的低所得國家來說，這種成長率仍然是很好的結果。在印度和其他南亞小國發奮圖強之餘，整個南亞地區都展現出相當強勁的成長，而且都在外界不太注意這些國家的情況下，完成這一切成就，至少在主要媒體還沒有唱高「南亞諸虎」時，這點是另一大優勢。

東南亞

除了印度次大陸之外，世界上沒有任何一個地區的所有國家都享有合理的高成長以及穩定的通貨膨脹。在印度次大陸隔壁的東南亞，沿著中國南海散布的國家像平常一樣，由好壞不一和表現平平的國家組合而成。菲律賓這個創造了世界上最成功的故事，卻普遍受到忽視的國家，就是位在這個地區。菲律賓已經連續第五年強勁成長，但在信用、投資、通膨或經常帳赤字等方面，卻絲毫沒有通常顯示成長即將結束的過度跡象。雖然全球投資人的資金湧入菲律賓股票與債券，國際媒體在金融海嘯後歲月的消沈狀態中，大致上還忽略這個亮點。菲律賓的投資增加，卻沒有表現出信用熱潮的跡象，經濟成長率超過六％，通貨膨脹率卻只略高於一％。菲律賓是非常特別的國家，以國家扮演的角色很輕微在新興世界中聞名，國家既不提供油電補貼，也不持有大銀行或馬尼拉股市任何上市公司的股份。

菲律賓變成國際笑柄極多年，因此，可能需要多幾年的時間，媒體才會知道總統艾奎諾三世如何領導菲律賓轉型。根據生命週期規則，成功的領袖戀棧權力太久是惡兆，但艾奎諾已經在二〇一六年依據法律和時間表下台，他的去職雖然造成若干不穩定，但繼任總統就職後，這種顧慮已經消失。因此，就主導政治領導、國家角色、信用、投資、通膨與資金流動的循環而言，菲律賓仍然處在相當優異的地位上。過去的駑馬已經變成領先全球的快馬，而且仍然餘力未盡。

讓人有點驚異的是，展望最好的下一個東南亞國家是印尼，二〇一一年全球商品價格開始下跌，俄羅斯、巴西和南非全都開始步入衰退時，印尼至少沒有像這些大型商品經濟體一樣內爆，出口銅、棕櫚油和其他原料的印尼，成長速度只慢下來半步而已。印尼的國民所得只有三千五百美元，相當低落，為印尼提供了保護，也使成長變的比較容易，而且和其他同級的經濟體相比，印尼還擁有比較大的國內投資和消費市場。

二〇一四年，印尼選出新總統佐科威，佐科威是特立獨行的政治局外人，原本是家具製造商，他在上任初期犯了一些錯誤後，似乎已經找到竅門。他遵循時機不利會促成優異政策的俗話，一直到商品價格下跌造成經濟減緩後，才大力推動改革。他削減能源補貼，減少國家干預政策中最糟糕的這一類免費贈品，他也計畫動用從中得到的資金，興建道路和其他基礎建設，以便吸引更多投資投入製造業。他改組由技術官僚組成的無能內閣，因為內閣延後釋出投資資金，理由竟然是處理這些投資的部會還沒有定出正式名稱。二〇一五年，佐科威在白宮和美國總統歐巴馬會晤時，同意加入泛太平洋夥伴協定，對一向孤立的印尼而言，這是走向開放的一大步。協定一旦實施，佐科威必須改革印尼經濟中失常的地方，包括要求政府向國營企業採購以及外國人難以在印尼工作的規定。

影響廣泛的貿易協定可以為國家領袖提供掩護，讓他們以別無選擇必須盡到國際義務為理由，推動艱難的改革。為了彌補出口收益的崩跌，佐科威計畫提高鋪築道路的投資，因為印尼的道路糟糕之至，以致於從雅加達市外的工業區，開車到最近的港口短短五十公里的路程，居然要開六小時。印尼的經常帳赤字已經降到三%以下，匯率給人低估的感覺，人口年輕，又正在成長，但是這種趨勢到二〇二五年前後，就會升到最高峰，開始老化，因此，印尼的挑戰是在變老之前，先變的有錢。

排名緊緊跟在印尼後面的是越南，越南在從政治到信用的每一條規則上，得分都大不相同。共產黨從越戰結束後，就一直統治越南，絲毫沒有放手的跡象，雖然國營事業民營化的呼聲偶爾會出現，但國營事業仍然占越南經濟的三分之一。政府為了對抗全球經濟減緩，目前更是加強干預，以致於財政赤字占到GDP的六%，是新興世界平均值的兩倍多。過去十年內，政府也大量釋出信用洪流，以便支撐成長，鴕鳥般的央行因應貸款呆帳上升潮流的方法，是低報呆帳數額。

共產黨政治極為含混不明，因此，大家很難知道真正在越南當家的領袖是誰。但是越南已經多年沒有社會動盪不安，政府則以專制熱情，繼續改善生活水準、推動新道路的鋪築。越南的平均所得只有印尼的三分之一，但是公路品質已經遠遠超過印尼，開車從河內國際機場的新航廈到市中心，只要花二十分鐘，因為最近新開闢的八線道高速公路已經通車，把里程大約減半為十七公里的橋樑已經落成。

越南自認是下一個中國，會從農業經濟快速的演變為製造業出口大國。投資在過去十年狂飆歲月中，升到占GDP比率四〇%的危險高峰後，已經下降到占GDP的二八%，正好處在能夠維持開發中國家低通膨、高成長的二五到三五%甜蜜點區間。通膨已經從近在二〇一一年高於二〇%的最高峰，降到低於二%；外國直接投資占GDP的六%，是東南亞國家中最高的水準，而且大部分外國直接投資流入製造業，生產從汽車到智慧型手機之類的所有產品。不久之前，越南還是一個分裂國家，但是現在從北部的河內到南部的胡志明市，到處都冒出工廠，反映強勁的區域平衡成長。

今天，北京居民談到成長減緩可能溢出邊境影響鄰國時，聽到他們河內的鄰居預測今明兩年成長會加速，而且宣稱越南的出口會因為泛太平洋夥伴協定的簽署得到助益，真的會有一種超現實的感覺。越南採取快速行動，把所有省分跟全球與區域貿易路線連接在一起，是地理甜蜜點規則鮮明的例證。越南的繁榮貨真價實，但是，越南的展望如何，要取決於規範工廠與地理位置兩項規則上得到的高分，因此，越南的崛起似乎不如菲律賓之類比較平衡經濟體那麼確定。

過去的明星經常會殞落，變成屈居人後，這種過程似乎會感染馬來西亞和泰國等鄰國，這兩國在東南亞國家中的排名下滑，原因之一是政治因素。馬來西亞總理納吉（Najib Razak）最近捲入貪腐醜聞，而且似乎不在意商品價格暴跌會對依賴棕櫚油與石油出口的馬來西亞經濟造成傷害。二〇一五年十月，納吉訪問紐約時，我的一位同事問他，馬元崩跌是否有助於振興馬國備受打擊的製造業部門，納吉答非所問，說馬元下跌對旅遊業大有好處，但旅遊業對馬來西亞這種大國的經濟成長，不可能會有重大貢獻。我的同事繼續逼問製造業的問題，納吉就若有所失，不知道如何回答。房間後面的一位助理連忙伸出援手，卻談到要在石油與其他原料上投資。大家得到的印象是馬來西亞錯過了機會，因為低廉的匯率加上正確的改革，可以為馬來西亞製造業增加絕大的動力。

長久以來，泰國經濟就因為製造業部門十分強大，又善於創造就業，得以自外於泰國的政治動盪，但是，這種情形可能正在改變。二〇一四年五月，泰國陸軍發動從一九三〇年代以來的第十九次政變，軍方在私下會議中，看來幾乎是滿臉歉意，還承諾很快會舉行選舉，結果卻開始蓄意操縱，制定新憲法，把軍方在農村的敵人永遠打入冷宮，徹底破壞民主制度，創造出像俄國式政治局的政府，還創造出一個單一的機構，經營銀行、能源、運輸部門和其他產業的國營事業。城市精英的勝利反映的是：人口繼續成長的首都曼谷人口總數是第二大城清邁的十倍，根據地理規則，對泰國這種中型經濟體來說，這是地區不平等的危險跡象。

泰國應該利用自己是中南半島商業中心的地位，把機會擴大到國外，但是在首都和農村政治鬥爭之際，經濟似乎已經遭到遺忘，這次連通常能夠維持經濟運作，度過政變與政變之後局勢的永久公務員，似乎都無以為繼。軍政府正在喚醒一九八〇年代那種由軍方控制的經濟，經濟成長急速放慢，人口又快速老化，所得也在下降，但是街頭抗議在軍方強力作為下，已經消失。泰國企業坐擁資金，觀望新憲法的發展，投資正在減少，興建計畫停頓，但是過去幾年內，信用成長率卻遠比泰國經濟成長率快多了，原因是家庭大量舉債，除了中國和土耳其之外，泰國現在也面對最糟糕的債務後遺症，這一切顯示未來幾年內，成長率可能繼續低落下去。

東亞各國

東亞是亞洲經濟奇蹟的原始發源地，但此刻東亞正在展開更鮮明的從「領先到落後」的戲碼。其中的主角是中國，中國共產黨領袖正在談論「供給面改革」的正確說法，暗示要減少繁榮歲月中所累積的過度投資，看來卻仍然不願意容忍進行這種調整所帶來的短期痛苦，甚至不願意容忍像中國這樣，晉升到中低所得國家水準時，經常自然而然出現的成長減緩。

中國的平均所得已經接近一萬美元，領導階層已經把二〇一六年的經濟成長目標降為六．五％，在後危機時代的歲月裡，即使是對比較貧窮的國家來說，這樣也是野心勃勃的目標。去年下半年，若干省分的官員承認，為了達成這種成長目標，他們不得不竄改數字，中國可能推動的最重要改革是廢除成長目標，以免目標迫使各級領導人強迫中國吞下已經無法有效消化的債務。

對中國來說，超過六％的成長率目標顯得特別野心勃勃，因為根據聯合國從一九五〇年開始做的紀錄，中國的工作年齡人口成長率已經碰到重大的轉捩點，在二〇一五年首次萎縮。戰後主要經濟體的工作年齡人口萎縮時，平均成長率都只能達到一．五％，而且從來無法維持超過六％的成長率，看來中國也不可能抵抗這種不利的人口趨勢。

債務之吻規則繼續閃著明亮的紅燈，像中國這麼大規模的債務熱潮，最後總是會造成經濟走軟，而且某種金融危機經常會隨之而來。從來沒有一個開發中國家像中國這樣，從二〇〇八年開始快速的累積債務，而且目前中國的債務成長速度仍然高達經濟成長率的兩倍，這些信用中，大部分繼續用來融通愈來愈沒有生產性的投資，導致這種投資占到國內生產毛額的三五%，碰觸穩定成長安全區的上限。

二〇一三年內，中國的投資創下空前新高，占GDP的比率從一九七〇年低於二五%的水準，升到四七%的最高峰。這點代表令人警惕的轉捩點，我的研究顯示，投資觸及占GDP比率四〇%以上的巔峰後，隨後的五年裡，經濟成長的速度通常會減半。目前工業部門在中國經濟中所占的比率高的很不尋常，工業部門去年劇烈減緩後，二〇一六年繼續走在萎縮的道路上，代表中國從一九七八年開始對世界開放後，第一次碰到產業衰退。

跟著本地人走的規則也顯示問題重重，北京最近推動人民幣貶值，希望重振工業與出口、阻止嚴重的資金外流。結果證明貶值幅度太小，不能讓人安心，導致中國人以更快的速度，把錢轉移到國外。二〇一五年內，有六千四百億美元流出中國，其中大部分是下半年流出的，然後又靠著竄改出口收益掩飾，也藉著本地人用來掩蓋非法資金流動的工具掩蓋。這種情況過去曾經產生過嚴重的後果，因為早在一九九〇年，十二個新興市場大國貨幣爆發危機時，本地投資人資金外流的時間遠比外國人早。

資金外流代表大家對政府管理經濟狀況惡化的能力，非常沒有信心，在中國的例子中，資金外流的金額極為龐大，大到全世界都可以感覺到。富有的中國人利用昂貴的人民幣，到處購買房地產，把舊金山以至倫敦等地的不動產價格，推升到接近泡沫的水準。澳洲兩家最大的不動產開發商推出的建案中，有四〇%的買主是投機客，而且投機客中，有四分之三是中國人，有些人是參加海外採購旅行團，專程出國購買外國家外之家的中國人。

中國的經濟成長之路變的很像彈下樓梯的乒乓球，政府推出新的刺激措施時就彈起來，然後掉到更低的一層。如果說中國還有什麼良好的跡象存在，那一定是全球媒體現在全都關注中國情勢，詢問中國經濟是否真的走向「硬著陸」。根據某些估計，二〇一五年的中國經濟成長率低於四％，對於看過極多年兩位數字成長的本地人來說，這樣的成長率感覺起來就像經濟衰退，因此，我要主張中國經濟已經硬著陸。問題是中國會不會以債券市場泡沫破滅的方式，或是以資金快速外流，導致人民幣匯率崩盤，形成貨幣危機的形式，爆發某種金融危機。不論中國是否已經碰到危機，目前的中國經濟成長展望已經列入新興世界最差勁國家排行榜中。

世界各國正在感受中國硬著陸的衝擊，因為中國在這個十年裡，已經取代美國，變成世界經濟成長的領頭羊，現在有四十四個國家，把中國當成主要的出口市場，等於從二〇〇四年起增加了四倍，相形之下，現在只有三十一個國家，把美國當成主要的出口市場。今天，中國經濟成長每降低一個百分點，就會造成全球經濟成長下降將近半個百分點，而且新興市場國家會躬逢其害。

受害最嚴重的是商品出口國，其次是台灣和南韓之類的近鄰，這些國家不但跟大陸貿易往來熱絡，也在大陸投資設立錯綜複雜的工廠網路。但是，兩國現在都沒有出問題，台灣的信用成長穩定，銀行存款爆滿；南韓在工廠最重要的規則上表現優異，把製造能力擴大到航太、晶片工業的新分支和製藥工業上。南韓最大的集團企業正投資數十億美元，希望成為生物相似性藥品（bio-similar）——亦即現有生物性藥品近似仿製品的繁榮市場中世界最大的製藥廠。

不過，整體而言，各項規則顯示台灣與南韓前途有點模糊不清，兩國過去因為在追求致富之餘，仍然能夠維持平等，而備受讚譽，近來卻看到民眾對貧富不均的反彈愈演愈烈。南韓總統朴槿惠上任時，承諾要推動「經濟民主」，但是到了二〇一五年下半年，卻面對群眾抗議她削弱就業保障，討好擁有南韓大型產業集團的億萬富豪。台灣人民對日益嚴重的貧富不均、飛躍上漲的房價，和前任政府過度親中的形象不滿，促使民進黨主席蔡英文當選總統。過去，民進黨候選人崛起，總是會震撼市場，擔心民進黨傾向主張獨立，會引爆台灣和宣稱擁有台灣主權的中國衝突。

然而，二〇一四年底，我在台北訪問蔡英文時，她擺出務實改革家的樣子，對我保證她無意改變現狀。她很可能擁有取信青年的實際信用，能夠完成有助於推翻前任總統爭議多多的兩岸經貿協定。此外，蔡英文計畫跟美國簽署泛太平洋夥伴協定，以便超脫台灣和中國的貿易關係，使台灣在地理甜蜜點規則上面，變成更成熟。然而，未來五年內，兩國在面對工作年齡人口萎縮、全球貿易打擊兩國傳統成長來源的出口之際，卻難以想像如何推動快速成長，現在看來，這兩個過去的經濟奇蹟展望確實普普通通。

日本的人口趨勢更不利，但是，日本的戲碼或許稍微比較能夠鼓舞人心。中國在二〇一〇年超越日本，變成世界第二大的經濟體，但是這種地位危機就像生命週期規則預測的一樣，反而刺激日本產生某種形式的復興。兩年後日本人在挫折之餘，選出安倍晉三擔任日本首相，安倍晉三上任之後，承諾要重新喚醒日本經濟，方法是發射安倍「三箭」，即增加政府支出、放寬貨幣政策、推動改革，以便加強開放，同時提高日本的競爭力。

安倍的很多改革直指日本問題的核心。目前政府的干預減少，還採取積極行動，提升快速老化的勞動力，居高不下的債務水準至少已經不再進一步上升，日圓匯率極為低廉，經濟開放的方向放在經常受到忽略的開放貿易與競爭方面。安倍政府為了協助日本的全球公司在國外競爭，把公司稅從四〇%降為三二%，而且計畫進一步降到比德國略低的二九%。為了強化快速老化的勞動力，安倍推動包括改造托兒體系在內的「女性經濟學」。成年婦女的勞動參與率已經從二〇一〇年的六〇%，提高為今天的六五%，超越一直停頓在六三%的美國。此外，安倍的政府正在討論創設經濟特區，區中要放寬跟外國勞工，尤其是跟負責照顧老人的外勞有關的規定，這種試驗或許可以顯示日本對經濟移民開放門戶的意願有多高。

安倍政府也跟美國聯手，創設泛太平洋夥伴協定，這是美國和日本試圖趕在中國之前，制定公平貿易規則計畫的核心要項。安倍已經多方設法，希望開放日本經濟中長久以來一直封閉的禁變，包括計畫減少補貼力量強大卻效率低落的稻農。安倍政府也已經利用減稅、簡化簽證規定，以及日圓突然下跌的魅力等方法，對觀光客開放大門，吸引更多的旅客到日本觀光。造訪日本的外國遊客已經從二〇一一年的八百萬人，增加到今天的二千萬人，過去一年裡，增加的觀光客中，超過一半是中國人，從成田國際機場到東京的火車上，最近增加了華語公共廣播服務，成為兩國為日本侵華戰爭期間血仇繼續激烈爭執聲中，令人耳目一新的轉變。

這一點是匯率快速變化衝擊經濟的強力見證，匯率變化吸引中國觀光客，帶著開發中世界最昂貴的貨幣，到已開發世界中匯率最低廉的日本去。東京已經變成廉價商品區，「爆買」成為二〇一五年最流行的流行用語，主因是觀光客搶購從化妝品到高科技馬桶座之類的一切產品。資金流入日本，二十五年來，房價第一次不再下跌，從洋蔥價格規則來看，這一點是好現象，顯示日本漫長又具有毀滅性的通縮可能結束。

連占日本GDP比率高達三九〇%的驚人債務總負擔所產生的債務之吻威脅，現在都變得沒有想像中這麼可怕了。公共債務負擔占GDP的二二〇%，幾乎是已開發世界中政府債務負擔第二高國家義大利的兩倍，的確是高的不尋常。但是請記住，關鍵信號是債務增加的速度，過去五年內，日本債務增加的速度非常微小，銀行存款爆滿（遠遠超過承作新貸款所需）。

日本正在反抗國家永不改變的誇大形象，但是日本在多項規則上的進步仍然有限，只夠把日本從差勁提升到普通而已，好幾種重大弱點會繼續限制日本的展望。預期二〇二〇年前，日本的工作年齡人口每年會減少將近一%，因此，日本在人口統計有關的規則上得分很糟糕。在地理甜蜜點規則方面，雖然日本貼近中國是真正的優勢，現在這種優勢卻已經消失。日本的投資正在增加，增加的力道卻相當疲弱。日圓匯率低估已經超過一年，大大吸引觀光客，卻對振興出口沒有多少幫助，日本的出口中，將近四分之一輸往中國，對中國市場的依賴超過所有已開發經濟體，但是隨著中國的需求萎縮，這一點會變成日本經濟成長的拖累。然而，在極多經濟體展望惡化之際，即使日本從差勁提升到普通，仍然代表真正的進步。

已開發國家中，展望惡化最嚴重的國家是日本的亞洲鄰國澳洲，澳洲和加拿大一樣，是商品詛咒不限於應證在窮國身上的證明，二〇一一年前，澳洲和加拿大都曾經乘著石油、天然氣和其他商品價格高漲，展翅高飛，並且進入這種熱潮常見的擴增債務與支出熱潮。隨著商品價格崩盤，兩國都要經歷痛苦的調整。

加拿大因為地理和工廠規則的關係，處境似乎比澳洲稍好，二〇一五年內，加拿大拋棄掌權十年、已經顯得陳腐的執政黨，歡迎新總理賈斯汀．杜魯道（**Justin Trudeau**）。市場擔心杜魯道是「社會主義份子」，但杜魯道似乎真正了解加拿大的需要，他談到要讓加拿大從依賴石油中斷奶，和美國一起加入泛太平洋夥伴協定，以便開放市場，另外，還要加強道路與工廠投資。加拿大的製造業部門規模相當大，雖然製造業部門的競爭力正在喪失，問題卻沒有澳洲製造業那麼大。或許加拿大最大的優勢是透過貿易成為美國的主要經濟夥伴，澳洲的主要夥伴卻是中國，中國經濟減緩的速度卻遠超過美國。地理甜蜜點規則並非一成不變，會隨著鄰國的興衰和貿易型態的變化，變成比較有利或比較不利。

澳洲從優異淪落為差勁的過程很快，它們過了二十五年沒有經濟衰退的時光，這麼長久的成就助長了嚴重的自滿心理。這種情勢甚至威脅澳洲的主要優勢——開放移民促成的極快速人口成長率。雖然移民人數正在減少，但是在澳洲政治中，反移民情緒的力量正在增強，移民現在每年使澳洲人口增加〇．七％，和二〇〇八年相比，增幅已經減半，原因是商品產業出問題，造成就業機會枯竭。

澳洲和很多新興經濟體一樣，沈溺在商品價格熱潮中無法自拔。隨著近年澳洲的債台高築，澳洲也進行大量投資，只是主要投資在房地產和鐵礦砂之類的商品產業中，而不是遵循工廠最重要的規則。澳洲人大舉借貸，買進股票與房屋，在二〇一〇年到二〇一四年間，把住宅價格抬升五〇%以上，漲幅高居同期內已開發國家第一名，中國房地產採購旅行團到澳洲觀光，更進一步助長了房價漲勢。就像洋蔥規則所顯示的一樣，消費者物價漲幅不是唯一重要的東西，因為現在不動產價格的快速膨脹和經濟衰退之間，關係日益增強。二〇一五年內，澳洲房地產投資占GDP的比率遠超過五%，過去這樣的水準經常預告泡沫現象。

澳洲工資像澳元匯率一樣，在繁榮的歲月裡劇烈上升，削弱了澳洲僅存少數工廠的競爭力。虛弱的製造業部門占GDP的比率只有八%，是主要已開發國家中最低的水準，而且還持續降低。二〇一三年和二〇一四年內，福特、通用和豐田等汽車廠商都宣布，因為成本高昂的關係，計畫關閉澳洲的汽車生產設施，根據他們的計畫，澳洲的汽車工業可能在二〇一七年時完全消失。同時汽車工業卻在其他地方蓬勃發展，福特和日產跟著雷諾和福斯兩家汽車公司的腳步，擴大在歐洲、尤其是在西班牙的生產作業。

歐洲

歐洲大國的展望好壞不一，德國的展望似乎相當優異，法國卻確實很差，德國利用二〇〇二年開始的哈茨改革的力量繼續前進，享受這項改革造成的勞工成本下降與出口競爭力升高的好處。德國總理梅克爾從二〇〇五年上任以來，主要的貢獻是維持這股動力。德國的國家預算維持平衡，通膨穩定，而且在二〇〇八年後，大致避開了信用熱潮，結果是銀行體系雖然有一些脆弱的環節，卻集中在省級（各邦）的地方銀行中，沒有系統性問題，呆帳相當少。同時，投資穩定流入，繼續助長特別強而有力的出口機器。

德國已經把地理重心轉向歐洲製造業，供應網路擴大到成本較低的東歐勞力市場。德國的億萬富豪階級控制巨量財富，卻靠著投資最可能創造優異就業機會且最不可能對經濟成長產生政治反彈的生產性工業，創造大部分的財富。

容易產生貪腐產業中的差勁億萬富豪，所控制的財富只占億萬富翁財富的一%。梅克爾最美好的時刻，可能是她最後的時光，二〇一五年內，她抗拒右派對一百多萬難民擁入歐洲的反彈，保持德國門戶開放的程度超越世界上的任何國家，這正是德國根據人口統計很重要的規則，促進老化勞動力年輕化所需要採行的大膽措施，但是這種作法引發了爭議，降低了梅克爾二〇一七年爭取第四任總理任期的機會，然而，對德國而言，這一點不一定是壞事，根據生命週期規則，新人取代任職很久的領袖通常是好事。

德國看來確實比英國強大，英國似乎變成了規模比較大的新加坡，成為靠服務業推動的島國經濟。英國的成長大致上是靠倫敦的金融服務業推動，金融服務業占GDP的比率高達二〇%，製造業只占九%，是已開發大型經濟體中第二低的水準，僅次於澳洲，但卻不像澳洲那樣，可能可以靠著天然資源財富，振興經濟。大家普遍覺得，二〇一六年內，英國可能變成向內看，總理大衛·卡麥隆（David Cameron）承諾要舉辦英國是否脫離歐盟的公投，原因之一是脫歐可以限制英國送給難民的好處。倫敦是八十位億萬富豪的居住地，是世界上億萬富豪最密集的城市之一，人民對財富不均怒火高漲，已經把工黨推向極左派，也對保守黨政府形成壓力，迫使保守黨政府考慮加強干預經濟，例如對全球性銀行實施新管制。

同時，英國國內經濟出現過度跡象，不動產價格飛躍上漲到創紀錄高峰，上漲速度是工資成長速度的兩倍多，中國和俄羅斯留學英國的學生租住倫敦公寓的月租，比英國平均年所得還高的故事紛紛流傳。雖然消費者物價漲幅低落，住宅和其他資產價格卻引發嚴重的通膨憂慮，在歐元匯價低落之際，英鎊匯率卻給人高估的感覺，進一步削弱了英國的競爭力。然而，從某些規則來看，英國似乎有一些看來很好的地方，英國企業和家庭的民間債務已經大為減少，比二〇一〇年占GDP三三%的高峰大為降低。英國的貿易關係相當強勁有力，在人口統計很重要的規則上得分相當高。以富國而言，英國人口成長率相當強勁，對經濟移民很有吸引力（但是英國卻對戰爭難民關閉大門）。整體而言，英國的成長展望看來屬於普普通通。

全球對現任政治領袖反彈的聲勢，也對歐洲的排名造成傷害，迫使各國加強干預經濟，同時緊閉門戶。大家普遍害怕極右和極左黨派的興起，但是二〇一五年內，這種恐懼並未推翻任何大國的領袖，中間派的地位仍然屹立不搖，以歐洲整體而言，經濟大約維持一．五%的成長率，通膨受到控制，因此，情勢跟很多人所擔心的不同，就是極右派接管歐洲的時間還沒有成熟。英國和法國的執政黨都在選舉中，遭到邊緣黨派的挑戰，卻都繼續存活下來，然而，民粹主義政黨的崛起，的確迫使義大利、葡萄牙和西班牙之類的國家，把競爭力改革的時鐘往回撥。

西班牙的變化最大，去年西班牙在已開發世界中的排名，從最頂端跌落到普普通通的層級，從二〇一〇年全球金融海嘯開始痛擊歐洲以來，西班牙一直是受困於驚人債務困境、被迫推動改革的國家。債務規則中有一個光明面，就是債務占GDP的比率大幅下降時，可以讓國家重新啟動新一回合的借貸與成長，二〇一一年到二〇一五年的五年間，西班牙民間債務占GDP的比率降低了三十個百分點，在已開發世界中，是降幅最大的國家。西班牙償還債務之際，工資和勞工成本也跟著下降，在這段期間裡，全球性製造商在西班牙擴廠，促使西班牙變成已開發國家中，少數能夠在全球出口製造業提高占有率的國家。然而，馬里亞諾．拉荷義（Mariano Rajoy）的中間偏右政府，去年失去了大部分的艱難改革熱情，然後在二〇一五年十二月的選舉中，喪失國會中的多數地位和影響力，在進步受阻之餘，西班牙能否前進，現在要取決於過去改革的動力，因此，西班牙的展望已經變差。

從各種規則來看，尤其是從政府控制是壞事的規則來看，法國的運勢也在向下走，法國政府的規模已經是世界最大，國家支出占GDP的比率從二〇〇〇年的五一%，提升到二〇一五年的五七%，政府提出的減少官僚體系與繁文縟節的改革建議，大都是遷就現實的措施，例如，政府計畫取消禁止零售店星期天開店的禁令，卻只准許一年裡只能在十二個星期天開門。法國和義大利一樣，競爭力一直在流失，從二〇一〇年起，法國的勞工成本上升了五%，法國也是後危機時代裡債務增加最多的已開發國家之一，過去五年裡，民間債務占GDP的比率提高了十六個百分點。

法國雖然擁有大量外國人口，在整合都會穆斯林居民上卻苦無成就，二〇一五年底，宣稱效忠伊斯蘭國的槍手在巴黎犯下致命攻擊案後，法國和伊斯蘭居民的關係更是進一步惡化，在這種情況下，法國對恐怖主義的恐懼升高，又擔心人民對右派民族主義黨派的支持增加，以致於進一步引進移民，解決法國人口老化問題的希望更見渺茫。今天大家普遍認為，法國已經取代一九七〇年代的英國和一九九〇年代的德國，變成歐洲的新病夫。

東歐的波蘭、捷克和羅馬尼亞則善於利用靠近德國也靠近西歐富國市場的優勢，西方企業雖然愈來愈少把工廠「遷移」到中國，卻仍然把工廠移到東歐，歐洲國家的勞工成本比較低廉，匯率也比較低廉，能夠吸引德國工業巨擘投資，興建汽車廠和其他製造廠。整個東歐地區出口都很強勁，經常帳接近平衡或有順差，外債水準低落。目前捷克的經濟展望在大型新興市場國家中排名最高，捷克在二〇〇八年以前或以後，都沒有出現過債務熱潮，因此，避過了最近全球信用熱潮的兩個階段。

過去五年內，波蘭一直致力劇烈降低債務負擔，根據很多規則來看，東歐這個最大的經濟體看來仍然相當良好，即使大部分新興經濟體的企業投資停滯不前，波蘭的企業投資卻仍然繼續增加，億萬富豪活力充沛，更把營運擴大到德國和瑞士。然而，波蘭是世界上沒有一個國家是經濟烏托邦的鮮明證據，就在波蘭看來萬事如意之際，根據生命週期規則的角度來看，波蘭的情勢已經惡化，而且已經產生嚴重後果。

變化在二〇一五年十月，保守的法律與正義黨贏得選舉後出現，該黨在總統記者會上表示，今後該黨決定不再懸掛歐盟旗幟，結果震撼全歐洲。新政府採取提高銀行營利事業所得稅的方式，可能對經濟體系中的借貸造成傷害，新政府也加強對國營媒體與司法體系的政治控制，市政府任命新人擔任波蘭最高法院要職的決定，更是讓外國人氣餒。雖然法律與正義黨會摧毀「波蘭民主政治」的說法，似乎誇大其詞，同時該黨迅速淡化降低退休年齡、增加嬰兒福利的慷慨承諾，但是該黨混雜強烈民粹主義傾向與偶然務實精神的作法，卻傷害了波蘭的展望。選舉前，波蘭在八條規則上都得到高分，現在只剩下在六條規則上得到高分，在政治情勢上的得分降到差勁的水準，同時，國家官僚體系正在加強控制經濟。

羅馬尼亞位在波蘭的正南方，是經濟體從長期停滯中崛起卻仍然普遍受人忽視的鮮明例子。雖然二〇〇八年後，羅馬尼亞的債務有所增加，羅馬尼亞卻用非比尋常的力量，把時鐘往回撥，就在從印度以迄中國之類的國家仍然苦苦思索，該用什麼方法逼迫銀行承認全體呆帳總額之際，羅馬尼亞卻制定極為嚴苛的「呆帳」定義，迫使羅馬尼亞銀行呈現出比實際情況還惡劣的樣貌，羅馬尼亞也積極精簡共產黨時期留下來的大政府，一直到最近，羅馬尼亞還是少數膽敢出售國營事業過半數股權，而不是少數股權的國家。

羅馬尼亞跟所有東歐國家一樣，籠罩在勞動力迅速老化的危險陰影中。到一九八九年共產黨獨裁者尼可來．西奧塞古（Nicolae Ceausescu）統治羅馬尼亞的最後幾天前，一直都還強迫羅馬尼亞人增產報國，方法是對超過二十五歲卻還沒有小孩的羅馬尼亞人課徵重稅。然而，今天羅馬尼亞和波蘭與捷克一樣，是新興世界中人口老化最快的國家，證明政府要提高生育率，的確極為困難。聯合國預測，二〇二〇年以前，羅馬尼亞的勞動年齡人口每年會萎縮一．二％，以這種速度萎縮下去的話，連引進婦女或移民加入勞動人口的激烈措施，都無法阻止人口的減少。雖然如此，羅馬尼亞卻在一系列規則上，表現出極力求新求變、力爭上游的決心，因此，羅馬尼亞的展望看來相當樂觀。

前蘇聯這些衛星國家屹立不搖，正是對反其道而行的莫斯科前宗主國領袖，發出無聲的指責。和這件事相比，沒有什麼事情更能凸顯俄羅斯的不同命運，以及凸顯俄羅斯喪失主導權的事實。二〇一五年內，整個東歐通膨降低、經濟成長提高之際，俄羅斯卻陷入經濟停滯膨脹、經濟萎縮三％，通貨膨脹率升高到一五％的困境中，俄羅斯現在是大國當中，在眾多規則上得分最低的國家。

普丁的俄羅斯總統任期已經到了第四任，早已陳腐不堪，他放棄經濟改革，偏愛藉著昂貴的外國軍事冒險，確立俄羅斯在中東與東歐的影響力。靠著吹噓俄羅斯最近奪取烏克蘭領土、軍事干預敘利亞的宣傳之助，普丁一直是聲望極為崇高的領袖——在經濟問題侵害世界其他領袖聲望之際，俄羅斯官方卻報導他的支持率高達九〇％。然而，根據生命週期規則來看，沒有什麼事情比國家領袖任職過久、喪失經濟效用，卻仍然地位極為穩固、無限期掌握大權還糟糕。

普丁的根本失策是從來沒有推動經濟多角化，以致於俄羅斯經濟一直依賴石油，也跟著油價一起崩潰。現在政府為了得到現金，大談出售俄羅斯國際航空公司和其他國營事業的少數股權，卻沒有表現出願意放出控制性股權的意思。俄羅斯製造業幾乎沒有出口競爭力。雖然油價崩盤，俄羅斯的億萬富豪數目還是比所有新興市場國家都多，在財富分配上更顯得頭重腳輕，而且億萬富豪的所有財富中，有六七％來自石油之類跟政治有關的產業。各國在任何規則上，很少得到極為「差勁的」一分，但是偏偏俄羅斯現在在政治、國家控制、好壞億萬富豪和人口趨勢等方面，都得到這麼低的分數，俄羅斯也是工作年齡人口萎縮最快速的國家之一。俄羅斯得分最高的地方是在匯率規則上，因為便宜就是好事，而且盧布跟著油價一起暴跌。

在石油熱潮高峰期間，莫斯科到處可見跟石油有關的紙醉金迷，賓利和梅巴赫豪華轎車充斥街頭，魚子醬一直到黎明才不再端上桌。到去年下半年，油價在十八個月內從每桶一百一十美元，跌到五十美元以下時，新的現實開始出現，盧布兌美元匯率慘跌一半以上，多年來，莫斯科的物價從來沒有讓人覺得這麼便宜過，或這麼寒酸過。我的同事在二〇一五年秋季訪問莫斯科時，坐著合乎現實的豐田冠美麗轎車，到處走動。在盧布下跌的情況下，極多俄羅斯人在失望之餘，被迫取消地中海假期之旅，以致於旅遊業大亨歐列・沙佛諾夫覺得必須提醒大家，說「到海濱去」是最近的流行風潮：「我們的祖先再富有，都不曾大量湧進外國海岸過。」

普丁為了配合嚴肅的情緒，在經濟方面一直採取守勢。他的宣傳資料吹噓他在有敵意的世界中，如何捍衛偉大俄羅斯的角色，以及他為了維持這種態勢，刻意確保俄羅斯不虧欠外國人的作法。雖然俄羅斯的國內民間債務快速增加，以債務規則而言是不好的徵兆，但是過去一年裡，俄羅斯也償還了積欠外國人的數十億美元貸款。普丁政府沒有動用國庫資金在外匯市場上捍衛盧布，而是在一年前，明智的讓盧布浮動，促使盧布下跌，雖然以美元計價的油價下跌，但是現在每一美元的石油收益，最多可以換成兩倍的盧布，這點對政府預算很重要，盧布下跌配合政府支出削減，急速改善了政府赤字的展望。近在二〇一四年，俄羅斯需要每桶至少一百美元的油價，才能產生足夠的收益，維持預算的平衡，但是，現在只要油價維持五十美元上下，俄羅斯就可以平衡預算，這一點因此變成對抗外國壓力的保障，在奈及利亞以至沙烏地阿拉伯的產油國，仍然需要大約八十美元的油價，才能平衡預算之際，尤其如此。

普丁經濟策略的問題是完全採取守勢對抗外國的影響，卻沒有採取任何攻勢以便促進國內的成長。俄羅斯在在後金融海嘯的歲月裡，有兩個最大的問題，就是去槓桿化和人口減少，在新興市場國家中，俄羅斯在這兩大問題上的得分都相當低。在去全球化的第三個大問題上，俄羅斯已經成為世界貿易最大的障礙，二〇〇八年到二〇一五年間，俄羅斯實施了將近五百項貿易保護主義措施，在世界各國中，數量僅次於印度。

連普丁的最高級助理都承認，早在油價崩盤前很久的二〇一二年內，俄羅斯的經濟成長率就已經降到二%，表示俄羅斯經濟並非只是受到石油壓抑而已。財政部官員曾經向我們展示一張悲觀的圖表，顯示過去幾年內，投資穩定下降到占GDP比率的二〇%以下，是大型新興經濟體中投資比率最差的國家之一，而且俄羅斯沒有改變這種情勢的計畫。

土耳其和中東

土耳其正在展現類似俄羅斯的劇碼。土耳其雖然沒有石油或其他天然資源財富，卻和嚴重依賴商品的國家一樣，出現相同的停滯膨脹特徵。艾爾多安以魅力十足改革家的身分上台，知道土耳其需要控制支出，打敗超級通貨膨脹，但是他擔任國家領袖已經十三年，以然日漸陳腐。他的政府正在加強控制經濟，而且他似乎失去對經濟的了解。過去幾年內，艾爾多安跟中央銀行發生公開爭執，提出奇怪的看法，主張對通膨升高時，最正確的因應之道是降低利率；他也主張降低利率可以確保伊斯蘭銀行不會違反穆斯林禁止高利貸的禁令，顯示宗教在土耳其已經開始凌駕經濟學。

因此，土耳其現在是深陷在差勁行列中的另一顆舊明星，籠罩在僅次於中國的世界第二大信用熱潮中，過去五年內，民間信用占GDP的比率升高三十五個百分點以上。因為土耳其的石油完全要依賴進口，油價崩盤應該很快就會促使經常帳擺脫赤字。然而，土耳其的出口能力極為薄弱，經常帳的調整相當緩慢，一直到現在，赤字才開始走上降為占GDP五％以下、脫離危險區的道路上。在經濟疲弱不振、通膨上升的情況下，艾爾多安的執政黨正義發展黨在去年五月的選舉中，失去國會多數黨的地位，一直到七個月後的提前選舉中，利用群眾對恐怖攻擊和伊斯蘭國崛起的恐懼，才奪回多數黨的地位。在這種激烈的選戰中獲勝，可能鼓勵正義發展黨的民粹主義和民族主義傾向，導致土耳其只在人口統計和地理甜蜜點兩項規則中，因為勞動力強勁增加，以及全國各地的成長十分平衡，得到確實很高的分數。

然而，土耳其不能再像過去一樣，因為接近中東富藏石油的國家，尤其是波斯灣產油國，而從中得到一樣多的好處，因為這些國家自己的前途一樣充滿凶險。匯率由市場決定而不是由政府決定時，低估的貨幣最為有利，沙烏地阿拉伯和波斯灣其他王國的基本問題是把貨幣釘住美元，因此，油價下跌沒有壓低他們的貨幣匯價，也沒有像俄羅斯一樣，協助他們平衡預算。

隨著波斯灣國家增加公共支出，以便防止政治不安繼續橫掃阿拉伯世界，他們的預算問題也跟著擴大。去年一月，沙烏地阿拉伯新王即位後，立刻開始發放新的好處，包括對軍人、退休人員、領取政府津貼的學生和每一位政府員工，也就是對全國一半以上的人口，發放大約等於兩個月薪資的獎金。近在二〇一二年，沙烏地阿拉伯的政府預算還出現過兩位數字的剩餘，去年卻出現占GDP比率高達一五％的赤字，是大型新興經濟體中赤字最嚴重的國家。沙國的很多鄰邦都處在類似的處境中，現在波斯灣地區跟東南亞地區正好相反，是世界上唯一所有經濟體將來都可能減速的區域。

非洲

把一大堆新興市場國家集中在一起討論，從來都沒有什麼道理。非洲有五十三個國家，其中三分之二國家的人口不到二千萬人，近半數國家每年的經濟產值不到一百億美元，經濟規模只有美國佛蒙特州的三分之一。除了少數尤其是南非之外，這些國家都缺少發展良好的制度，提出的統計數字非常零零星星，外界分析師很難精確的解讀，但是可以衡量的眾多趨勢都是向下走。二〇一五年內，成長率高於六%的非洲國家從二〇一〇年的二十二個，減為九個，通貨膨脹率高於一〇%的非洲國家，從四國增加為十國。

非洲很多經濟體的運勢隨著商品價格的漲跌而起伏，商品熱潮期間，這些國家不把暴利投資在新工業中，二〇一一年商品價格開始下跌時，這些國家的貨幣跟著崩盤，但是因為沒有強而有力的工業，匯率下跌對振興出口幾乎毫無助益，反而使這些國家更難以償還很多國家在好日子裡舉借的外債。

南非是僅次於奈及利亞的非洲第二大經濟體，也是包括黃金、鑽石和鐵礦砂在內的商品出口大國，因此，南非和俄羅斯與巴西之類商品導向的經濟體一樣，碰到投資疲弱、匯率下跌、執政黨陳腐不堪、政府多方干預的問題。南非總統朱瑪最近在一周之內，換了兩位財政部長，為的是找到支持他的野心勃勃支出計畫卻不驚嚇市場的財政部長。然而，南非和其他商品經濟體不同的是，南非擁有極為強而有力的金融機構，尤其是擁有經營良好的大銀行，這些銀行在二〇〇八年以後，從來沒有讓信用成長到失控的程度。

南非蘭德實質匯率下跌劇烈之至，到了好像是世界最低估貨幣的程度，在開普敦世界級的餐廳吃一頓晚飯，每人的花費不到三十美元。和另一些商品大國相比，南非的停滯膨脹程度輕微多了，GDP成長率走軟，卻仍然維持正成長，通貨膨脹率在兩位數字以下，沒有抹煞匯率下跌造成競爭力增強的好處。整體而言，根據眾多規則來看，南非看來沒有俄羅斯之類的國家那麼不堪。

從其他方面來看，南非經濟減緩，象徵二〇一一年新聞雜誌宣傳「非洲崛起」主題以後，在非洲大陸重新出現的問題。由於本書根據優異、普通、差勁的故事情節，為各個國家分類，看看非洲大陸的地圖，可以看出優異的故事在東非以肯亞為中心發展，最糟糕的故事在西非以奈及利亞為中心鋪陳。二〇一五年內，穆罕默杜・布哈里（Muhammadu Buhari）以肅清世界最貪腐國家的政見號召，贏得總統大選時，奈及利亞曾經短暫的獲得讚揚，但這次我卻覺得擔心，因為他的前任喬納森也曾經提出過類似的承諾。結果喬納森卻變成不好好管理商品大國、放任石油利益流入錯誤的人口袋裡的個案研究，連喬納森的前任、以貪腐聞名於世的奧盧塞貢・奧巴桑喬（Olusegun Obasanjo）都曾經在任期內，提高存在奈及利亞外匯存底中的儲蓄，但是喬納森二〇一〇年上任後，雖然油價上漲拉抬奈及利亞的石油收益，奈及利亞的外匯存底卻從五百億美元慢慢減少，降到三百三十億美元。

二〇一四年油價熱潮結束後，奈及利亞的外匯存底降到危險的低點，到二〇一五年，大多數石油出口大國都被迫集中資金，把存在外匯存底中，以及放在至少等於全國經濟產值的主權財富基金中的儲蓄併在一起，但是奈及利亞的這些儲蓄已經減少到只占GDP的八%，儲蓄會流失這麼多，主要的原因就是遭到竊取，結果奈及利亞現在擁有的儲蓄，只夠彌補略微超過一年的龐大預算赤字。

布哈里原本是將領，上任時承諾要肅貪和攻擊博科聖地的恐怖主義叛軍，這兩項行動都很重要，可以奠定國人的信任基礎和經濟安全。但是，布哈里可能不了解石油詛咒侵蝕奈及利亞成長展望的程度有多深，政府的歲入有七〇%來自石油，油價崩盤表示今年政府的赤字可能接近占奈及利亞GDP的五%，石油出口收益減少，造成奈及利亞的經常帳十年來第一次出現赤字。奈及利亞像非洲其他國家一樣，需要找出方法，破除天然資源豐富國家常有的差勁儲蓄和投資習慣。

相形之下，東非的肯亞現在是二〇一〇年代內，經濟仍然可望加速成長的少數非洲國家之一，肯亞是石油進口國，因此會從油價下跌中得到好處，又不受到石油詛咒的威脅。在二〇一三年平和大選中脫穎而出的總統肯亞塔以改革為念，力求吸引投資。他最近任命了一位新的央行總裁，負責清除金融體系中脆弱的環節，關閉搖搖欲墜的銀行。雖然從貨幣規則的角度來看，肯亞的情況不妙——肯亞先令給人高估的感覺，而且經常帳赤字遠高於GDP的五%以上，卻在很多方面，採取方向正確的行動。投資占GDP的比率從二〇〇九年的不到一九%，提升到目前接近二四%的水準，上升到進入甜蜜點範圍。新發電廠已經讓肯亞用戶得到電費減半的好處，多國企業和投資人認為，肯亞是前途光明的區域共同市場東非共同體的基石，肯亞也是中國發展中「海上新絲路」的重要航點，中國正在鋪築一條長四百六十多公里，從肯亞的蒙巴薩港（Mombasa）直通首都奈羅比的新公路，因此，從地理到工廠最重要等大部分規則來看，肯亞都站在十分有利的地位上，在人力規則上，又據有龐大的優勢，在二〇二〇年前，工作年齡人口每年可望平均成長三%，是世界上最高的成長率之一。

重新檢討長期迷思

二〇一〇年代開始時，有些觀察家認為我們站在「非洲世紀」的地點，但是隨著繁華落盡，全球籠罩在不確定的陰影中，這種縱貫數十年、涵蓋整個區域的全面預測已經不再流行。如果跟世界上幾乎每一個國家有關的樂觀看法，沒有被幾乎同樣無稽的悲觀氣氛取代，那麼這樣或許是健全的徵象。雖然在人口減少、去全球化和去槓桿化加速之際，世界各國的經濟成長率都可能降低，但是，在這個成長緩慢的世界上，還是會有一些國家繼續崛起。

在已開發世界中，展望相當良好的國家包括德國和美國，在數量龐大的中所得國家中，東歐大部分國家和墨西哥似乎已經作好成長的準備，在低所得國家中，比較閃亮的明星可以在南亞、東亞和東南亞地區出現。這是這些國家在二〇一六年三月的情況，但是排名可能因為不合時宜的暗殺、經濟政策的非正統變化、令人震驚的發明，或某種不可抗力行為，出現突然的變化。而且，如果今年全球像大家現在擔心的一樣，步入經濟衰退，那麼近期內，任何國家都很難創造「良好的」成長率，但是，這種階段也會過去，原因是全球經濟衰退通常只會延續一年，本書看的卻是未來五年。

這些規則意在掌握這種動態的變化，這是我定期監視和更新各種得分的原因，也是我不冒昧暗示任何國家會留在優異、普通或差勁陣營中超過未來五年的原因。最近幾十年來，著名的心理學家兼作家菲立普・泰洛克（**Philip Tetlock**）提出幾千種預測，作為測試之用，而且他在大作《超級預測》（*Superforecasting*）一書中提出證據，證實一項明顯的事實，就是預測的時間離現在愈遠，預測會愈不可靠，此外，他還證實一項比較不明顯的事實，也就是預測的時間超過五年，預測的精確度不會勝過隨機性的猜測。為了追蹤國家的實際興衰，時間架構必須短到足以取信大家，卻又長到足以作為計畫和決定政策的依據。

未來五年裡，受到二〇〇八年金融海嘯擾亂的全球經濟，會開始展現全新的風貌，後危機時代的歲月會過去，二〇二〇年的情況會截然不同，根據本書所列規則排名的國家排行榜會改變，這些規則的細節會演進，但是，我相信基本觀念會長期存續下去。要追蹤國家的興衰，最可靠的方法是透過重心放在務實時間架構上的規則系統。

對於渴望預測更遙遠未來的人來說，請記住，很少國家曾經穩定崛起數十年，少數寶貴的例子通常都一年一次、留在甜蜜點範圍內、避開規則中的紅色區域，少數東亞「經濟奇蹟」就是這樣，這些國家能夠成長幾十年，是因為持續不斷的主動推動改革，平衡成長，沒有嚴重的違反通膨、信用、投資規則或任何其他事項。不過，最後奇蹟一樣也會消逝，每一個國家都註定會經歷擴張和衰退期，沒有一個國家註定會永遠崛起或衰落。在世事無常的世界上，唯一不變的是主導未來的政經循環變化。

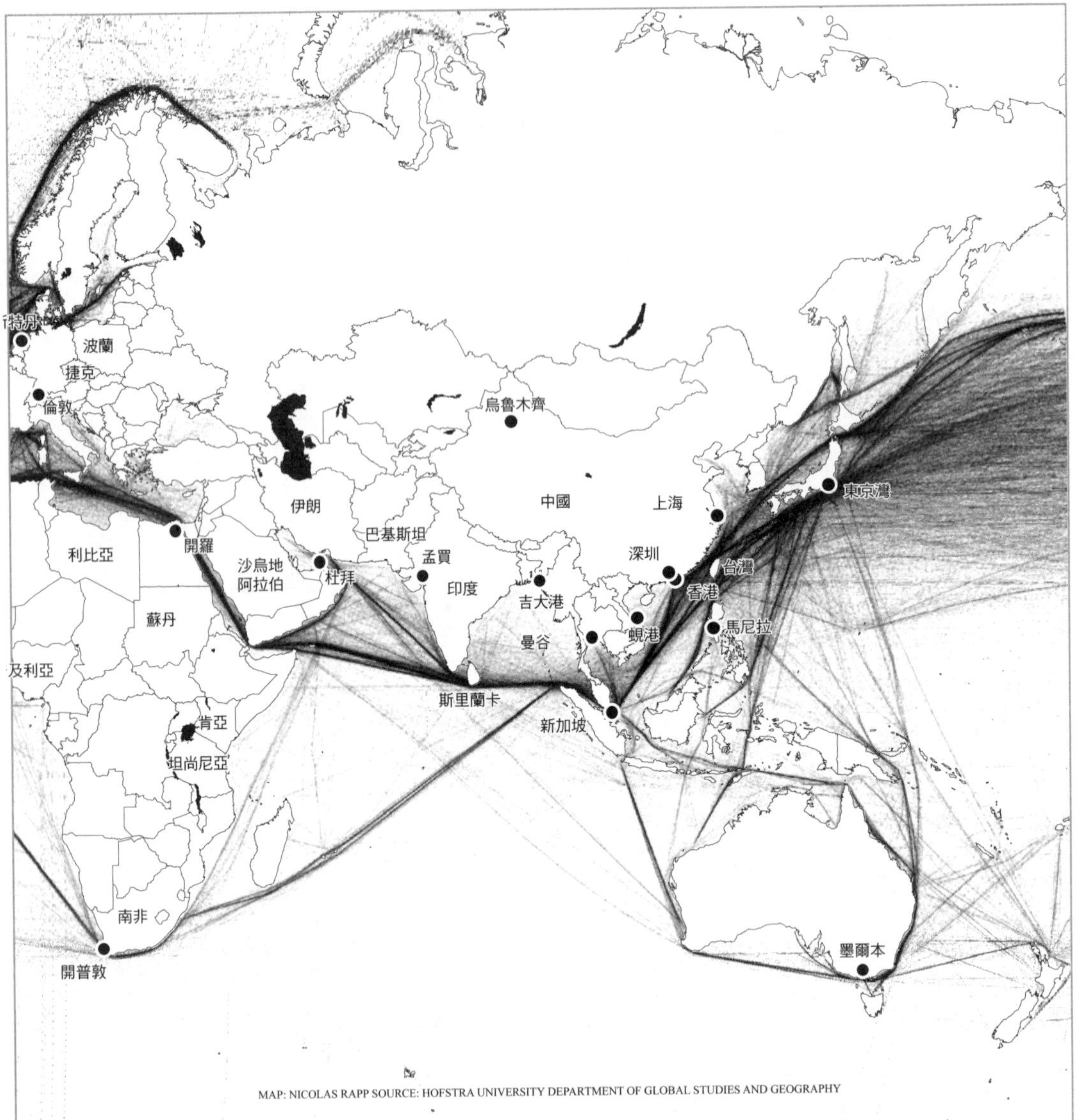

MAP: NICOLAS RAPP SOURCE: HOFSTRA UNIVERSITY DEPARTMENT OF GLOBAL STUDIES AND GEOGRAPHY

地理上的甜蜜點

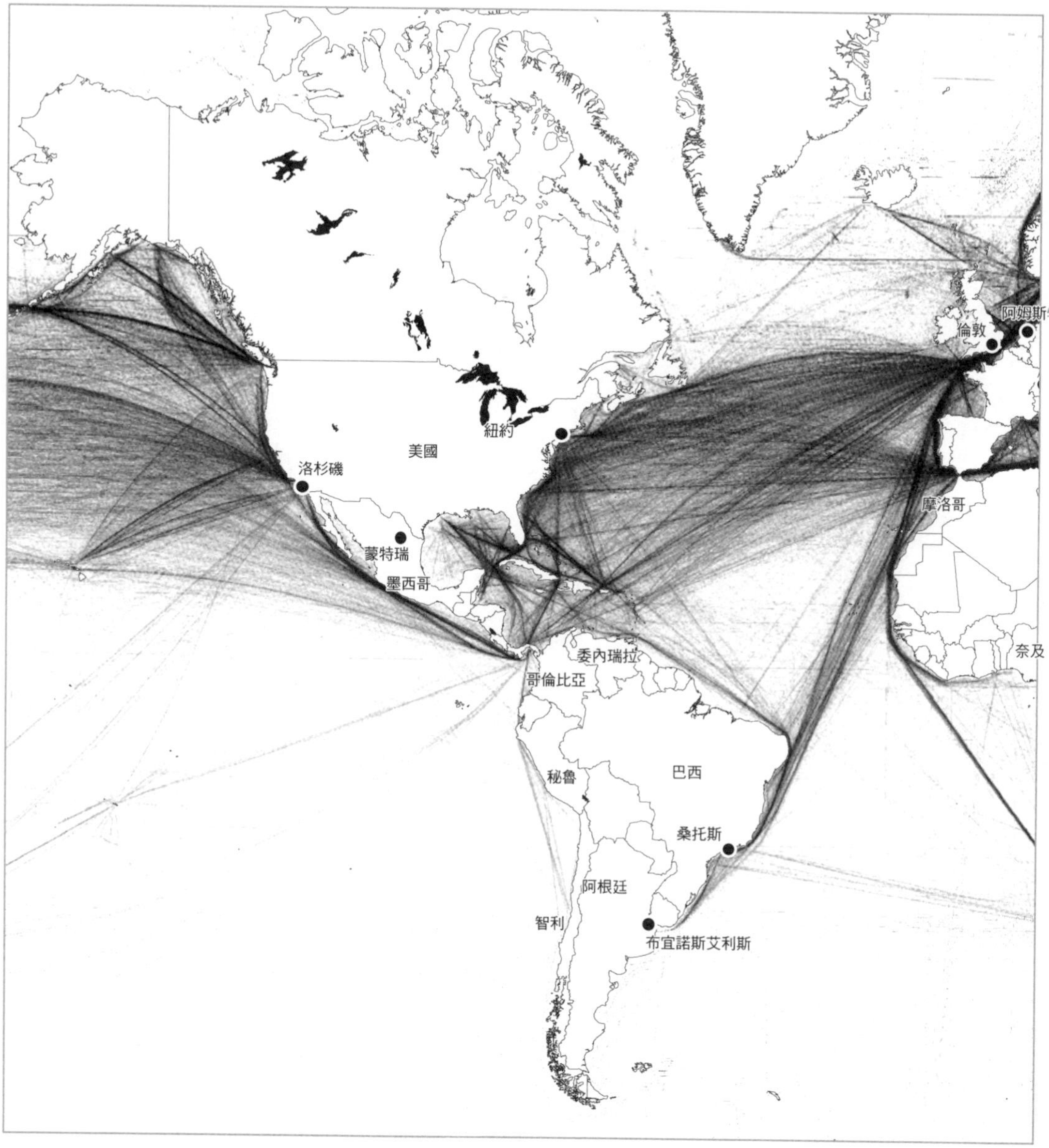

線條代表二〇一五年時的全球主要航運路線

謝啟

在我身兼記者與兼職作家生涯的頭二十年裡，我一直遵循作家克里斯多福・席成斯（Christopher Hitchens）的教誨：「每個人心裡都有一本書，但是這本書大致上應該就留在心裡。」我會心安理得的撰寫評論文章，但是寫書的想法似乎讓我太望之生畏了。我要感謝東尼・艾默森（Tony Emerson）促成了這一切的改變，他在二〇一〇年辭去《新聞周刊國際版》（*Newsweek International*）總編輯的工作，幫助我撰寫《誰來拯救全球經濟》（*Breakout Nations*），此後就成為我全部寫作生涯中的夥伴。一旦寫書的意念鑽進你的腦子裡，你根本無法把這種想法留存在心裡，本書是我在艾默森二度協助下完成的新作。

我在思考世界如何運作時，有幸得到吉塔尼亞・康德哈利（Jitania Kandhari）所領導堪稱最優秀研究團隊的協助。我從一九九八年起開始跟她互動，對她無窮的精力和經濟研究熱忱，只能驚嘆不置，我對她感激不已的是，她在我需要指引或協助時，一定都會陪伴著我。支持她這樣做的人是我所見過最博學的史帝文・柯特利（Steven Quattry），他的興趣遠遠超越政經領域，他的水平思考對我了解世界大有幫助。我也要感謝研究團隊成員索恩・沈古德（Soham Sengupta），他對我的任何問題，總是提供快速而明確的答案。然而，我很難想像，如果沒有保羅・韋納（Paul Weiner）的幫助，我是否能夠有任何成就，十多年來，他一直是這個團隊的總管，參與我所有的努力，他的組織技巧再度攸關本書在紐約的成書和出版。思慮敏捷的克麗斯汀・狄素沙（Christine Dsouza）在孟買扮演同樣的角色。

我從一九九一年開始寫作以來，我的妹妹舒米塔・狄維希華（Shumita Deveshwar）一直從旁大力支持，包辦從保存相關新聞報導剪報，作為家庭迷你圖書館的一環，到評論我所寫作所有文字的工作。在艾默森加入前，她幾乎都會在我通知之後片刻，拋下一切事務，幫我改稿，就連本書，她都花了很多時間，潤飾我的文字，我對她和從一開始就包容我的獨特行為並無條件支持的雙親實在無以回報。

這麼多年來，我的好友和貴人西姆蘭・巴加瓦（Simran Bhargava）對我的思想和寫作堪稱影響最大，她也用魯亞德・吉布齡（Rudyard Kipling）的話，教我在身邊所有的人都神思昏亂時，如何保持清醒。她花了非常多的時間，再三閱讀各章的草稿，她激發心靈的質疑方式提供了更深入的見識和軼事，和藹可親的她教導我，寫作有一個基本功，就是如果你不能用簡單的方式解釋什麼事情，就表示你對這件事的了解還不夠深入。

逐行閱讀別人的書、再提供詳細回饋是少見的無私行為，而我十分幸運，找到很多極為慷慨、樂於奉獻時間的人。哥倫比亞大學的皮耶・雅瑞德（Pierre Yared）在一星期內，讀完草稿，提出我所能期望最敏銳、最能協助我提升文字敘述的意見。

我要感謝愛美・歐登柏格（Amy Oldenburg）完成這篇引言，也要感謝她在我寫作時的所有支持。印度最受尊敬、極為注重細節的研究者朵拉・索帕里瓦拉（Dorab Sopariwala）和主導多項編輯任務的拉胡爾・夏瑪（Rahul Sharma）精心檢視草稿，提出若干最有價值的建議。敝友沙巴・艾希勒夫（Sabah Ashraf）也細讀本書，提出攸關全局的重要意見。

我的工作夥伴阿舒拖什・辛赫（Ashutosh Sinha）、保羅・皮賽拉（Paul Psaila）、吉姆・阿普頓（Jim Upton）、史瓦南・凱爾卡（Swanand Kelkar）和亞麥・哈登（Amay Hattangadi）都花了相當多的時間，協助閱覽和改善本書。我要感謝提姆・杜林可（Tim Drinkall）、艾瑞克・卡爾森（Eric Carlson）、克莉絲汀娜・彼得拉伊塔（Cristina Piedrahita）、蓋特・阿里（Gaite Ali）、皮耶爾・奧瑞維勒（Pierre Horvilleur）、維沙爾・

古普塔（Vishal Gupta）、豪爾赫・齊里諾（Jorge Chirino）、山謬・李伊（Samuel Rhee）、穆尼卜・麥德尼（Munib Madni）、May Yu和Gary Cheung等工作上的夥伴，針對特定篇章和主題所作的貢獻。長久以來，西里爾・穆勒—貝爾托（Cyril Moulle-Berteaux）一直是我在知識上的摯友，我和他熱烈討論過本書中的很多理念，他的分析頭腦是我認識的人當中最高明的一位，我要感謝他對書中所觸及各種主題提出的看法。

碰到業界若干最精明的編輯認為，對本書這麼有興趣確實值得，讓我深感欣慰。艾倫・雷恩（Allen Lane）出版公司的普羅費特（Stuart Proffitt）和諾頓（Norton）出版公司的布蘭登・柯瑞（Brendan Curry）花了極多時間潤稿，讓我免於出醜。促成這一切好事的人又是傳奇性的出版代理人安德魯・懷利（Andrew Wylie），對於能夠得到他的協助，我深為感激，我也要感謝他在倫敦的同事詹姆斯・卜倫（James Pullen）支持這項出書計畫。

我很幸運，因為身兼投資人和作家的關係，得以接觸世界各地多家研究公司準備的報導，也有機會跟這些公司的分析師談話。要列出跟我談論過本書的所有分析師大名很難，但我要特別感謝丹・范因曼（Dan Fineman）。

法利德・沙卡利亞（Fareed Zakaria）在時事方面，曾經啟發過很多人，我有幸和他是密友，在多次漫長的晚餐討論中，我們設法解決很多的世界問題。更重要的是，他藉著強調書籍在「深化個人知識資本」上所扮演的角色，一再向我強調寫書的重要性，他的話和不斷的鼓勵對我動筆寫作至關緊要。

回想所有協助我寫作本書的人時，我對這個世界上所存在的雅量不禁大感驚嘆，對挪出時間、任我縱情寫作的眾多能人感激不已，我在感激他們每一個人的重大貢獻之餘，想起出身相同大學兩位政要之間的針鋒相對。其中一位在校友聚會時，在大學年報上寫道：「我有今天，完全是這所大學所賜。」另一位接著寫道：「為什麼要怪罪這所大學？」同樣的，如果我的書最後不能吸引你，不能怪罪我在這裡所感謝的人。

新商業周刊叢書 BW0615

下一波經濟狂潮：

從人口、債務、物價指數剖析未來十年經濟的贏家與輸家

國家圖書館出版品預行編目（CIP）資料

下一波經濟狂潮：從人口、債務、物價指數剖析未來十年經濟的贏家與輸家／盧奇・夏瑪（Ruchir Sharma）著；陳昌儀、劉道捷譯. -- 初版. -- 臺北市：商周出版：家庭傳媒城邦分公司發行, 民105.09
面； 公分
譯自：The Rise and Fall of Nations: Forces of Change in the Post-Crisis World
ISBN 978-986-477-096-0（平裝）
1. 經濟史 2. 經濟預測
550.9407 105015890

原書名／The Rise and Fall of Nations: Forces of Change in the Post-Crisis World
作者／盧奇・夏瑪（Ruchir Sharma）
譯者／陳昌儀、劉道捷
企劃選書／簡伯儒
責任編輯／簡伯儒
版權／黃淑敏
行銷業務／石一志、周佑潔

總編輯／陳美靜
總經理／彭之琬
發行人／何飛鵬
法律顧問／台英國際商務法律事務所 羅明通律師
出版／商周出版
臺北市104民生東路二段141號9樓
電話：(02) 2500-7008 傳真：(02) 2500-7759
E-mail: bwp.service @ cite.com.tw
發行／英屬蓋曼群島商家庭傳媒股份有限公司 城邦分公司
臺北市104民生東路二段141號2樓
讀者服務專線：0800-020-299 24小時傳真服務：(02) 2517-0999
讀者服務信箱E-mail: cs@cite.com.tw
劃撥帳號：19833503 戶名：英屬蓋曼群島商家庭傳媒股份有限公司城邦分公司
訂購服務／書虫股份有限公司客服專線：(02) 2500-7718；2500-7719
服務時間：週一至週五上午09:30-12:00；下午13:30-17:00
24小時傳真專線：(02) 2500-1990；2500-1991
劃撥帳號：19863813 戶名：書虫股份有限公司
E-mail: service@readingclub.com.tw
香港發行所／城邦（香港）出版集團有限公司
香港灣仔駱克道193號東超商業中心1樓
E-mail: hkcite@biznetvigator.com
電話：(852) 25086231 傳真：(852) 25789337
馬新發行所／城邦（馬新）出版集團
Cite (M) Sdn. Bhd.
41, Jalan Radin Anum, Bandar Baru Sri Petaling, 57000 Kuala Lumpur, Malaysia.
電話：(603) 9057-8822 傳真：(603) 9057-6622 E-mail: cite@cite.com.my

封面設計／黃聖文
印刷／韋懋實業有限公司
經銷商／聯合發行股份有限公司 電話：(02) 2917-8022 傳真：(02) 2911-0053
地址：新北市新店區寶橋路235巷6弄6號2樓

■2016年（民105）9月初版

Printed in Taiwan

城邦讀書花園
www.cite.com.tw

定價450元

ISBN 978-986-477-096-0